儿童敏感期与智力开发全案

ERTONG MINGANQI YU ZHILI KAIFA QUAN'AN

解读敏感期，揭开孩子发展的秘密
开发全智能，让孩子在快乐中成才

了解孩子、发现孩子，抓住孩子一生仅有的一次特别生命力！

读懂孩子、引导孩子，把握孩子一生成长的关键！

李 卓 楚丽萍◎主编

北京出版集团公司
北京出版社

图书在版编目（CIP）数据

儿童敏感期与智力开发全案／李卓，楚丽萍主编．—
北京 ：北京出版社，2013.1
ISBN 978-7-200-09407-7

Ⅰ．①儿… Ⅱ．①李… ②楚… Ⅲ．①学前教育—教
学参考资料 Ⅳ．①G613

中国版本图书馆CIP数据核字（2012）第195255号

儿童敏感期与智力开发全案
ERTONG MINGANQI YU ZHILI KAIFA QUAN'AN
李 卓 楚丽萍 主编
*
北 京 出 版 集 团 公 司
出版
北 京 出 版 社
（北京北三环中路6号）
邮政编码：100120
网 址：www.bph.com.cn
北 京 出 版 集 团 公 司 总 发 行
新 华 书 店 经 销
北京同文印刷有限责任公司印刷
*
787毫米×1092毫米 16开本 28.75印张 350千字
2013年1月第1版 2013年1月第1次印刷
ISBN 978-7-200-09407-7
定价：48.90元
质量监督电话：010-58572393

前言
Preface

宝宝就像一个谜，小小的身体里总是蕴含着那么多令成年人着实费解的秘密：他为什么总是吃手？为什么无论抓到什么都爱往嘴里塞？为什么总是不断扔掉手里的东西，你捡起来递给他，他会再次把它扔掉，而且还表现出一副快乐的样子？为什么对头发丝、小螺丝和角落里的小洞洞特别感兴趣？

其实，早在100多年前，意大利著名儿童教育学家蒙台梭利就很清楚地揭开了谜底——这就是儿童敏感期。蒙台梭利指出：敏感期是指生物在其初期发育阶段所具有的一种特殊敏感性，它是一种灵光乍现的禀性，并且只在获得某种特性时闪现出来，一旦他获得了这种特性之后，其敏感性就消失了。

可见，敏感期对于婴幼儿的成长发展有着极其重要的作用，是婴幼儿发展心智能力的黄金期，并且这一时期一旦过去就再也不会回来，是不可逆的一段时期。它不仅是婴幼儿学习的关键期，也会影响到婴幼儿心灵与人格的健康发展，甚至会影响婴幼儿整个人生的命运走向。因此，系统认识儿童敏感期，在日常生活中通过观察宝宝那些"匪夷所思"的行为准确捕捉到他的敏感期，适时引导、趁势教育、开发智力、挖掘潜能、养育身心、培养综合能力，将成为每位合格家长的必修课。

家庭是宝宝的第一所学校，爸爸妈妈是宝宝的第一任老师，宝宝出生前几年的学习活动除了自身实践习得，更多的是来自于家长的传授。爱玩是宝宝的天性，游戏是最受宝宝欢迎的事物，聪明的家长应当懂得如何通过趣味十足的游戏让宝宝得到学习的机会，或是习得经验，或是获取新知，或是全面开发各项综合能力以助成长。

本书系统介绍了宝宝0～6岁这人生的前6年中将要经历的各个敏感期。全书以0～1岁、1～3岁和3～6岁为界分为三卷，每卷中又细分为上、下两部分，上半部分通过真实的生活实例，介绍宝宝在不同时期的敏感性表现以及家长应施以的教育对策和注意事项；下半部分着重于能力开发，针对不同年龄段宝宝的身心发育特点，分别从语言能力、动作能力、左脑开发、右脑开发、智商开发和情商开发6个方面提供了一整套游戏活动方案，每个游戏既趣味十足，又富含一定的科学性，寓教于乐，一方面，有助于建立起和谐亲密的亲子关系；另一方面，有利于宝宝的身心发育，让宝宝获得宝贵的锻炼和成长机会。

根据蒙台梭利对儿童敏感期的划分，宝宝从呱呱坠地起，将先后经历语言敏感期、感官敏感期、动作敏感期、关注细小事物的敏感期、秩序敏感期、社会规范敏感期、书写敏感期、阅读敏感期和文化敏感期这九大敏感期。在本书三卷的上半部分，将分别从这些敏感期入手，从实例出发具体介绍宝宝在不同年龄段会出现的独特的敏感期表现，如咿呀学说话、吃手、撕东西、认生等，在还原每一敏感期的不同表现形式后，为家长提供最佳趋势教育方案和一些注意事项。在下半部分，本书为家长提供了若干个活泼有趣的亲子训练游戏方案，方便家长根据自身情况和宝宝特点有选择地进行互动练习，以使宝宝获得全面系统科学的开发训练，益智成长。

宝宝的发育和成长都是不可逆的。抓住成长的黄金时期，让宝宝获得最佳的发展机会，既是家长不可推卸的任务，又是家长的最大愿景。衷心希望本书能为每位家长提供参考，让每个宝宝从中获益！

目 录
Contents

写在前面

抓住孩子的成长契机

Part 1　0~1岁，宝宝将经历这些敏感期

儿童敏感期与智力开发全案

Part 2　0~1岁，宝宝的智力开发方案

儿童敏感期与智力开发全案

1~3岁卷

Part 1　1~3岁，宝宝将经历这些敏感期

关注细小事物的敏感期 ································· 185

动作的敏感期 ···································· 194

社会化的敏感期 ································· 205

Part 2　1~3岁，宝宝的智力开发方案

3~6岁卷

Part 1　3~6岁，宝宝将经历这些敏感期

感官的敏感期 ································· **304**

社会规范的敏感期 ····················· **315**

关注细小事物的敏感期 ················· **339**

Part 2 3~6岁，宝宝的智力开发方案

附录1 0～6岁宝宝智能水平测试

附录2 0～6岁儿童体能心智发育标准参考值

儿童敏感期 与 智力开发全案

写在前面

儿童敏感期与智力开发全案

ertong minganqi yu zhili kaifa quan'an

抓住孩子的成长契机

何为儿童敏感期

没有得到外界刺激的新生儿

在20世纪40年代的时候，一位心理学家做了一项不太符合人道主义的实验：他从孤儿院里挑选了一批新生儿，把他们放在不见阳光的暗室里生活。平常，他只要求照顾者给这些宝宝饮食上的满足，却不允许他们有任何身体上的接触，也不允许给这些宝宝任何刺激或者抚摸。

最初，这些婴儿在生理上和正常的婴儿一模一样，但后来，随着年龄的慢慢增大，他们的身体机能慢慢退化，脑袋也越来越迟钝。后来，这项不人道的实验被禁止了，但这些实验中的婴儿却无法再过上正常人的生活。由于没有受到良好的刺激，这些宝宝几乎都视力低下、行动迟缓，连基本的生活自理能力都没有。虽然人们对其进行了长期的后天训练和教育，但也只有个别宝宝学会了穿衣、吃饭等简单的生活技能，其他大多数宝宝始终都没有恢复人的基本特征，终生痴呆。

这个实验虽然很不人道，但却告诉了我们一个道理，那就是教育的"关键期"就在儿童时代。关键时期是特定能力和行为发展的最佳时期，在这个时期内，个体对形成这些能力和行为的环境影响特别敏感。这也正像著名教育学家蒙台梭利所说的："宝宝爱恋着环境，和环境的关系犹如恋人一般。"也就是说，敏感期的宝宝对外界的刺激特别敏感，非常容易吸收环境中的信息，先天潜能能够发挥得最好、最充分，因此就更容易获得某种能力。

因此，抓住儿童敏感期为宝宝准备适宜、丰富、合理的环境，其实就像农民不耽误农时进行播种一样，会收到事半功倍的效果。但是，如果没有抓好这一时期，那就有可能事倍功半，甚至使宝宝失去某方面的特长。

🌸 敏感期的概念

什么是儿童敏感期呢？

生命的成长和成熟都需要经历一个过程，对宝宝而言，在成长的过程中，他们会在特定的时间内只对某一项特质专心而忽视其他方面，并且还常常会没有理由地对某种事物表现出特别的兴趣。具体来讲就是，儿童在某一特定的成长阶段，由于其智力、秩序感、节奏感、行走、观察力等方面的发育特征，会对相应的因素等产生一系列的敏感反应，这就是人们常说的儿童敏感期。

其实，从呱呱坠地开始，宝宝就进入了发育的敏感期，这个过程将会一直持续到小学。在这期间，不同年龄段的宝宝将会经历不同能力发展的关键期。在0～6岁期间，宝宝将主要经历语言敏感期、感官敏感期、动作敏感期、关注细小事物的敏感期、秩序敏感期、社会规范敏感期、书写敏感期、阅读敏感期和文化敏感期。宝宝的语言能力、感知觉能力、动作发展、秩序感形成以及对书写阅读的兴趣培养等都将在相应的敏感期内得到重要的体现和发展。而在6～9岁期间，宝宝又将迎来文化敏感期，对不同的知识产生好奇，进入增长各种知识的全面学习阶段。总之，在不同的敏感期内，宝宝相应的关键能力会突出表现出来，如果爸爸妈妈能够适时进行培养，将对宝宝以后的生活和学习产生重要、积极的影响。

🌸 蒙台梭利的九大敏感期

意大利著名幼儿教育学家蒙台梭利通过对婴幼儿的仔细观察和研究，将儿童敏感期归纳为以下9种：

语言敏感期，多发生于儿童0～6岁时期。从婴幼儿开始注视大人说话的嘴形，并牙牙学语，儿童的语言敏感期就开始了。在此过程中，儿童语言表达能力不断增强，爸爸妈妈应注重增加宝宝表达能力方面的训练。

感官敏感期，多发生于儿童0～6岁时期。宝宝从出生时起，几乎就能借助身体的感官来了解事物和熟悉环境了。最初，他们是凭借潜意识的力量来认识世界的，但随着年龄的增长，其感知事物、分析和理解事物的能力会逐渐增强。

动作敏感期，多发生于儿童0～6岁时期。宝宝出生后不久，并不能自如地控制自己的行为，但当其学会走路后，就会变得特别好动而活跃。此时爸爸妈妈应充分让宝宝运动，帮其锻炼肢体肌肉并训练肢体的灵活性。

关注细小事物的敏感期，多发生于儿童1.5～4岁时期。此时，儿童常常能捕捉到周围环境中的细小事物，如小昆虫、小动物、衣服和玩具上的小图案等。

秩序敏感期，多发生于儿童2～4岁时期。这段时期，儿童的秩序敏感性常表现在对顺序性、生活习惯、所有物的要求上，宝宝需要借助这些有秩序的环境来帮助自己认识事物和熟悉环境，爸爸妈妈要尽量给宝宝提供帮助。

社会规范敏感期，多发生于儿童2.5～6岁时期。这段时期，儿童通常不喜欢独自活动，常常会对结交朋友、群体活动有兴趣。

书写敏感期，多发生于儿童3.5～4.5岁时期。这段时期，儿童会对书写表现出较为浓厚的兴趣，若多加培养，有利于这方面潜能的发挥。

阅读敏感期，多发生于儿童4.5～5.5岁时期。这段时期，儿童对阅读比较敏感，若此时给其良好的教育和充分的学习机会，其阅读能力将快速增长。

文化敏感期，多发生于儿童6～9岁时期。这一时期，儿童对文化学习的兴趣会逐渐增强，同时还会对探究事物奥秘等有着强烈的兴趣。

❀ 敏感期对幼儿的重要影响

处在敏感期的宝宝，会对某一方面专注并且感兴趣。如果在这个时候对宝宝进行引导和教育，那么他这方面的潜能就会被激发，有利于日后才智的发展。

在宝宝的敏感期内，他们会在语言、感官、动作、对细小事物的情感、秩序、社会规范、书写、阅读和文化等方面表现出非比寻常的兴趣和热情，在这些方面的学习也更加简单且易出成果。因此，有意识地加强这些方面的引导教育，在相应的敏感期内给宝宝更多的关注和培养，为其提供良好的环境和刺激，就能大大提高宝宝的学习效果和促进才智发展。

由此可见，敏感期对宝宝的智力发展是极为有利的。通过在不同的敏感期内对宝宝进行侧重点不同的相应教育，就会加速宝宝某方面智力的开发，并取得更好的成绩。生活中，我们常会见到唱歌特别好或者跳舞特别好的孩子，其一部分原因就在于他们小时候，在相应的敏感期内，父母给予了适当的刺激和培养，由此为以后的学习打下了良好基础。

与此相反，如果没能抓住敏感期的时间对宝宝进行良性培养，或者在培养的过程中出现了失误和偏颇，那么宝宝相应能力的发育就会受到影响。例如，如果在宝宝的语言敏感期内没有加强对其语言能力的培养和提高，那么宝宝就可能出现语言发育迟缓、语言表达障碍或语言能力无法得到提高等情况；如果在宝宝的感觉敏感期内没能及时进行相关的训练，那么宝宝的感知和理解外界事物的能力、分析能力等的发育就会受到影响；如果在宝宝的动作敏感期内忽视了对宝宝的行为训练，那么宝宝的行动能力、动作的灵活性就可能受到影响；如果在宝宝的社会规范敏感期和秩序敏感期内没有加强相关的教育，那么宝宝对于社会规则的理解，融入社会的能力就可能受到影响；如果没有在宝宝的书写敏感期和阅读敏感期内采取相应的教育，那么宝宝这方面的能力发展就可能受到不同程度的影响，出现书写滞后等问题。因此，父母一定要注意，抓住宝宝成长过程中的各个敏感期，对其进行良好的教育和培养，才能更好地帮助宝宝快速成长。

揭开大脑发育的奥秘

脑的成长发育史

在卵子受精后1周内，受精卵就不断分裂，一部分形成大脑，其余的形成神经系统。与此同时，人脑就开始发育了。也就是说，当多数孕妈妈还没意识到自己已经怀孕时，胎宝宝的大脑就已经开始发育了。那么，胎宝宝大脑的发育过程具体是怎样的呢？

孕妈妈怀孕18天之内，胎宝宝的大脑细胞会逐渐分裂增殖，形成管状的神经管，慢慢地，神经管的头端会逐渐变厚并形成3个膨大的空间，而膨大物的中间部分会发育成脑，另一端则在不久之后发育成脊髓。这样，胎宝宝的大脑就逐渐被分为3个部分了。

孕妈妈怀孕大约2个月之内，神经管头端膨大的部分会不断弯曲和重复，分化为间脑、小脑和日后将成为大脑皮质的脑端等，与此同时，脑室也在不断形成。

随后，在怀孕4~5个月的时候，胎宝宝脑部的端脑会逐渐变大形成大脑半球，脑部的神经系统也慢慢发育。同时，能感受触觉和味觉的感觉区会在此时慢慢出现，胎宝宝已经能逐渐感受到快感等感觉了。

在怀孕6~8个月的时候，胎宝宝脑部的发育将达到一个高峰期。此时，胎宝宝大脑皮质的细胞快速分裂，表面褶皱逐步形成。约在怀孕7个月的时候，胎宝宝的脑组织开始出现皱缩样，大脑皮质也已经很发达了，此时胎宝宝差不多已经可以分辨孕妈妈的声音且能对外界的声音有反应。此后，胎宝宝的脑部控制触觉和听觉的区域将不断发育完善。

在怀孕9~10个月的时候，胎宝宝大脑半球的表面层逐步发育，最终会将间脑和小脑慢慢包裹起来，形成大脑皮质。同时，胎宝宝的听觉和视觉的神经回路也在逐渐发育。总之，在这一时期，胎宝宝的脑部发育逐渐完成，到最后，其脑部的细胞大致会达到与成人差不多的数量。

婴幼儿大脑的生理特点及发育

宝宝的脑部发育从其在孕妈妈的肚子里就开始，一直持续到出生后一段时间。

在婴幼儿时期，宝宝脑部的发育是不匀速的。一般来说，出生后前3个月的婴儿，其神经纤维非常短也非常少，脑部发育相对较慢，只能进行一些反射动作和简单的抓取动作。到出生后五六个月的时候，婴儿脑部发育速度开始增快，认知能力也逐步增强，差不多已经能认出熟人和自己的玩具了。在这段时期内，婴儿脑部的神经元和供给营养的神经支持细胞都在快速增殖，因此此时最好能坚持母乳喂养。这是因为，母乳的营养非常丰富，其中的DHA和AA是牛奶的5倍，能促进神经系统的发育；母乳中的钙磷比例很适宜，有利于宝宝对钙的吸收；母乳中的蛋白质能为宝宝提供充足营养，且易于吸收，等等。

出生6个月之后，婴儿神经元的增殖变慢，到26个月的时候，差不多就会停止。此时婴儿的神经元约有1000亿个，其神经网络的连接会随着婴儿后天的学习而不断增多。2岁之前，婴儿基本可以学会用手势来表达语言，能听懂故事，并能用一些简单的声音来表达自己的意思。在出生后六七个月的时候，婴儿出生时已有的结构就会快速成长，比如在这个时期，婴儿的脑重几乎能达到出生时的两倍，脑部的突触和神经网络的数量也会出现较大的变化。大概在2~4岁的时候，婴儿脑细胞的新陈代谢基本处于平稳水平，其形象思维也在初步形成。这个时期，爸爸妈妈应根据婴幼儿的成长特点，给予适当的训练和培养，尽可能让宝宝得到广泛的信息和操作机会，促使其智力发育，培养宝宝对外界事物的兴趣。

4岁之后，婴儿的大脑代谢才开始减慢，神经的网络连接也发生着新的变化。因此在这个时期，爸爸妈妈应该把外界的海量信息进行筛选后再传授给幼儿，注重培养和发展其优势，挖掘其潜能。

脑部潜能的秘密

人脑的构造极其精密，它位于颅腔内，分为两个半球，在两个半球的表面覆盖着由140亿~170亿个神经细胞组成的神经细胞层，也就是大脑皮质，这是人们作出思考、发出指令的地方。同时，人脑还有其他的构成部位，每一部位都有着自己的功能，正是这些部位的分工合作，才保证了人脑的正常运转。

一个人的脑神经系统约含有280亿个神经细胞。神经细胞就是我们常说的神经元，它是神经系统的基本结构和功能单位，由细胞体和突起组成。神经元都很小，但是自成一个系统，可以同时处理100万个指令。这就意味着，神经元与脑部的功能、人类潜能的发挥有着密切的关系。如果大脑少了这些神经元，感觉器官和中枢神经的关联就无法进行。此外，神经元的信息传输速度非常快，一个神经元可在1/50000秒内把信息传给其他成千上万的神经元，大脑还能在很短的时间内清楚地辨识信息，因此，人脑才能同时处理好几个问题。

人脑可以吸收、储存和控制大量的信息，这点与电子计算机很像，但却有一定的差别。科学家研究后认为，人脑的功能比现在世界上最先进的电子计算机要强大得多，人脑具有的潜在能力相当于10万台大型电子计算机。而人脑比电子计算机的优越性还在于，人脑具有随机应变的能力。由于人脑的这一特性，使得每个人都有自己的个性、自己说话的声音、行为方式等，而电子计算机很难做到这一点。

人脑的另一个特点就是越用越灵活。人脑的潜能非常丰富，而人与人之间之所以会有差异，主要是由于潜能开发方面的原因。善于挖掘潜能、激活大脑机能的人，总是更聪明、更有成就。我们要开发潜能，利用更多的脑细胞，最简单、有效的方法就是经常让新的知识和信息通过脑细胞去刺激大脑，也就是人们常说的要多观察、多学习和多思考。研究表明，在人类的生长过程中，每10年约有10%控制高级思维的神经细胞萎缩、死亡，而信息的传递速度也会随年龄的增长而逐渐减慢，但若坚持用脑、注重脑部营养补充，每天就会有更多新的细胞产生，也就能保证大脑正常功能的发挥。

激发宝宝的智力潜能

何为智商

我们常说智商，那么智商到底是什么呢？

智商，就是人们常说的智力商数，也就是人们认识客观事物并运用知识解决实际问题的能力，是测量个人智力发展水平的一种指标。

现在，人们已经习惯于用智商来测量和表达个体的智力发展水平。智商的计算公式是：智商＝（心理年龄/实际年龄）×100，即如果某人智龄（即心理年龄）与实际年龄相等，那么他的智商就是100，表示智力中等，如果智龄低于实际年龄，那就表明智商较低。

个人的智力包含着诸多方面，例如观察力、记忆力、想象力、思维能力、分析判断能力、应变能力等等。这些都是个人在成长过程中应具备的重要能力，要想激发和培养宝宝的智力，父母就应该根据宝宝的具体情况，创造条件，在这些方面对宝宝加强培养。

我们知道，大脑是智商的基础，脑部的结构和发育状况对人的智商有重要的影响。而影响脑部结构和发育状况的，一方面是孕妈妈在孕期的营养环境和胎教培养，这是先天性的原因；另一方面就是宝宝出生后最初几年的早教开发培养。因此，对于出生后的宝宝来说，能否得到一个良好的生活环境，拥有一个健康有序的教育和培养气氛，是至关重要的，它直接影响到宝宝的智力发育和能力提高。

多元智能理论

在研究脑部创伤病人行为的过程中，1983年，美国著名心理发展学家霍华德·加德纳提出了著名的多元智能理论。

霍华德·加德纳博士经过多年的研究认为：人类的智能并不是单一的，而是多元化的，主要包括语言智能、数学逻辑智能、空间智能、肢体运动智能、音乐智能、人际交往智能、自我内省智能、自我探索智能8项内容。而对于不同的人来说，他所拥有的智能优势组合也是不同的。比如，我们常见的，运动员和舞蹈家的肢体运动智能就比其他人要强一些，而建筑师的空间智能则相对较强，数学家的数学逻辑智能比一般人也要强一些。

因此，在对宝宝的早期培养中，父母更应该关注宝宝自身的特点，明白宝宝的优势和劣势，因材施教。要知道，每个孩子的智能结构都是不相同的，他们所具有的优势智能也是不同的，一个孩子身上可能只有一两个方面的优势智能，因此他不可能面面俱到，全面突出。了解了这些，父母在培养宝宝的过程中，就可以具体情况具体对待，给宝宝提供更好更舒适的发育成长环境。

提高智商，重在早期开发

人类各种能力的产生和发展都有一个相对重要的关键期，若能抓住并且好好利用这一关键期，我们就更容易获取相应的能力，但如果错过了关键期，就算最终还是可以把那件事情学会，但却需要付出更多的努力，或者付出了艰辛的努力后依然没有掌握这一本领。

现在的一些科学研究成果已经表明，在宝宝出生后的最初几年，给宝宝进行良好的教育和引导，对宝宝智力的开发和能力的培养是至关重要的。由于这个时期宝宝的脑部还在继续发育，可塑性极强，因此，有意识地培养和教育，就很容易快速地提高宝宝脑部的发育，增强智力水平。因此，父母应该充分意识到早期智商开发的重要性，抓住宝宝脑部发育的关键时期，积极培养宝宝的智商。

需要注意的是，在对宝宝进行早期智力开发的时候，可以借鉴多元智能理论原理，有计划、有步骤、有侧重地展开，切不可面面俱到，妄图培养"全面天才的宝宝"。例如，在宝宝可以唱歌、可以跳舞的时期，父母就可以着重培养宝宝的音乐和舞蹈能力，帮宝宝发展才艺。

0~1岁卷

儿童敏感期与智力开发全案

ertong minganqi yu zhili kaifa quan'an

Part 1

0~1岁，宝宝将经历这些敏感期

语言的敏感期

　　0~1岁的宝宝还不能够完整地说话，尚处于语言敏感期的最初阶段。这个时期，宝宝将经历最初的啼哭和咿呀学语，与家人不成样子的"对话"和只言片语的表达，当然，这一切都为其以后的语言发展奠定了基础。因此，在这个打基础的阶段，爸爸妈妈要耐心细致地观察宝宝的行为表现，揣摩宝宝含混语言的意思，并指导宝宝、教育宝宝，让宝宝更快、更好地发展语言能力，为将来学说话做准备。

❀ 啼哭：宝宝最初的语言

★ 宝宝趣事

　　闪闪刚出生的时候，整天都在睡觉，无论什么时候你去看她，她都闭着小眼睛呼呼大睡。她妈妈说，除了喂奶的时候或者要排便的时候闪闪会醒过来，其他时间她基本上都在睡觉。不过，这倒也让妈妈很省心。可是，过了一段时间之后，闪闪妈妈就遇到了麻烦。原来，闪闪还是吃了睡、睡了吃，但是她又加了一项新的活动：啼哭。有一次，闪闪醒过来的时候发现妈妈不在身边，马上就哭起来，而且声音越来越大，后劲儿十足，简直跟受了多大的委屈一样。其实，妈妈只是去上了趟厕所。而此后，一旦有什么事情不小心"惹到"了这个小家伙，她就开始大声啼哭，哭得简直是"撕心裂肺"，严重的时候谁也哄不住，真把她妈妈烦得不行。不过，随着月龄的增大，到后来，慢慢地，闪闪就不再那么大声啼哭了，性格也变得温和了许多。

★ 神奇的敏感期

　　你知道吗？其实，宝宝练习发声和气息是从啼哭开始的。如果有爸爸妈妈发现自己的宝宝语言能力发展得不是很理想，这其中的原因或许就要从宝宝降生到这世界来的第一天开始。

最初降生时宝宝的啼哭并没有什么特别的意义，但从出生后第2个月开始，宝宝的啼哭就与一定的意义相联系起来。宝宝会以啼哭表示自己"饿了""困了""尿了"等，尤其是在两三个月之后，宝宝在吃饱、睡好、精力充沛的情况下会咿呀学语，发出一些简单的单音，如a（啊）、e（呃）等，五六个月之后，宝宝则逐渐能够发出复合音，如ma—ma、da—da等，之后这种自发的发音练习就一直存在了。

在宝宝最喜欢咿呀学语的时候，爸爸妈妈千万别怕宝宝啼哭，因为，此时正是宝宝通过啼哭来练习发声和呼吸配合的大好机会。宝宝在啼哭时，吸气短，呼气长，这正好和成人说话时的呼吸状况和频率相同。成人说话的时候，一般都是练习说上一段话（呼气长），中间偷偷地换上一口气（吸气短）再继续说。有时候，有些宝宝在会说话之后却不会在语句中间换气，就是因为宝宝没有掌握好语言的频率和呼吸状况的结合。德国科学家研究发现，婴儿啼哭的声调变化越丰富，其以后的语言能力就越强；反之，较为单一的啼哭声则预示着这个宝宝以后学说话会困难一些。

当然，我们并不是要告诉爸爸妈妈对宝宝的哭声置之不理，只是说，在宝宝吃好、喝好、睡好、没有疾病、舒适开心的状态下的啼哭是没有什么大影响的，这是宝宝语言训练的开始。但若是由于宝宝身体不适或者其他外界原因导致的啼哭，爸爸妈妈就要给予关注了。

☞ 学会分辨宝宝的哭声

啼哭是新生儿与生俱来的本领，在最初来到世间的时候，宝宝不会使用语言来表达自己的需要，哭就是他们的语言。医学专家认为，新生儿的哭声代表着很多内在的信息，可以表达婴儿的生理需求、心理反应和病理状况等。因此，年轻的爸爸妈妈要想更好地照顾宝宝，并在宝宝啼哭时有办法制止，就应该学会分辨宝宝的哭声。

以下是宝宝在不同情况下啼哭的特点，年轻的爸爸妈妈们不妨拿来做个参考。

1.宝宝饿了。

饥饿性啼哭，多带有乞求感，哭声由小变大，富有节奏，不急不躁。此时若妈妈用手碰宝宝的面颊，他会马上转头做出吸吮的动作。

2. 宝宝尿裤子了。

这种哭声常出现在吃完奶或者睡醒后，哭声长短不一，高低不匀，没有规律，哭时还会活动小屁股或两腿蹬被。

3. 受到惊吓。

此时宝宝的哭声高且尖，回声长且短，爸爸妈妈要及时找出原因并处理。

4. 烦躁不安。

多出现在宝宝吃饱入睡前或玩耍之前，哭声长短不一，无节奏感，哭哭停停，断断续续的，且宝宝还会时不时睁大眼睛左顾右盼。大人抱起来就不哭了，一放下立马又哭。

5. 环境太吵。

如果周围的环境太吵闹，或者光线太过刺眼等，宝宝会发出烦躁不安的哭声，且越哭声音越大。

6. 想睡觉了。

宝宝的困倦啼哭，呈现阵发性，类似于一声声不耐烦的号叫，也就是常说的"闹觉"。此时，爸爸妈妈最好让宝宝进入一个安静的环境，这样他就会停止哭闹马上入睡。

7. 温度太高或太低。

在室温较高或者是被子盖得太厚时，宝宝的啼哭声音较高，且四肢乱蹬乱伸，同时伴有面部及全身出汗。当他自己蹬开被子后，哭闹就停止了。

8. 身体不舒服。

宝宝身体不适时，哭声很烦躁，伴有皱眉和四肢扭动。若宝宝突然尖声哭闹，就要马上检查是什么让他不舒服或者受伤了。

9. 出现病情。

哭声没有规律，声音低沉、短促且无力，呈呻吟状，这时就可能是宝宝身体出现疾病了，应及时到医院检查。

10. 想要妈妈抱了。

这时宝宝的哭声很寂寞，带有颤音，但是很平和，头部会不停地左右扭转，似乎在找人。

11. 感到疼痛。

宝宝的哭声无规律性，声音较高且长而有力，呈现阵发性，忽缓忽急，不吃东西，这可能是肠绞痛、胀气、外耳道疖、皮肤感染等引起的疼痛，要立即就医。

☞ 给宝宝温柔的呵护

其实，在宝宝啼哭的时候，无论他是身体上不舒服，还是心理上不舒服，都会希望妈妈来呵护、照顾他，妈妈的声音和怀抱能让他获得安全感和依赖感，慢慢停止哭泣。因此，对待刚出生不久的宝宝，妈妈或者家里人一定要给宝宝更多温柔的呵护，细心地照顾这个娇弱的小人儿。那么，宝宝一旦哭起来，妈妈应该怎样去呵护呢？

首先，妈妈可以把宝宝给抱起来，让宝宝的头靠着自己的心脏位置，让他倾听他熟悉的妈妈心跳的声音，然后轻轻地来回走动，摇晃宝宝，让宝宝慢慢安静下来。如果宝宝还是大哭不止，那就带着宝宝到另外一个他比较熟悉的或者较安静的地方，轻轻地跟宝宝说话，安慰宝宝。妈妈如果站累了还可以坐下来，让宝宝站在自己的大腿上，拉着宝宝的小手跟他面对面地说话，让他上下跳动，以引起他玩耍的兴致，停止啼哭。

平常在家的时候，妈妈就可以多用温柔的语调轻轻地跟宝宝说话，看他的时候多对他微笑，哼唱一些优美的歌曲或者童谣，逗一逗宝宝，让他开心玩耍。家里可以准备一个摇床或者摇椅，把宝宝放进去，让他随着摇椅晃动，体验这种新奇的感觉，同时再播放点优美的曲子，宝宝就会慢慢安静下来了。虽然宝宝还很小，但他也是一个独立的小个体，有自己的喜怒哀乐，希望每时每刻都得到爸爸妈妈的关爱。因此，生活中，爸爸妈妈不管多忙，都要抽时间多跟宝宝说话、逗宝宝笑、抱抱宝宝，给宝宝足够的呵护和照顾，这样，宝宝的性情会变得柔和，啼哭也不会那么频繁了。

☞ 多用宝宝的名字呼唤他

爸爸妈妈多用宝宝的名字呼唤他，也是让宝宝感到安全和舒心的一种方式，同时，这种方式还能培养宝宝的听力和语言能力。当妈妈总是用轻柔的声音叫宝宝的名字的时候，宝宝就会形成条件反射，在心里记住这个名字。这样，以后再听到这个称呼，他就会知道是在叫自己，而且就算妈妈不在身边，只是在远处叫他的名字，他也会觉得心里很舒坦、很开心。

平常没事的时候，妈妈可以让宝宝躺在床上，自己则站立在宝宝的床头或者侧面，轻轻地叫宝宝的名字。宝宝听到声音可能会转头或用眼睛来看，如果宝宝看到了妈妈，妈妈就高兴地抱起宝宝亲一下，并赞赏宝宝："你真棒！真聪明！"注意一定要叫宝宝的名字，不要随口乱叫，什么"宝宝""乖乖"之类的，这样会让宝宝困惑，觉得无所适从。此外，妈妈还可以抱着宝宝到穿衣镜前，用手指着宝宝的脸，反复叫宝宝的名字，或者指着宝宝的五官和头、手、脚等部位让宝宝来认识。通过镜子里看到妈妈所指的部位，同时听到妈妈嘴里的声音，宝宝慢慢地就会懂得这是在叫自己了，并且对头发、手、脚、眼睛、鼻子、耳朵等词语也有了初步的认识。

❀ 咿咿呀呀：进入前语言理解阶段

★ 宝宝趣事

星期天，小区里的几个阿姨都抱着宝宝在广场上晒太阳，乐乐妈妈也来了。乐乐刚出生3个月，虎头虎脑，非常惹人喜爱。这不，刚一坐下，其他妈妈都围过来看乐乐了，还不时地逗逗他。没想到，小家伙这时候也兴奋起来了，看到眼前有人，他竟然张着小嘴咿咿呀呀地说起了话。虽然，他发出的声音根本就不是在说话，但是他却格外兴奋，小胳膊和小腿一起舞动起来，嘴里更是带劲儿地继续"说"着。

这时候，一位妈妈对乐乐妈妈说："我看啊，你们家乐乐是到了语言敏感期了，开始咿呀学说话了！"这么一说，乐乐妈妈也觉察到了，乐乐最近一段时间确实很喜欢说话，嘴里总是咿咿呀呀的，无论是一个人的时候还是有人看他的时候，他都要咿呀半天，有时候还使劲儿地动着手脚，似乎很兴奋。原来，小家伙是进入语言敏感期了，怪不得这么爱说话呢！

★ 神奇的敏感期

所谓前语言理解阶段其实就是指宝宝从出生到8个月的这段时间。一般来讲，人类的语言活动包括"听"和"说"两部分，这跟宝宝的语言活动中接受性语言和表达性语言的学习经历是相同的。

语言学习都是要先接收，再理解，最后表达。因此，人类的语言学习就如同一个金字塔式的模式：塔底最基础、最沉淀的部分就是为宝宝储备的优良、精确、丰富、多元的语言环境，而宝宝只有会听了才会说，会读了才能写。也就是说，在宝宝刚出生的这段时间内，虽然宝宝还不会说，但是爸爸妈妈应该给他们提供丰富的语言环境，把宝宝最底层的那个语言基础给打好，这样宝宝的语言能力才能得到更顺畅的发展。

0~8个月的宝宝还不能跟成人对话，几乎不能够理解大人的语言，严格一点儿来讲，这个时期的宝宝还没有产生真正意义上的语言理解能力和表达能力，他们的语言活动多数都是接受性语言。尽管如此，这个阶段的宝宝也在为语言的发展做着自己的准备。一方面，宝宝会通过自发的咿咿呀呀做"自我发音的练习"；另一方面，通过对成人的语音、语调、动作、表情等信息的大量接收，他们的语言理解能力也在飞速发展。在这样的一个大环境中，宝宝想要表达和说话的欲望是很强烈的，因此，妈妈就总会听到宝宝咿咿呀呀的声音。在宝宝感到舒服、高兴的时候，他们就"啊""哦""嗯"地乱发音，心里越高兴，发音也就越多。而如果爸爸妈妈给宝宝创造了非常好的语言氛围和环境，那么宝宝发音的热情就会很高涨，也就会更快地进入到真正的语言学习中了。

☞ 妈妈也来咿呀学语

在宝宝的语言敏感期内，为了配合宝宝的语言发展，也作为跟宝宝交流的一个方式，妈妈不妨也学着宝宝一起来咿呀学语，让宝宝感觉到这种发音是非常好玩的游戏，他就会更有热情，也会更加乐于和妈妈互动。

其实，妈妈和宝宝一起来咿呀学语，主要是通过妈妈来带动宝宝发声，从而让宝宝练习自己的发声器官，更有利于其以后语言的发展。具体来讲，妈妈可以通过以下几种方式来咿呀学语。

1. 妈妈跟宝宝说话，引导着宝宝咿咿呀呀地发出声音，随后妈妈就模仿宝宝刚才的发音，以此来提高宝宝对发音的兴趣。

2. 妈妈可以为宝宝唱一些有意思的歌谣，并且通过模仿歌谣中的动物叫声、喇叭的嘀嘀声等来逗宝宝发笑。

3. 妈妈通过扮鬼脸、挠痒等手段来使宝宝发笑或者发声。

4. 给宝宝充分的自由时间，允许他自己咿呀学语、吐泡泡、咿咿呀呀等，让他充分感受口腔运动带来的快乐。

5. 用宝宝最喜爱的玩具来引逗他，观察宝宝是否能够用声音来表达他的需要。

6. 妈妈也来咿呀学语，并且对宝宝说出不同的音调，以鼓励宝宝进行模仿，积极发声。

☞ 添加正确的辅食

有些爸爸妈妈或许从来都没有想过，辅食的添加也可以影响到宝宝的语言发展。如今的宝宝，被家人照顾得太精细了，再加上社会科技发展迅速，再坚硬的食品都可以用榨汁机打得粉碎，因此，进入宝宝口中的几乎都是经过打碎的精细食品。殊不知，总是让宝宝吃太过精细的食品对宝宝的语言发展是很不利的。

一般来说，宝宝辅食的添加是有一定原则的，由少到多、由稀到稠、由细到粗。当宝宝咀嚼固体食物的时候，他需要调动起口腔内许多块肌肉来运作，同时还要配合舌头、咽、喉与呼吸系统的协调，这刚好与宝宝开口说话用到的口腔及呼吸系统的配合是紧密联系的。也就是说，如果一味地让宝宝吃精细食品，而不给他固体食物锻炼其嘴部的咀嚼力，那么宝宝开口说话的能力也会随之减弱。

因此，在宝宝的语言敏感期内，爸爸妈妈适当地给宝宝添加正确的辅食对其语言能力的发展是有很大作用的。只有宝宝口腔运动良好，口腔肌肉健康发展，才能说出流利、清晰的语言来。

☞ 给宝宝唱一首起床歌

生活中，妈妈也可以通过给宝宝唱起床歌的形式来提高宝宝的语言理解能力，进而刺激宝宝发音说话的欲望。

每天早上妈妈要叫宝宝起床的时候，可以一边说着或者唱着儿歌一边抚摸着宝宝起床。儿歌内容多样，不局限，例如："太阳公公眯眯笑，我的宝宝要起床了！醒来吧，眼睛；醒来吧，鼻子；醒来吧，嘴巴；醒来吧，胳膊；醒来吧，小腿……"然后，在儿歌声中宝宝睁开双眼，开始了一天的生活，这时候，他或许会不由自主地发出声音"妈——妈"。

当然，儿歌可以随意调换顺序，妈妈抚摸到宝宝的小手时，就可以说"醒来吧，小手"，抚摸到嘴巴时，就可以说"醒来吧，嘴巴"，这样便于宝宝对两者产生关联性。儿歌结束之后，妈妈最好鼓励宝宝模仿妈妈的声音来叫妈妈，以锻炼宝宝的说话能力。需要注意的是，妈妈说儿歌的声音要柔和一点儿，不要惊吓到宝宝，更不能引起宝宝的反感。通过这种每天给宝宝唱一首起床歌的方式，可以增强宝宝的语言、动作和身体部位的关联性，从而提高宝宝的语言理解能力，鼓励宝宝更积极地发音。

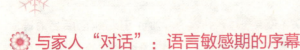

与家人"对话"：语言敏感期的序幕

★ 宝宝趣事

星期天，青青的姨妈从外地来看他们了，家里非常热闹。不过，这热闹跟青青关系不大，因为她还只是个几个月大的小娃娃，一直躺在手推车里呢。不过，听到外面的欢笑声，青青开始害怕了，一下子就哭了起来。这下子，一家人包括姨妈都跑过来哄她，姨妈还给了她一个很好玩的橡皮做的小人。

没多久，青青就接受了姨妈，不再大哭大闹了。此时，妈妈正抱着她和姨妈说话，看着姨妈和妈妈又说又笑的样子，青青的眼睛一闪一闪的，似乎能听明白她们说话的内容。没多久，她竟然在妈妈怀里舞动起手臂来了，而且嘴里还含含糊糊地说着"ma—ma"的字样，似乎在对妈妈说话呢。姨妈看到了，乐得不得了，大声说："看，青青也想跟我们说话呢，来，跟姨妈说说话！"青青妈妈一听就笑了，一边说着"她哪儿会说话啊，就是瞎哼哼"，一边让青青站在了自己的腿上，面对着姨妈。这下子，青青可以尽情地和姨妈说话了。姨妈摸着青青的小脸问："青青，你几个月了，告诉姨妈！"青青就舞动小手，嘴里"哈哈"地说着，似乎在说："我6个月了。"姨妈再问："青青喜欢什么颜色的衣服啊？"青青一下子就笑了，然后嘴里"啊啊"地给出了回答。看着这有趣的一幕，大家都笑了。

★ 神奇的敏感期

五六个月大的宝宝虽然还不会说话，但这并不代表他没有在学习说话，就像故事中的青青一样，她其实是在努力地为自己今后说话做准备。因此，爸爸妈妈一定要意识到这一点，并在平常带宝宝的时候，多和宝宝说话，教宝宝发音，并且鼓励他发音。很多爸爸妈妈都有这样的想法："宝宝到时候自然就会说话了，现在还这么小，什么都不懂呢！"其实，宝宝不是不懂，而只是不会说话。大人对宝宝说的话，会在宝宝的脑中留下印象，刺激宝宝语言能力的发展，同时还会作为语言信息储存进宝宝的大脑里，以备将来使用。而且，尽管宝宝不会说话，但他已经会通过观看大人的脸色，凭着自己的直觉猜测大人说话的意思。这样，大人跟他说的话越多，他自然也就学得越多，智力开发得也就越早。

因此，爸爸妈妈和家人一定要经常和宝宝说话，鼓励宝宝自言自语和咿咿呀呀，多给宝宝提供与爸爸妈妈"对话"的机会。例如，如果宝宝第一次无意识地叫出了"妈妈"或者"爸爸"，虽然可能他自己还不知道是什么意思，但是爸爸妈妈却可以以此来跟宝宝对话，赶紧答应一声。这样，宝宝就会很好奇，可能会再叫一声"爸爸"，然后听到爸爸的回答。由此，他会知道爸爸是谁，也会提高其发音说话的热情。诸如此类的例子还有很多。爸爸妈妈还可以在吃饭的时候，针对饭菜或者餐桌上的水果来跟宝宝对话，或者在给宝宝穿衣服的时候，跟宝宝对话，这些都是很好的方式。

☞ 用正确的语言和宝宝对话

宝宝对语言的使用和理解都来自于成人和同伴，尤其是和他关系最亲密的爸爸妈妈。宝宝语言发展的优劣取决于爸爸妈妈为宝宝准备的语言环境是好还是坏。一般来说，好的语言环境将会把人引向规范、清晰、准确的语言氛围中去，而不好的语言环境则容易把人带入不礼貌、含混的语言氛围中去。因此，了解了宝宝语言敏感期的特点，爸爸妈妈就要注意自己平常的说话方式，尽量用正确的语言来和宝宝对话。

生活中，我们常见到有些妈妈会这样和宝宝说话："宝宝，快来穿衣衣，吃饭饭。"其实，这样的语言形式对宝宝语言的发展是很不利的。在宝宝的语言敏感期内，家长给宝宝说的话应该正确、准确、清晰。对还不懂事的宝宝来说，语言的学习本身没有难易之分，有的只是错误和正确之分。因此，尽量说正确的话，给宝宝营造一个准确、正确、积极的语言氛围才是爸爸妈妈应该真正注意的。

除了生活用语，礼貌用语也是爸爸妈妈应该从小教宝宝的。生活中，爸爸妈妈带宝宝外出时，一定要以身作则，礼貌待人，并且教宝宝说一些礼貌用语"谢谢""对不起"等。这样的氛围会给宝宝留下有序、文明的印象，对其语言的发展甚至是性格的形成都很有帮助。

☞ 做事情不忘和宝宝对话

在宝宝语言敏感期内，尤其是在他开始和家人主动"对话"的时期内，爸爸妈妈一定要抓住机会多跟宝宝说话，尤其在做事的时候更不要忘了跟宝宝说话。因为此时爸爸妈妈的思维是与正在做的事情联系在一起的，发出的声音也是与这个行为有关的声音，这样更能加强语言和实物之间的关联性，加深宝宝对实物的认识和对语言的理解。

爸爸妈妈应该做到，无论是在给宝宝喂食、洗澡、按摩，还是换尿布时，都要配以相应的语言表达，用轻柔、清晰、准确的语言说给宝宝听。例如，给宝宝洗澡的时候，妈妈可以摸着宝宝的小胳膊说："这是宝宝的小胳膊，上面有灰尘，我们把它洗干净吧！"此外，爸爸妈妈可以告诉宝宝每种玩具都可以发出什么样的声音。例如，小汽车的声音是"嘀嘀嘀"、自行车的声音是"丁零零"、玩具狗的声音是"汪汪汪"等。在家里，妈妈可以准备一些动物的挂图，没事的时候就抱着宝宝来欣赏，并且一边欣赏一边给宝宝模仿这些动物的叫声，让宝宝也跟着模仿。一旦有客人来访，妈妈就拉着宝宝的小手向客人招手问好，客人走的时候，也让宝宝挥手说再见。总之，日常生活中的事情，爸爸妈妈都可以用轻松、清晰的声音说给宝宝听，这样一方面加强了宝宝对语言的理解，促进其语言能力的发展；另一方面也增加了宝宝对外界事物的认知。

☞ 做一本属于宝宝的书

研究表明，只要婴儿的发音器官正常，且具备良好的语言环境，那么从9个月开始，婴儿就能真正地理解成人的语言了。这个时候，宝宝其实已经可以理解成人常见的一些字、词和句子的含义了。因此，此时给宝宝做一本专属于他的书，让他通过读书、听书、看书来得到更好的语言刺激，是爸爸妈妈帮助宝宝加强语言能力的又一个好办法。

首先，妈妈可以把宝宝最喜欢的一些颜色、动物、食物和人物图片等都收集起来，通过塑封，制作成一本专属于宝宝的小书。然后，妈妈每天都要抽出固定的时间来带着宝宝看书、听书、读书。妈妈可以这样读给宝宝听："这是红色，宝宝最喜欢红色了，这是一个红色的气球；这是小猫，总是喵喵叫的小猫；还有这个，这是宝宝最喜欢的唐老鸭，一只鸭子，它正在游泳呢……"一段时间之后，妈妈可以换成其他一些新的词汇来读给宝宝听，以此来丰富宝宝的字、词、句。随着宝宝不断长大，妈妈可以随时增加小书的内容，把更多宝宝喜欢的东西塑封好填充进去，让宝宝真正拥有一本属于自己的、能够提高自己语言能力和认知能力的第一本书。由于这本书中的内容都是宝宝喜欢的，所以，宝宝一定会有很大的热情和兴趣去努力读它们，并且读给妈妈听，以此来锻炼自己的说话能力。

● "妈妈，走"：只言片语的表达

★ 宝宝趣事

亮亮快1岁了，已经能说出一些简单的词了。周六，我带着他去一位同事家做客。同事家有一条宠物犬，看起来很可爱。可没想到，这条漂亮的宠物犬一看到亮亮却"汪汪汪"叫了起来，一下子就把亮亮吓着了。后来，亮亮虽然不哭不闹了，但他一个劲儿地对我说："妈妈，走；妈妈，走！"我知道，他是害怕那条宠物犬了，才一个劲儿地要求我带他回家。

两天后，我带着亮亮去公园玩，在斑马线上等红绿灯。突然，我发现自己的鞋带开了，就弯腰去系鞋带，亮亮则拉着我的衣襟站在那里。这时候，绿灯亮了，周围的人都向前走去，亮亮一下子拉紧了我，嘴里说着："妈妈，走；妈妈，走！"我赶紧起身抱起他过了马路。后来，我仔细想了想这两件事，觉得亮亮进步很大，他会用句子来表达意思了，虽然说得不完整，但是意思很明确，简单的"妈妈，走"3个字却包含了他对妈妈的爱，这是多么令人高兴的事情啊！

★ 神奇的敏感期

从第10个月开始，宝宝之前的"咿呀学语"就有了大的改变，变得更加复杂了。此时的宝宝已经可以将不同的音节组合起来发音，虽然这些组合没有固定的形式，但却可以表达一些简单的意思了。与此同时，宝宝还能模仿大人说一些简单的词语，并能理解一些常用词语的意思了。随后，在此基础上，宝宝可以有意识地发出单字的音，含含糊糊地讲话了。不过，这个时候的宝宝虽然会说了，但却不能完整地说完一句话，而只是用只言片语来表意，就像故事中的亮亮一样。

虽说此时的宝宝还不能完整地说出一个句子，但他已经有了基本的理解能力和语言组合能力，因此，爸爸妈妈可以给宝宝买一些图书来看。有研究显示，儿童的早期阅读最适宜时间就是在宝宝9个月到1岁期间，这期间，宝宝会通过看书大大增加自己的词汇量和认知面，而书籍中流畅、通顺的语句也会给宝宝提供说话的好范本。此外，爸爸妈妈要多跟宝宝说话，刺激他语言能力的进一步开拓，帮助其增加词汇量，熟练语言表达。这样，宝宝就会顺利度过语言敏感期了。

☞ 训练宝宝的发音

在宝宝可以模仿大人说话，并且有了基本的发音能力后，爸爸妈妈就应该抓紧时机，训练宝宝的发音，让宝宝发音更流利，词汇量更丰富。

爸爸妈妈在训练宝宝模仿发音的时候，除了如"爸爸""妈妈"这类称呼外，也要训练宝宝说一些简单的动词，例如"走""坐""跑"等，在引导宝宝模仿发音之后要诱导着宝宝去主动地发出单字的辅音。在发这些动词音的时候，爸爸妈妈可以一边示范一边发音，增加宝宝的兴致，也更直接地告诉宝宝"走""坐"和"跑"这些动词的含义。

此外，爸爸妈妈还可以在宝宝的周围放上许多玩具，然后刺激宝宝说出玩具的名字。例如，宝宝想玩小花狗玩具，爸爸拿着小花狗问宝宝："你想玩什么？说出来，说出来爸爸就给你。"以此来刺激宝宝说出"小狗"这样的词语，扩大其词汇量。当宝宝掌握名词之后，还可以在名词后加上动词，让宝宝再练习，如"小狗叫""汽车跑"等。

生活中，爸爸妈妈可以面面俱到，无论是餐桌上的餐具还是卧室里的家具，都可以拿来跟宝宝对话，训练宝宝的发音。当然，前提是宝宝愿意去学习，并且热情很高，如果宝宝不愿意学习，或者状态不好，则千万不要勉强。

☞ 理解宝宝的表意

就像故事中的亮亮一样，对妈妈说的只是3个字"妈妈，走"。这并不是一个完整的句子，但因为妈妈知道亮亮心里的想法，所以很容易理解。但在很多时候，宝宝的这种只言片语的表达会让人一时难以理解，弄不懂宝宝到底想干什么，由此可能引发一些不愉快的事情。因此，爸爸妈妈作为宝宝身边最亲近的人，一定要细心地去观察并引导宝宝，理解宝宝的表意，帮助宝宝把话说清楚。

在宝宝学会用一个字来表达自己的要求的时候，爸爸妈妈就可以进一步地训练宝宝用两个字以上的词组来表达自己的要求。例如，宝宝说出一个"抱"字时，可能是在说要爸爸妈妈去抱他，也可能是说他想抱个布娃娃。这时候，爸爸妈妈就可以根据当时的情景，引导宝宝把这个单字说成2～3字的句子，例如"妈妈抱"或者"抱娃娃"。再例如，宝宝说"走"的时候，爸爸妈妈可以依据他的形体语言来猜测他的意思，或者用语言引导着问他："宝宝是要下楼走走吗？"如果是，那么爸爸妈妈就教宝宝说"下楼走"，等下了楼，爸爸妈妈还可以适时地问宝宝："现在到哪里去玩呢？"然后让宝宝说出他想去的地方。

需要注意的是，很多爸爸妈妈会在宝宝说"抱"的时候就直接把他抱起来，这并没什么不妥，但是如果你引导着宝宝，让他说出"妈妈抱"就再好不过了。通过这样的引导，再加上适时地观察揣摩宝宝的行为和心理，就能明白宝宝的意思，并且引导宝宝用更清晰的语句来表达自己的意思。而一味地呵斥宝宝或者打骂宝宝，既不能理解宝宝的意思，还可能让宝宝对说话产生不好的感觉，进而影响语言的发展。

☞ 用完整的语言帮宝宝解码

宝宝虽然快1岁了，但他还不能完全正确地表达出自己的感受，大人和宝宝在一起交流，也确实是挺复杂的一件事。虽然，有时候，为了让宝宝明白一件事情，爸爸妈妈又是解释又是比画，但是宝宝内心的意念很强大，依然会我行我素，说什么都不听。这时候，爸爸妈妈就要换一种方式，考虑一下用完整的语言来帮助宝宝理解这件事情。

例如，1岁的宝宝对时间的概念还非常模糊，他丝毫不知道10分钟到底有多长，5分钟又有多短。如果有一天妈妈对他说："5分钟后我们要出去走走。"这在宝宝听来是毫无意义的，因为他根本不知道5分钟是多长。此时，你就是再跟他解释也解释不通。但是，如果妈妈向他解释时间时，能够用描述一系列事件来代替时间的概念，告诉他最先发生了什么，后来又发生了什么的话，宝宝就可能会理解了。例如这个"5分钟"的概念，妈妈就可以这样对宝宝解释："我们洗完了脸，梳好头发，穿上衣服，然后就可以出去了。"

另外，爸爸妈妈在向宝宝描述关于安全问题的时候，也要注意用词的简洁，尽量只使用单个的词，例如"烫""危险"等。很多爸爸妈妈在遇到这些事情时，都会大声告诫宝宝："不要碰热水""不要去马路上玩"……但宝宝并不理解为什么不能碰热水，为什么不能去马路上玩。既然不理解，那宝宝肯定也不会在心中重视这些话。相反，如果你说一个"烫"，宝宝就会明白"热水很烫，不能碰"，说"危险"，宝宝也会明白"马路上车多，不是玩耍的地方"。这样，宝宝一下子就会了解事件的本质，也就会明白该怎么做了。

总之，爸爸妈妈在跟宝宝沟通的时候，一定要选择恰当、有效的词语，尽量用客观的、实际的、完整的语言来帮助宝宝理解事情。只有这样，宝宝才能更好地掌握语言的形式和用法，并且拥有最基本的社会准则。

视觉的敏感期

在感官的五感中，最先发育的就是视觉。刚刚出生的宝宝就有了一定的视觉能力，最早表现为对光的敏感。随着宝宝月龄的增加，宝宝对光的敏感度会日益增加：宝宝会关注一些黑白相间、明暗相交的地方；当眼前的光线突然加强时，宝宝会很害怕地闭上眼睛；眼前有晃动的物体时，宝宝会移动视线跟随等。这个时候，宝宝的视神经及负责视觉相关的中枢神经都已经铺设就位，但还需要外界给予必要的刺激，才能让视觉系统更好运行。因此，爸爸妈妈应该抓住这个视觉敏感期，培养宝宝的视力。

❀ 对亮光有反应：视神经的发育

★ 宝宝趣事

一天，一位妈妈抱着自己刚出生一个多月的宝宝到阳台上晒太阳。不一会儿，妈妈就发现，怀里的小家伙总是瞅着阳台上的一大束绿色植物看，且看得非常专心，小眼睛连眨都不眨一下，而且丝毫没有哭闹的意思。妈妈对此奇怪极了，心想："是什么让儿子看这么久呢？竟然也不哭闹了！"

没想到，第二天，当妈妈抱着儿子又来到阳台晒太阳时，儿子竟然还是盯着那一株绿色的植物看个没完。这时，妈妈忍不住也从宝宝的角度向前看去，结果发现，透过这一株植物的缝隙，可以看到阳光投射下来的点点亮光，一闪一闪的，非常漂亮。原来，小家伙就是被这些亮光给吸引住了。这下，妈妈才恍然大悟。

★ 神奇的敏感期

很多爸爸妈妈都有这样的感觉，刚出生不久的婴儿对光线很敏感，很痴迷。这是因为，这个时候婴儿的视力还不是很好，眼睛对外界事物的感知还不是特别强，只能看到一个明暗相间的、模模糊糊的世界。对刚出生的宝宝来说，这是一种什么样的感觉呢？教育专家指出，这就相当于在一个长长的黑暗的隧道尽头处，出现了一个光点，这是一个突然出现的光亮的地方，与之前在妈妈肚子里感受到的黑暗是完全相反的。在黑暗的世界中，这样的一个光点显得如此明亮和奇妙，更附带着一些非凡的意义。当这个光点逐渐变大，直至变成最后的光明，把宝宝包围住，宝宝就进入了一个崭新的世界，他对光的敏感期也就随之过去了。这样的一个过程给宝宝带来了愉悦感和持续不断的满足感，在此过程中，宝宝也增加了对这个世界的了解和认知。

因此，刚出生不久的婴儿会对光线非常感兴趣，并且达到痴迷的程度。这只是婴儿出生后认识世界的第一步，在逐渐适应并且认识了光线之后，婴儿就会逐渐认识其他事物了。

☞ 了解宝宝的视觉发展时间表

从胚胎时期开始，宝宝的视觉发育就已经开始了，且这一进程还要持续到宝宝出生后一段时期。0~1岁这段时间，是宝宝视觉发展的关键期，若想养育出视觉发育健全的宝宝，爸爸妈妈需要在这段时间内关注宝宝的视觉发育。

刚刚出生的宝宝，视神经还不能完全发挥作用，视觉能力比较弱，而且也无法承受强光的刺激。出生后2~3个月时，宝宝才能认出爸爸妈妈，这个时期，只要醒着，他就会盯着自己的爸爸妈妈看。在3个月时，宝宝的眼睛差不多能像成人那样聚焦，也开始可以区分出红绿色了。

出生后4~6个月时，宝宝用眼睛捕捉外界信息的能力会逐渐增强，且因为视觉发育逐渐成熟，此时宝宝看到的世界也更加多彩了，已经差不多能辨别出各种颜色，而且还能区分出颜色的深浅了。更重要的变化是，此时宝宝的深度视觉开始发展，已经可以看到立体的世界了。这个时候，宝宝喜欢躺着用眼睛观看周围的事物，捕捉信息，因此爸爸妈妈可以多抱着宝宝走走，或拿一些物品和图片给宝宝看，让宝宝广泛接触这个美妙的世界。

之后，到6~12个月的时候，宝宝的视觉发育将进入一个新阶段。此时宝宝的大脑差不多能灵活地指挥两个眼球协调移动，并能很好地将两只眼睛看到的图像进行整合。由此宝宝的视觉判断力会逐渐增强，他们就能知道什么东西是自己够得着的，什么东西虽然能看见，但却够不着。同时，因为这个时期的宝宝已经能爬会走了，所以宝宝活动的范围、能看到的事物也增加了，当然，宝宝对眼睛的依赖性也在增强。要想使宝宝的眼睛得到充足的锻炼，最好鼓励宝宝多用眼睛观察，同时让宝宝远离会对视觉造成危害的事物。

☞ 重视视觉的开发

许多爸爸妈妈认为，就算宝宝小时候视力不太好，到了一定年龄之后，视力也会自然而然地发展起来，根本没有必要有意识地去开发。其实，这样的想法是错误的。研究结果已经表明，无论是动物还是人，在生命的最初阶段，大脑和脑功能都还处在构建的过程中，身体的各种感觉，如视觉、触觉、听觉、味觉等都与大脑中相应的神经中枢联系在一起。只有建立了这种联系，身体的各种功能才能发挥正常的作用。

现实生活中，如果一个宝宝一出生就被蒙上了眼睛，那么他的眼睛就没有机会跟大脑中特定的神经中枢建立联系，大脑中主管视觉的结构就难以被激活，也就收不到眼睛传递来的信号。因此，一旦宝宝的视觉敏感期消失，就算把他眼睛上蒙着的布给拿下来，他的眼睛依然会失明，而且复明的可能性几乎不存在。

由此可见，儿童的敏感期和他的大脑发育以及智力的发展是有着很大的关联的，爸爸妈妈一定要抓住宝宝从出生到半岁的这段视觉敏感期，积极开发宝宝的视觉，让宝宝拥有健康、正常的视觉能力。

❀ 喜欢黑白相间的物体：构建视觉神经通路与网络

★ 宝宝趣事

嶙嶙刚出生的时候很乖，很安静，几乎不怎么哭闹。大部分时间里，妈妈发现，嶙嶙总是在睡觉，不过有时候却会在梦中惊跳。这让妈妈很担心，甚至心中有些恐惧。妈妈心想："这小家伙从妈妈的肚子里来到这个陌生的世界上，一定很害怕、很恐惧吧！"

一段时间之后，妈妈就发现了一个奇怪的现象，原来嶙嶙不再总是睡觉了，他开始频繁地目不转睛地盯着某个地方看，或者是睁大了眼睛盯着台灯投射在墙上的影子看，或者是扬起小脸来看投射在天花板上的某个影子。在看的时候，小家伙特别专心，几乎一动不动，似乎在专心研究着什么。有时候，妈妈抱着嶙嶙坐久了，会更换一下姿势，这样小家伙就会一下子找不到墙上的影子了。在重新坐好之后，嶙嶙就会用眼睛到处去寻找原来的影子，直到找到为止。经过多次观察嶙嶙看的地方，妈妈发现，嶙嶙对那些黑白相间的地方非常感兴趣，总是用眼睛去找那些地方。

这种现象一直持续了一个月。一个月后，妈妈发现，嶙嶙对那些黑白相间的地方已经不那么感兴趣了。

★ 神奇的敏感期

很多爸爸妈妈认为，刚出生不久的宝宝一定对彩色的东西很感兴趣，于是就拿一些彩色的气球或者其他玩具放在宝宝眼前，希望以此来锻炼宝宝的视觉。其实，刚出生不久的宝宝对彩色的东西并不很感兴趣，他们更喜欢看一些黑白相间的物体，就像故事中的嶙嶙一样。

心理学研究已经表明，在视觉敏感期内，那些黑白对比明显的物体，更能引起和维系宝宝的注意力。这是因为，对刚出生不久的宝宝来说，他的视觉神经通路还没有建立起来，对色彩不敏感，视觉整个是模糊的，而那些黑白反差较大、较强烈的物体更能在模糊的视线中凸现出来，吸引住宝宝的注意力。

随着时间的推移和年龄的增长，宝宝的视觉能力也在不断发展，将会逐渐看清楚眼前的事物和人了。例如，在某一个时期，宝宝能够认出妈妈和身边经常照顾自己的亲人了，并且开始有意识地去看身边的人。之后，宝宝就不仅可以看清楚眼前的物体，也可以看清楚远处的物体了，甚至慢慢地，宝宝还会主动地用眼睛去寻找物体看了。

☞ 借助玩具，训练宝宝的视觉

在这个时期，爸爸妈妈可以借助于一些玩具，来训练、促进宝宝的视觉发展。对宝宝来说，洋娃娃是必不可少的玩具，爸爸妈妈可以利用洋娃娃让宝宝享受视觉敏感期，并顺利度过视觉敏感期。爸爸妈妈先找来一些颜色简单（例如黑白相间）、五官清晰并且不过分夸张的洋娃娃给宝宝看，或者在宝宝眼前晃动，以此来吸引宝宝的注意力，一方面刺激宝宝视觉的发展；另一方面也能让宝宝对五官和洋娃娃有个初步的印象。此外，爸爸妈妈还可以找来其他符合条件的玩具在宝宝眼前晃动，或者悬挂在宝宝的床头，让宝宝可以看到，这样也有助于宝宝视觉的开发。

一般来说，1岁之前的宝宝除了睡觉，都在积极地运用自己的视觉器官来观察周围的环境。这个时期的宝宝，视觉器官运动还不够协调、灵活，绝大多数宝宝的视力还呈现远视型，当他们注意某一个事物的时候，常常会出现一只眼睛偏左、一只眼睛偏右或者两只眼睛对在一起的情况。因此，为了丰富宝宝的视觉感受，那些悬挂在宝宝床头前的玩具应该经常变换位置，玩具也应该选择一些体积较大的并且能发出声响的。爸爸妈妈可以利用宝宝最喜欢的玩具跟宝宝一起玩"捉迷藏"的游戏，通过不断地变换玩具出现的位置，来训练宝宝迅速改变视觉方位，调节左右眼的灵活运转。为丰富内容，吸引宝宝的注意力，爸爸妈妈还可以将一些玩具系在绳子上，在宝宝面前做有规律的水平方向或者垂直方向的移动，然后再逐步过渡到水平与竖直方向交替进行，速度也要先慢后快，逐步训练宝宝眼睛追逐左右、上下变化的事物的能力。

☞ 丰富宝宝的视觉环境

既然我们已经知道，在视觉敏感期内，可以用一些视觉道具来刺激发展宝宝的视觉，那么爸爸妈妈更应该在日常生活中尽力去为宝宝准备更加充足的道具，丰富宝宝的视觉环境。例如，爸爸妈妈可以专门准备一些CD光盘，将它们排放成不同的形状，让宝宝观察。由于光盘本身亮晶晶的，会反射光线，几个光盘放在一起常常会呈现出不同的颜色和明暗，并且会像投影仪一样折射出不同的物体来，因此会在很大程度上吸引住宝宝的注意力，极大地促进宝宝视觉能力的发展。

当然，如果爸爸妈妈发现宝宝很喜欢玩具，那么也可以在家里宝宝容易看到、注意到的地方挂上或者摆放一些宝宝非常喜欢的玩具，例如墙上、屋顶上、小书桌上等等，让宝宝去看和观察。爸爸妈妈还可以有意识地引导宝宝去观察不同颜色的床单、窗帘、盖饮水机的布片等等。除此以外，爸爸妈妈也可以采用其他各种创新方式来刺激发展宝宝的视力，不过要注意，一方面不能让宝宝的眼睛感觉过分劳累；另一方面还要注意采取的方式一定要是宝宝可以接受的，不能太夸张。

❀ 视线跟随物体移动：视觉的初步发展

★ 宝宝趣事

一位爸爸讲述了自己宝宝小时候的视觉发展：

宝宝刚出生的时候几乎不睁眼，每天就知道吃饱了睡，睡好了吃。后来，当他1个月时，他妈妈再给他喂奶的时候，总是叫他的名字。这样，宝宝就慢慢睁开眼，先是定定地看着妈妈的脸。这时候，我就开始在旁边逗他，让他看我。他一开始根本不看我，或者视线移过来，但是就是不看我，不知道在看什么。对此我很气愤，总是锲而不舍地逗他，让他看我。这样，他终于看到我了，小眼睛盯着我看半天，却一点儿感情也没有。他妈妈说："宝宝太小了，估计都看不清楚你。"这时候，我要是一离开，他马上就不看了，回头继续去看她妈妈。不过，这时候，他会移动视线了，虽然有时候视线难以集中起来，但眼睛却能转动着看了。后来，大概到宝宝3个月的时候，他就进步多了。我一叫他，就会扭过头来看我，眼睛里也有了些神采，而且，这时候我要是移动身子，他就会跟着我一直看。有时候，我逗他，拿一个红色的玩具放在他眼前，他就会盯着看，我把玩具往左边移动，他就随着往左边看，一直转到脖子再也扭不动了才停。我再往右移动，他也会随着往右看，也是一直看到最后。我很高兴，小家伙的视力看来是没有什么问题了。

★ 神奇的敏感期

其实，在1个月左右大的时候，宝宝的视线就可以跟踪着物体移动了。宝宝刚出生的时候，对光线会有所反应，但是眼睛发育不完全，视觉结构、视神经都尚未成熟，固定视线的能力还比较差，此时的宝宝只能感觉到眼前有物体在移动。研究发现，新生宝宝的眼睛约有23厘米的聚焦距离，如果此时想让宝宝看某样东西，最好放置在这个距离内，而这个距离也是哺乳时妈妈的脸跟宝宝的眼睛之间的距离。在这个距离内，当某样物体发生移动时，宝宝也会跟着移动目光。之后，当长到3个月大的时候，大多数宝宝的视线都可以"跟随"着运动的物体，也可以将视线固定在某个物体上了，而那些彩色、运动的物体都能吸引宝宝的注意力了。

这个时候，爸爸妈妈可以用一些简单易行的小游戏或者是小活动来辅助加强宝宝的视觉能力，加强宝宝的观察能力。例如，妈妈在和宝宝说话的时候，可以先让宝宝注意到自己，之后就慢慢地移动，让宝宝的视线也随着自己移动。爸爸可以拿一个玩具给宝宝看，等宝宝注意力集中在这个玩具上后，再换另一个玩具给宝宝看，以此来训练宝宝把视线从一个物体转移到另一个物体的能力。爸爸妈妈还可以手里拿着拨浪鼓、气球、图书等物品，在宝宝的眼睛周围慢慢移动，速度由慢到快，范围由小到大，并且还可以按照一定的方向来进行训练，如从左到右，从下到上，之后再从右往左，从上到下等等。总之，尽可能地围绕宝宝眼睛周围进行各个方向的移物训练，以此来增强宝宝眼球活动的灵活度和敏感性。

☞ 抱着宝宝照照镜子

很多爸爸妈妈有这样的体会，当宝宝的视觉能力得到发展之后，他们最感兴趣的是周围人的五官，他们会盯着某个人的脸部目不转睛地看着，似乎要把这个人给研究透。这个时候，爸爸妈妈就可以"投其所好"，经常抱着宝宝照镜子，以此来锻炼宝宝的视力。

一位妈妈就表示，自己家的宝宝在7个月大的时候，每次看到镜子里的自己，都会非常兴奋，总是挣扎着去摸镜子，并且对着镜子看半天。这个时候，这位妈妈就指着镜子里的宝宝对宝宝说："宝宝快看，镜子里的宝宝是谁啊？快跟他打个招呼！"时间久了，当宝宝长大一点，每次再抱他照镜子时，这位妈妈就会对他说："宝宝快看，镜子里宝宝的嘴巴多可爱啊，你的嘴巴呢？指给妈妈看看！"这时候，当宝宝用手指着自己的嘴巴的时候，他会看到镜子里的宝宝也在用手指着自己的嘴巴。这样的情况多了，宝宝就会知道镜子里的宝宝其实就是他自己了。

由此可见，在宝宝对人的五官产生兴趣的时候，镜子会成为他们的视觉和认知能力发展的最好工具。另一位妈妈曾经在宝宝6个月的时候，在其床头上挂了一面镜子，后来她发现，宝宝常常会主动翻过身去，"欣赏"镜子里的自己。这样，宝宝的翻身以及抬头能力就比其他宝宝要强得多，而在这个过程中，宝宝的认识能力和视觉也得到了极大的发展。

总之，在宝宝的视觉敏感期内，爸爸妈妈一定要充分利用镜子这个好工具，采取各种可行的方式来提升宝宝的整体能力，给宝宝认知世界和发展自己的能力提供更多的机会。

☞ 扩大宝宝的视觉范围

我们知道，大部分婴儿的床是平的，且不可以调节，也就是说，除了被家人抱起来，婴儿只能躺在床上，看到最多的地方就是头上白白的天花板。在宝宝还很小的时候，这样的状态没有什么不好，但随着婴儿年龄的增加，宝宝视觉能力有了一定的发展后，爸爸妈妈就应该尝试着来扩大宝宝的视觉范围，给宝宝更多的视觉认识和发展。例如，爸爸妈妈可以给宝宝买个可调节角度的婴儿床等。

一位妈妈给宝宝买的婴儿床就是可以调节角度的。这样，当她的宝宝四五个月的时候，她就常常毫不费力地将婴儿床调节一下，例如让婴儿床与地面呈现30°的夹角，这样宝宝躺在床上就可以看到更多周围的环境，极大地开阔了视野，也更好地锻炼了视力。这样的方法能很好地提高宝宝的视觉能力，爸爸妈妈不妨尝试一下。此外，爸爸妈妈还可以采取其他的有助于扩大宝宝视野的方式，

儿童敏感期与智力开发全案

例如定时抱着宝宝在屋内转悠转悠或者去邻居家做客等，让宝宝接触不同的环境，从而锻炼他的视力，开阔其视野。

☞ 有意识训练宝宝的视觉感知力

日常生活中，爸爸妈妈也应该有意识地训练宝宝的视觉感知能力，通过一些简单有趣的小游戏来训练宝宝，促进宝宝视觉能力的良好发展。以下是两个简单易行的小游戏，爸爸妈妈可以作为参考。

1. 先准备一只手电筒和一小块纱布。晚上，爸爸妈妈可以用纱布把手电筒给蒙上，减弱手电筒的光线，然后关掉房间里的灯并且打开手电筒。在宝宝面前慢慢移动手电筒，训练宝宝用眼睛去追逐光线。在游戏进行过程中，爸爸妈妈会发现，宝宝的目光会很专注地停留在光束上。游戏进行的时间一定要控制好，太长时间容易让宝宝疲劳，一旦宝宝不再看光束了，就表明他累了，应该马上停止游戏。

2. 准备一些黑白照片或者黑白图片，爸爸妈妈拿着到宝宝面前让宝宝看。之后，爸爸妈妈再一张一张地给宝宝这些照片或者图片。把所有的照片或者图片介绍完之后，爸爸妈妈可以再让宝宝重新看一遍，这回可以每三四秒钟换一次，加深宝宝的印象。

需要注意的是，上面的游戏都应该在非常轻松的氛围下进行，爸爸妈妈应该在宝宝乐意看的前提下去给宝宝看，千万不能为了训练宝宝而强迫宝宝去看，这样只会违反训练的初衷，也难以收到好的效果。此外，生活中还有许多类似的游戏，只要爸爸妈妈细心观察，善于发现，然后多多尝试，就能给宝宝提供更好、更有趣的训练。

✿ 越来越喜欢看东西：形成立体视觉

★ 宝宝趣事

一位妈妈这样讲述自己的宝宝：

宝宝刚出生的时候，总是闭着眼睛。之后，当宝宝1个月大时，每次抱着他吃奶的时候，他不再闭着眼睛了，总是固定地看着某一个方向。有一次，我好奇地顺着他的视线看去，发现他正在瞅着墙壁上一片朦胧的影子，那影子黑白分明，还不断地晃动。后来我知道，这个时期的宝宝会对明暗相间的地方感兴趣，因此他喜欢看黑白相间的地方。后来，当宝宝三四个月时，再抱着他吃奶的时候他就不专心了，小眼睛总是不停地看看这里，看看那里，似乎对什么都很感兴趣。抱着他出去的时候，他也总是一会儿看看树上的鸟儿，一会儿看看旁边的人，有时候帽子遮住了他的眼睛，他就使劲儿地转动脑袋，要把眼睛露出来。这时候，我知道，宝宝的视觉已经差不多形成了，正在"拼命"地练习着看东西呢！后来有一次，我拿了一只玩具小花狗在他眼前晃动，他先是不在意地看着，渐渐地就集中注意力开始盯着这只小狗看了。

★ 神奇的敏感期

从4个月起，宝宝就开始建立立体视觉了，因为他的视网膜已经有了很好的发育，双眼的视觉发育也已经成熟。此时，宝宝可以由近看远，再由远看近，甚至于物体的细微部位也能看得很清楚了，而对于距离的判断也开始发展。这个时候，宝宝的眼睛和双手可以相互协调着做一些简单的运动了，而宝宝也越来越喜欢运用视觉能力来观看周围的世界了。

之后，到宝宝6个月大的时候，其眼睛已经有成年人的2/3大了，看物体的时候是双眼同时在看，因此可以获得正常的"两眼视觉"，而其对距离和深度的判断力也继续发展。到1岁左右时，宝宝的视力会进一步全面发展，眼、手及身体的协调更加自然，这时候他们的视力为0.1～0.3。

在这个过程中，爸爸妈妈要注意给宝宝适当的视觉刺激，来帮助宝宝发展视觉。爸爸妈妈可以让宝宝多看看不同颜色的物体，例如在宝宝的小床周围挂上五颜六色的气球，在家里贴一些颜色丰富的图画，或者带宝宝到一些超市里去看色彩丰富的包装品和饰品等。另外，爸爸妈妈还可以有意识地加强宝宝对多维物体的观察。刚开始的时候可以用颜色较为单一的图片，之后逐渐增加颜色多的图片；开始可以是二维的图片，之后再选择三维的；形状选择也要多种多样，方形的、圆形的、球形的、不规则形状的，等等。还可以带宝宝到一些体育场所做视觉训练，例如各种球类运动场所等。由于在运动场所宝宝可以追视运动员的跑动以及球体的运动，因此会大大刺激宝宝视觉反射区的发展，加强视觉能力。

☞ 给宝宝看色彩鲜艳、画面形象的图书

宝宝越来越喜欢看东西，爸爸妈妈就有必要给宝宝准备一些色彩鲜艳、画面形象的图书了。这些书内容简单、画面鲜艳丰富，能引起宝宝的兴趣，同时还能让宝宝认识更多的事物，提高自身的认知能力。

很多宝宝都喜欢有图片的书籍，因此爸爸妈妈可以选择一些图形简单、印刷精

儿童敏感期与智力开发全案

良、色彩鲜艳的图册，不仅让宝宝一个人看，爸爸妈妈也可以经常和宝宝一起看，并且给宝宝讲解书中的故事。需要注意的是，要尽量选择那些形象逼真、描述精确、色彩鲜艳、图画单一、画面清晰的画册来教宝宝认识。这样，一方面会吸引住宝宝的注意力；另一方面也能让宝宝把书中的物品跟现实中的物品联系起来。当然，为了方便宝宝认识这些物品，爸爸妈妈也可以把一些事物或者动物的图片挂在宝宝房间的墙壁上，让宝宝没事的时候就指认。在和宝宝一起看图画书的过程中，爸爸妈妈一定要告诉宝宝图片的准确名称，千万不能模棱两可，或者说别名。例如在看到小猫的图画时，爸爸妈妈要对宝宝说"这是小猫"，而不能告诉宝宝"这是喵喵"，以避免宝宝误认为猫的名字就是"喵喵"。不过，因为宝宝注意力集中的时间比较短，因此每次看书的时间不要太长，以免让宝宝感到视觉疲劳。

通过观看这些彩色图书，宝宝的视觉系统会得到全面锻炼，逐渐形成立体视觉，这就为以后观察整个世界打下了良好基础。

☞ 用语言激发宝宝的视觉认知力

其实，随着宝宝的不断成长，他会慢慢地看清楚周围的物体，视力逐步发展成大人的水平。很多爸爸妈妈都有这样的体会，在不知不觉的某个时间，宝宝突然就可以看清楚周围的人了，他会对那些熟悉的面孔报以微笑，而一见到陌生的人就会哭闹不止。这个时候，其实就是宝宝的视觉能力发展起来的体现。在这之后，很快地宝宝的视线范围就会不断扩大，从近处的物体一直到远处的物体，越看越清晰，并且很快地，他们就会知道自己主动去观看一些事物了。到了这个时候，爸爸妈妈就可以用语言来激发宝宝的视觉认知能力了。

一位妈妈发现，自己6个月大的女儿每次睡醒之后，都会把小手放在嘴里吮吸半天，之后再把小手放在眼前看一会儿。后来，妈妈就趁着宝宝看手的时候，拿起女儿的小手在她眼前来回晃动，并且对她轻声说："宝宝看，这是你的小手，这个小手可以用来抓东西。你看，可以这样抓着妈妈的手，来，宝宝自己试试，抓住妈妈的手！"然后，她就帮助宝宝用她的小手来抓妈妈的大手，没试几次，女儿就能抓住她的手了。这时候，女儿就会开心地笑起来。

其实，不到1岁的宝宝根本听不懂爸爸妈妈的话，但这一点儿都不影响爸爸妈妈对他们进行训练和帮助。当爸爸妈妈不停地摇晃宝宝的小手并且帮助他们抓住某个东西的时候，宝宝就会主动地去观察自己的手，并且逐渐了解手的功能。这样的过程中，宝宝的视觉能力和认知能力都得到了很大的发展。

听觉的敏感期

刚刚出生的婴儿就已经具备了一定的听力，开始进入了听觉敏感期。在这个时期内，宝宝会表现出对声音的独特爱好：一有声音响起，就会转头去看；非常喜欢听那些能够发声的玩具；听到音乐响起，会手舞足蹈起来等。此时，如果爸爸妈妈有意识地对宝宝进行听觉刺激，配合宝宝的听觉敏感期给宝宝做一些专门的训练，那么宝宝的听力就会迅速提高。

❀ 头自觉扭向音源处：新生儿已经具备听觉定向能力

★ 宝宝趣事

科学家曾经做过如下的一个实验：

在某个新生儿觉醒状态的时候，他的头是向着前方的。此时，用一个小小的塑料盒，在里面装上少量的玉米粒或者黄豆，放在距离婴儿右耳朵10~15厘米的地方轻轻摇动，盒子会发出很柔和的"咯咯"声。而婴儿此时会变得警觉起来，先是转动眼睛，接着就把头转向声音发出的方向，甚至他还试图用眼睛去寻找小盒子，那样子似乎是在寻找一个好玩的玩具。

此时，如果你把婴儿的头恢复到正前方的位置，然后在婴儿的左耳朵旁轻轻地摇动方盒，那么婴儿的头和眼睛又会转向左方。如此反复，婴儿每一次都能准确地把头转向声源。似乎婴儿小小的头部是个天线，可以自动地移动到最好的接收声音的方向。

当然，上面的实验都是在响声温和的情况下进行的，如果声音过强了，那么婴儿就会表现出厌烦的样子，头不但不转向声源，而且还会转向相反的方向，甚至用哭闹来反抗这种噪声。这充分说明，新生儿是有声音的定向能力的。

★ 神奇的敏感期

上述实验可以说明：新生儿从一出生就有声音的定向能力。他们不但可以听到，而且会主动去看声源物，这说明新生儿的眼睛和耳朵两种感受器内部已经由神经系统连接起来了，这种连接能使新生儿尽可能完整地感受外界的刺激，从而更好地适应环境。

其实，准确来讲的话，胎儿在母体内就已经具有了听力，母体内母亲的心跳声、血液流动声等都是胎儿最熟悉的声音。因此，刚出生的婴儿也是有听力的。很多妈妈都有过这样的体会，当宝宝哭闹的时候，一旦把他抱起来，让他的头靠在自己胸口的位置，宝宝会很快停止哭泣。这就是因为，宝宝听到了母亲的心跳声，这是他作为胎儿在母体中听到过的声音，是熟悉的声音，因此会有一种亲切感，觉得安全。此外，很多宝宝都很依恋妈妈，一旦听到妈妈的声音就会手舞足蹈，而如果是别人的声音就会哭闹起来。这也说明，新生儿确实是有听力的，而且听觉很敏锐，可以辨别出不同人的声音。当然，随着宝宝年龄的增长，他的听觉系统会逐渐适应这个新的世界，也就不会再像初生时如此敏感了。

☞ 在宝宝的耳边发声

既然新生儿已经有了听觉定向能力，可以听到周围的声音，那么，爸爸妈妈就应该多跟宝宝说话，来促进其听力的发展。不过，由于新生儿的听觉系统还没有发育完善，他们对于一些比较弱小声音的反应还不是很灵敏，只有较大的声音才能吸引他们的注意力。因此，在对宝宝说话的时候，爸爸妈妈最好在宝宝的耳边发声，并且尽量提高音量，让宝宝可以听到。当然，声音也不是无限制大，那样也容易损伤宝宝的听力。

一般来说，爸爸妈妈可以抱着宝宝，让宝宝跟自己面对面，能够看到自己。之后，凑近宝宝的耳朵，在他的耳边喊他的名字，一边喊，一边摇头或者远离宝宝。这个时候，宝宝就会随着爸爸妈妈的脸和声音来回移动。此外，爸爸妈妈也可以轻轻地拍手或者学一些动物的叫声，以此来吸引宝宝的注意力，并引导着宝宝寻找声音的来源，提高宝宝的反应能力。

☞ 摇动有声的玩具

在训练宝宝听力的时候，除了爸爸妈妈自己对宝宝说话外，晃动一些有声音的玩具也是很好的方法。爸爸妈妈可以手里拿着有声的玩具，把玩具放在离宝宝

25～30厘米远的位置，一边不停地摇晃，一边缓慢地移动。这个时候，当宝宝听到声音后，视线就会随着玩具和响声来回移动。

需要注意的是，爸爸妈妈在移动玩具的时候，一开始一定要慢一点儿，让宝宝的视线能够跟得上。如果宝宝的视线跟不上，那么宝宝听得也会不好，直接影响听力的发展。另外，爸爸妈妈一定要根据宝宝的兴趣和热情来做这个活动，如果宝宝没有了兴趣，感到疲劳或者不愿意再跟着玩具来移动视线，那么爸爸妈妈就应该及时地更换另一种好玩的玩具来试试，或者停止活动让宝宝休息一会儿再继续。总之，这个活动不但可以培养宝宝的听力，发展其听觉系统，还有助于宝宝视觉系统的发展，让听觉和视觉协调运作。因此，爸爸妈妈可以多和宝宝做这样的活动。

❀ 最爱能发声的玩具：喜欢处在有声音的环境中

★ 宝宝趣事

一位妈妈给人讲了自己儿子小时候的趣事：

在儿子三四个月大的时候，他睡觉一醒过来就会不停地哭闹，一点儿也不安生。开始的时候，我以为他是饿了，就不停地给他喂奶吃。可是，每次喂完奶刚过5分钟，他就会再次哭闹起来，再喂一次，5分钟之后他依然会再次哭闹。没办法了，我知道不是饿了的缘故，于是只好抱着他在屋子里来回走动。没想到，这个方法还真是有效，我一走动，儿子就会安静下来，不再大哭大闹了。

可是，每次走了一会儿之后，当我停下来不走，或者因为累了要把他放下来时，他都会再次大声哭起来，丝毫也不体谅我的劳累。每当这个时候，我都在心里默默生气："这小家伙，难道想让我一直抱着他走动吗？这样我可吃不消啊，有没有其他的方法能让他停止哭闹呢！"

后来有一次我去买东西，在超市里看到了一只漂亮的电子小狗，只要一揪小狗的长耳朵，小狗就会前后晃动并且发出悦耳的声音。从那以后，一旦儿子再次哭闹不止，我就拿出这只玩具小狗给他看，让小狗一边晃动一边发出响声。这样，儿子果然就不哭了，而且还睁大一双眼睛，非常认真地去寻找这个能发出声音的漂亮小玩具。

很久之后我才知道，原来儿子当初那么喜欢我抱着他走动，甚至喜欢有声音的玩具，都是因为，儿子喜欢处在有声音的环境中。

★ 神奇的敏感期

从故事中可以看到，很多宝宝确实喜欢待在有声音的环境里，一旦没有了声音，他们就会开始制造声音，例如大声哭闹。而一旦周围有声音响起，宝宝就会马上停止哭泣。

其实，当胎儿在母体里的时候就已经能够感受到声音了，他们可以感受到母亲心跳的声音，母体血液流动的声音和其他来自外界的细小的声音，尤其是外界传来的一些音乐的声音。因此，对出生不久的宝宝来说，整个世界都是陌生的，而稍微有些声响的环境则对他来说更为亲切和安全，因为这跟他在母体中感受到的环境是相似的。很多妈妈应该都有这样的感觉，在宝宝哭闹的时候，一旦有音乐响起，或者有其他富有节奏感的声音响起，宝宝马上就停止哭闹，很认真地去听这个声音。这就是因为，在母体中的时候，宝宝已经熟悉了这些舒缓的音乐声，因此此刻听起来会更加亲切和舒服。

此外，科学研究也表明，0～2岁的这个年龄段，既是宝宝视觉发展的关键时期，也是宝宝听觉发展的关键时期。因此，在这个时期，爸爸妈妈应该有意识地给宝宝提供一些外界的刺激，以此来训练宝宝的视觉，同时也训练其听觉。当然，这样的练习也有助于宝宝听觉与视觉的协调配合，进而提高宝宝的灵敏度。

☞ 给宝宝有声的玩具玩

为了刺激宝宝听觉的发展，爸爸妈妈可以在生活中多给宝宝玩一些有声音的东西。例如，爸爸妈妈可以把一些有声的玩具如小铃铛、拨浪鼓、音乐盒等给宝宝，让宝宝用手拿着玩，自己来练习听力，同时也提高手部的运动能力和灵活性。当然，爸爸妈妈还可以在宝宝面前主动示范让一些玩具发出声音，告诉宝宝这个玩具是可以发出声音的，让宝宝自己主动让玩具出声。这样，当宝宝自己拿到玩具或者自己玩玩具的时候，就可以尽情地玩耍，并且能够自己控制玩具发出声音，提高听力的同时也提高了认知能力。

刚开始的时候，爸爸妈妈可以给宝宝提供一些持续发声的玩具，一旦开启开关，玩具就会一直发声下去，因为此时宝宝还不能完全掌握玩玩具的要领。当宝宝稍微大一点儿之后，爸爸妈妈就可以给宝宝提供一些间断发声的玩具，一次开启后，玩具响一段时间之后会停下来，需要再次开启才能继续发声。对这样的玩具，当玩具停止发声后，宝宝可能不知道怎样才能让它继续发声。这时候，爸爸妈妈就要给予指导和示范了。这样的练习能刺激宝宝的大脑思维，锻炼宝宝听觉和动手能力的同时，也提高宝宝的综合思考分析能力。

☞ 不必让宝宝时刻处在绝对安静的环境里

很多爸爸妈妈在宝宝刚出生不久都会认为，要给宝宝一个绝对安静的环境，要不然就会吵醒宝宝，影响宝宝的成长。实际上，让宝宝时刻都处于绝对安静的环境中并不是好事。要知道，宝宝的听觉和视觉等感知觉，本身就是需要外界的刺激才会逐渐发展起来的，如果完全隔断外界声音的刺激，宝宝的听觉系统可能就会因为得不到刺激而减弱，甚至丧失功能。因此，适当地让宝宝处于有声音的"嘈杂"环境里，对宝宝的成长才是最好的。

其实，爸爸妈妈也不用刻意为宝宝寻找"嘈杂"的环境，要知道，在日常生活中，丰富的居家声音就是刺激宝宝听力的绝佳资源。平常，家人的正常生活会产生各种各样的声音，例如走路的声音、开关门的声音、水龙头流水的声音、交谈说话的声音等等，这些来自环境中的自然声音对宝宝的听觉发育和成长都是很有好处的。爸爸妈妈只要让宝宝常常听到这些声音，而不是完全"与世隔绝"地被封闭在一个屋子里，就能保证宝宝接触到外界的正常刺激，进而发展自己的听力。

除了正常的居家声音，爸爸妈妈还可以有意识地制造有声音刺激的环境，促进宝宝的听力发展。例如可以录制出妈妈的心跳声让宝宝听；在宝宝面前放半盆清水，爸爸妈妈用管子向水中吹气，制造出咕噜咕噜的声音；爸爸妈妈在宝宝的屋子里挂上一串风铃，风一吹就会发出清脆的响声；找一些不同口径、不同形状的瓶子，让宝宝对着瓶子吹气，然后听气流通过瓶子时发出的声音，等等。这些轻微又美妙的声音不但能够刺激宝宝的听力，还能带给宝宝美的享受，是一举多得的事情。

❀ 随着音乐手舞足蹈：发展音乐的才能

★ 宝宝趣事

星期天，小区广场上举行儿童舞蹈大赛，3岁的慧慧跳得最棒，获得了第一名。其他家长都问慧慧的妈妈怎么把慧慧教得这么会跳舞。慧慧妈妈笑着说："其实，慧慧从小就喜欢音乐，一听到音乐就手舞足蹈，我从那时候就开始培养她了。"

原来，慧慧刚出生3个月左右的时候，有一次她又哭又闹，妈妈抱着她哄了半天也不行，后来就试着给她哼起了儿歌："小燕子，穿花衣……"结果，慧慧一下子就不哭了，睁着眼睛认真地听着这声音，似乎很陶醉。

后来，当慧慧再哭闹的时候，妈妈就给她放舒缓的音乐或者给她哼几句儿歌，她都会很快平静下来。这样，到慧慧6个月大的时候，当妈妈再次给她放音乐的时候，她竟然手舞足蹈起来。虽然她舞得很不成样子，但是却一板一眼，随着音乐的节奏很有韵律，小胳膊和小腿一下一下地晃动着，似乎正在和着音乐跳舞。妈妈看到她这样喜欢音乐，也就经常给她放音乐听，并且有时候还主动拉着她的小手跟着节奏一摇一摆。就这样，妈妈从小就注重培养慧慧的跳舞潜质，如今慧慧已经能够熟练地根据音乐的节奏来跳舞了。

★ 神奇的敏感期

从胎教开始，宝宝就已经开始接触音乐了，音乐胎教的时候，妈妈就会给宝宝放一些优美的音乐听了。因此，宝宝几乎是从还未降生的时候就已经开始听音乐了，对音乐的欣赏力和亲切感可谓是与生俱来的。很多妈妈甚至有这样的感觉，在妈妈肚子里的时候，宝宝听着音乐就会有节奏地移动身子了。这样一来，对刚出生的宝宝来说，音乐就相当于除了妈妈外另一个重要的"熟悉者"，当音乐响起，宝宝会想起在母体中时的安静状态，也就会慢慢平静下来。

研究表明，0～2岁是培养宝宝对音乐的感知力和领悟力的重要时期。有音乐天赋的宝宝在这一阶段会表现出对音乐的超强敏感性，非常容易被音乐所吸引。例如当宝宝哭泣的时候，一听到优美的音乐他就会突然停止哭闹，注意力很快转移到音乐那边去；或者只要宝宝一听到音乐，就会手舞足蹈起来，显得很兴奋等。这些都是宝宝对音乐有敏锐感觉的体现。对此，爸爸妈妈可以着重培养宝宝的音乐才能，像故事中慧慧的妈妈一样，让宝宝多听音乐，尤其是听一些优美的音乐，并且适时地引导宝宝去感悟音乐，以此来促进其音乐才能的发挥。

其实，人类对艺术的追求和感觉是与生俱来的，这也同样适用于刚出生的宝宝。虽然初生的婴儿智力和身体能力还发展得很不完备，但他们已经可以用自己的独特视角和感受，从音乐这种艺术的方式和思维中去表达他们对眼中世界的真实感受。这时候，耐心地观察和接受宝宝的自然天性是爸爸妈妈培养宝宝最合适的方法。

☞ 给宝宝快乐的音乐环境

其实，在宝宝出生之前，在孕妈妈肚子里的时候，就已经对音乐很感兴趣了。胎教中很重要的一项就是音乐胎教，对宝宝的大脑开发非常有帮助。而音乐作为一门艺术形式，在宝宝欣赏的时候，可以带给宝宝节奏、音高、力度、音色等方面的辨别力，大大提高宝宝的听觉能力。因此，爸爸妈妈千万不要以为刚出生的婴儿听不懂音乐，就忽视对宝宝的音乐刺激，而应该尽量给宝宝提供快乐的音乐环境，提供欣赏音乐的机会。

为促进婴儿对音乐的感知力，爸爸妈妈可以经常放音乐给宝宝听，还可以轻声哼唱一些民歌、儿歌或者其他内容健康、格调舒缓优美的歌曲给宝宝听。晚上睡觉的时候，爸爸妈妈还可以给宝宝哼唱催眠曲或者古典乐曲等。美国研究人员认为，莫扎特的音乐对智力发展非常有益。因此，爸爸妈妈可以多给宝宝播放一些莫扎特的音乐。播放的时候注意，音量不要太大，时间要控制在10～30分钟之间。到宝宝6～7个月之后，爸爸妈妈就可以按照音乐的节奏来轻轻摆动宝宝的手臂或者轻轻晃动宝宝的身体了。

此外，平常在家里，爸爸妈妈可以有意识地给自己，也给宝宝创造一个美好的音乐环境，经常播放一些优美的音乐，看书的时候或者午休的时候，都可以放一些舒缓的音乐做"家庭背景音乐"，这样不但可以锻炼宝宝的听力，还能培养宝宝对音乐的感知力和良好的性情。

☞ 训练宝宝辨别音乐来源

其实，在宝宝1个月大的时候，他们就能辨别音乐的来源了。在安静的时候，宝宝会将头侧向音乐来源的方向。而到3个月大的时候，宝宝对音乐来源的感觉就更加明显了。那么，宝宝怎么会有这么强的音乐感知力呢？

一般来讲，在胎儿时期，胎儿的内耳、中耳和外耳等听觉系统都是在怀孕大约6个月的时候建立的，而那时胎儿在母体子宫里对外界的声音刺激就已经有反应了。正因为如此，进行过音乐胎教的宝宝，出生后会很喜欢音乐，并且耳朵反应灵敏，性格也较为开朗，智商也比较高。

因此，对于刚出生不久的宝宝来说，辨别声音来源并不是一件很困难的事情，不过，如果爸爸妈妈能够及时帮助宝宝，有意识地训练宝宝寻找音乐的来源，则更能增加宝宝对声音的认识和对音乐的感受力。具体的做法是，爸爸妈妈可以利用音感钟或者绝对音感铁琴，先让宝宝只听一种单音，例如"Do"，每次都要重复弹奏3～5分钟，每天进行1～3次，听3～5天。之后，再更换下一个单音。等到宝宝熟悉了所有的单音之后，就让他听各个音阶间的差异，或者弹奏一些简单的乐曲，接下来再增加各种不同乐器声音辨识的训练，以及弹奏出的不同音乐训练。最后，则可以给宝宝准备一些自然的音乐，如流水声、鸟叫声等，让宝宝的大脑放松。当然，这样的训练一定要在宝宝乐意接受并且情绪良好的情况下进行；否则就难以达到实际的效果，还会让宝宝厌烦音乐。

口和手的敏感期

口是宝宝认知世界的第一扇门，宝宝最初对外界的认知就来自于口。在0~1岁期间，宝宝会从最开始的用口来"品尝"小手，到品尝各种物品、增加认知，再到运用小手抓取各种物品，并懂得用手来改变纸的形状，即撕纸、撕书等，逐渐开启自己的认知大门。在这期间，宝宝会表现出一些大人可能难以理解的行为，如把所有东西都放在口里咬，随意扔东西等，但这只是其敏感期的正常表现，家长一定要理解并且支持。

❀ 什么都要尝一尝：开始用口腔探索外部世界

★ 宝宝趣事

茜茜刚出生不久，她妈妈就去参加了专门介绍儿童敏感期的课程。

在专业老师的建议下，茜茜妈妈没有给她裹"蜡烛包"，这样茜茜的小手就总是很自由地放在外面，不过有时候一不留神她就会缩回手作"投降状"。

出生四十几天后，妈妈发现茜茜总是试图抬起手臂把手往嘴边送，一次、两次、三次，虽然每次都不成功，但小家伙总要不断尝试。看着茜茜失败后懊恼地"哼哼"直叫，妈妈明白，这是小家伙口的敏感期来了，什么都要放在嘴里尝一下。于是，当茜茜再次试图把手放进口中而失败时，妈妈就帮助她把小手放进嘴里。这时候，小家伙立刻手舞足蹈起来，显得非常高兴！

随着茜茜一天天长大，她的活动能力越来越强，用口的机会也越来越多了。当茜茜一百天的时候，她就开始频繁地吃手指，几乎一整天小手都在口里含着。随后，她就开始逐一换手指吃，吃完大拇指再吃食指，有时甚至把整个拳头都塞进口里。

不久后，当茜茜会用手抓东西的时候，一旦抓到东西她就必然要送到嘴里进行"检验"，吮吸嘴巴触及到的所有东西。就这样，茜茜口的敏感期延续了很久，其他朋友还有一些不认识的人看到茜茜这样通常都会忍不住去制止，每当这时，茜茜就会又哭又喊。不过，幸好茜茜妈妈明白女儿做这一切的原因，因此总是劝说其他人不要干涉她。

后来，当茜茜会咬的时候，她见什么就咬什么，把玩具咬得嘎嘎响，能拿到手里的东西也统统要咬一遍。接下来就是咀嚼、吞咽，再后来就开始吸饮料管、吃固体食物了，后来则慢慢地开始了发音的学习。

虽然，很多时候，想到茜茜什么东西都往嘴里塞可能会有危险，茜茜妈妈很担心，但她还是忍住了，为了茜茜能够健康地度过口的敏感期，她尽量满足茜茜的尝试和练习。后来，当茜茜长大后，她妈妈为自己之前的做法很骄傲，再碰上别的爸爸妈妈要阻止宝宝乱吃东西的时候，她就会热情地对他们说："宝宝初始是用口来感知世界的。"

★ 神奇的敏感期

教育专家指出，宝宝首先是用口来感知世界的。在宝宝刚刚出生的时候，他们能够使用的唯一一个武器就是口。虽然从出生那一刻开始，宝宝就能够用眼睛来看东西了，但脑科学家认为，在出生后很长一段时间内，宝宝的视力都是不完整的，他们通过视力认识的世界还是很模糊的。但是，所有的宝宝在一出生的时候就懂得用口来吃母乳，因此，口才是宝宝连接自己和世界的最自然、最开始的渠道。这也提醒爸爸妈妈，一定要把握好宝宝的口腔敏感期。

所谓口腔敏感期，其实就是指宝宝通过口来认识周围的世界，并且由此构建起自己的大脑和心理世界的那段时期。一般来说，大部分宝宝的口腔敏感期都会出现在0~2岁之间。婴儿在最开始，首先要使口的功能建立并且独立起来，之后再用口来认识外面的世界。

在用口感知外部世界的过程中，宝宝之所以能够获得满足，并不仅仅是因为他的嘴过瘾了，而是因为通过这个过程，他掌握了很多经验。例如，婴儿在喝过糖水后会拒绝喝白水，他有了关于味道的最初感觉；通过品尝不同的玩具或者其他物体，宝宝能够体会到"软"与"硬"这样抽象一点儿的概念；宝宝喜欢用口做对比，进而了解到各种物品的味道，他会打开所有的食品包，吃一口就扔掉，再吃一口别的。生活中我们常常看到这样的情景：宝宝会品尝好几种不同口味的果冻，吃一口这个，再吃一口那个，这会让大人很生气，认为宝宝不懂事，但其实宝宝正在用口来认识这些东西。因此，在口腔敏感期，面对宝宝看似"无理"的什么都往嘴里送的行为，家长一定要理解并且支持，给宝宝提供更安全便利的环境。

☞ 允许宝宝用口探索物品

在了解了宝宝的口腔敏感期后，爸爸妈妈就应该尽量允许宝宝用口来探索周围的物品。如果不满足宝宝，禁止宝宝用口做尝试，很可能会给宝宝养成一些缺点。例如，一些宝宝可能会去抢别人的食物，或者随便拿走别人的东西，或者把自己的注意力转移到食物上而不是学习上等等。因此，如果爸爸妈妈希望培养出健康、懂事的宝宝，不出现以上的缺点，就应该在宝宝的口腔敏感期内，允许宝宝自由地用口探索世界，从最大程度上满足宝宝的探索需求。只有这样，才能让宝宝更快地度过口腔敏感期，顺利成长起来。

不过，爸爸妈妈也要注意，在允许宝宝用口进行自由探索的过程中，一定要避免让宝宝接触到危险性较高的物品，如剪刀、螺丝刀等。这就要求爸爸妈妈要时刻待在宝宝身边，同时要时刻提高警惕，不能留着宝宝一个人玩耍。此外，爸爸妈妈还可以在宝宝的活动能力范围之内，给宝宝提供一些无害的物品，而将可能有害的物品统统收起来，这也是提高环境安全性的一大措施。

☞ 尊重宝宝的口腔敏感期

在对待宝宝敏感期的时候，一些爸爸妈妈往往会把宝宝的表现当作任性的开始。例如，一位妈妈给儿子买了一些果冻，里面包含了各种口味。由于果冻比较大，儿子每次只能吃一个，因此妈妈决定让儿子一天吃一个。可是，当儿子尝了一口果冻后，他就不吃了，而是指着另外一个，一副很想吃的样子。妈妈没办法，只好又给他拆了一个，可等他尝了一口后，仍然盯着下一个，似乎又想吃下一个。这下，妈妈生气了，她觉得宝宝太任性了，一点儿都不懂事。于是，她就再也不给宝宝吃了，而宝宝也由于要求没有得到满足而大哭起来。

其实，这个妈妈就没有尊重宝宝的口腔敏感期。她不知道，宝宝只是想尝尝各种味道，通过味道的不同来认知这个物品，而她不理解的态度无疑会阻碍宝宝的认知能力发展。所以，我们说，要尊重宝宝的口腔敏感期，并不是简单的一句话，而是要爸爸妈妈切实地体会并且做到。当然，很多时候，爸爸妈妈阻止宝宝尝试都是为了宝宝好，以为宝宝什么都不懂容易出错，可是，也只有宝宝自己经过尝试后，才能真正明白什么是对的什么是错的。对处于口腔敏感期的宝宝来说，他们可能会把任何东西放进口里，如果是剪刀或者其他危险品，爸爸妈妈当然可以阻止，但若是苦涩的水果或者怪味的食物，爸爸妈妈就没有必要阻止了。因为，只有宝宝尝试过了，他才能得到最确切的经验和感受，才能丰富其自身的味觉，也才能发展自己的认知能力。所以，爸爸妈妈们，为了让宝宝真正学到东西，健康成长，尽量尊重宝宝的口腔敏感期吧！

☞ 注意卫生和安全

在宝宝的口腔敏感期内，由于小宝宝什么都不懂，他们很可能把随手抓来的、不太卫生的东西塞进嘴里，这样就可能引发一些感染甚至疾病。因此，爸爸妈妈一定要注意宝宝的卫生问题，尽量把宝宝经常用嘴啃咬的东西洗干净。不过，洗干净并不一定要严格地消毒，因为宝宝的抵抗力也需要增强，而没有经过试用的抵抗力是不健康，也不会有力量的。因此，爸爸妈妈只要对物品进行一般的清洗就可以了。

当然，在平常出门的时候，爸爸妈妈也可以随身带着一些消毒的湿巾，及时地给宝宝擦擦手或者他准备放入嘴里的东西。此外，如果宝宝喜欢随地捡起一些小东西往嘴里塞，爸爸妈妈还可以尝试着用转移注意力的方式来引导宝宝。例如，一旦宝宝抓起一片小树叶准备塞进嘴里，爸爸可以拿过树叶，在宝宝眼前来回晃动，然后撕碎，往空中扔去，形成"天女散花"的景象，以此来吸引宝宝。这样的方式会让宝宝觉得很好玩，进而产生学习的兴趣而忘掉自己准备放入口中的东西。

需要注意的是，无论是及时给宝宝擦手还是转移宝宝的注意力，爸爸妈妈都要注意态度，千万不要呵斥宝宝，而要轻言轻语地给宝宝说清楚。例如对宝宝说："这个不能吃，看着妈妈，这个树叶不能吃，但是可以飞起来哦，看啊！"说完，就把树叶扔起来。这样，宝宝的注意力就会被安全转移从而忘记了自己要"吃树叶"的举动，还可能会因此产生兴趣，要学习扔树叶呢。

❀ 吃手：对口和手的认知需要

★ 宝宝趣事

一位妈妈有个4个月大的儿子，就在一个月前，她发现自己的儿子竟然开始吃手了。一开始，看到儿子把小手伸进嘴里吃，她并不十分在意，可是后来她发现儿子吃手的现象非常厉害，几乎一整天都把手放在嘴里。这时候，她觉得应该重视起来了，她心想："儿子的小手整天不洗，多不卫生啊，这样以后就养成坏毛病了。"于是，这位妈妈就开始采取措施来阻止宝宝吃手。

起初，当她看到宝宝把手伸进口中时，她会马上将宝宝的小手拉出来，不让宝宝吃。宝宝再伸进去，她再拉出来。可是，这样几次之后，妈妈就没有耐心了，当她看到宝宝再次把手放入口中时，她就打了一下宝宝的手，这一来宝宝疼了就哭起来，但同时也不再去吃手了。可是，哭过之后没多久，宝宝依然会把手往嘴里放，这位妈妈无奈，只好再打宝宝一下，就这样，循环往复……

如今，这位妈妈已经不需要再打宝宝了，因为宝宝现在非常老实，再也不吃手了。对此，这位妈妈非常欣慰，她以为自己做了一件对宝宝的成长有益的事情，帮助宝宝改掉了一个很不好的小毛病。

★ 神奇的敏感期

其实，对儿童敏感期有所了解的爸爸妈妈应该知道，故事中妈妈的做法是错误的，她努力帮宝宝改正的并不是一个坏毛病，而是一个正常的认识口和手的机会，可能会影响宝宝正常认知水平的发展。

我们知道，宝宝最早使用的感觉器官就是口，口也是宝宝最早开始使用的探索器官。一些专家曾研究过，宝宝在母亲的子宫里时就已经开始吃手了。在母体的子宫里，因为空间很狭小，胎儿的肢体会自动蜷缩成手指靠近嘴唇的形态。于是，胎儿不需要太多练习就可以很容易地吃到手。不过，这也并不意味着胎儿从那时起就养成了吃手的习惯。

尽管宝宝在母体中就可以轻易地吃到手，但出生之后，宝宝身体展开了，手臂离口远了，要想吃到手就不那么容易了。这时候，想吃到手的宝宝就要主动去练习手臂的力量。实际上，对宝宝来说，他使用口的时候是需要手来配合的，这样可以让宝宝更早地使用到自己的口。因此，爸爸妈妈应该让宝宝很自然地就能吃到自己的手。

对刚出生不久的宝宝来说，当他的口吮吸到手的时候，口对手的感觉和手对口的感觉还需要被大脑统一起来。实际上，当宝宝知道自己嘴里吮吸的东西就是自己的手，而手也能感觉到是自己的口在吮吸时，中间都要经历相当长的时间。研究儿童心理学的人把这种认知称为"跨通道认知"。

通常来讲，宝宝在出生3个月左右的时候，其口腔敏感期表现得尤为明显。此时，他不但可以自己抓到物品，把它们送到嘴里，还会用手去抓他喜欢的东西，然后再放在嘴里。通过这些行为和练习，他的大脑会进行跨通道的认知。因此，爸爸妈妈一定要理解宝宝在口的敏感期表现出来的吃手行为，对宝宝吃手不能强行阻止或者打断，而要帮助宝宝尽快吃到手，顺利度过这个敏感期。

☞ 0~6个月，吃手是正常的行为

触觉是宝宝认识世界的最主要手段，而嘴唇和手则是触觉最灵敏的地方。当宝宝长到3个月的时候，他的口的功能是极大的。首先，他可以通过吸吮感知到手的存在，并且感知到手的抓握能力，而当宝宝知道了自己手的抓握能力后，又会通过手把周围的东西送进嘴里进行"检验"，这个过程也就健全了口腔的功能。宝宝是用口腔来认识世界的，直到他的手被完全唤醒，而手的敏感期的到来又帮助和加快了口腔敏感期的发展。于是，宝宝就用这样的方式打开了世界的大门，用口和手迈开了探索新世界的第一步。

因此，对于0~6个月的宝宝来说，吃手是很正常的行为，它不但能促进宝宝更好地度过口和手的敏感期，增强宝宝的认知能力，同时还能发展宝宝的运动能力。在宝宝6个月之前，爸爸妈妈最好耐住性子，允许宝宝自由吃手和品尝玩具，允许宝宝用口去探索他想探索的物品，而不要过多干涉和纠正宝宝吃手和其他东西的行为。之后，随着宝宝口腔敏感期的结束，宝宝将不再吃手，而是开始用手去触摸和感觉其他物品了。

☞ 给宝宝一些代替品

其实，刚出生的宝宝之所以吃手，就是因为他的口腔敏感期到来了，需要通过口部来认识外面的世界。因此，在宝宝吃手已经吃了一段时间，且已经有能力去抓取一些物品往嘴里送的时候，爸爸妈妈就可以自发地给宝宝准备一些手的"代替品"，也就是一些不同大小、不同重量的物品让宝宝去抓，进而让宝宝用口去探索。例如，爸爸妈妈可以给宝宝一些磨牙的饼干、橡胶奶嘴等，让宝宝反复咀嚼，练习咀嚼和咬的能力。当宝宝再大一点儿的时候，可以用盘子盛放一些物品让宝宝自己选择，让宝宝觉得新鲜有趣的同时也加强了宝宝的认知水平。

虽然咬手或者说啃手是宝宝口腔敏感期的正常表现，但有些家长还是不愿意让宝宝整天咬手。因此，用"代替品"来代替手，是家长们最好的选择。宝宝

无非就是要咬东西，只要嘴里有东西可咬，他们就会渐渐忘记去咬手了。同时，让宝宝尽早地接触一些物品，也有利于宝宝认知水平的提高，对宝宝以后认识物品大有帮助。不过需要注意的是，无论怎样使用代替品，都要以宝宝能接受为前提，如果宝宝不接受这个代替品，哭闹不止，那么爸爸妈妈最好可以换一个物品，或者暂时让宝宝继续咬手，避免强制性干涉宝宝咬手，或者强迫宝宝去咬他不愿意咬的东西。

☞ 6个月以后，开始纠正吃手的习惯

如果爸爸妈妈发现，在宝宝6个月之后，还是经常吮吸手的话，就要留心了，因为这可能是母亲喂奶姿势不当、喂奶速度过快，或是在平时缺乏与宝宝交流，从而让宝宝感觉到孤独等原因所导致的。

正常情况下，随着宝宝的生长，其吃手的行为会逐渐消失，如果自家的宝宝在一两岁的时候还吃手，爸爸妈妈就应该注意帮忙纠正了，因为吃手不但是一个不好的习惯，还很不卫生，会使手上的细菌进入宝宝的身体，从而引发宝宝口腔、肠胃等疾病。

在帮助宝宝纠正吃手的坏习惯之前，爸爸妈妈要先找出原因，然后再有针对性地指导其纠正。一般来说，宝宝吃手的原因主要是：在出生后4～10个月时，宝宝开始长牙，其间因为牙龈发痒，宝宝就喜欢咬东西、吃手；宝宝的情绪过于紧张，会不自觉地吃手；爸爸妈妈没空闲时间陪宝宝，宝宝缺乏关爱，感觉到寂寞；家中发生了较大的变故或者出现了一些令宝宝害怕的情况；宝宝模仿别人的行为学会了吃手等。一般说来，具有敏感、内向、焦虑特质的宝宝比较容易形成这种习惯。

在明白了原因之后，爸爸妈妈就要尽力帮宝宝纠正这一坏习惯。首先，应该给宝宝讲解吃手的坏处，进行说服教育并鼓励宝宝纠正。其次，可以多陪伴宝宝，解除其孤独感。再次，在宝宝吃手的时候，爸爸妈妈可以及时制止，并带宝宝多参加一些游戏和活动，或讲故事转移其注意力。另外，爸爸妈妈还可以教育并帮助宝宝养成良好的卫生习惯，如经常为宝宝修剪指甲等。如果做完了这些后，宝宝的坏习惯还没有纠正，且咬手的行为还很频繁，爸爸妈妈就需要带宝宝到医院进行专业咨询和治疗了。

伸手到处抓东西：开启智能的双手

★ 宝宝趣事

一位妈妈讲述了自己女儿的成长故事：

当女儿7个月大的时候，她就开始迷恋上了伸手抓东西。一开始，她喜欢抓一些软软的东西。记得有一次，我正在厨房和面，她爷爷正抱着她在一边玩。不一会儿，看着我来回揉搓着面盆里的面团，女儿似乎来了兴致，一边用手指着面盆，一边"呜呜"地发出声音，还一个劲儿地要往我这边跑。她爷爷一看这架势，赶紧拉住她，假装严肃地对她说："那是面，不能吃，也不能玩！"说完，就准备抱着她出去玩。可是女儿却不依不饶，执着地非要来我身边，使劲儿地撑着自己的小身体。无奈，爷爷只好抱起她向外面走去，这下，小家伙便大哭起来。

后来，实在没有办法了，我就答应了女儿的要求。我给她带上"围裙"，并且用一个小一点的塑料盆，放进去一点儿面和水，然后让女儿自己在里面"和面"。女儿兴奋极了，她又倒进去了很多水，然后尽情地用手开始抓着"稀泥"似的面团玩起来，满脸都是满足的神色。让我惊奇的是，女儿竟然玩着这个面团一直玩了半个多小时。

随后，女儿对其他东西也产生了浓厚的兴趣，只要是手能够碰到并且可以抓到的东西，她统统都要抓过来，看一下，再丢掉。家里的小物品几乎都被她抓遍了，而她自己，在这个过程中，却总是兴趣盎然。

★ 神奇的敏感期

很多爸爸妈妈应该都有这样的体会，宝宝在7~8个月大的时候，总是喜欢抓一些软软的、细细的东西，例如沙子、香蕉等等。其实，这些行为正是宝宝在向我们发出信号，也就是宝宝手的敏感期来了。

那么，在手的敏感期内，宝宝为什么喜欢抓取一些软软的、细细的东西呢？其实，这是宝宝在验证自己手的能力。我们都知道，宝宝刚出生时，他唯一可以使用的工具就是口，接着，口唤醒了手，当宝宝第一次把手伸进口中的时候，这个世界就对宝宝敞开了大门。后来，当宝宝手的敏感期一步步到来，宝宝就会惊奇地发现，原来手还可以抓、拿东西。对于还很年幼，感知觉正在逐步发展的宝宝来说，用手抓起物品简直是个重大发现，虽然在大人看来这是微不足道的。因此，宝宝会迫不及待又兴趣盎然地要体验手的这种功能，把手的所有功能都唤醒，尽可能地练习用手去抓、拿物品。

通常来讲，在手的敏感期内，宝宝都比较喜欢抓取一些软软的、细细的物品。一旦他们看到沙子、香蕉果肉等从指甲缝中穿过去，就会非常兴奋，觉得很神奇。在这个体验的过程中，宝宝会觉得非常满足。

☞ 给宝宝一些用手抓的物品

一般情况下，宝宝手的敏感期都集中在0～2岁这段时期。在这段时期内，爸爸妈妈如果没有给宝宝提供足够的机会让宝宝去体验"抓"的感觉，那么宝宝手的敏感期就会延长，甚至到宝宝四五岁的时候，他们可能还会拒绝使用勺子或者筷子，而直接用手抓着饭吃，以体验那种软软的、黏糊糊的感觉。这将会大大阻碍宝宝手的能力的开发。

因此，在宝宝手的敏感期到来时，既然宝宝对软软的、黏糊糊的东西如此敏感，爸爸妈妈就应该多给宝宝准备一些可以用手抓的物品，来帮助宝宝锻炼手部的感觉和能力。例如，像故事中的妈妈给女儿玩面团，或者剥开的香蕉、打开的生鸡蛋、乳酪、果酱等等。这些东西都可以作为锻炼宝宝手部抓取能力的绝佳道具，给宝宝带来无穷的乐趣。爸爸妈妈应该知道，如果在手的敏感期内，宝宝迫切想要用手去抓取一些物品，但是周围却没有这些物品可以用来抓取的时候，宝宝很可能会把自己的食物当作这种材料来抓取，或者干脆去抓自己拉的屎尿尿。所以，为了避免宝宝出现这种状况，也为了可以更好地让宝宝度过手的敏感期，爸爸妈妈一定要主动给宝宝准备一些用手抓的物品，让宝宝尽情地锻炼小手的能力。

☞ 学习挥手和拱手的动作

在宝宝意识到自己的双手可以抓取东西时，爸爸妈妈要尽量迎合宝宝的兴趣，给他提供锻炼手的机会，并抓住时机教宝宝学习一些简单的手部动作，例如教宝宝学习挥手和拱手的动作。

爸爸妈妈可以经常教宝宝把右手举起来，并且不断地挥动，然后嘴里说着"再见"，并告诉宝宝说："宝宝，这是'再见'的动作，你学会了吗？"之后，就让宝宝反复练习。当早上爸爸上班的时候，妈妈就可以鼓励宝宝对爸爸挥手说"再见"，当家中有客人离开的时候，妈妈也要鼓励宝宝挥手说"再见"。如此反复练习，一段时间之后，宝宝看见有人离开，就知道要挥手来表示再见了。

在宝宝很高兴的时候，爸爸妈妈可以帮助他把双手对起来握成拳，然后不断地摇动，表示感谢。之后，在每次给宝宝食物或者玩具的时候，都要宝宝做拱手的动作来表示感谢。如果有客人送给宝宝礼物，也要宝宝用拱手来表示感谢。如此这般练习一段时间，宝宝就会学会用拱手来表示感谢了。

当然，生活中还有很多简单的手部动作可以学习，爸爸妈妈只要有时间，就可以教宝宝，然后让宝宝在平常生活中练习，这样，宝宝很快就会掌握基本的手部动作了。

❀ 撕书、撕纸：锻炼手指的分化功能

★ 宝宝趣事

吉吉7个多月大了，妈妈给他一个橘子，他已经会用手指把橘子抠开，然后吃里面的果肉了。同时，吉吉还会一些简单的发音了，会含混不清地说出"ma-ma"这样的音节。对此，吉吉的妈妈觉得，是时候给宝宝买一些图画书，让宝宝通过图画来认识一些事物，也培养宝宝的阅读能力和手掌拿书的能力。

于是，趁着星期天，妈妈带着吉吉到新华书店买了好多图画书。这些书都有着精美的插图，上面画着好看的动物和植物。回到家后，妈妈把吉吉放在他自己的小小活动区域内，然后把书放在他周围，让他自己看，自己则跑去给朋友打电话了。没想到，吉吉盯着这些图画书看了一会儿，用小手拿起来，抓着其中的一页看起来，一不小心就撕烂了，书页"刺啦"一声就裂开了。这下，吉吉可乐坏了，他马上又拿起一页，照着刚才的样子撕烂了，听着书页撕烂的声音，他自己"咯咯咯"地笑了起来……妈妈打电话回来了，她兴冲冲地来看吉吉，结果却发现，吉吉周围满是被撕烂的图画书……

★ 神奇的敏感期

故事中，妈妈本来是想让吉吉看书的，结果刚买的新书，吉吉几乎连看都没看就开始撕，一直到撕烂为止。其实，很多爸爸妈妈都遇到过这样的问题，宝宝不爱看书却总爱撕书是怎么回事啊？难道宝宝是"破坏狂"吗？其实，这个担心是不必要的，就像宝宝要学说话、学走路一样，撕书、撕纸也是宝宝学习的过程。

一般来讲，满6个月之后，宝宝往往会出现撕纸、撕书的现象，其实，宝宝是想通过自己的努力来改变某些事物，从而满足自己的新奇感。这个时候，宝宝的手部动作渐趋精细，手眼的协调能力也基本具备了。当他们发现，通过自己小手的动作，可以改变纸的形状并且让纸发出声响时，会感到非常快乐和惊喜，因此也就会乐此不疲地去撕书。试想，年龄尚小的宝宝，还意识不到撕书这个举动所造成的后果，他只是觉得好玩。当宝宝拿到书或者纸的时候，由于正是其精细动作发展的最佳时期，翻开书页，然后小手用力一撕，宝宝会觉得很满足，觉得小手有了力量。同时，当书页被撕开时，那"刺啦"的声响，在宝宝听来是奇妙无比的，从没有听到过的，这会加重他撕书的热情。而书被撕烂后形状各异，大小不一，这也让宝宝眼花缭乱，觉得神奇无比。难怪，宝宝会对撕书如此有兴趣。

不过，毕竟书籍是用来看的，尤其是一些新买回来的书籍，撕烂了很可惜，很多家长也很担心撕纸会让宝宝养成破坏东西的习惯。其实，这样的担忧是不必要的。宝宝只是在手的敏感期内才热衷于撕纸，当敏感期过后，他就不会再频繁地撕纸了。爸爸妈妈不妨在宝宝撕纸的时候，教宝宝把大纸撕成小纸，再撕成纸屑，使宝宝初步认识到自己有改变外界环境的能力，从中获得乐趣，同时也能训练宝宝的手眼协调能力，促进其脑功能的健全和成熟。

☞ 让宝宝"撕"个痛快

手是认识事物的重要器官，手的活动足可以促进大脑的发育，而训练抓握动作便是发展最初的手的动作。在撕纸的过程中，宝宝的指尖可以得到摩擦，而指尖的摩擦对开发宝宝的智力是很有帮助的。因此，当宝宝乐于撕书、撕纸的时候，家长就应该尽情让他做，并且每天都做，让宝宝痛快地"撕"个够，以此来锻炼其手的能力，进而促进大脑的发育。

故事中的妈妈是给吉吉买的新书，这样被撕掉当然很可惜。所以，要满足宝宝撕书的欲望，同时又不浪费新买来的书或者一些好书，家长可以找出家里的旧报纸或者不用的过期报刊，让宝宝尽情去撕，充分满足他撕书、撕纸的欲望。此时，爸爸妈妈也可以加入到宝宝的游戏中，跟宝宝一起来撕书，并且在撕的过程中加入一些教育的内容。例如，爸爸妈妈可以教宝宝从书页的侧面去撕，或者指导着宝宝把书页上完整的一个图案给撕下来，以训练宝宝的认知能力。等宝宝撕过一段时间之后，家长还可以教导宝宝把纸或者书页撕成不同的形状，如三角形、正方形、圆形等，提升宝宝的认知力。

处于撕书期的宝宝，可能会把家里弄得到处都是撕烂的纸张，对此，爸爸妈妈要做好打扫工作，及时清理垃圾，保持房间的干净整洁，给宝宝提供舒适的环境。此外，家长还要警惕宝宝拿到手的书是否干净，一些很脏的书不要给宝宝撕，以免因为不卫生而造成感染。这样，宝宝才能舒服自在地去做撕书、撕纸的游戏。同时，由于宝宝可能见什么都撕，建议家人的一些重要文件或者信件保存在安全的地方，以免不小心被宝宝拿到而撕毁。

☞ 训练拇指、食指的对捏能力

在宝宝手部力量得到发展、主动频繁开发手部功能的时候，训练宝宝的拇指、食指的对捏能力，也是很有必要的，它能锻炼宝宝手指的分化能力，让宝宝手部的动作更加精细化。

训练宝宝拇指、食指的对捏能力，首先要练习用手指捏取小的物品，如小糖豆、大米花等。开始训练的时候，可以让宝宝用拇指、食指扒取，以后再逐渐发展成用拇指和食指来对捏起，每天可以练习几次。爸爸妈妈还可以训练宝宝用食指来拨动玩具，这样可以充分发挥食指的功能。或者可以让宝宝用食指拨动转盘如旧式电话，拨动滚动的物体如乒乓球，按键如新式电话，或者用食指伸进纸盒子里去取得药丸等，都能起到练习食指的作用。不过，在训练的时候，爸爸妈妈最好能够和宝宝在一起，以免宝宝将这些小物品塞到口中或者鼻子中，发生危险。

当宝宝可以熟练地用拇指和食指捏取小的物品时，家长就可以进行下一段的跟进训练，让宝宝加快捏取物品的速度，并且扩大捏取的范围，以此来提高宝宝捏取动作的熟练程度。每天可以练习多次。家长还可以通过小游戏来训练宝宝。例如将一个带盖子的塑料瓶放在宝宝面前，妈妈或者爸爸先示范打开瓶盖，然后再合上盖子。示范几遍之后，就让宝宝自己用拇指和食指将瓶盖打开，然后再合上。这样反复几次之后，宝宝就能大概学会打开瓶盖和合上瓶盖了。之后，可以让宝宝练习用塑料套杯，一个接着一个地套起来。这样，一段时间之后，宝宝手部的功能就会强大起来了。

味觉的敏感期

宝宝在出生后的第2天就有了味觉能力，并且在1个月之内就可以辨别香、甜、柠檬汁和奎宁等不同的味道。一开始，宝宝会对甜味特别敏感，喜欢喝甜味的东西，而不喜欢咸、酸、苦味。随后，当宝宝月龄逐渐增大，才开始接受咸、酸味，这时候，爸爸妈妈也应该适当给宝宝多种味觉刺激，丰富宝宝的味觉能力。在宝宝6个月到1岁期间，其味觉发展就已经非常灵敏了。

❀ 天生喜欢甜味：新生儿的味觉已经很灵敏

★ 宝宝趣事

丹丹出生后3个月的一天，突然发高烧了，她妈妈赶紧带她去看了医生，然后带了药回来。丹丹烧得小脸通红，一个劲儿地哼哼。妈妈赶紧把药碾碎了，用温水伴着，给丹丹喝。可是，苦涩的药水一碰到丹丹的小嘴，她就使劲儿地挣扎起来，一个劲儿地扭头，大声啼哭，把药水都给碰倒了。妈妈只好又拌了一份，用小勺子盛着，让爸爸固定着丹丹的小脑袋，才把药水灌了进去。丹丹哭得更厉害了，但总算是把药吃下去了。

第二天一早，又要吃药了。同样的情形又出现了，丹丹不愿意吃药，一个劲儿地反抗，比昨天挣扎得更厉害了。看着丹丹的样子，妈妈实在是气急了，马上叫爸爸再次按着丹丹灌药。这时候，一旁的爸爸突然大叫一声说："别灌了，我想起来了，用糖水拌着药给丹丹喝吧，那样她或许会喝下去。"说完，他马上沏了一碗糖水，然后用糖水把药拌了，再次给丹丹喂药。一开始，丹丹还是反抗，但当药水流进她嘴里之后，她似乎觉得跟昨天的感觉不一样，小舌头动了动之后，她就不再反抗了，药水很顺利地就喂了下去。

看到这儿，妈妈奇怪极了，心想："这小家伙，这么小，就爱吃糖了？"

★ 神奇的敏感期

其实，从婴儿呱呱坠地开始，他就以一种对味道的偏爱和这个世界进行着沟通，这个时候，他的味觉已经很灵敏了，对不同的味道会作出不同的反应。很多妈妈会发现，这个时期，宝宝更加喜欢吸吮和吞咽一些有甜味的东西，很多小宝宝就是长到很大以后还是很喜欢吃糖。与此同时，他们对一些苦味的、酸味的、咸味的东西却很不喜欢，更不愿意去吃。其实，这些反应都是宝宝与生俱来的，对他们的生存也有着重要的意义，因为对新生儿来说，最理想的、最开始的食物就是略带甜味的母乳。因此，在他最开始运用口的时候，他更愿意吮吸那些跟母乳相似的略带甜味的东西。

这样的情况大概会持续到宝宝4个月大的时候。这个时候，宝宝开始喜欢咸味，为之后开始吃非流食做好准备。由于1岁之前是宝宝的口味形成和味觉发育的黄金时期，因此爸爸妈妈应该尽量避免给宝宝过甜或者过咸的食物，这样容易导致宝宝长大后口味偏重，而过咸的食物还容易增加宝宝的心脏负担。

☞ 母乳是宝宝最理想的食物

对1岁之前的宝宝来说，最健康、最好的食物其实就是母乳。母乳是宝宝出生后最先接触到的食物，也算得上婴幼儿最天然的健脑益智佳品。按照泌乳阶段，母乳可以分为初乳、过渡乳和成熟乳，而不同阶段的乳汁能适应不同阶段宝宝的成长需要。

初乳是指分娩后5天内的乳汁，其中蕴含了能满足新生儿所需的蛋白质、矿物质、维生素、乳糖和脂肪，是宝宝最宝贵的营养来源。初乳不但符合新生儿的消化能力，其中还含有一种极其珍贵的免疫物质分泌型IgA，这种物质主要存在于母乳中，其他任何奶制品中都很难发现。它既不会被消化，也不会被吸收和分解，摄入之后会紧紧覆盖在宝宝呼吸器官和消化器官黏膜的表面上，防止大肠菌、伤寒菌和病毒等的侵入而引起某些疾病，进而让宝宝增强抵抗力，维持肌体的健康。另外，初乳中还含有丰富的复合铁质蛋白和溶菌酶，能起到杀菌和降低细菌活性的作用。初乳还能有效刺激肠蠕动，加速胎便的排出，加速肝肠循环，减轻新生儿生理性黄疸的症状。

不仅初乳，所有母乳的营养都十分丰富，母乳喂养非常有利于宝宝脑细胞的发育和智力的发育。母乳中含有较多的脂肪酸和乳糖，磷脂中所含的卵磷脂和鞘磷脂较多；母乳中富含的蛋白质主要是乳清蛋白、酪蛋白等，能满足宝宝神经发育所需的蛋白质，且这些蛋白质凝块小，脂肪球也小，还含有多种消化酶，利于吸收；母乳中所含的溶菌素、巨噬细胞和分泌型IgA可以起到直接灭菌和增强呼吸道抵抗力的作用；母乳中还含有诸多利于脑细胞发育的物质，如牛磺酸等。

正因为母乳的营养如此丰富，能让宝宝健脑益智，因此，为帮助宝宝健康成长，在初期最好采用母乳喂养，尤其是在宝宝出生之后的6个月内，更应该如此。

☞ 尽量去满足宝宝

很多爸爸妈妈会担心，宝宝还这么小，老吃甜味的东西，糖水啊、加糖的奶粉啊，会不会出什么问题啊。其实，刚出生的宝宝，之所以会喜欢甜味，一方面是因为母乳的味道就是微甜的，因此甜味能让他们感觉更好；另一方面也是因为，新生宝宝的味觉发育还不是非常成熟，比较单一，因此他们更喜欢单纯一些的味道，也就是甜味和鲜味。因此，爸爸妈妈不用担心宝宝吃甜味的东西有什么不好，尽量去满足宝宝就行了，等宝宝逐渐成长，他就不会只对甜味感兴趣了。

喜欢甜味的宝宝会对略带甜味的水更感兴趣，当他喝到了甜味的水之后，很可能就不再喝白开水了。对此，爸爸妈妈应该给予满足，多给他喝一些甜味的饮品，以免他因为愿望没有满足而大哭大闹。同时，对于味觉发育还不完善的新生儿来说，他需要一段时间的适应期来了解其他味道，此时满足他的愿望，给他喝甜味的东西，有助于他练习自己的味觉，为以后品尝其他味道做好准备。而新生儿柔弱的身体状况，也不太允许他马上就品尝辣的、咸的等刺激味道，那可能会对他的肠道和胃有不良影响。

✿ 换奶粉很困难：对口味有了辨别力

★ 宝宝趣事

刚出生后不久，甜甜的妈妈就因为身体原因无法给甜甜哺乳，因此甜甜只好喝配方的奶粉。喝了一段时间之后，甜甜妈妈听朋友说，另外一个牌子的奶粉很不错，就打算买一些给甜甜喝。可是，当妈妈把新买回来的奶粉调配好给甜甜喝的时候，甜甜却无论如何都不肯喝，无论妈妈怎么哄、逗引，都不管用。

在朋友的建议下，甜甜妈妈开始每天递减原有奶粉的比例，将新奶粉和原有奶粉一起冲调后给甜甜喝，然后再逐渐地过渡到让甜甜习惯喝新奶粉。这个过程持续了一段时间，甜甜妈妈觉得很费心，她觉得很奇怪，怎么小宝宝这么不容易接受新口味呢！

后来，跟其他妈妈在一起的时候，甜甜妈妈说出了自己曾经的烦恼。结果，她发现其他妈妈也和她一样，遇到过宝宝不肯喝新奶粉的情况，在给宝宝更换不同品牌奶粉时进展很不顺利。这时候，这些妈妈不禁都感叹："这些小娃娃的味觉好灵敏啊！"

★ 神奇的敏感期

嗅觉和味觉是宝宝出生时最优秀的感觉。由于味觉很多时候都需要嗅觉来帮助，因此两者的关系是密不可分的。刚出生的宝宝就是通过味觉和嗅觉的配合来认识世界，探索世界的。

对不到1岁的宝宝来说，或许他的视力还不十分清晰，但是他的嗅觉系统却非常发达，可以分辨出不同的气味，甚至一丁点儿特殊的气味都会引起他们的注意。生活中，妈妈们应该有感觉，宝宝会不时地对外界的一些能让他感到愉悦或者不安的环境产生反应，并且能够用小鼻子闻到远处飘过来的饭香，让人称奇。

其实，嗅觉灵敏可算是婴儿的特长。我们都知道，警察常常利用警犬敏锐的嗅觉来侦破一些案件，而许多婴儿的嗅觉甚至比警犬还要灵敏。相信很多妈妈都有这样的经历，宝宝可以准确地辨别出你身上的气味和奶的气味，还能够根据乳汁的气味来自觉找到乳房。宝宝一般都会比较偏重于闻哺乳期女人身上的气味，因为这跟母亲身上的气味相同，也就是跟奶的气味相同。当然，新生儿这种对于母乳味道的偏爱，也保证了他们能够正确地选择食物资源，并且在吃奶的过程中学会认识自己的妈妈。

由于这样灵敏的嗅觉和味觉，因此，稍微一丁点儿的改变都会引起宝宝的注意。在给宝宝更换奶粉时，虽然同是奶粉，但是其中具体细微的差距还是有的，大人虽然感觉不到，但宝宝是能够感觉到的。因此，对于新入口的陌生的味道，他们一开始会有点儿排斥，但这只是他们需要一个适应期，一旦过了这个适应期，他们就会顺利地接受新奶粉了。

☞ 让宝宝尝尝酸、甜、咸

相关研究表明，在6个月到1岁这段时间，宝宝的味觉和嗅觉最为灵敏。此时，爸爸妈妈应该通过让宝宝品尝各种味道的食物，来促使宝宝对多种食物味觉、嗅觉及口感的感受和认知，丰富宝宝的味觉体验，为今后给宝宝添加辅食做准备，也为宝宝逐渐适应从流食到半流食到固体食物的过程做准备。此外，由于宝宝出生后一直接触的味觉刺激是母乳或者代乳品，如果不及时给以其他的味觉刺激，不久后可能会引起宝宝偏食甚至拒食。因此，爸爸妈妈一定要注意让宝宝品尝各种味道，来丰富其味觉。

首先，在出生后的头几个月，宝宝的食物主要是母乳或者代乳品。此时，爸爸妈妈可以适当地给宝宝喂一些榨好的橘子汁，一方面刺激其味觉发展；另一方面也可以增加维生素。其次，在宝宝3个月左右，爸爸妈妈可以用筷子蘸取各种菜汤给宝宝尝尝味儿，让宝宝初次体验各种味道。随后，随着宝宝月龄的增大，爸爸妈妈可以有目的地鼓励宝宝去品尝各种味道，如酸味、咸味等。爸爸妈妈可以榨一些酸酸甜甜的苹果汁给宝宝喝，让宝宝感受酸酸的味道，还可以适当给宝宝喂一些糊状的咸菜汤，让宝宝认识咸味。与此同时，在让宝宝品尝各种味道的时候，爸爸妈妈还可以配合相应的口语介绍，来加深宝宝的印象。这样，宝宝就会很自然地配合他所听到的声音、嗅觉和味觉经验，随着经验的积累和认知能力的进展，来学会辨认味道和各种味道所代表的含义。

☞ 避免口味过重的辅食

很多爸爸妈妈认为，既然4个月之后的宝宝对咸味也可以接受了，那就表示可以给宝宝添加辅食了。因此，为了让宝宝吃得更香，一些家长就习惯给宝宝的食物中加入一点盐。对此，儿童教育专家提醒，给宝宝的饮食加盐不能太早，最好在1岁之后再加盐。

专家指出，现在的很多成年人都习惯高盐饮食，由此导致身体摄入钠含量超标，引起高血压频发。因此，家长最好从婴儿时期就让宝宝养成清淡饮食的好习惯，尽量少吃太咸的或者口味过重的食物。在宝宝1岁之前，最好别给宝宝的食物中加盐，而在1岁之后，也要加少量，稍微有一点咸味就可以了。大人千万不要以自己吃饭的合适度来衡量宝宝，毕竟宝宝的味觉和大人的不同，宝宝味蕾的发育还不是很成熟，大人吃着合适的咸味，宝宝吃着可能就过咸了。

对此，很多爸爸妈妈又有了担心：不让宝宝吃盐，宝宝的身体就会缺少钠元素，也就会直接影响其身体的健康成长。对此，爸爸妈妈也不用过于担心。因为，很多蔬菜和水果等食物中都含有钠，只要合理地给宝宝添加了辅食，宝宝就会从这些辅食中得到足够的钠，不会出现缺少钠的情况。

动作的敏感期

宝宝从出生到6岁都将经历动作敏感期。而在降生最初的0~1岁期间，宝宝会开启自己动作发展的最初序幕。在这个阶段内，宝宝将经历最初的抬头翻身、爬行、走动、扔物品、敲东西等。这些都是宝宝发展其他大动作的基础，也是宝宝增加认知的首要阶段和必备阶段。因此，爸爸妈妈一定要抓住宝宝这个时期的特点，对宝宝进行动作方面的训练，给宝宝以后动作的发展奠定基础，并为宝宝的认知能力打开新的大门。

✿ 抬头翻身：动作发展的新阶段

★ 宝宝趣事

宝宝刚刚2个月。夏天的一天，我把他放在床上，自己坐在床边看书。一开始，他安静地躺在那儿看着我。后来见我一动不动地看书，不理他，他就自己开始动起来。先是扭头看着床边飘动的窗帘。一会儿看累了，也可能是躺得有点儿久了，想动动了，他开始手舞足蹈起来。一开始，他只是手和脚离开床，伸伸手，蹬蹬腿，然后就四肢乱动。过了一会儿，他开始使劲儿地蹬着一只小腿，那样子似乎是想翻身。可他怎么能翻过来呢！我看他动了半天也没翻过来，自己还累得"哼哼"直叫。于是，我放下书，轻轻地扶着他一边的身体，让他的小身板转了过来，这样，他一下子就翻了过来，俯卧在床上。我没松手，轻轻地提着他，看他有什么反应。结果，小家伙两只小手扶着床面，小脑袋使劲儿地往上抬，手还使劲儿地往下撑，似乎在用很大的力气。看到他这样，我便松了手，轻轻地让他接触到床面。这样，他就很使劲儿地开始抬头，那样动了一会儿，他终于把小脑袋给抬起了一点儿，而且还扭过头，似乎很得意地看着我。我一下子就乐了，觉得宝宝完成了一件大事。不过，很快他的头就趴下去了，我赶紧过去把他抱了起来，给了他一个大大的吻。

★ 神奇的敏感期

对宝宝来说，出生1~2个月的时候，是其发育成长的关键时期，而在这个阶段，抬头翻身是其全身运动发展的先导。对一直仰躺着的宝宝来说，翻身是其最初进行的一个大动作，翻身成功后，宝宝才能继续进行爬行、站立等大动作，因此学会翻身是至关重要的；同样，对一直以躺着的姿态来观看周围的宝宝来说，抬头是其扩大自我视野的重要方式，学会了抬头，他才能进一步认识周围的世界。因此，抬头翻身，看似非常简单的动作，但却是宝宝开始学习移动身体的第一个阶段。一旦宝宝学会翻身，趴着抬起头向前看，一幅全新画面展现在他眼前时，他会兴奋不已，并且会兴趣盎然地继续学习其他更为复杂的肢体动作。这对其日后各方面能力的发展都起着至关重要的作用。

一般来说，2~3个月大的宝宝已经不满足于整天仰卧了，他开始喜欢朝着一个方向侧躺，这表明他已经萌生了翻身的意识，只是还不知道要怎样才能翻动肢体，动作也很不到位，总是翻不过来。另外，俯卧的时候，宝宝已经有意识地抬起头来，并且从头部到胸部都开始抬离床面了，这也表明宝宝的颈部和背部的肌肉都很有力量了，可以进行翻身的练习了。还有一个信号就是，当宝宝仰卧的时候总是会将脚向上仰起，或者抬起小脚晃来晃去，这时候如果握着他的双手，轻轻地用力让其抬起上半身，宝宝就可能会坐起来，并且与床面保持垂直，头部也不会向后仰。这也说明宝宝的身体发育良好，可以进行翻身训练了。这些都可以作为宝宝开始翻身练习的信号，爸爸妈妈可以据此来给宝宝做翻身训练。

☞ 给宝宝做抬头翻身的练习

宝宝出生后的第2个月，是其运动能力的启蒙阶段，也是其动作成长发育的最快阶段，因此，应该抓住这一阶段，给宝宝做抬头翻身的练习。

首先是抬头练习。抬头练习可以分为俯卧抬头、竖抱抬头和俯腹抬头。

俯卧抬头：这个练习在宝宝出生10天左右就可以进行，时间可以选在两次喂奶的间隔期。每天让宝宝俯卧一会儿，并且用玩具逗引他让他抬头。此时注意床面要适当硬一些，练习时间不宜太长，以免累着宝宝。

竖抱抬头：在喂奶之后，爸爸妈妈可以用两只手分别托住宝宝的背部和臀部，把宝宝竖抱起来，使宝宝的头部靠在爸爸妈妈的肩上，并且轻轻地拍打几下宝宝的背部，使宝宝打个嗝，以防止宝宝刚吃完而溢乳。之后，不要扶着宝宝的头部，而是让宝宝的头部自然地直立片刻，每天都练习4~5次，以便促进宝宝颈部肌肉的发展，使其头部早日抬起。

俯腹抬头：在宝宝空腹的时候，将宝宝放在家长的胸腹前，使他可以很自然地俯在你的腹部，之后用双手放在宝宝的背部进行按摩，并且逗引着宝宝抬头。这样，有时候宝宝真的会抬起头来。

一般，从宝宝3个月开始，就可以训练他翻身了。做翻身练习的时候，如果宝宝一开始就有侧睡的习惯，那么只需要在其左侧放一个有响声的玩具，再把他的右腿放在左腿上，并将其一只手放在胸腹之间，轻轻托着其右边的肩膀，在背后向左推动就会转向左侧。这样练习几次后，只要把腿放好，家长不用推，只用玩具逗引宝宝，宝宝就会自动翻过去。以后，还可以用同样的方法帮助宝宝从俯卧位翻成仰卧位。

如果宝宝没有侧睡习惯，那么家长可让宝宝仰卧在床上，拿着宝宝感兴趣并且可以发出响声的玩具在宝宝两侧逗引他，促使他从仰卧位变成侧卧位。之后，再照着之前的练习让其学会翻身。

☞ 警惕可能出现的危险

在帮助宝宝练习翻身的时候，家长还要警惕可能出现的危险。

由于这个时期的宝宝身体发育还远远不成熟，身体还非常柔软，因此在训练的时候一定要注意动作轻柔缓慢，不要扭伤宝宝的手和脚。另外，在一开始训练的时候，家长也需要控制好训练的时间、频率和强度，注意时间不能太长，次数不能太多，以免宝宝过度劳累而影响身体发育。一般情况下，每天可以给宝宝练习2~3次，每次2~3分钟。

在帮助宝宝学习翻身的时候，家长还应该面带笑容，并说一些例如"宝宝真乖，宝宝都会翻身了，真棒啊"之类鼓励的话，使宝宝情绪愉悦，有翻身的积极性，更好地进行练习。不久后，当宝宝体验到了翻身的乐趣之后，会特别喜欢这种翻过来翻过去的游戏，他会时不时地就想翻一下。因此，家长要时刻把安全放在第一位，床上千万要打扫干净，不能有小剪刀、小发夹、钥匙、针等尖锐的物品，以免扎伤宝宝；也不能有纽扣、硬币等小物品，以免宝宝误吞而发生意外。

此外，要注意在冬天和早春的时候，室内要保持适宜的温湿度，以免宝宝受凉感冒。同时，宝宝睡觉的小床也要远离各种各样的取暖设备，以免宝宝翻身时被烫伤。

☞ 不要过于着急让宝宝学翻身

虽然，3个月的宝宝主要是仰卧着，但是到了第3个月的时候，宝宝全身的肌肉已经开始了整体的活动，或者可以采用侧卧的姿势来睡觉了。此时，让宝宝练习翻身是非常容易的。不过，在训练宝宝翻身的时候，也不可操之过急，要根据宝宝的实际情况来做循序渐进的训练。一般来讲，主要的训练方法有以下两种。

1. 转身法

让宝宝先仰卧着，爸爸妈妈分别站在宝宝的两侧，用色彩鲜艳或带有响声的玩具来引逗宝宝，让宝宝从仰卧变为侧卧。如果此时宝宝自己翻身还有些困难，妈妈或者爸爸可以用一只手撑着宝宝的肩膀，慢慢地将宝宝的肩膀抬高来帮助宝宝完成翻身动作。不过，一般在宝宝身体转到一半的时候，就要让宝宝恢复平躺的姿势。这样练习几次之后，就能为宝宝真正翻身做好准备了。

2. 摇晃法

摇晃法其实就是让宝宝在保持身体平衡的基础上锻炼背部和胸部的肌肉力量，为接下来的翻身练习做好准备。让宝宝躺在床垫上或摇床里，爸爸或者妈妈开始摇晃摇床或床垫。当宝宝被摇晃到半空中身体倾斜的时候，为了保持身体平衡，宝宝会自然努力地挺起胸膛，挺直腰板，把身体尽量往后仰。需要注意的是，摇晃的时候要慢慢地加大摇晃的幅度，频率也不要太快，还要随时关注宝宝的反应，一旦宝宝有惊慌的样子要立即停止。

当这些准备工作做足之后，宝宝就会很自然地学会翻身，甚至不需要爸爸妈妈太多帮助。不过，在做好这些准备工作之前，不要急于让宝宝学会翻身，那样会因为急功近利而影响宝宝正常的运动机能，还会因为没有做好准备就进行翻身练习而损伤宝宝的骨骼。

爬：锻炼身体的平衡能力

★ 宝宝趣事

彤彤小时候特别安分，在他5个月之前，每次我们带他出去，他都是安安静静的，从来不闹人，也不欺负别的小宝宝，有人逗他的时候，他也总是笑着，一点儿脾气也没有。人们都说我们家生了个乖宝宝。

可是，6个月之后情况就变了，彤彤开始不"老实"了。一开始，他总是不好好坐着，抱着他坐，他总要撑着小手去抓其他东西，不管是桌子上的还是床头的东西，只要他感兴趣，他就开始挣扎着去抓，小身板一刻也不安生。每天早上给他穿衣服时，一个人总是抓不住他，需要我和他爸爸一起来才行，每次一把他放到床上他就开始翻过来翻过去。接着，他就开始试着默默地爬行了，而且非常热衷。起初，他的手脚还不知道协调，总是用两个小手使劲儿地撑在地上，两条小腿使劲儿地撑起来，但是身子却不往前进，而是在后退。我和他爸爸都奇怪极了，怎么也不明白，小家伙为什么向后爬。一个星期之后，再爬的时候，彤彤不往后退了，手和脚撑起来之后，身子先是抖两下，然后再往前蹿，那动作简直像个大青蛙，我和他爸爸每次看到这儿都乐得不行。又过了几个星期，彤彤终于有了大进步，他的小手可以向前移动了，而且小腿也会分别往前移动了，不管怎样，总算是学会了爬行。这时候，见证了彤彤"艰辛"爬行过程的我和他爸爸，都替彤彤高兴。

★ 神奇的敏感期

一般来讲，宝宝刚出生的时候，运动系统在逐渐地发育完善，因此整体总是静悄悄地躺着睡觉。在出生2~3个月的时候，宝宝可以仰头了。随着月龄的增加，到7个月的时候，宝宝开始学会爬行了，而到八九个月时，经过练习的宝宝就可以用手和膝盖来爬行，最后发展成两臂和两条腿都伸直，用手和脚来直接爬行。

七八个月大的宝宝，大动作能力已经得到迅猛发展，可以独自坐在床上，还可以趴在床上，以腹部为中心，左右挪动身体来打转。这些运动，为宝宝的爬行做了充足准备。而随着宝宝认知能力的增强，他也渴望有更大的视野来观看周围的世界，这就加强了他立起身子的欲望，这也加强了宝宝对爬行的渴望。因此，此时的宝宝会非常热衷于学习爬行。而在爬行的过程中，宝宝的智力也得到了很大的提升。

目前，虽然没有数据表明经过爬行的宝宝一定比没有经过爬行的宝宝聪明，但医学界公认的事实是爬行确实能促使宝宝脑部的发育。宝宝在爬行的时候，左右肢体交替轮流运动的冲动会通过脑桥交叉，促使整个大脑活动，尤其是可以锻炼小脑的平衡能力。同时，爬行时运用手、眼、脚的协调，可以促使粗细动作技巧的提升，有助于将来的书写、阅读和运动技能的发展。此外，在爬行时，宝宝要头颈扬起，胸腹抬高，靠着四肢交替轮流抬起，来协调地使身体负重，这样会锻炼宝宝胸腹、腰背、四肢等全身大肌肉的活动力量，为宝宝以后的站立和行走打下坚实基础。

☞ 和宝宝来场爬行大训练

爬行对宝宝来说是非常有益的动作，它既能锻炼宝宝全身肌肉的力量和协调能力，还能增强其小脑的平衡能力和反应能力，为宝宝以后的其他大动作学习做好铺垫。通常，宝宝刚开始学习爬行有三个阶段：有些宝宝学爬的时候是向后倒着爬；

有些宝宝则是原地打转，只是爬行却不前进；还有些宝宝在学习爬行的时候是匍匐前进，根本不知道用四肢来撑起身体。这些都是宝宝学习爬行的一个过程，在这个过程中，爸爸妈妈一定要配合宝宝，耐心地教导宝宝学会正确的爬行。

刚开始教宝宝学爬时，爸爸妈妈可以一个拉着宝宝的双手，另一个推起宝宝的双脚，拉左手的时候就推着右脚，拉右手的时候就推着左脚，以使宝宝的四肢可以被动地协调起来。这样练习一段时间之后，宝宝的四肢就会有比较好的协调力了，可以立起手和膝盖来练习爬行了。

在爬行练习中，有意地让宝宝腹部着地也可以练习宝宝的触觉。通常，触觉不好的宝宝容易出现怕生、黏人的现象。之后，当宝宝可以将腹部离开床面靠着手和膝盖来爬行了，爸爸妈妈就可以在他前面放一个滚动的皮球，让他朝着皮球慢慢地爬过去，逐渐锻炼其爬行速度。

对一些爬行有一定困难的宝宝，爸爸妈妈可以让其从学趴开始，之后再练习爬行。其实，刚开始学爬的宝宝一般都会出现匍匐前进、倒着爬或者转圈的情况，这是宝宝爬行的一个必经过程。对此，爸爸妈妈一定要有充足的耐心，细心地帮助宝宝，给宝宝正确的指导和练习，让其尽快学会爬行。

☞ 给宝宝做做运动操

此时，家长还可以给宝宝做做运动操，促使宝宝肢体更加灵活的同时也能舒活宝宝的筋骨，有益身体健康。具体来说，可以这样做：

1.消除肌肉和关节僵硬状态下的准备运动

宝宝放松仰卧，家长握住宝宝的手腕，按"1234"的口令，从手腕向上到肩膀处按摩四下；按"2234"的口令，从脚踝的地方到大腿部按摩四下；按"3234"的口令，妈妈或者爸爸双手呈环形，从里向外，从上到下，从胸部按摩到腹部；按"4234"的口令，动作重复第三个四拍。

2.活动肩关节、肘关节、上臂及胸部肌肉的上肢运动

让宝宝呈仰卧位或坐姿，家长双手将拇指放在宝宝的手掌心，且轻轻地握住宝宝的双腕，把宝宝的双腕放在两侧，让宝宝两臂于胸前交叉，两臂分别向着外上方环绕；两臂胸前交叉，然后还原姿势。

3.活动腰肌、腹肌和脊椎运动

让宝宝仰卧，家长按住宝宝的两个脚踝部位，右手托住宝宝的腰部，托起宝宝的腰部，使宝宝的头脚不离开床，身体呈现拱桥形，保持5秒钟左右，还原姿势。

4. 活动髋关节、膝关节、下肢肌肉的下肢运动

让宝宝仰卧，双腿伸直，家长握住宝宝的两腿膝盖部，为促使宝宝下肢运动的协调性，将宝宝的左腿屈曲直到腹部，然后将宝宝的左腿向外侧环绕。再一次将左腿屈曲直到腹部，然后下放还原。右腿做同样的动作。

5. 活动腰部肌肉和脊椎的提腿运动

宝宝仰卧，家长用双手握住宝宝两只脚的脚踝处，提起宝宝的两脚与床面成45°，继续提腿使宝宝的腹部离开床面，然后放下两条腿，还原姿势。

6. 活动踝关节的踝部运动

宝宝仰卧，家长用左手握住宝宝的脚踝部位，右手则握住宝宝的脚面部位，按"1234"的口令，以左边踝关节为轴，向内旋转4次。右脚也做同样的动作。

7. 活动腰背部肌肉和腰椎的拾物运动

家长先蹲下或坐下，让宝宝背靠着自己的胸部站起，用右手扶住宝宝的腹部，左手则按住宝宝的双膝，之后在宝宝的脚前30厘米处放一个玩具。按"1234"的口令，让宝宝弯腰去捡拾脚前的玩具；按"2234"的口令，协助宝宝拿到玩具之后再站立起来。

8. 训练腿部肌肉的跳跃运动

让宝宝面向着家长，家长则用双手托住宝宝的腋下，将宝宝托起离开床面，再把宝宝放下还原动作。做的时候，可以附带着"跳、跳、跳"的口令，这样可以增强宝宝与人交往的能力。

☞ 8个月以后不会爬的宝宝：特殊的爬行训练

练习爬行，对不到1岁的宝宝来说，其实是一项较为复杂的运动过程。首先，宝宝必须要撑起头、胸，然后要绕圈而转，接着要腹部贴着地面拖曳而行，之后是有规律地摇动手和膝盖，接下来是匍匐前进，最后才能达到熟练地交替使用手和膝盖来爬行的境地。因此，对一些宝宝来说，由于爸爸妈妈没有在之前对宝宝进行爬行方面的训练，导致宝宝8个月的时候还不会爬行。此时，爸爸妈妈就需要对宝宝进行一些特殊的爬行训练，促使宝宝学会爬行。

爸爸妈妈可以有规律、分阶段地教导宝宝，首先是教宝宝用手和膝盖来爬行。在宝宝的两条小腿具备了一定的交替运动能力之后，家长可以在他面前放一个他很喜欢的玩具，然后诱导宝宝爬过去拿玩具。为了拿到玩具，宝宝很可能会使出浑身解数来向玩具匍匐前进。刚开始时，宝宝可能动了半天也前进不了，反而是后退

了，这时家长就要及时地用双手顶住宝宝的双腿，使宝宝获得一些支持力，从而可以继续往前爬行。这样练习一段时间，宝宝就逐渐会用手和膝盖来进行爬行了。

接下来，就要教宝宝练习用手和脚来爬行。当宝宝可以很好地用手和膝盖进行爬行之后，家长可以让宝宝先趴在床上，用双手抱着他的腰，让他的小屁股撅起来，使得两个小膝盖可以离开床面，小腿蹬直，两条小胳膊支撑着身体，然后轻轻用力地把宝宝的身体前后摇动几十秒，最后放下来。这个练习每天可以进行3～4次，这会大大提高宝宝胳膊和小腿的支撑力。当宝宝的支撑力增强之后，家长就可以在双手抱着宝宝的腰时稍微用点力气，促使宝宝往前爬。这样一段时间后，逐渐试着放开手让宝宝自己爬，可以在前面放上玩具吸引宝宝，同时爸爸可以在旁边鼓励宝宝："加油，宝宝快爬！"这样，慢慢地，宝宝就学会爬行了。

☞ 注意爬行场地的安全

在训练宝宝爬行的时候，家长一定要注意场地的安全性，以免宝宝在爬行过程中碰伤或者被刺到、砸到。

需要注意的是，无论是什么场地，都要保证平整而且软硬适度。场地太软的话，宝宝爬起来就很费劲，而场地太硬的话，不仅爬起来不舒服，还会导致宝宝娇嫩的小手和膝盖受到损伤。因此，家长最好在一张较大的床或者木质的地板上，铺上垫子或者泡沫地板垫等，作为宝宝的爬行场地。同时，爬行的场地必须保持干净卫生，家长要提前进行彻底的清理，防止一些小物品的存在，例如小纽扣、硬币、别针等，这些东西很可能会被宝宝捡起来塞进嘴里，从而弄伤宝宝或者引发感染。

在宝宝爬行的时候，爸爸妈妈或者其他家人一定要在旁边看着。如果宝宝在床上爬，家人就应该散开站在床的四周，以防宝宝爬到床边摔下来；如果宝宝是在地上爬，周围也要有家人看着，以防他爬出固定的区域，而被其他东西碰伤。最好的办法是可以在宝宝周围围上一圈东西，让宝宝只能在这个固定场所里爬，这样就安全多了。

✿ 走：动作能力的新升级

★ 宝宝趣事

刚刚1岁的儿子最近迷上了走路，虽然他总是走得颤颤巍巍，让人看着心惊胆战，但他自己却乐此不疲。很多时候，正当妈妈抱着他时，他就会挣脱着下地要自己走路，而且还不让人扶着。

　　这不，今天是周六，妈妈带着他去逛一座大型商场。商场里人很多，到处都熙熙攘攘的，在乘电梯上楼的时候，妈妈就想抱着儿子上楼。可是妈妈刚把他抱起来，他就不干了，"哇哇"地哭起来，而且还一个劲儿地挣扎着要下来。无奈之下，妈妈只好把他放了下来。这下，他终于不哭了，而是拉着妈妈的手，亦步亦趋地来到了步行的楼梯口，开始一步一步地上楼梯。当然，他自己是上不去的，还需要妈妈的帮忙。他走得真慢，害得妈妈都想发脾气了。不过，妈妈还是陪他走完了这段楼梯，只是在心里想："这小家伙是怎么了呢？以前那么喜欢让我抱着，现在怎么不让抱改走路了呢？真是搞不懂！"

★ 神奇的敏感期

　　一般来讲，宝宝行走的敏感期大概会从七八个月大的时候开始，持续到2岁以上。在这期间，爸爸妈妈应该都有体会：七八个月大的时候，宝宝一般都是让爸爸妈妈拉着自己的小手或者架着自己的胳膊，自己站在爸爸妈妈的腿上跳跃，每跳一下，他就会开心地咯咯大笑。但是，一旦爸爸妈妈累了停下来休息，他就不干了，立马开始哭闹。其实，这就是宝宝进入到行走敏感期的表现，通过不断练习跳跃这个动作，他会逐渐锻炼自己的腿和脚，为之后的正式行走做好准备。

　　这样跳跃一段时间后，宝宝一般就会开始走，这个时期也是爸爸妈妈最累的时期，因为要一直跟在小家伙身后保护其安全。此时的小宝宝上楼梯、下楼梯都要自己来，不管需要多长时间；哪里不平偏要往哪里走……在行走的敏感期中，儿童就是一个自由、活跃的个体，通过这些练习，他拥有空间的能力从此跨出了一大步，也逐渐学会走路了。

　　故事中的宝宝，其实就是进入了行走的敏感期，此时他会乐此不疲地练习行走，无论什么时候、什么场合，只要他想走他就会要求走路。因此，如果他的妈妈了解到了这个情况，一定会支持他自己走路的。除了走路，这个阶段的宝宝还特别喜欢自己上下坡、上下楼梯等。为此，爸爸妈妈虽然不用再整天抱着他们，但也要随时保护着，以免出现意外。

☞ 用宝宝感兴趣的东西吸引他走路

　　为了配合宝宝的行走敏感期，让宝宝更快、更好地度过这一时期，爸爸妈妈可以用宝宝感兴趣的东西来吸引他主动去走路。

在行走敏感期内，宝宝不仅对楼梯感兴趣，还会对一些带坡度的空间感兴趣。因此，爸爸妈妈可以多带宝宝去坐滑梯，或者商场里带坡度的电梯等等，这些都会让宝宝很感兴趣。

其实，宝宝之所以喜欢这些带坡度的地方，一方面是因为这种不同于平面的空间形式引起了他的兴趣，刺激了他的探索欲望；另一方面也是他在主动培养自己的双脚这个行走工具，增强腿部的功能。只有反复地去感知腿脚的功能，宝宝腿脚的潜能才能被激发出来，也才能够健康地成长。对爸爸妈妈而言，如果你了解了这些，就应该给宝宝自由行走的空间，多给宝宝制造行走的机会，而不是按照自己的意愿代替宝宝行走，也就是抱着他走。

爸爸妈妈应该做的事，就是用宝宝感兴趣的地方或者东西来吸引他主动行走，让宝宝尽情地练习行走，同时自己跟在宝宝的后面，他走你也走，他停你也停，以便随时应对宝宝摔倒的情况。这样的做法才是对宝宝行走最有力的支持。

☞ 鼓励宝宝，给他信心

对于刚刚开始尝试行走的宝宝来说，行走是一个无比重大又无比有趣的任务。对于之前一直被别人抱着，无法自己控制自己动起来的宝宝来说，能够自己行走就预示着自己可以控制自己去主动行动了，这是无比刺激的一件事情。因此，在行走敏感期内，宝宝会对行走表现出无与伦比的兴趣。但是，兴趣大并不能帮助宝宝更快地学会行走，还需要不断地坚持练习和爸爸妈妈的大力支持及鼓励。

很多时候，宝宝能不能做成一件事情跟爸爸妈妈的鼓励有很大的关系。对宝宝来说，爸爸妈妈是自己最信任、最尊敬的人，也是最有本事的人。在面临一个较难完成的任务时，如果爸爸妈妈给宝宝鼓励了，势必会让宝宝斗志昂扬，更加有信心。因此，在宝宝开始行走敏感期的时候，爸爸妈妈一定要多给宝宝鼓励，让他有信心去实践和练习，更有信心在失败之后再次尝试。例如，妈妈没事的时候就可以拉着宝宝的手，面对着宝宝，一边让他朝前走一边鼓励他说："宝宝，来，向前走，来妈妈这里！"爸爸则可以在旁边加油："哇，宝宝好棒啊，自己可以走路了，真棒！"爸爸还可以一边给宝宝拍着手或者做出其他的热烈动作，让宝宝兴奋起来，加强宝宝练习走路的欲望和兴趣。总之，只要是宝宝乐意进行的行走练习，爸爸妈妈都可以以各种方式、各种说法对宝宝进行鼓励，这些话语和动作都会对宝宝产生莫大的积极影响。

☞ 不要过于呵护宝宝

爸爸妈妈通常会犯这样的错误：在宝宝不会走路的时候急切地盼望着宝宝能学会走和跑，但是一旦宝宝真的要走路了，他们又生怕宝宝会跌倒或者出现意外，总是试图保护宝宝而不让他们去独自走路。因此，很多爸爸妈妈嘴上说支持宝宝去自由探索，却在宝宝要自己走路的时候，把宝宝放在学步车里或者直接用婴儿车推着他们去散步。

其实，爸爸妈妈的这种做法是很不科学的。在宝宝生命的最初阶段，如果常常限制他们做出探索世界的行为，那么宝宝生命中那些重要的敏感期就会被无限地推后。这样，不但会阻碍宝宝心理的正常发展，而且还会通过影响宝宝的正常身体能力进而影响到智力的发展。处于行走敏感期的宝宝，如果爸爸妈妈怕他受伤而不给他自由行走的机会，那么这个宝宝学会走路的时间就会比其他宝宝要漫长，同时他的创造力、想象力等能力也往往会比其他同龄的宝宝要差很多。

因此，爸爸妈妈不要过分呵护宝宝，而是应该放开手让宝宝自己去实践和探索，哪怕宝宝跌倒了都没有关系。俗话说"在哪里跌倒就在哪里爬起来"，这句话对这个时期的宝宝非常适用。只有经历过了"跌倒"，宝宝才会真正"爬起来"，也才会有真正的成长。如果爸爸妈妈在一个宝宝本该"跌倒"的年龄而不让他跌倒，那么他将来就会在不该跌倒的年龄跌倒，那样对宝宝的不利影响将会更大。所以，作为爸爸妈妈，一定要客观对待这个问题，不能凭感情用事，而要尽可能地给宝宝自由，让他自己探索。

☞ 初学走路不能过度

在帮助宝宝进行走路训练的时候，爸爸妈妈还要注意一点，那就是走路的时间不能过长，距离也不能太长，以免训练过度，累坏了宝宝。

要知道，此时的宝宝刚开始学习走路，一方面，走得还不是很利索，需要适可而止；另一方面，由于宝宝的身体机能还未发育完全，骨骼系统还处于成长期，过度的劳累会损伤骨骼，影响宝宝的身体成长。有位妈妈就说，她的宝宝在很小的时候，跟着大人走了一次远路，结果后来，每年宝宝的腿都要疼一次，吃药也不管用。可见，宝宝小时候是不能过度劳累的，这样很容易给以后的生活埋下隐患。因此，对于初学走路的宝宝，适当的练习是爸爸妈妈必须要恪守的，急功近利的做法是万万不可取的。

现实中，很多爸爸妈妈喜欢攀比，看到别的宝宝会走路了，就要求自己的宝宝加强练习，或者让宝宝跟着自己学走路的时候走得很快，以期望宝宝也走得快点。这些做法都是不可取、不健康的。就算练习走路也要根据宝宝自己的意愿和兴趣，一旦宝宝不愿意练了，或者练着练着对妈妈说"妈妈抱抱"，爸爸妈妈就要赶紧结束练习，让宝宝休息一下，切忌勉强宝宝。

扔东西：形成空间概念

★ 宝宝趣事

8个月的刚刚本来是个很乖的宝宝，可最近，他妈妈却发现，他总是乱扔东西。例如，吃饭的时候妈妈给了他一小块橘子，让他吮吸里面的汁水，可他拿在手里不到5秒钟，就"啪"的一声扔了出去，然后还兴奋地看着妈妈笑。当然，妈妈并没有责怪他，只是拿出小手绢帮他擦了擦手，然后把手绢塞在他手里，让他自己双手来回擦。可是，妈妈刚一离开，他马上就把手绢扔在了地上，由于手绢很轻，一下子落在了他的脚下，这下，他不干了，伸着小手捡起手绢，又使劲儿地扔了出去。看着手绢在空中飞起来，他"咯咯咯"地大笑起来。

妈妈很奇怪，这宝宝是怎么了？怎么这么不讲理了。没想到，一周后，刚刚的情况更严重了，他几乎见到什么就扔什么，手里的小玩具、地上的小人书、小皮球，甚至玩具汽车，凡是他能拿得起、扔得动的，他几乎都要扔出去，似乎很享受这种扔东西的快乐。有时候，妈妈在旁边大声告诉他："宝宝，不准扔！"可他只是看了看妈妈，随手就又扔了出去。对此，他妈妈真是又气又恼，却丝毫没有办法。

★ 神奇的敏感期

一般情况下，在宝宝6~8个月的时候，就开始出现扔东西的行为了。此时，他们会把能拿到手的几乎任何一样东西都随手扔出去，并且十分享受这样的过程。很多爸爸妈妈对此表示不解，不明白宝宝为什么突然变得"不讲理"了。其实，这只是宝宝在动作敏感期内的一种正常表现，爸爸妈妈不必过于担忧。

接近1岁的宝宝，手部的动作和身体的动作都得到了很大的发展，尤其是手。当他无意中扔东西的时候，东西飞向空中的情景和落在地面上发出的声音会吸引他的注意，这是一种以前没有出现过的情况。对宝宝来说，这样的新奇体验是最为刺激的，因此，他会异常兴奋，反复地做这一练习，经历这一体验。此外，当宝宝要扔东西的时候，爸爸妈妈几乎都会大声制止或者用行动制止，这种阻止更加重了宝宝扔的兴趣，他很好奇，扔出去之后会有什么事情发生。于是，爸爸妈妈越是不让他扔，他就会越是频繁地扔，而且兴趣大增。更为重要的一点是，在宝宝扔东西的时候，东西飞向空中的感觉会带给宝宝一种新奇的体验，那就是空间感。他会意识到空间的概念，知道"空中"和"地面"是不一样的，由此加深他对空间的认知。

很多爸爸妈妈在宝宝把东西扔出去之后，会给宝宝捡起来，而之后，宝宝又会扔出去。其实，这时候，宝宝已经把这种"扔出去"—"送回来"—"扔出去"的过程当作了一种游戏，会乐此不疲地玩下去。因此，爸爸妈妈千万不要以为宝宝在"恶作剧"而责怪宝宝。当然，这些都是因为宝宝正处在动作的敏感期，一旦度过敏感期，他就会自觉地"放弃"这种扔东西的游戏了。

☞ 给宝宝用手探索的自由

扔东西是宝宝运用双手来进行探索的过程。不光扔，宝宝可能还会用手进行各种探索活动，抠东西、敲东西、抓东西等，凡是能用手来进行的，而又在宝宝能力范围之内的，宝宝都会主动去尝试。这时候，对宝宝这种用手探索的表现，爸爸妈妈一定要给予理解，并且给宝宝探索的自由。

一些城市家庭的爸爸妈妈总是对宝宝的安全卫生要求颇高。生活中，他们会很勤快地给宝宝洗手、洗澡，以保证宝宝的安全健康。此时，如果宝宝出现随手乱抓东西、乱扔东西的现象，一些爸爸妈妈就会阻止宝宝，或者强制性地不让宝宝扔，或者用言语吓唬宝宝，让宝宝害怕而不敢扔。这样，看似给宝宝定了条例，有助于其自觉性的养成，但实际上却是剥夺了宝宝自由探索世界的权利，而且也影响了敏感期对宝宝的良性刺激。因此，给宝宝自由，其实才是对宝宝最好的教养。

当然，给宝宝自由并不是说完全放纵宝宝，什么事情都让他自己胡乱弄。宝宝毕竟还很小，在运用手部或者其他身体能力的时候，难免会遇到很多问题，或者环境中的危害，比如尖锐的物体等，这时候爸爸妈妈是需要主动帮忙的，而且也要时刻关注。无论如何，对待敏感期的宝宝，允许其自由探索是首要原则，在此基础上，爸爸妈妈要时刻关照着宝宝，保护其安全，给予其指导，让宝宝安全、健康地发展能力。

理解了宝宝扔东西的原因，其实并不能解除许多家长的担忧，因为宝宝随手扔的东西，大多都是家中的用品，这样到处乱扔，很多东西都会毁坏。要解决这一问题，就需要家长们在宝宝一开始出现扔东西行为的时候，就给宝宝准备一些摔不坏的东西，专门供宝宝扔。

平常在家中，家长可以给宝宝准备一些不容易摔坏的毛绒玩具、橡胶制玩具、塑料玩具等，让宝宝尽情地扔。另外，一些皮球形状的物体也是不错的选择，扔皮球还能锻炼宝宝手指的抓握能力。当然，摔不坏的东西有很多，现在儿童玩具市场发展迅速，各种新颖玩具应有尽有。

除了给宝宝准备摔不坏的物品外，家长还可以通过行为来适当地克制一下宝宝扔东西的频率。例如，当宝宝把一个玩具扔出去的时候，家长就可以配合宝宝再扔回来，然后宝宝就会乐此不疲地跟家长玩起"扔来扔去"的游戏，从而避免他再扔其他的物品。或者，当宝宝把玩具扔出去之后，家长不帮宝宝捡回来，这样，一段时间之后，宝宝就不再感兴趣这种扔来扔去的游戏了。当然，家长们最要紧的就是把贵重的物品给收好，例如手机、钱包等，免得被宝宝看到，一下子扔出去摔坏了。

❀ 敲东西：对外界的探索

★ 宝宝趣事

瑶瑶刚刚7个月大，已经会抓起筷子了。一天早上，一家人正在吃饭的时候，坐在妈妈怀里的瑶瑶竟然颤巍巍地用手拿起了筷子。妈妈怕她扎到自己，赶紧一手端着碗一手从她手里接过筷子。在这个过程中，筷子无意中碰到了碗，发出了一声清脆的响声。然后，妈妈就把筷子给接过来了。可是瑶瑶却瞪大了眼睛看着放下的筷子和发出声音的碗，看了好半天。

结果，当大家吃完饭，妈妈起身收拾碗筷的时候，瑶瑶的小手竟然一下子就拿到了一支筷子，然后在一堆碗里胡乱地敲打起来。听着碗筷撞击发出的声音，她开心地笑起来了。

从那以后，瑶瑶就开始不安生了，几乎见到什么就敲什么。妈妈给她一堆玩具，她会拿出里面的"金箍棒"去敲打玩具小熊。如果手里没东西，她就直接拿手在上面打，根本不顾及手疼不疼。而且，每次敲打的时候，瑶瑶都特别用力，声音"啪啪"直响，大人看着心惊胆战，怕她不小心打到自己，但她自己却高兴地"咯咯咯"直乐。对此，家里人都说，瑶瑶再不是个小姑娘了，而成了一个小坏蛋了！

★ 神奇的敏感期

俗话说"好奇之心人皆有之"，对宝宝来说更是如此。当宝宝第一次敲东西，发现敲击可以发出声音时，他的好奇心就被激发出来了。此后，宝宝所进行的一系列敲打活动，都是他满足好奇心所采取的一种方式，是他在对外部世界进行探索。

研究表明，8～12个月的宝宝，各种能力都得到了发展，思维也开始展现，对外部世界充满了好奇。此时，他们迫切地想要了解各种各样的物体，了解物体和物体之间的相互关系，了解他们的动作所能产生的结果。而通过敲打不同的物体，使他知道不同的物体可以产生不同的声响，而且用力的强弱不同，产生音响的效果也不同。例如，当用木块敲打桌子的时候，会发出"啪啪"的声音；而敲打铁锅的时候则发出"当当"的声音等。此外，宝宝在敲打东西的时候，双手练习了抓、捏等动作，学会了控制敲打的力量，由此可以发展他们自身动作的协调性。与此同时，敲打发出的声音还会刺激宝宝大脑产生反应，不同的声音让宝宝觉得开心的同时也会引发宝宝的思考。例如，当宝宝用筷子敲打桌子或者碗的时候，他可能会有这样的疑惑："为什么它们的声响不一样呢？"这样，有助于宝宝思考能力的发展，进而开发智力。

如果爸爸妈妈理解了宝宝敲打东西的原因，那么就应该帮助宝宝发展他的这一探索性活动。在宝宝敲打物品的时候，爸爸妈妈不妨在旁边给宝宝做解释，为什么敲打不同的物体发出的声音不同。虽然此时的宝宝或许不能理解，但这样的解释会留在他的印象里，为他日后认识事物做好准备。

☞ 给他能敲响的东西

宝宝喜欢敲打东西，就是喜欢听敲打发出的声音，如果敲打的物体不发出声音，将会影响宝宝继续敲打的热情。因此，为了支持宝宝的探索行为，也为了让宝宝能更有兴致地进行敲打活动，爸爸妈妈要尽量给宝宝找一些可以敲响的东西来。

当然，爸爸妈妈也要注意，对爱敲打的宝宝来说，没有必要给他购买高档的玩具，也不要给宝宝新的东西来敲打，以免敲坏了，无法使用。爸爸妈妈只需要在家里给宝宝找一些旧的罐头盒、厚玻璃瓶、塑料小碗、小木板之类的东西，让宝宝拿着小木棒敲打，感受不同的声音。此外，爸爸妈妈还可以跟宝宝一起进行敲打游戏，让宝宝学着自己的样子，一下一下地敲，敲出节奏来，让宝宝在声音中感受出节奏感，由此还能培养宝宝的音乐感。当然，爸爸妈妈还可以帮宝宝选择不同质地和形状的玩具，让宝宝一手拿一个，例如左手拿着积木，右手拿着能发出响声的塑料玩具。爸爸妈妈拿起另外两样东西对敲，示意宝宝也对敲，这样可以让宝宝明白，不同物体之间也是可以互相敲打的。而且这样既能发声，又能让手接触到不同质地和形状玩具的过程，在促使宝宝感知能力发展的基础上，还能促进宝宝手、耳、眼、脑感知能力的综合发展。

☞ 限制敲东西的地点

在为宝宝准备了能发声的物体用来敲打之后，爸爸妈妈还需要注意限制宝宝敲打东西的地点。因为，敲打毕竟是会发出声音的，这无疑会给周围的人造成影响，因此，限制宝宝的敲打地点是必不可少的。

爸爸妈妈可以让宝宝养成白天敲打的习惯，一到晚上就停止敲打。例如，如果晚上宝宝想敲打了，爸爸就可以告诉宝宝："宝宝，爸爸累了，跟爸爸一起睡觉吧，明天爸爸陪你一起敲！"或者用其他的语言或方式诱导宝宝睡觉。时间久了，宝宝就会形成生物钟，养成白天敲打的习惯。此外，爸爸妈妈应该给宝宝安置一个固定的地点让宝宝专门用来敲打。这个地点不能在室外，以免影响到别人，最好是在室内。爸爸妈妈可以在屋子里空旷的地方给宝宝专门划出一片区域，在里面放上不同的玩具和物品，让宝宝尽情地敲打。敲打时最好关上门，以免吵到别人。

虽然给宝宝的物品一般都是敲不烂的，但为了以防万一，爸爸妈妈还是应该陪在宝宝身边，看着他敲打，以免不慎打烂了什么东西而伤到宝宝。一旦宝宝度过了这个敏感期，就自然而然不会再如此执迷地进行敲打了。

秩序的敏感期

所谓秩序的敏感期，其实就是宝宝对环境中物体的位置及活动的安排次序等非常敏感的一个时期。对0～1岁的宝宝来说，他需要一个有秩序的环境来帮他认识周围的事物，熟悉周围的环境。在这个过程中，宝宝会表现出一些跟成人世界不一样的秩序感，例如怕生、害怕陌生环境等，这是宝宝正常敏感期的表现，随着宝宝年龄的增长，会逐渐消失，并形成正常的、内在的秩序感。当宝宝从环境中逐渐建立起自己内在的秩序时，宝宝的智能也会因此而逐步构建起来。

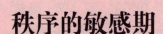 认生：了解自己与环境的关系

★ 宝宝趣事

金金和银银是一对双胞胎姐妹，刚刚满月了。这天，家里人邀请了许多亲朋好友一起来庆祝小姐妹的满月，酒宴过后，朋友们都说要看看宝宝。于是，爸爸妈妈就把在房间里已经憋了一个月的小姐妹俩打扮得人见人爱地抱了出来。可是，谁也没有想到，就在家人把金金和银银抱出门的那一瞬间，两个小家伙睁着一双略带惶恐的大眼睛看了一下周围之后，竟然大哭起来。

这下子，家里人可吓坏了，赶紧又哄又晃，可是，不管怎么做，手忙脚乱的爸爸妈妈还是没办法让小姐妹安静下来。亲朋好友也纷纷献策，但是仍然没办法消除宝宝们眼中的那份恐慌，而与此同时，姐妹俩的哭声更大了，似乎很委屈……这可让爸爸妈妈愁坏了，妈妈嘴上一个劲儿地说："难道这么小的宝宝都知道认生了？"

★ 神奇的敏感期

对刚出生不久的宝宝来说，他们对外在秩序的要求主要体现在对场所、顺序、拥有物、习惯和约定这几个方面，这是宝宝在发自内心地要求自己和要求别人的实践中，不断加强并且不断深化出来的。最初，宝宝是在看到了外面世界的秩序后才了解外界环境的，一旦环境发生变化，他们已经形成的秩序感就会错乱，进而就会让他们感到害怕。

其实，小姐妹俩的大声哭泣和认生并没有必然的关系，如果要说原因，也应该是因为外在环境秩序的改变。试想，在满月之前的一个月内，小姐妹一直和妈妈生活在一个安静、平和、很有规律的生活环境中，这让宝宝们心中形成了一定的秩序感。而突然有一天，这个秩序一下子被打破了，周围一下子不安静了，到处都是嘈杂的人群，有人在摸她们，甚至逗她们，或者拥抱她们……这一切对宝宝们来说是陌生的，是跟之前的秩序完全不同的，这无疑会让宝宝们感到害怕、不安全，进而只能用大哭大闹来宣泄和求助。

所以，可想而知，就算人们想尽办法也没办法让宝宝们停止哭泣，因为人依然很多，环境还是陌生的环境，秩序依然是陌生的秩序，唯一能让宝宝们感到安心、停止哭泣的办法就是把她们送回熟悉的环境里。把宝宝们抱进她们经常待的屋子里，然后还要妈妈耐心地哄着、安慰着，相信不久她们就会停止哭泣了。

☞ 帮宝宝走出认生的心理

认生是儿童心理发展上的一个自然过程。8个月的宝宝已经可以敏锐地辨认出熟人和生人了，而这种怕与爸爸妈妈，特别是与妈妈分离为标志的认生现象，说明了子女对爸爸妈妈的依恋，同时也说明从这个时候开始，宝宝就需要建立复杂的社会性的情感、性格和能力了。不过，虽然认生是宝宝在外在秩序感建立时形成的一种自我保护意识，但从长远发展来看，认生对宝宝的健康成长是有不利影响的，爸爸妈妈应该帮助宝宝克服这种心理。

首先，爸爸妈妈平时应该带着宝宝多接触外界和人群，或者鼓励宝宝与陌生的小朋友一起玩耍，让宝宝逐渐适应陌生的环境并从中体会到乐趣。其次，在宝宝因认生而哭闹时，爸爸妈妈应该给予安抚，帮助宝宝缓解不安的情绪，并教宝宝学会与陌生人接触。再次，在鼓励宝宝多与陌生人接触，缓解认生情况时要注意循序渐进，并采用灵活的方法而不能强迫宝宝。

相关研究表明，认生的程度和持续时间的长短跟爸爸妈妈的培养方式有关。

在宝宝刚出生不久的几个月里，陌生人的突然到访、用眼睛注视着宝宝看、走到宝宝跟前要从妈妈怀里抱走宝宝的时候，宝宝都感到不安和害怕。这个时候，爸爸妈妈就不要让陌生人突然靠近或者抱走宝宝，也不要在陌生人到来的时候马上离开自己的宝宝。

生活中，爸爸或者妈妈应该多让宝宝和自己的洋娃娃玩耍，倾听收音机里的人员讲话，经常在他面前摆弄各种新奇玩具；还要经常带领宝宝去逛大街、上公园或者去亲戚朋友家中做客；一旦有陌生人到访，不要急着让宝宝去见陌生人，而要用你与陌生人之间的良好气氛和热情招待去感染宝宝，让宝宝开始"相信"陌生人，之后再让客人逐渐接近宝宝；如果客人也带着自己的小宝宝，那就可以让两个小宝宝在一起互相接触。一般来讲，宝宝熟悉的大人越多，体验的新奇的视听刺激也就越多，认生的程度就会慢慢减轻，时间也变得越来越短，而这种认生的过程，也会在短期内消失。

☞ 不要强迫宝宝接触陌生人

一般来说，在出生后七八个月的时候，多数宝宝会有认生的表现，有些宝宝可能在六七个月的时候就表现出来，直到1岁之后，这种现象才会逐渐消失，而有些宝宝可能要到两三岁之后才不会认生。

其实，宝宝认生是成长过程中必然经历的阶段，主要与心理发育的原因有关。在出生后的前七八个月，宝宝虽然能够通过声音和气味辨别自己的家人，尤其是妈妈，但宝宝并不清楚熟悉和陌生的概念，多数时候，只要有人照顾、有人陪着就行了，宝宝并不会很在意这个人是谁，因此也就不会认生。可到了七八个月之后，宝宝对熟悉人的印象会加深，并不自觉地会将自己与这些人建立联系，此时宝宝就会特别依赖熟人，而对陌生人产生抵触情绪，出现认生的反应。

宝宝认生的现象主要是对陌生人会表现出一种害怕和回避的反应，有些宝宝甚至会哭闹、挣扎和反抗。通常情况下，内向、文静的宝宝比活泼好动的宝宝更容易认生；平时总是由某人专门抚育、依赖性很强的宝宝，认生反应较为强烈；平时很少外出、接触的人很少的宝宝更容易认生。而对于刚出生不久的宝宝来说，眼前经常出现陌生人，经常有认生现象出现并不是一件好事，这一方面会让宝宝害怕，心里一直有惶恐的感觉；另一方面也会打乱宝宝刚刚建立的对外部世界的秩序感认知，从而搅乱宝宝的认知能力。因此，对还很小的宝宝来说，爸爸妈妈千万不要强迫宝宝去接触陌生人。

到陌生环境会哭：初步建立起外在环境秩序

★ 宝宝趣事

不到1岁的安然跟着爸爸妈妈一起去旅行，这是小家伙出生以来的第一次旅行。第一天，一家三口玩得很开心，安然玩得很兴奋，一整天都乐呵呵的，还跟好多人一起照了很多相片。可是，到了晚上睡觉的时候，情况就不太乐观了。平常在家里的时候，安然总是睡在自己那个带围栏的小婴儿床上，但是现在，宾馆里只有一张大床，安然必须得跟爸爸妈妈睡在一起。为此，安然不高兴了，她一到床上就开始烦躁不安，蜷缩着身体，嘤嘤地哭着，好像十分害怕，就算妈妈把她抱在怀里哄着她也不行。

一连好几个晚上，安然都是这样。爸爸担心是安然的身体出了问题，于是就请旅行团的医生来给安然做了个身体检查，可是检查结果一切正常，没有什么异样。但安然的症状却依然继续着，这下，爸爸妈妈傻眼了。

这天晚上，安然又开始烦躁了，这让爸爸也很烦恼，他不耐烦地把两个枕头搭了起来，那样子像极了安然的婴儿床的围栏。结果，安然一看到这里，就停止了哭闹，迅速爬到了这个围栏里安心地睡了起来，一觉睡到了大天亮。这以后的每天晚上，爸爸都在大床的一角给安然弄出个"围栏"来，这样安然再也没有哭闹过了。

★ 神奇的敏感期

对安然而言，在家中自己的小婴儿床上睡觉是先入为主的一个环境，已经在她心里成为了一种秩序模式。如今，睡在宾馆的大床上，安然原来那个带着围栏的婴儿床不见了，周围是什么都没有的平坦的床铺，这对安然来说是一个完全陌生的环境，她原有的环境秩序被打破了，因此会觉得很没有安全感。失去了安全感，安然内心秩序的混乱和内心的痛苦就会产生极大的冲突，这样的冲突就会反映在看似疾病的表现上，这种症状连医生都会束手无策。不过，要消除这种症状其实也很简单，只要"对症下药"，重现安然原来的睡觉环境就可以了。因此，当爸爸无意中给安然造了一个"围栏"出来后，安然的"病症"也就自然好了。

故事中安然的表现正好说明了在敏感期内精神力量的重要。处于秩序敏感期内的宝宝，其实是形成了一种秩序的内在模式，一旦有人破坏了这种模式，宝宝就会哭闹、焦躁、不安等。婴儿离开母体来到这个世界，是凭借着对外在环境中的人、事、物的秩序规范辨认出彼此关系，并由此将这些事物纳入记忆中的。这种通过外在秩序到内在秩序的转变，也就意味着一个人能在自己的环境里调适自我，并且支配所有的细节。因此，对刚出生不久、身体机能和智力都还没有发展完善的宝宝来说，变动的环境会扰乱他秩序感的形成，让他难以找到秩序的规律性，这不但会影响宝宝秩序感的建立，对其智力的发展也有不利影响。因此，宝宝一遇到陌生的环境就会紧张、害怕，甚至哭闹不止，而这正是他外在环境秩序的初步建立。

☞ 为宝宝设置固定的活动区域

为保护婴儿安全地度过秩序敏感期，也为了让婴儿不受到外界过多的干扰，爸爸妈妈应该为宝宝设置一个固定的活动区域，让宝宝可以在自己的小天地里自由玩耍，并建立起自己内在的秩序感，以适应新环境和新生活。

从婴儿一出生开始，爸爸妈妈就应该尝试让婴儿在固定的房间里喂奶、睡觉、换尿片、玩游戏等等，这样能够让婴儿逐渐找到规律，建立起内在的秩序。只有当婴儿熟悉了周围的新环境和新生活之后，他才能对其他的环境和生活进行尝试和探索。同时，固定的环境也能带给宝宝安全感，让他更安心、舒适地度过出生后最初的时光。

之后，随着宝宝月龄不断增大，他的活动能力大大增强，可以四处看看，用手拿着玩具等。这时候，一个固定的活动区域对宝宝也是很重要的。它一方面可以解决玩具无处放、宝宝找不到自己玩具的麻烦问题；另一方面还可以让爸爸妈妈放心地把宝宝放在这个区域里玩耍，不用担心他爬到其他地方出什么意外。当然，这样的一个固定区域一定要绝对安全，不能有柜子、桌子之类含有坚硬棱角的物体，也不能有剪刀、锤子之类有危险性的物品，另外就是不能有电线、插座之类的东西。与此同时，爸爸妈妈可以在这个活动区域内放一些精美的图画书，或者一些好玩的玩具，玩具不能太小，以免宝宝塞入口中，让宝宝尽情玩耍。这样，宝宝在形成自己秩序感的基础上，也会有更加自由、充分的活动空间，对其动作能力的发展和思维能力的提升都很有帮助。

☞ 不要随意变动家里的摆设

熟悉的环境有利于婴儿建立内心的信赖感和心理需求，还有助于婴儿熟悉环境和认识周围的环境，并由此掌握新环境。现代的相关研究成果已经证明：当还在孕妈妈的肚子里时，胎宝宝就已经有隐约的秩序感了，比如随着胎宝宝的成长，他会对外界的事物和声音变得敏感，喜欢听熟悉的声音，喜欢有规律的生活等。如果这些秩序保持良好，胎宝宝就会觉得很舒适，而一旦孕妈妈破坏了这些秩序，胎宝宝就会有不适的反应和表现。约在出生后的几个星期，宝宝的语言和动作发展还不怎么成熟，其秩序感却已经慢慢增强了，当他们看到原本放在固定位置的东西移动了，常常会表现出不安和焦躁的情绪，还会因此而哭闹，直到物品恢复原状。从两三个月起，宝宝就会对有对称、比例协调、均衡等特性的事物表现出特别的兴趣，并喜欢与具有这种特性的人交流，其实这也是宝宝秩序感的体现。

因此，在婴儿期内，爸爸妈妈一定要给宝宝一个固定、舒适的环境，婴儿房间里的摆设不要经常变动，家具、桌椅等要尽量保持原状，这样才有利于宝宝外在秩序感的建立。具体来说，首先，爸爸妈妈应为宝宝营建舒适、整洁的家庭环境，让宝宝从小受到良好的熏陶。平时，爸爸妈妈要将家里打扫干净，将物品摆放整齐，尤其是小宝宝的东西，最好是整齐有序地放置，东西用完之后再放回原处。这样不但能给宝宝舒适感和安全感，还能培养宝宝良好的秩序感。其次，爸爸妈妈可以试着让小宝宝养成有规律的睡眠习惯、饮食习惯等。爸爸妈妈可以控制好给宝宝喂奶的时间，在白天让宝宝多吃几次而减少晚上的喂奶次数，最终让宝宝学会白天吃奶和活动，晚上安静地睡觉；爸爸妈妈可以帮宝宝培养定期排便的习惯，慢慢地培养其自己排便的能力等。

❀ 改变抱、睡、坐的姿势会哭：对知觉的初步归类

★ 宝宝趣事

一位妈妈讲了自己家宝宝的一件事：宝宝刚出生的时候，我一直是横着抱他，晚上睡觉的时候，也总是让他仰躺着睡觉。后来有一次，她姥姥来看她，竖着把他抱了起来，结果，小家伙又哭又闹，把全家人都折腾得没有办法。而当时，我们一点儿都不知道究竟出了什么事情。最终，我横着抱着他，一直晃悠了半天，他才渐渐地止住了哭声。晚上睡觉的时候，我把他放在他的小床上，然后

跟他姥姥说话。要睡觉的时候，他姥姥要去看看他，发现他尿湿了褥子，就赶紧要给他换，把他的小身板给侧了过来，这下他马上又"哇哇"大哭起来，怎么哄都哄不住。接下来的一晚上，他都没有停歇，一直在哭闹，搞得一家人都很不安生。不过，当时，我们都不知道到底出了什么事情。后来有一次，我跟一位妈妈聊天，她曾经上过专门的宝宝教育课。从她那里我才知道，原来当时宝宝哭闹是因为我们扰乱了宝宝的秩序感，改变了抱、睡的姿势，以至于他一时不适应才哭闹不止。

★ 神奇的敏感期

对正处于秩序敏感期的宝宝来说，安定的程序和秩序会给他安全感，但如果秩序被打破，宝宝就会哭闹不止。刚出生不久的婴儿，对世界的认知就是：世界是以不变的程序和秩序而存在的，这种程序和秩序已经进入了宝宝的内心，成为了宝宝最初的内在逻辑。这是最开始宝宝的思维，是宝宝最初对知觉的初步归类。于是，宝宝一开始接触的被抱的姿势、睡觉的姿势、坐的姿势都是固定的，都是秩序的表现。一旦这些方式改变，等同于改变了宝宝内在的思维，宝宝会陷入极大的恐慌之中。

我们知道，一个生命的有机体，是结构和秩序的，这是大自然的造物，也是一个科学的系统。这就像医学对人体的认识一样，人体有呼吸系统、神经系统、血液系统、泌尿系统……这些充满奥妙的东西其实是我们一步一步，有序地发现的，并最终形成了人体固定的有序系统。对宝宝来说，出生之后对世界的认知也是这样，他们会在短时间内形成对这个世界的自己的秩序感，吃饭的秩序、睡觉的秩序、坐起来的秩序、感受黑白的秩序……这一切都像我们所认知的任何一个系统一样是固定的。此时，一旦出现新的状况打破这个系统，宝宝就会一下子茫然无措，紧张害怕。

因此，对刚出生不久的宝宝来说，保持稳定的环境和生活方式是至关重要的，这不仅仅是维护宝宝秩序感的一个要点，也是给宝宝安定环境用以健康成长的要点。爸爸妈妈一定要为宝宝提供一个有序的环境，各种生活习惯稳定且有秩序，各种物品都有固定的位置等，这样才能让宝宝安心、健康地成长。

☞ 月子期的妈妈不要与宝宝分离

在坐月子期间，除非有不可抗拒的因素，妈妈是不应该跟宝宝分离的。

我们知道，胎儿在母体中就已经从母亲声音的节奏、音调以及不断地重复中得到了安慰，并早已熟悉和了解了母亲的生活节奏。在他出生后，母亲固定、细心的照顾会让宝宝感觉更加安全，有利于良好亲子关系的建立。坐月子这一个月的圆满生活经验，是宝宝一辈子良好社会关系的基础，有了这个良好的基础和开端，宝宝才会更加自信、有序、健康地成长起来并且走入社会。但是，如果在宝宝刚降生时期，妈妈离开了宝宝，把宝宝交给其他人来照顾，那么宝宝从一降生就要面临陌生人和陌生环境的困扰和害怕，这会让他内心不安，难以形成固有的秩序感，对整个世界感到恐慌。虽然在别人的照顾下，宝宝也能成长起来，但那最开始的困扰和不安还是会影响到他的内心，进而影响其性格和健康心理的形成。

其实，严格一点儿来说，把新生儿和母亲分开照顾是不科学、不人道、不合乎人性的发展和需求的。因此，坐月子期间，妈妈最好不要和宝宝分开，这是宝宝进入这个世界的最开始阶段，他需要妈妈在身边陪伴和引导，给他安全感和信赖感，让他可以无所畏惧地向前迈步。

☞ 给宝宝做做亲子按摩

对出生不久的宝宝来说，由于他们还很小，不能进行剧烈的运动，行动上很不利索，因此，爸爸妈妈可以给宝宝做一些亲子按摩，帮助宝宝改善身体和脑部的血液循环，为宝宝将来的动作发展打好基础。

亲子按摩作为一种简便又高效的健脑方法，在爸爸妈妈给宝宝按摩的过程中，不但可以增加亲子关系，培养宝宝和爸爸妈妈之间的感情，还有助于宝宝身体动作的发展和大脑皮质功能的调整，帮宝宝消除疲劳，振奋精神，促进智力发育。此外，做亲子按摩还能让宝宝增强触觉的刺激，有助于其秩序感的建立。

具体来说，爸爸妈妈可以在宝宝每天洗完澡的时候，为宝宝做一个全身的按摩。妈妈先在手上涂一些乳液，把手弄得柔滑一些，然后就对宝宝的全身进行按摩。这里并不需要非常专业的按摩或者触摸手法，妈妈只要掌握好力度和分寸，按照顺序把宝宝的全身按摩一遍就可以了。一般来讲，按摩全身的顺序应该是脸部—脖子—肩膀—手臂—双手—胸脯—肚子—背部—屁股—腿—双脚。按照这个顺序按摩一遍之后，妈妈可以再次把手打滑，为宝宝再按摩一次。这次按摩的时候，可以在旁边播放一些舒缓柔美的音乐，妈妈一边按摩，一边在音乐声中跟宝宝轻轻地说着话。此时，宝宝会非常乐意听妈妈讲话，而且会很舒服地享受妈妈的按摩，在这种舒适、放松的姿态中，良好的秩序感和亲子感情就悄然建立了。

需要注意的是，在给宝宝做亲子按摩之前，一定要确保室内的温度达到28℃，以避免宝宝着凉。同时爸爸妈妈还要先洗干净自己的双手。宝宝的皮肤很柔嫩，如果按摩之后皮肤显出了红色，那是正常的，爸爸妈妈不用担心。

☞ 照顾宝宝的人不宜太多

就像到了陌生环境会不习惯而哭闹一样，刚出生不久的宝宝见到陌生人也会感到不安，这对他来说同样是陌生的，是超出他正常秩序之外的物体。因此，在宝宝刚刚降生的几个月内，爸爸妈妈一定要注意，家里边照顾宝宝的人不能太多，以免影响到宝宝秩序感的建立，甚至惊扰到宝宝。

我们知道，宝宝出生之后，跟他接触最亲密的就是照顾他的人，一般都是爸爸妈妈，但也有一些是保姆或者其他人。无论是谁，当他在宝宝最开始认识这个世界的时候频繁出现在宝宝面前，都会给宝宝留下一定的印象，进而被宝宝划入到自己的秩序中去。如果照顾宝宝的人太多，陌生的面孔出现得太频繁，宝宝的固有秩序就会被打乱，内在的秩序感就会出现混乱，而过多出现的生面孔还会引起宝宝内心的不安和恐慌，这种恐慌再加上内心无秩序的混乱，会让宝宝陷入一种更大的不安中，进而出现经常哭闹或者其他不良反应。

因此，如果没有特殊情况，爸爸妈妈最好亲自照顾宝宝，这是帮助宝宝成长的最好方式。如果爸爸妈妈实在抽不出身，需要其他人来照顾宝宝，那也要尽量找几个固定的人，人数不要太多，也不要更换得太频繁，以免打乱宝宝的秩序感。

Part 2

0 ~ 1岁，宝宝的
智力开发方案

🌸 宝宝的能力发育指标（0~3个月）

	0~1个月宝宝能力发育指标	1~2个月宝宝能力发育指标	2~3个月宝宝能力发育指标
认知能力	1. 能随着提示看大人所指示的物品，如黑白图、奶瓶等。被抱起时能与大人对视。 2. 在饥饿、尿湿或感到不适时会大声哭叫。如果有人答话、有脚步声或听到配奶的声音，会停止啼哭。 3. 醒着时听到声音会回转头观看。	1. 可以认出爸爸妈妈和其他家人，还能表现出对家人的喜欢。 2. 独自一人时会大哭大叫直至有人前来。当有人和他说话时，他会非常快乐，会微笑起来、踢腿、晃动胳膊等。 3. 能表现出偏好。如家人抱着他看图画，他会对某些画表现出快乐的情绪，对某些画则毫无反应。	1. 能够通过大概的模样、声音、气味、携抱的方式、动作的方式等认识自己的妈妈，看到妈妈就会迫不及待地伸出头和上身投入妈妈的怀中。 2. 视觉专注力提高，喜欢追视家中的玩具车、滚动的皮球、来回跳跃的小鸟、游动的金鱼、摆动的钟表等。 3. 喜欢玩藏猫猫。能知道某些看不见的地方是可以藏人的。
语言能力	1. 能自动发出各种细小的吼声。 2. 当家人和宝宝说话的时候，宝宝会注视着对方的脸。 3. 与宝宝说话时，他的小嘴会一张一合，无声地同人对话。 4. 啼哭时，如果有家人安慰并和他说些话，他就会停止啼哭，甚至会上下点头。 5. 能模仿大人"啊咕，啊咕"的声音来自娱自乐。	1. 偶尔会发出类似"a""o""e"等的元音，有时还能发出咕咕或嘟嘟的声音。 2. 如果家人在与宝宝讲话时提高音调、减慢发音速度、加重某些音节或者眼睛和嘴的比例都比平时大，宝宝就会特别注意到，甚至发出笑声。 3. 能以一些模糊的音节回应家人与自己的对话。	1. 利用一切能利用的机会来使自己发出一些声音，以此来吸引人们的注意，知道能以不同的声音来表达自己的喜怒哀乐等情绪。 2. 会使用肢体语言，如高兴时会摇摆自己的身体。
手的技巧	1. 会握住大人的手。有时握力很大，大人提起手指就能把宝宝拎起来。 2. 有的宝宝能自己伸开手掌。 3. 能用手和脚推开在自己身边的物品。	1. 当大人把玩具或其他东西放入宝宝的手心时，宝宝会马上握紧它们并放入口中。 2. 喜欢玩手，会仔细观看自己的双手。	1. 手眼协调能力进步，可以用手拍打吊在空中的玩具。 2. 可以自主活动自己的四肢拍打玩具。
大动作	1. 不能随意运动，不能改变自己身体的姿势和位置，其动作多是无规则、不协调的小动作。 2. 趴着时屁股高高耸起，两膝屈曲，两条腿蜷缩在下方，头转向身体的一侧，脸部贴在床上。 3. 平躺时多以颈部反射的姿势为主，头多转向一侧，同一侧上下肢伸直，另一侧的上下肢会屈曲。安静时会出现不对称的颈紧张等放射现象。 4. 大人用手轻轻地托宝宝的胸腹部，使宝宝向下悬空，那么宝宝的头和下肢就会下垂，低于躯干的位置。	1. 平躺时整个身体的姿势都基本处于一种对称的状态。 2. 趴着时会挣扎着抬起头并且向四周张望，下颌还能逐渐地离开床面5~7厘米，但是抬头的时间较短，只有1~2秒，之后就会垂下来。 3. 轻轻拉着宝宝的手腕坐起来，宝宝的头能竖立2~5秒，但很快又会垂下来。 4. 扶住肩部让宝宝坐着，宝宝的头会前倾下垂，但却能够使头反复抬起来。 5. 托着胸腹部，让宝宝面朝下悬空，宝宝的头能够举到与躯干同一水平的高度，但是腿会垂下去。	1. 平躺时头部大部分时间都处于正中的位置，或者可以自己的头转向两侧，或者把双手合在一起放在中线的位置；两条腿有时候弯曲，有时候则会伸得很直。 2. 让宝宝趴在桌子上，宝宝就会抬头，下巴可以离开桌面5厘米左右。 3. 趴着时能自动屈曲双肘，并将前臂尝试性地撑起，抬起胸部；大腿在床面上可以伸直了，髋部不外展。 4. 扶着坐起时头能竖起但不稳定，稍微还有些摇动，并且会向前倾。

儿童敏感期 与 智力开发全案

	0～1个月宝宝能力发育指标	1～2个月宝宝能力发育指标	2～3个月宝宝能力发育指标
精细动作	1. 小手会经常握成拳头状。如果用玩具触碰宝宝的小手掌，他的手还会紧紧握成小拳头形状。 2. 小手握成拳头状，拇指会放在其他手指的外面。 3. 10天左右时，宝宝可以自己左右地转动头部。 4. 满月时可以自己抬起头来看物品。	1. 能够抓住玩具的手柄2～3秒。 2. 把环状的玩具放在宝宝的手中，宝宝的小手就能够短暂举起环状的玩具。 3. 能用手脚拍打身边或吊于上空可以接触到的气球。	1. 能够握住玩具的手柄30秒左右。 2. 平躺时会用小手抓挠自己的衣服和头发。 3. 双手不再握成拳头状。 4. 喜欢将自己手里的东西放进嘴里。
自理	1. 半个月左右时，可以配合家人的把便排泄。 2. 吞咽功能尚未形成，家人用勺喂食时要将勺子放在舌头中间，有时宝宝还会将勺中的食物吐出来。	1. 睡觉时如果感觉到热，就会自己把被子和衣物蹬开。 2. 适应暗的环境，逐渐习惯在暗中辨认妈妈或者其他照顾自己的家人。	1. 能用动作来表示大小便，如要小便时会滚动身体，大便前发愣、打战或者使劲。 2. 会表示好吃或者不好吃，看到喜欢的水果会有积极的表情，如小嘴开始活动。
交往	1. 会用眼睛跟踪着身边的人看。 2. 经常和宝宝逗笑，约在2～3周时宝宝就会在大人的逗笑之下微笑。	1. 能够笑出声音。 2. 喜欢让大人抱，也愿意大人做一些抚摸和按摩。	1. 看到妈妈的乳房或者奶瓶时，会流露出期待的表情。 2. 看见熟悉的面孔时，会很兴奋地全身"扭动"。 3. 当别人和他"说话"的时候，他的整个身体都将参与"对话"，手会张开，一只或者两只手臂上举，且上下肢都可以随着别人说话的音调而进行有节奏的表情变换。 4. 有时会模仿他人的面部表情，例如别人说话的时候他会张开嘴巴，并且睁开眼睛；别人伸出舌头的时候，他也会随之做同样的动作。

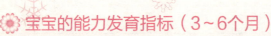

宝宝的能力发育指标（3～6个月）

	3～4个月宝宝能力发育指标	4～5个月宝宝能力发育指标	5～6个月宝宝能力发育指标
认知能力	1. 可以由近看远，再由远看近，能够看到4～7米远的距离，建立起立体感。 2. 能用视线来寻找声音的来源，或者拿视线来追踪移动的物体。 3. 表现出了对不同颜色的喜好。	1. 视力范围可以达到几米远。 2. 眼球可以上下左右地注意一些细小的东西，如桌子上的小点心。 3. 听觉更加灵敏，对许多声音都能作出反应，还能很熟练地分辨出亲人的声音。 4. 喜欢听一些节奏感较强的歌曲，能对悦耳的声音和嘈杂刺激的声音作出反应。	1. 开始观察衣服上有特色的地方，被抱起时会用手去摸大人衣服上的绣花、扣子、拉锁等。 2. 喜欢去看室外的景物，认识了"门"。想到外面的时候会头朝着门的方向，嘴里"咿呀，咿呀"地发出声音，有时甚至会用手指着门的方向。 3. 能跟着音乐有节奏地击打。
语言能力	1. 能自发地发出笑声，对大人的逗弄能作出明显的反应。 2. 哭声开始变得坚定有力。 3. 常发出咿咿呀呀的声音，能发出一连串不同的语言音节。 4. 能用各种各样的笑声表达自己内心的高兴和对周围事物的好奇。 5. 会用声音来表达自己的不高兴。 6. 快乐时会发出"啊——"和"啊咿啊咿"的声音，着急时会发出"咿咿"的短音，再加上一些快要啼哭的声音。	1. 会用不同的节奏咿呀着学语，如果仔细听，会发现宝宝会升高或者降低自己的声音，仿佛在说话或者在询问一些问题。 2. 当看到熟悉的事物时会发出咿咿呀呀的声音，还会对自己或者"玩具"说悄悄话。 3. 当听到一些响声的时候，会对这些声音作出反应，并试图去寻找声音的来源。	1. 能将元音和较多的辅音和在一起念，而且在声音的大小、高低、快慢上都有了变化。 2. 咿呀学语，发出兴奋的声音时，宝宝的动作也变得多了，且大多是对女性的声音有反应。 3. 可以通过发声来表达自己的高兴或者不高兴，会快乐地笑、抱怨地咆哮、兴奋地尖声叫或大笑等等，对不同的声调会作出不同的反应。 4. 别人叫自己的名字的时候会有反应，能够转过头来看。
手的技巧	1. 能用手将吊球推向更远的地方。 2. 能用双手托起较大的玩具。 3. 能够分辨出细小的东西，且能用手准确地拨弄它们。	1. 可以自己用一只手放在吊球的前边，再伸出另一只手合抱起吊球。 2. 开始学拿东西，5个手指会朝向同一个方向，将物体贴在手心里。 3. 可以用一只手去拿东西，拿到之后会马上放入口中。	1. 拇指可以独当一面地与其他的指头相对，合力地将物体握紧。 2. 妈妈给宝宝一个积木，让宝宝来伸手接住；妈妈再给宝宝另一个积木，让宝宝伸出另一只手来接。两只手拿积木的样子几乎完全相同。

	3~4个月宝宝能力发育指标	4~5个月宝宝能力发育指标	5~6个月宝宝能力发育指标
大动作	1. 平躺在床上时双手会自动在胸前合拢，双手相互握着，有时还会抬抬腿。 2. 让宝宝趴着，把他的胳膊朝前放，然后在宝宝的身体前方放置一个铃铛或者醒目的玩具来吸引他的注意力，这时候，宝宝就能抬头向上并且看着你。 3. 趴着时会出现被动翻身的倾向，有时会不由自主地滚向仰卧位置。 4. 把宝宝的脸向下悬空托起胸腹部，宝宝的头部、腿部和躯干能够保持在同一个高度。 5. 扶着坐起时头会向前倾；躯干上部挺直时，只有腰部稍稍有些弯曲。	1. 躺着时可以抬起头和肩膀；能够把脚拉到嘴边，吸吮大脚趾；会自然地踢腿来移动自己的身体；能从仰卧的位置翻滚到俯卧的位置。 2. 趴着时身体会像飞机一样摇摆，四肢伸展，背部挺起和弯曲；头和胸都抬得很高；双手用力推，膝盖会向前缩起；可以从俯卧翻转成仰卧。 3. 大人用双手托住宝宝的胸背部，向上举起再落下时，宝宝的双臂可以向前伸直，做自我保护的动作。 4. 被人从腋窝抱住时，宝宝会站，且身体会上下动，两只脚也会做轮流的踏步动作。 5. 能在大人的扶持下坐立30分钟，头部、脊背挺直，而且头和躯干可以保持在同一条线上，关节可以自由地活动，身体也不摇晃；如果不扶着宝宝，他可以独自坐5秒钟以上，但头部和身体会向前倾。 6. 扶住腰部让宝宝站立起来，宝宝的臀部伸展，两个膝盖虽然略微弯曲，但已经可以支持大部分体重了。	1. 平躺的时候能熟练地从仰卧位置翻滚到俯卧的位置。 2. 趴着时双腿能够抬高伸展，并且可以朝着各个方向翻转；可以用双手双膝支撑起身体，四肢伸展以便使身体向前跃或者向后退；肚子可以贴地蠕行，支撑着身体向前或者后爬；当从俯卧位置翻身时，还能侧身弯曲至半坐的姿势。 3. 拉着手腕坐起时能够保持平衡，腰、背都挺直，能抬头并自由活动；坐在椅子上时，能抓取晃动的物品；如果身体倾倒了，宝宝可以自己再坐直；还可以短暂地独坐，但必须身体前倾并且用双手支撑着来维持坐姿。 4. 扶着宝宝的腰部，让宝宝站立起来，宝宝可以上下蹦跳。
精细动作	1. 用带柄的玩具接触宝宝的小手时，他会主动张开小手来抓住玩具，并且能握住玩具的柄。 2. 会把他自己感兴趣的东西往嘴里放。 3. 视线可以由物体转移到手，再重新回到物体上。 4. 看到玩具时会伸手去抓，但还不一定能够抓得到。 5. 盖着薄被时双臂会上下活动，能够抓住被子遮住自己的脸部。	1. 能用一只手或者两只手紧紧抓住拨浪鼓。 2. 稍微显示出了大拇指和手掌的相对位置，常常用大拇指和食指来抓取物体，手掌能稍微翻转。 3. 如果将铃铛放到宝宝的手上，宝宝就会主动握住玩耍。 4. 宝宝俯卧的时候，让他用双手撑住上身，拿一个惯性车或者皮球在宝宝的前面横过，此时宝宝会随着视线的移动而转动身体，手部先转动，然后身体也跟着转。	1. 所有手指都可以做抓握的动作。 2. 能用一只手臂伸向玩具，能把小一点的玩具抓在掌心。 3. 吃奶时会用双手握住奶瓶。 4. 拿起玩具时，会转动手腕，将东西拿在手里转。 5. 把宝宝的衣服盖在他的脸上，他会用手把衣服拿开。 6. 抱着宝宝的时候，宝宝会用小手随意地抓东西，如妈妈的头发、爸爸的领子等。一旦抓住了什么东西，他可能会用力扔掉。

	3~4个月宝宝能力发育指标	4~5个月宝宝能力发育指标	5~6个月宝宝能力发育指标
自理	1. 能发出声音表示大小便：大人把持的时候经常会用"嘘"来表示小便，"嗯"来表示大便。 2. 能用双手抱着奶瓶吃奶，母乳喂养的宝宝会用双手抱着乳房吃奶，自己也会找到奶头来吸吮。	1. 唾液增加，开始流口水。如果家人让宝宝模仿自己吞咽口水的动作，那么不久后他就能学会吞咽口水。 2. 喜欢用牙龈来咬东西，并尝试咀嚼。	1. 非常喜欢拿着东西吃，能从大人的手里接过食物放到嘴里咀嚼。 2. 吞咽能力变好，不会再出现呕吐的现象。 3. 经过反复尝试练习后能用勺子的凹面盛到食物。
交往	1. 见到熟悉的面孔时可以自发地微笑，并且会发出较多的声音。 2. 照镜子时会注意到镜子中自己的形象，还会对着镜子中的自己微笑、说话，并开始调整对人的反应。 3. 喜欢和大人玩藏猫猫。当大人蒙上脸的时候，他会立即把布揭开。已经明白了大人是躲在布后面，只要拉开布就能找到人。	1. 吃奶时会用小手拍拍奶瓶或是妈妈的乳房。 2. 当看到一个渴望接触却接触不到的东西时，会通过大喊大叫、哭闹等方式来让大人帮助他。 3. 照镜子时可以分辨出镜子中的他人和自己，会对着镜子中的影像微笑、"说话"。 4. 会用微笑、发声的方式跟人交流感情，会流露出期待的表情，挥动手或者举起手臂要大人抱。 5. 会模仿别人的表情，模仿的时候会皱起小眉头，对着人的脸微笑，能区分出陌生人和熟人。	1. 能分清自己与镜子中影像的不同之处。 2. 开始认生，不喜欢陌生人，看到陌生人会害怕、哭闹。 3. 能够分辨出成年人和儿童，会用伸手、发音等方式主动与人交往，会对陌生的宝宝露出微笑，还会主动伸手去摸摸其他的宝宝。

宝宝的能力发育指标（6～9个月）

6～7个月宝宝能力发育指标	7～8个月宝宝能力发育指标	8～9个月宝宝能力发育指标
认知能力 1. 能辨认出物品，当家人叫出某件宝宝熟悉的物品名称时，宝宝能准确指出它。 2. 能明白真实的物品和图片的区别。 3. 可以辨别物体的远近和空间；喜欢寻找那些突然消失不见的玩具；会倾听自己发出的声音和别人发出的声音，还能把声音和声音的内容建立起联系。 4. 有了深度知觉，看到东西会伸手去抓，会把握在手里的东西摇一摇，听一听它的声音，用手掰一掰、拍一拍、打一打、晃一晃、摸一摸，借此来认识这种物体。 5. 有了初步的数理逻辑能力和想象能力，可以意识并且会比较物品的大小，辨别物体的远近和空间；在照镜子的时候可以把镜中的宝宝和自己联系起来。有些宝宝开始喜欢看图画书、听翻书的声音。	1. 有了直观思维和认识能力，如看到奶瓶就会与吃奶联系起来。 2. 如果故意把一件物品用另外一种物品遮挡起来，宝宝已经可以初步理解那种东西仍然还存在，只是被挡住了。 3. 开始有选择地看东西，并且会记住某种他感兴趣的东西，如果一时看不到了，可能会用眼睛去到处寻找。 4. 懂得了大小、长短、轻重等概念。 5. 可以认识自己的玩具了。家人请他拿玩具车、皮球、娃娃、狗熊时，他可以找对好几个。 6. 可以在镜子中认识镜子的形象，看照片的时候能用手指找到自己，找到爸爸妈妈甚至爷爷奶奶。	1. 学会了认识自己的五官，可以认识图片上的物体，并能有意识地模仿一些动作。还知道了害羞，能懂得大人是在谈论自己，对自我的认知进一步加强。 2. 对音乐的规律有了进一步的了解，可以通过爸爸妈妈的引导根据音乐的开始和结束挥动双手来"指挥"。多次训练后能在没有大人带领的情况下跟着音乐有节奏地"打拍子"。 3. 学会有选择地看他喜欢的东西，如在路上奔跑的汽车、小动物等。 4. 能识别爸爸妈妈的长相，还能认识爸爸妈妈的身体和所穿的衣服。 5. 对性别有了初步认识。
语言能力 1. 对自己玩弄出来的咯咯笑声表现得很有兴趣，同时在对大人和他接触时发出的一些简单的声音会有所反应。 2. 可以无意识地发出"ba-ba""ma-ma"等双唇音节，但还不能理解话语的意思。 3. 可以发出不同的声音，也能模仿咳嗽的声音、咂舌的声音。 4. 在与陌生人和熟悉的人交流时，发音会有明显的不同。	1. 与人玩耍或独处时会自然地发出各种声音，能模仿大人的语调，会大喊大叫，觉得满意的时候会发出声音。 2. 开始模仿别人嘴巴和下巴的动作，例如咳嗽等。 3. 当听到"不"等类似带有否定意义的声音的时候，会暂时停下手中的动作，但很快可能就会继续做他刚刚在做的动作。	1. 出现明显的高低音调，会用声音表示自己的情绪。 2. 可以模仿大人咳嗽，及用舌头发出"嗒嗒"的声音或者"嘶嘶"的声音。 3. 当大人在宝宝面前边说"欢迎""再见"边用手势来表示的时候，宝宝会跟着模仿，并且逐渐学会用手势来表达。 4. 会注意听别人讲话或者唱歌，并且会对自己名字以外的一个或者两个字有反应，例如"不行"等。

	6~7个月宝宝能力发育指标	7~8个月宝宝能力发育指标	8~9个月宝宝能力发育指标
语言能力	5. 对大人发出的声音，反应开始敏锐，并且开始主动模仿大人的说话声。	4. 当听到附近有熟悉的声音响起的时候，会作出一些反应，例如听到叫自己的名字、电话铃声等就会转过头来或者转过身子。 5. 会用身体语言和人交流，如见到家人的时候会伸手要求抱抱，不同意的时候会摇摇头等。 6. 对成人语言的理解能力有所增强，可以"听懂"成人的一些话，并能作出相应的反应。	5. 可以听懂一些简单的指示，例如去拿玩具等。 6. 能用简单的语言和较为清晰的发声来回答问题，并且也开始喜欢用语言来表达自己的意思和感情。 7. 当听到熟悉的声音时能跟着哼唱，可以理解很多词语的含义。
手的技巧	1. 可以用双手同时握住较大的物体，抓东西也更加准确。两只手开始了最初的配合，可以将一个物体从一只手递到另一只手。 2. 可以手拿着奶瓶，把奶嘴放到口中吸吮。 3. 不高兴或不喜欢手里的东西时会把手里的东西一下子扔掉。 4. 递给他不同的玩具时，他会用一只手拿一个，另一只手拿第二个，到第三个的时候，有些宝宝就会把第一个玩具扔掉，去拿第三个。 5. 看到大人摇铃铛、摇响有东西的盒子、摇动响球等，会模仿着马上来摇晃手上的物体，看哪一个可以摇响。	1. 可以很精确地用拇指和食指、中指来捏取东西，并且会对任何小物品使用这种捏持的技能。 2. 会使劲用手去拍打桌子，并且对拍击发出的响声非常感兴趣。 3. 可以伸开手指主动放下或者扔掉手中的物体。 4. 可以同时玩弄两个物体，如把小盒子放进大盒子，用小棒敲击铃铛，两只手对敲玩具等。 5. 能捏响玩具，还会把玩具给指定的人。 6. 懂得了展开双手要大人抱他，并且会用手指抓着东西吃。 7. 会将东西从一只手换到另一只手中，不管有什么东西握在手中，宝宝都要摇一摇，或者猛烈地敲击。 8. 各种动作都开始有意向性，会用一只手去拿东西。	1. 几乎可以捏响所有能发出声音的玩具。 2. 可以打开晾衣服的衣夹，会用夹食物的大夹子取到食物。 3. 非常喜欢扔东西。 4. 可以用拇指和食指捏起细小的东西，如用食指抠桌面、抠墙壁等；会模仿妈妈的样子来拍手，但是没有响声；还能把纸撕碎并且放在嘴里吃。 5. 如果把宝宝抱到饭桌旁，他就会用两只手拍打桌子，用手拿起饭勺送到嘴里。如果勺子掉下去，宝宝就会低下头去找。 6. 能拉住窗帘或窗帘的绳子晃来晃去。

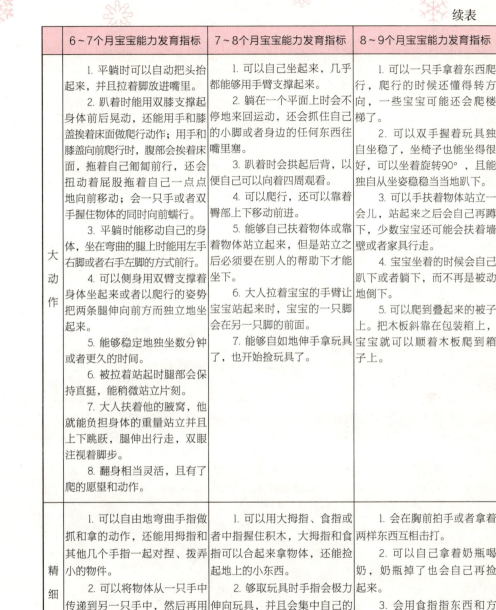

	6~7个月宝宝能力发育指标	7~8个月宝宝能力发育指标	8~9个月宝宝能力发育指标
大动作	1. 平躺时可以自动把头抬起来，并且拉着脚放进嘴里。 2. 趴着时能用双膝支撑起身体前后晃动，还能用手和膝盖挨着床面做爬行动作；用手和膝盖向前爬行时，腹部会挨着床面，拖着自己匍匐前行，还会扭动着屁股拖着自己一点点地向前移动；会一只手或者双手握住物体的同时向前蠕行。 3. 平躺时能移动自己的身体，坐在弯曲的腿上时能用左手右脚或者右手左脚的方式前行。 4. 可以侧身用双臂支撑着身体坐起来或者以爬行的姿势把两条腿伸向前方而独立地坐起来。 5. 能够稳定地独坐数分钟或者更久的时间。 6. 被拉着站起时腿部会保持直挺，能稍微站立片刻。 7. 大人扶着他的腋窝，他就能负担身体的重量站立并且上下跳跃，腿伸出行走，双眼注视着脚步。 8. 翻身相当灵活，且有了爬的愿望和动作。	1. 可以自己坐起来，几乎都能够用手臂支撑起来。 2. 躺在一个平面上时会不停地来回运动，还会抓住自己的小脚或者身边的任何东西往嘴里塞。 3. 趴着时会拱起后背，以便自己可以向着四周观看。 4. 可以爬行，还可以靠着臀部上下移动前进。 5. 能够自己扶着物体或靠着物体站立起来，但是站立之后必须要在别人的帮助下才能坐下。 6. 大人拉着宝宝的手臂让宝宝站起来时，宝宝的一只脚会在另一只脚的前面。 7. 能够自如地伸手拿玩具了，也开始捡玩具了。	1. 可以一只手拿着东西爬行，爬行的时候还懂得转方向，一些宝宝可能还会爬楼梯了。 2. 可以双手握着玩具独自坐稳了，坐椅子也能坐得很好，可以坐着旋转90°，且能独自从坐姿稳当当地趴下。 3. 可以手扶着物体站立一会儿，站起来之后会自己再蹲下，少数宝宝还可能会扶着墙壁或者家具行走。 4. 宝宝坐着的时候会自己趴下或者躺下，而不再是被动地倒下。 5. 可以爬到叠起来的被子上。把木板斜靠在包装箱上，宝宝就可以顺着木板爬到箱子上。
精细动作	1. 可以自由地弯曲手指做抓和拿的动作，还能用拇指和其他几个手指一起对捏、拨弄小的物件。 2. 可以将物体从一只手中传递到另一只手中，然后再用空着的那只手去拿东西。 3. 头部运动非常灵活。如果大人把双手扶到宝宝的腋下，宝宝能够上下跳跃。	1. 可以用大拇指、食指或者中指握住积木，大拇指和食指可以合起来拿物体，还能捡起地上的小东西。 2. 够取玩具时手指会极力伸向玩具，并且会集中自己的全部注意力。 3. 不管看到什么都喜欢伸手去拿，可以将小物体放在大盒子里面去，并且再倒出来，反复地放进倒出。	1. 会在胸前拍手或者拿着两样东西互相击打。 2. 可以自己拿着奶瓶喝奶，奶瓶掉了也会自己再捡起来。 3. 会用食指指东西和方向，还会用食指挖洞或者抠东西。 4. 可以将积木放入盒子里，还能从盒子里再将积木取出，能将两块积木叠起来。

	6～7个月宝宝能力发育指标	7～8个月宝宝能力发育指标	8～9个月宝宝能力发育指标
精细动作	4. 靠着垫子坐，坐稳的时候，宝宝可以空出手来拿玩具。	4. 喜欢玩纸，拿到纸后就会用手去抓，弄出声音，并且会用双手拉扯甚至撕破。	5. 用大的东西扣着小的玩具，借助于绳子或者毛巾、被子等东西把玩具拉到自己的身边。
自理	1. 双手非常有力，可以把装有200毫升配方奶的奶瓶抱得很稳。 2. 可以在排便之前发出声音来表示。 3. 在穿套头衫时，已经知道了与人合作。看见大人提起领口，就会自己把头伸进去，以便于穿脱套头的衣服和背心。	1. 可以由爸爸妈妈扶持着坐上便盆大小便。 2. 可以主动配合爸爸妈妈帮他穿衣服。	1. 替宝宝穿裤子时，只需要把裤子的腰撑开，宝宝就可以自己把腿伸进去。 2. 可以自己单独玩，只要有家长在附近，宝宝就可以自己玩上好长一阵子，而不需要家长手把手教，一刻不停地盯着他了。
交往	1. 照镜子时会对镜中的影像微笑、亲吻或者进行拍打。 2. 会模仿爸爸妈妈对他发出的双音节的声音。 3. 许多宝宝可以对着爸爸妈妈自动发出"爸爸""妈妈"等音节。 4. 懂得用不同的方式来表示自己的情绪。 5. 显出幽默感，会逗弄别人。 6. 显出想要融入社会的愿望。 7. 如果爸爸妈妈强迫他做不喜欢做的事情，他会反抗。 8. 可以辨别出友好和愤怒的说话声，仍然很害怕陌生人，难和妈妈分开。	1. 见到新鲜事情时会表现出惊奇和兴奋。 2. 开始观察大人的行为了，当大人站在他面前，伸出双手来招呼他的时候，他会微笑回应并且伸出小手要求抱抱。 3. 会模仿大人的行为。 4. 能够听懂、理解大人的话语和面部的表情，并且逐渐学会辨识人的情绪。 5. 有胆怯的感觉，害怕与爸爸妈妈分开。 6. 懂得识别大人的面部表情，大人夸奖的时候会微笑，训斥的时候会表现出委屈。 7. 能够理解别人的感情。	1. 能够在家人的面前表演，受到表扬和鼓励的时候会重复表演。 2. 对其他的宝宝比较敏感，看到别的宝宝哭闹时，自己也会跟着哭闹。 3. 与大人的交流变得更加容易、主动、融洽，懂得运用动作和语言相配合的方式来与人交往。

儿童敏感期与智力开发全案

🌸 宝宝的能力发育指标（9～12个月）

	9～10个月宝宝能力发育指标	10～11个月宝宝能力发育指标	11～12个月宝宝能力发育指标
认知能力	1. 可以认识常见的人和物，开始知道观察物体的属性，并从观察中得出关于形状、构造和大小等的概念。 2. 具备了观察物体不同形状和结构的能力，能够认识事物，观察事物，并且作为指导运动的有利工具。 3. 能通过看图画来认识物体，并且非常喜欢看画册上的人物和动物。 4. 学会了察言观色，特别是对于爸爸妈妈和照料人的表情，有相对比较准确的把握。 5. 遇到感兴趣的玩具时，总是试图拆开看里面的结构。 6. 开始主动探索周围的环境，会学着估计玩具的高度、距离，还会去比较两个玩具之间的不同。	1. 可以指出自己身体的一些部位，有了初步的自我意识。 2. 对感兴趣的人和事物会长时间地进行观察，知道了一些常见物品的名称，还会表示出来。 3. 会仔细观察大人无意间做的一些动作，头部可以直接转向声音的来源处。 4. 如果给他一本图画书，他就可以很快指认出图中有特点的部分，此外也有了对大和小的理解。 5. 开始进行有意识的活动，建立事物之间联系的能力在继续增强。 6. 逐步建立起时间、空间、因果关系的概念。	1. 逐渐知道了所有的东西不仅有名字，且有不同的功能。 2. 可以完成大人提出的简单要求。 3. 懂得不能做大人不喜欢的或者禁止的事情。 4. 具备了看书的能力，可以认识图画、颜色，且能指出图画中的动物和人物。 5. 获得了客体永久性的概念，即知道一个物体或者人在眼前消失并不表示永远消失，物体或人依然是存在的。 6. 掌握了数字的概念，能够在家人的指导下口头数出"1、2、3"。
语言能力	1. 会叫"爸爸""妈妈"，还可能会说一两个其他的字。 2. 可以把语言和适当的动作配合在一起，如"不"和摇头、"再见"和挥手等。 3. 会不停重复念一个字，而且无论别人问他什么都只用这一个字来回答。 4. 对自己熟悉的字都会很有兴趣地听，对某些指令也能听得懂并且可以照着去做。 5. 喜欢模仿人的发声。	1. 会长时间地咿呀学语，可能还会说一些连贯的用语，含混的长句之中也可能包含几个有意义的字眼。 2. 除了"爸爸""妈妈"外，还能说出两三个字。 3. 模仿大人说话的时候，模仿的语调缓急、面部表情要比模仿的语音要准确。 4. 可以听懂大人说话的意思，还能用多种方式与大人进行交流，表达自己的感情和想法。	1. 可以控制音调，能够发出接近于爸爸妈妈使用过的语言的一些声音。 2. 喜欢嘟嘟叽叽地说些话，听上去仿佛是在交谈。 3. 可以把语言和表情结合在一起，对于不想要的东西，他会一边说着"不"一边摇头。 4. 学会说"爸爸、妈妈、姨、奶奶、抱"等5～10个简单的词。 5. 会尝试表达自己的情绪，注意模仿大人的说话，用语言与人交流。 6. 会用一个单词来表达自己的意思，如用"饭饭"来表示要吃饭等。

	9~10个月宝宝能力发育指标	10~11个月宝宝能力发育指标	11~12个月宝宝能力发育指标
手的技巧	1. 两只手可以灵活地进行分工合作。 2. 能随意打开自己的手指。 3. 如果大人向宝宝滚去一个大球，一开始他只是随机乱拍，随后他就会用力拍打，并且可以让球朝着大人的方向滚过去。	1. 能把瓶盖打开，把盒盖打开，把门轻轻地打开，把抽屉拉开等，还可能会用双手拿起玩具来敲打，能把杯子里的水倒出来，会用手指着东西提要求。 2. 可以熟练使用拇指和食指捏起东西，还能玩各种玩具。 3. 可以从头开始将书页翻开。 4. 对打开纸包很有兴趣。	1. 能把书打开再合上，能自己玩搭积木，会穿珠子、投豆子等。 2. 喜欢把东西摆好后再推倒，将抽屉或垃圾箱全部倒空，会自己试着穿衣服、穿袜子等等。 3. 会用笔在纸上乱画。
大动作	1. 爬行的时候四肢可以完全伸直。 2. 可以用手臂支撑着地面独立地站起来。 3. 可以扶着家具一边移动小手一边抬起脚横着走。 4. 可以自如地爬上椅子，并且再从椅子上爬下来。 5. 当独自站立或者扶着站立时，可以有意识地从站立到坐下，并且再次从坐姿变为俯卧。 6. 扶着物体站立时可以用一只手扶着物体，再弯下腰去用另一只手捡起地上的玩具。 7. 可以迅速爬行，并且可以独立站起来，靠着学步车或者在大人的牵拉下慢慢地走几步。	1. 可以用双手手掌撑地、伸直四肢、躯干上升的方式站立起来；可以弯曲双腿，由蹲的姿势变为站立；可以独自站，摇摆身体；还可以靠着支撑物站立，身体稍前倾。 2. 站立时会用一只手扶着家具蹲下去捡玩具。 3. 能够独立地站立几秒钟，站立的时候身体大致可以转90°。 4. 想尽各种方法来移动自己的身体，如坐着向前移、向前爬、坐着挪动等。 5. 可以平稳地坐在地板上玩耍，还可以毫不费力地坐到一个较矮的椅子上。	1. 在没有任何依靠的时候可以自己站立起来，并且能够在短时间内保持身体平衡。 2. 大人牵拉着宝宝的一只手，宝宝就可以移动双腿朝前走了。 3. 有些宝宝可以走了，还可以牵着大人的手上下楼梯。 4. 在澡盆里的时候会做一些游泳的动作。
精细动作	1. 可以用拇指、食指熟练地捏住小物件。 2. 分工使用双手，一只手持物，另一只手玩弄。 3. 把悬吊的玩具用线悬挂好之后，宝宝可以用手去推，使玩具摇晃起来。 4. 会用手指出身体的某个部位，例如头、手、脚等。	1. 会连续地使用双手：蹲下的时候，会用一只手捡起东西，另一只手扶着支撑物。 2. 有些宝宝可以自己脱袜子、解鞋带。 3. 会有意识地将手里的玩具放到容器之中，但是动作仍显得很笨拙。	1. 会用拇指和食指或者中指的指端捏起小物件，并且会用食指指认东西。 2. 能学着大人的样子去推东西。 3. 有些宝宝能够自己脱衣服。

儿童敏感期与智力开发全案

	9～10个月宝宝能力发育指标	10～11个月宝宝能力发育指标	11～12个月宝宝能力发育指标
自理	1. 可以自己用手拿东西吃。 2. 可以用双手捧着杯子喝水了，但还需要大人帮他托着杯底。	1. 会模仿着大人的样子摘帽子、脱衣服。 2. 会有意识地脱掉自己的鞋子和袜子，能用手撕开粘贴扣或者拉开松紧口的鞋子，之后再拉掉袜子。	1. 能够自己脱去背心和外套，并且能够自己拉开松紧裤子，坐在便盆上。 2. 可以独立戴上帽子。 3. 能自己拿起勺子来吃上几口饭，只是还需要大人来喂。
交往	1. 对其他的宝宝较为敏感，如果看到爸爸妈妈抱着其他的宝宝就会马上哭起来。 2. 会偏爱一种或者数种玩具，并且对洋娃娃表露出温柔之情。 3. 开始表现出个性特征的某些倾向性，如不让别人碰他自己的东西或者大方地把自己的东西送给别人，与人一起分享等。 4. 会做一些模仿游戏了，如拍手欢迎、挥挥手再见、拍洋娃娃睡觉等。 5. 会察言观色，特别是对于爸爸妈妈和看护自己的人的表情，往往有准确的把握。 6. 情绪会受家长情绪的影响。如果家长心情沮丧或者感到不安，他就会显得不高兴。 7. 非常喜欢主动亲近小朋友，自我概念意识也变得更加成熟。	1. 喜欢和爸爸妈妈依恋在一起玩游戏、看书画、听故事等。 2. 对妈妈的依赖感加深，开始企图用或软或硬的方法让妈妈改变心意。 3. 在游戏中会寻求赞赏，避免被责备，拒绝强迫性的教育。 4. 做错事时会露出罪恶感，会引逗爸爸妈妈，试探爸爸妈妈的容忍程度。 5. 自我意识更强，可以明显表现出自己的好恶。 6. 好恶明显受到情绪的支配。如果困了、不高兴或者身体不舒服，无论如何他都难以高兴起来。	1. 对陌生的人和地方会感到害怕，和妈妈分开的时候会有强烈的反应。 2. 会表现出对某个人或者某个物品的喜爱。 3. 反抗的情绪逐渐增强。 4. 宝宝喜欢模仿大人做一些家务活，希望得到大人的夸奖。 5. 有明显的依恋情结，妈妈去哪里，他就想跟着去哪里；还会特别喜欢自己的一个玩具，走到哪里都要带着；或者喜欢一天到晚吸自己的大拇指；或者睡觉时不停地玩一条小枕巾等。 6. 喜欢与成年人交往，会设法吸引大人的注意，如主动讨好大人或者故意淘气等。

语言能力开发

 开发训练

☆打哇哇

【训练目的】

培养宝宝的语言能力，引导宝宝连续而有节奏地发音，让宝宝初步感知声音。

【训练方法】

1. 妈妈先拿着手在自己的嘴上拍，发出哇哇音，然后拿着宝宝的小手在宝宝的嘴上拍。

2. 如果宝宝不能发出哇哇的音，大人可以模仿发音，让宝宝看着大人的嘴形。拍打宝宝的嘴巴的时候，大人要引导性地发出哇哇的声音，示范给宝宝看。

3. 当宝宝发出哇哇声时，妈妈拿出薄纸放在宝宝的嘴前，让他看到自己的声音引起了纸的震动，让他能更好地感知声音。

【注意事项】

宝宝的皮肤很敏感，帮助宝宝打哇哇的时候，不要太用力打疼宝宝。

☆模仿发音

【训练目的】

锻炼宝宝的语言能力，刺激宝宝对语言的感觉和表达欲望。

【训练方法】

1. 与宝宝面对面坐着，用愉快的声音和表情发出"wu—wu""ma—ma""ba—ba"等重复性的音节。发音时要逗引着宝宝仔细看着自己的口型，每发一个重复的音节都要停顿一下给宝宝模仿的机会和时间。

2. 手里拿一个球，问宝宝"球在哪里呢"的时候，把球递到宝宝的手里，让他亲自去摸一摸，玩一玩，然后告诉他："这是球！"一边说一边触摸、注视、指认，每天进行数次。

【注意事项】

和宝宝交流的时候口型和发音一定要准确，以免给宝宝错误的诱导。

☆舔舔嘴，吹泡泡

【训练目的】

锻炼宝宝的嘴唇肌肉，为之后宝宝说话奠定基础，从而提高宝宝的语言能力。

【训练方法】

1. 让宝宝仰卧在妈妈的手臂上，让宝宝的脸与自己的脸保持在25厘米左右的距离。

2. 对宝宝说"宝宝乖，看妈妈，舔舔嘴"，之后用力地舔舔嘴，接着对宝宝说"宝宝也来舔一舔吧"，然后重新开始。

3. 还可以对宝宝说"宝宝乖，看妈妈，吹泡泡"，之后自己先用唾液吹出一个小泡泡，再接着对宝宝说"宝宝也来吹一个试试"，反复练习。

【注意事项】

除了舔舔嘴和吹泡泡，还可以找一些其他的锻炼嘴部肌肉的小动作来练习，经常性地更换项目可以让宝宝保持一个新鲜感。

☆亲爱的小宝贝

【训练目的】

发展宝宝的视觉能力，促进其语言理解能力，同时丰富爸爸妈妈和宝宝之间的情感交流。

【训练方法】

准备一只有动物图案或者颜色鲜艳的花朵图案的手套。

1. 让宝宝舒舒服服地先躺在床上。

2. 家长戴上手套，在宝宝的视线范围之内移动，并注意观察宝宝的表情。

3. 移动的时候，可以十分轻柔地模仿着手套上动物的叫声，以引起宝宝的注意。

4. 把你的手放在宝宝的肚子、脸庞、肩膀、小手、小脚附近，轻轻地按摩片刻，面带微笑地呼唤："宝贝，小宝贝！"

【注意事项】

1. 为提高宝宝的兴趣，每过一段时间就要拿一些不同的道具加入游戏。

2. 要注意选择外形比较简单且色彩鲜明的玩具，以便在短时间之内吸引宝宝的注意。

3. 玩具的距离不要离宝宝太近，不然宝宝可能会感觉到危险和不安全。

☆摇啊摇

【训练目的】

增强宝宝对语言意义的理解。

【训练方法】

1. 准备一首熟悉的儿歌，把宝宝放在吊床里。

2. 妈妈一边念儿歌一边与宝宝做游戏，游戏的方式可以根据宝宝的实际情况来选择。例如，可以将宝宝抱在怀里轻轻摇晃，也可以把宝宝放在吊床上，爸爸妈妈在两边提起两端来回摇晃。

3. 还可以让宝宝躺在摇椅上、浴巾里做这个游戏。面对宝宝，一边念着儿歌，一边摇晃宝宝。睡前也可以哼着儿歌让宝宝入睡。儿歌可以是："摇、摇、摇、摇、摇，摇得宝宝睡着了。摇、摇、摇、摇、摇，摇得宝宝微微笑。"

【注意事项】

摇晃宝宝的动作一定要轻柔，且适可而止。过度的摇晃会令宝宝感到不安和不适。

☆宝宝听见了吗

【训练目的】

建立宝宝的语言连接，刺激和促进宝宝语言技能的进一步发展。

【训练方法】

1. 让宝宝躺在摇篮里或者你的怀抱里，把你正在做的事情慢慢告诉给他。

2. 用眼睛看着他，让他明白你是在和他说话。

3. 不时改变你的音调，用高音、低音、平板的声音来讲，但一定要语调轻柔有爱意。

【注意事项】

不管你在做什么或者你在想什么都可以跟宝宝说。虽然看起来你说的话宝宝似乎都不懂，但实际上，你重复的次数多了，宝宝就会逐渐掌握了。

☆大声笑

【训练目的】

让宝宝开怀大笑，并且可以笑出声音来，为以后的语言发展奠定基础。

【训练方法】

1. 妈妈先做一个鬼脸，或者发出一些怪声逗宝宝发笑。

2. 拿出一个玩具，例如狗熊、大乌龟、大象等等，慢慢地移动到宝宝眼前，突然叫一声，然后赶紧藏起来。之后妈妈就哈哈大笑，引诱宝宝也跟着大笑。

【注意事项】

做游戏的时候，妈妈可以观察哪一种方法最有效，之后就反复地采用这种方法来刺激宝宝，以便让宝宝形成条件反射，如此这样就能逗宝宝笑出声音。

☆诱导发音

【训练目的】

让宝宝主动发音，有助于宝宝语言能力的提升。

【训练方法】

1. 当宝宝睡觉醒来而且不饿的时候，他就会自己发出"啊不啊不"的声音。此时妈妈可以在一旁也随着宝宝发出"啊不啊不"的声音，以便促进宝宝多次发音。

2. 妈妈改说宝宝前几天发出的一些声音，让宝宝再次作出回应。或者把宝宝的发音用录音机录下来，在他醒着的时候播放给他听。

【注意事项】

声音不要太大，以免吓着宝宝。

☆叫名回头

【训练目的】

通过这个游戏的训练，可以让宝宝知道自己的名字，同时增强其语言能力。

【训练方法】

1. 让宝宝坐在床上，妈妈站立在宝宝的侧面或者背后。

2. 妈妈轻声叫出宝宝的名字。

3. 当宝宝回头的时候，妈妈要将宝宝抱起来亲吻一下，同时对宝宝说："你真棒！真聪明！"以示鼓励。

【注意事项】

妈妈一定要叫宝宝的名字，不要一会儿叫宝宝，一会儿换其他的叫法，这样会让宝宝感到无所适从。

☆拉长发音

【训练目的】

借助于互动交流的方式来提高宝宝语音的形成，延长发音可以强化宝宝正在形成的语音，有助于宝宝左脑语言能力的提高。

【训练方法】

1. 让宝宝仰卧于妈妈的怀里或者躺在床上，妈妈开始做出各种表情，引逗宝宝的不同反应。

2. 当宝宝看到妈妈的表情，喃喃自语地发出"○—○—○"之类的声音时，妈妈要重复发音并且拉长这个发音"○—○—○"。

【注意事项】

发出的声音不要太大，以免宝宝受到惊吓，另外也不要因急于求成而发出太过复杂的声音。

✿ 早教提示

☞ 教宝宝理解语言的含义

宝宝到了7～8个月时，尽管还不会开口说话，但已经能够理解成人常用的一些字、词和句子的含义了。因此，爸爸妈妈可以在教宝宝说话的同时，因势利导教宝宝理解语言的含义。

例如，当宝宝主动叫"爸爸"的时候，爸爸就应该立即凑到宝宝面前，一面学着宝宝"爸爸"的发音，一面指着自己给宝宝看，让宝宝能够对号入座。虽然开始几次宝宝还是弄不懂"爸爸"的含义，但时间一长，宝宝就会把"爸爸"的发音和眼前的这个"爸爸"联系起来。等到爸爸再过来的时候，妈妈只要一说

"爸爸来了"，宝宝就会主动朝爸爸看。采用同样的方法，当你说"妈妈"的时候，宝宝就也会把头转向妈妈的一边看了。

此外，爸爸妈妈还可以多教宝宝认识周围生活中常接触的事物名称，如床上用品、餐具、家具、食品、家用电器、玩具等。虽然很长一段时间内，宝宝依然不会真正说话，但是这段时间对词语含义的积累，是宝宝以后语言发展的重要基础。

☞ 勤做发音练习

研究发现，宝宝到8个月大的时候，就能够运用比较复杂的统计技巧来区分词语，并且会对语言的悦耳音调或者韵律作出明显的反应。因此，爸爸妈妈不妨勤为宝宝做发音练习，让宝宝能更快更准地开口说话。

做发音练习并不需要刻意为之，将其融于日常生活或者游戏里就可以了。爸爸妈妈可以将经常听到的声音搜集下来刻成CD，如自来水的声音、房间里的脚步声、小动物的叫声等等，经常地把这些声音放给宝宝听，用这样的方式来培养宝宝的倾听和模仿习惯。此外，爸爸妈妈还可以利用画册，一边给宝宝讲解画册里的小故事，一边让宝宝指着画册上的图像，巧妙地将听力培养渗透在里面，达到耳听、眼看、手动，同步接收"同一个意义"的听觉信息。

需要注意的是，1岁以前宝宝的语音听辨能力还比较弱，爸爸妈妈尽量多利用游戏来提高宝宝倾听时的注意力。只要宝宝的注意力集中了，对语音的听辨能力就会得到提高。通常来说，0～1岁的宝宝都比较喜欢模仿动物或者汽车的声音，爸爸妈妈就可以先让宝宝听这些声音直到熟悉，例如小狗的"汪汪"声，小猫的"喵喵"声和汽车的"嘀嘀"声，然后对着宝宝模仿它们的发音，并鼓励宝宝和自己一起来模仿，以达到练习发音的目的。

☞ 语言训练的注意事项

不到1岁的宝宝的语言能力仅仅限于说自己想要表达的句子中的词的程度，如表示"我想吃苹果"的意思，也只能说出"苹果"或者"果果"。因此，爸爸妈妈在对宝宝进行语言训练时，要尽量将物品的名词说准确，不要用"这个"或"那个"来指代。明确的指向，一方面可以帮助宝宝理解所说的东西；另一方面也可以增加宝宝的词汇量。

再有，训练宝宝语言能力最好的办法就是在生活中多与宝宝对话。有的爸爸妈妈觉得自己的宝宝太小听不懂太多的话，但实际上，宝宝在4个月以后就已经会把听到的内容作为信息存入记忆库里了。纵使他还不会说话，这些听到的内容也会为未来的语言交流打下基础。所以，爸爸妈妈可以在生活中将说话与教宝宝认识环境的活动结合起来，反复教他认识他熟悉并喜爱的各种日常生活用品，如起床时教他认识衣服和被子，开灯时教他认识灯，坐小车时认识小车，戴帽子时认识帽子等。

对于还不到1岁的宝宝来说，张嘴说话就意味着说词汇。有些爸爸妈妈担心词汇太过复杂，宝宝无法说出，就会主动帮他们缩减，如将"漂亮的衣服"说成"漂漂"等等。尽管几个月大的宝宝很喜欢这种"妈妈腔"式的说法，但这其实对宝宝语言能力的发展是极为不利的。所以，当宝宝开始咿呀学语后，爸爸妈妈就应有意识地引导宝宝用准确的词汇表达完整的意思，如当宝宝说"果果"的时候，妈妈就引导他："你要吃什么？"宝宝会说："我要吃苹果。"之后妈妈又问："你要吃什么样的苹果？"宝宝就会想一些形容词来形容他想要的苹果："我要吃又红又大的苹果。"当然，1岁的宝宝说话还不能达到这样准确的描述程度，但他正在朝着这个方向努力。

运动能力开发

 开发训练

☆蹬自行车

【训练目的】

锻炼宝宝的腿部力量，发展宝宝的肢体运动智能。

【训练方法】

1. 让宝宝面朝天躺在地板上或者床上，帮助他来回蹬两条腿，就像骑自行车一样。

2. 拿一个会发出有趣声音的玩具放在宝宝的脚边，让宝宝踢到它，发出声音。宝宝的双腿在大人的帮助下，上上下下运动，宝宝会喜欢这种感觉。当大人拿来玩具，宝宝脚蹬玩具，发出声音后，他就越发喜欢蹬着腿玩。这样，宝宝的腿部力量就得到了锻炼。

【注意事项】

帮助宝宝双腿做自行车运动的时候，速度不要太快，要保证在宝宝能够承受的范围内，这样才能够取得最好的效果。

☆拍拍手，点点头

【训练目的】

训练宝宝手的灵活性和双手的配合度。

【训练方法】

1. 在集体活动中让宝宝围坐一圈，家长坐在宝宝后面，大家一起拍手点头，"拍拍手，点点头，拍拍手，点点头"。

2. 宝宝刚开始很难做到，家长可从背后握住宝宝的小手做拍手动作，慢慢地让宝宝自己做，节奏不要太快，让每个宝宝都能看到家长的动作。

3. 做集体"拍手"游戏后，妈妈要及时检查宝宝的成效：在不动双手的情况下喊"拍手"，如果宝宝知道"拍手"的含义，开始拍手，就说明妈妈成功触动了储存在宝宝脑海中的记忆模式。

4. 和小朋友一起做游戏，宝宝会显得比平常要乖很多。大人这个时候可以在其他人面前夸奖宝宝，让宝宝知道这样会让大人感到高兴。

【注意事项】

注意宝宝的情绪，如果宝宝不高兴就要安抚宝宝的情绪。多赞美宝宝，然后慢慢引导宝宝继续玩这个游戏。

☆诺亚方舟

【训练目的】

为宝宝带来大量的前庭刺激，能逐步培养他精确的前庭平衡感。

【训练方法】

1. 准备一条浴巾，把宝宝放在上面，爸爸妈妈各自抓住浴巾的两个角，一个在左边，一个在右边，一个拉高，一个拉低，使宝宝可以左右前后地摇晃，维持30秒左右。

2. 爸爸妈妈分别蹲在宝宝的前方和后方，用两只手抓住浴巾的两个角，一个抬高，另一个维持动作不变，使宝宝产生前后升高和落下的感觉。

【注意事项】

练习的时候每次只要维持30秒钟，时间绝对不能太长，以免累着宝宝。

☆被动体操

【训练目的】

强健宝宝的上肢与下肢的肌肉，并开发宝宝的节奏感和灵活性。

【训练方法】

准备柔软的地板垫、较硬且整洁的床、干净的床单或者浴巾。

1. 宝宝清醒时，让宝宝仰面躺着，将宝宝置于铺好垫子的硬板床上，为宝宝唱儿歌或者播放乐曲。

2. 按照歌谣的节拍轻轻移动宝宝的胳膊和腿，使宝宝感到舒适、愉快。如果宝宝紧张、烦躁，可暂缓做操，改为皮肤按摩，使之适应。

3. 接着做上肢运动，妈妈握住宝宝的双手，做"上、下、内、外，屈肘、伸肘"运动，就好像让宝宝划桨一样。妈妈边唱儿歌边做动作，配合的儿歌是《我是个小小划桨手》：划呀划，划呀划，我是个小小划桨手，带着妈妈去游玩。划呀划，划呀划，我是个小小划桨手，小小船儿被我划得飞快。

4. 再握住宝宝的双脚，一前一后地帮他做"上、下、内、外，合拢、屈膝、伸直"运动，就好像让宝宝踩自行车一样。同时配合的儿歌是《我来踩自行车》：踩呀踩，踩呀踩，我是个小小的赛车手，带着妈妈去比赛。踩呀踩，踩呀踩，我是个小小的赛车手，自行车被我踩得飞快。

5. 用手掌在宝宝身体两侧推拿一下，再让宝宝俯卧，在背部再推拿一下。

【注意事项】

注意每次播放音乐的时间不要过长，一般3～5分钟即可，防止宝宝疲劳。

☆气球铃铛系于宝宝手

【训练目的】

培养宝宝的眼睛移动能力和手部动作能力。

【训练方法】

1. 准备几个彩色的氢气球，在每个氢气球上系上小铃铛。

2. 让宝宝躺在床上，妈妈将其中一个氢气球用彩色丝线系着，系在宝宝的一只手腕上。

3. 妈妈轻轻碰一下氢气球，氢气球左右摇摆，引起小铃铛叮叮当当响。宝宝开始注视氢气球，并高兴得手舞足蹈。妈妈鼓励宝宝自己动手，让氢气球随之飘动，使铃铛发出叮叮当当的响声。

【注意事项】

每次玩时可以把丝线系在宝宝不同的手或脚上，锻炼宝宝不同肢体的灵活性。

☆抓干果

【训练目的】

发展宝宝的手眼协调能力。

【训练方法】

1. 准备一些板栗、开心果、核桃和花生，装进一个小篓里。

2. 把小篓放在宝宝面前，让宝宝随意抓拿，并不断予以鼓励，如对宝宝说"宝宝真棒，多抓一点儿"等，观察宝宝的反应。

【注意事项】

可以多准备一些不同种类的材料，如珠子、小石子等，激发宝宝的兴趣。但在训练过程中要有家长的陪同，以防宝宝吞食材料导致危险。

☆卷春卷

【训练目的】

帮助宝宝练习翻身动作，增强宝宝对身体的感知能力，锻炼宝宝翻滚时每个动作的协调性。

【训练方法】

1. 将浴巾横放在地垫上，让宝宝竖躺在浴巾的一边。

2. 像卷春卷一样用浴巾把宝宝裹住，一边做一边念儿歌："卷春卷，卷春卷，妈妈推，宝宝滚，噢！春卷做好喽。"

3. 家长拉浴巾一头，使宝宝慢慢被动地连续翻滚。

4. 宝宝滚出浴巾后，可以在平铺的浴巾上继续训练宝宝连续翻滚。

【注意事项】

在训练宝宝翻身时动作一定要缓慢轻柔，注意不要扭伤宝宝的手和脚。控制好练习时间，频率和强度不能太大，次数不要太多，以免宝宝过累。

☆主动抓握

【训练目的】

发展宝宝用手的能力，让宝宝学会用手抓握东西。

【训练方法】

1. 让宝宝躺着或者靠着坐垫坐着，用橡皮筋或者松紧带绑着一个宝宝非常感兴趣的玩具，让玩具刚好落在宝宝头部的上方（保证宝宝伸手可以抓到）。

2. 鼓励宝宝伸手去抓玩具，一旦宝宝抓住了玩具，就轻轻拉动橡皮筋或者松紧带来鼓励宝宝也用力地拉。如果宝宝试着拉了几次，就把这个玩具送给宝宝，作为鼓励。

【注意事项】

不能太用力抓拉橡皮筋或者松紧带，要随着宝宝的力道轻轻拉，以免拉伤宝宝。另外，要把橡皮筋或者松紧带抓牢固一点儿，要不然，宝宝稍一用力，橡皮筋或者松紧带就可能滑落，这样会弄伤宝宝。

☆翻进去，倒出来

【训练目的】

促进宝宝手指的发育以及精细动作和注意力的发展。

【训练方法】

1. 让宝宝独坐，把装有乒乓球、塑料子弹、积木的圆筒摆在宝宝面前，边示范边给宝宝做指导，如："宝宝，把积木倒出来，再放进圆筒。"

2. 引导宝宝把圆筒里的物品倒出来，再放进去，反复数次。对宝宝的模仿动作不断予以鼓励，满足其自己摆弄东西的欲望。

【注意事项】

可以提供很多东西供宝宝做这项训练，如把塑料盖子放进瓶子里，把玩具放进篓子里，把小勺放进袋子里，等等。

☆玩手脚

【训练目的】

提高双手的灵活度，促使手脚的协调运动，促进肌肉、触觉和关节的协作发展。

【训练方法】

1. 让宝宝仰卧在床上或者摇篮里。

2. 帮助宝宝把两只手握在一起，之后放开手让宝宝自己玩自己的小手。

【注意事项】

还可以轻轻提起宝宝的一只脚，让宝宝用同一侧的小手来抓住自己的脚，观察宝宝会怎样表现，是否会把自己的脚放到嘴里玩。

❀ 早教提示

☞ 最适合宝宝的球类

很多宝宝都喜欢玩球，小一些的宝宝可以玩乒乓球、小皮球，大一点的宝宝可以玩小篮球、小足球。当宝宝发现自己的力量可以对球产生影响，球会因为自己的动作而做出各种各样的反应后，就会对它极为着迷。当宝宝玩球玩得很熟练后，就能知道想让球弹回来该用多大劲，要想让球跳得高得用多大劲，要想击中前方目标该怎样瞄准，等等，这个过程既锻炼了宝宝的操作动手能力、手眼配合能力，也发展了宝宝的思维能力，对宝宝来说的确很有趣也很有益。

在各种球中，乒乓球是最适合1岁以下宝宝的玩具。由于乒乓球体积小，分量轻，所以极适合宝宝用小手去抓握。当乒乓球接触地面或硬物发出清脆而有规律的声音时，宝宝会感到十分快乐，他会一次又一次地把球扔到地上，故意制造出这种声音效果，乐此不疲。而且，即使宝宝把球随意乱扔，也不会砸坏东西，声音不会太大，不会影响邻居，也比较安全，还可以锻炼宝宝手臂的力量。

等宝宝会走路后，就可以选择一个稍大些的小皮球让宝宝踢着玩，在球滚远后让宝宝走过去自己捡起来，既可以提高宝宝练习走路和下蹲动作的兴趣，又可以锻炼宝宝腿部力量。

☞ 训练宝宝的平衡感

人走路的时候，是两条腿交替着向前迈步的，每迈出一步，就会交换一下重心。想让宝宝迈好人生的第一步，爸爸妈妈就要教会宝宝变换身体的重心，训练宝宝的平衡感。

爸爸妈妈可以拉着宝宝的双手或者单手向前迈小步，也可以让宝宝扶着墙壁或栏杆行走。当宝宝第一次开始尝试迈步时，爸爸妈妈可以先后退一步，伸开双手激励宝宝走过来。如果宝宝步履蹒跚，爸爸妈妈就要朝前迎接一下，以防宝宝第一次尝试迈步就摔倒，从而产生恐惧心理。随着尝试次数的增加，爸爸妈妈可以逐渐增加与宝宝之间的距离。

有些宝宝胆子比较小，虽然已经会走了，但他们却总是要在大人的搀扶下才敢向前迈步。为了帮助胆小的宝宝克服恐惧心理，爸爸妈妈可以找一块小手绢或者毛巾，自己拉住一头，让宝宝拉住另一头走。刚开始走的时候让手绢或者毛巾绷得紧一些，这样宝宝就能感到爸爸妈妈的力量从而减轻恐惧心理，独自行走。等到宝宝走得稳了，爸爸妈妈就可以逐渐放松拉动的力度，直到丢掉手绢或毛巾，让宝宝大胆往前走了。

☞ 不要过早使用学步车

有的家长为了方便，在宝宝几个月大时就把他交给了学步车，以省去整天抱着宝宝的麻烦。但实际上，过早使用学步车，对婴儿的成长发育极为不利。

学步车只能帮助宝宝站立，却不能帮他们学会走路。在1岁以前，宝宝踝关节和髋关节都还没有发育完全。虽然在学步车里，宝宝只需用脚往后一蹬，车子就能带着他满屋子跑，但这可能会导致宝宝出现肌张力高、屈髋、下肢运动模式出现异常等问题，还会直接影响到宝宝将来的步态，如走路摇摆、踮脚、足外翻、足内翻等，严重的甚至要通过手术和康复治疗才能得以纠正。

此外，由于学步车非常轻便灵活，宝宝能很容易地借助它滑向家里的任何地方，这无疑会致使他们无意中遭到磕碰，引起意外伤害的发生。所以，为了宝宝的健康成长，爸爸妈妈不应太早给宝宝使用学步车，要让他自然地学会站立、走路，这才是对他最好的。

左脑智能开发

✿ 开发训练

☆小手哪里去了

【训练目的】

帮助宝宝认识自己的手和身体的关系，提高他对自我的认知能力。

【训练方法】

1. 当宝宝刚睡醒并且举起双手玩的时候，妈妈拿出一块淡色的布盖住宝宝的手。

2. 妈妈用好奇的声音问宝宝："手呢？宝宝的手呢？"

3. 当宝宝表现出诧异的表情时，妈妈把布拿开，让宝宝看到自己的手。

4. 反复训练2~3次。

【注意事项】

一定要选淡色的布，否则宝宝的注意力就会被鲜艳颜色的布吸引，不再关注"小手不见了"这件事。

☆木鱼敲敲敲

【训练目的】

让宝宝认识到自己与环境的关系。

【训练方法】

1. 拿出木鱼和小锤，在宝宝的眼前展示一下，让宝宝注意发声的物体。

2. 当着宝宝的面，敲一下木鱼，让宝宝注意到声音。

3. 停顿一下后，再次敲击木鱼，让宝宝确信声音是由木鱼发出的。

4. 在宝宝面前连续地敲击几下木鱼，让宝宝感受声音和敲击动作之间的关系。拿起宝宝的小手，帮助他握住小锤，敲击几下。

【注意事项】

敲击木鱼的声音不要太密，而且时间不要长，一般连续敲四五下就可以了，注意不要让宝宝独自拿小锤，以免碰伤。

☆宝宝记得住

【训练目的】

训练宝宝的记忆力。

【训练方法】

1. 跟宝宝玩图卡游戏，看图卡时，要注意告诉宝宝每个图对应的名称是什么。

2. 反复看图卡，待宝宝认识4~5张图后，让他从一大堆图片中找出其熟悉的那几张。一旦找出来，家长就要大加赞赏和鼓励。

3. 增加游戏难度，在图卡中加入1~2张字卡，鼓励宝宝找出。

4. 当宝宝认图片时，应仔细地告诉宝宝图的特点，最好是每个图都编一个故事，或者儿歌。让宝宝的手指在图上面指点一下，也会加深宝宝对图片的认识。

【注意事项】

如果宝宝这个游戏没办法完成的话，家长可以帮助宝宝找图片，利用小小的不同来提示宝宝，待宝宝找到后要给宝宝表扬。

☆拉绳取物

【训练目的】

让宝宝理解事物之间的逻辑关系，培养宝宝解决问题的能力。

【训练方法】

1. 抱着宝宝坐在桌边，桌上放一根系有玩具的绳子，绳子另一端放在宝宝能触摸到的地方，然后示意宝宝伸手去拉绳，教他学习朝自己的方向拉绳，直到拿到玩具为止。

2. 反复练习，当宝宝熟练拉绳后，可在桌上再放一根没有玩具的绳，让他去辨别拉哪一根绳才能得到玩具。

3. 在塑料杯内放一个塑料娃娃，再将一根绳子穿过杯柄并将绳子两端放在宝宝面前。游戏开始时，观察宝宝是否会用两手拉绳子。若用以往游戏的经验拉一根绳的一端，就不能得到玩具。在宝宝失败后，握着他的双手同时拉绳的两端，把杯子拉到自己跟前，拿到玩具。

4. 让宝宝反复练习，拿到杯子时将里面的娃娃拿出给他玩，以资鼓励。

【注意事项】

绳子上系的玩具是时常更换的，每次当他拿玩具时要顺便教他知道玩具的名称。

☆滚线轴

【训练目的】

锻炼宝宝的观察模仿能力，开发宝宝的左脑。

【训练方法】

1. 拿一个空线轴，一根纱线。将纱线从轴的空心中穿过，再把纱线打结，让宝宝握住线环，妈妈用手轻轻拨弄线环，让线轴左右摇摆。

2. 妈妈拿过线环，通过线环令线轴摆动，让宝宝观察。

3. 让宝宝握住线环，鼓励宝宝控制线轴。

【注意事项】

如果宝宝不能很好地集中注意力，家长可以在训练的过程中和宝宝说说话，以此来吸引宝宝的注意力。

☆宝宝都知道

【训练目的】

训练宝宝的认知能力，全面开发宝宝智能。

【训练方法】

1. 抱着宝宝在房间里来回走，耐心地指导宝宝认识自己家中或活动室中的各种生活用品，如一边指认一边和宝宝说："这是钟，嘀嘀嗒嗒。这是桌子，宝宝的饭摆在桌子上。这是小凳子，宝宝坐着和妈妈玩的。这是小床，宝宝睡觉的。这是大皮球，这是滑梯，这是海洋球房子……"

2. 观察宝宝的情绪，如果宝宝很兴奋，就说明宝宝完全知道你所说的一切。

【注意事项】

对宝宝絮絮叨叨的讲述，会让宝宝对这些东西有一个模糊的概念。经过详细的讲解，宝宝已经能够知道自己经常玩的几种玩具的名称。注意一定要在宝宝不哭不闹的情况下进行，避免宝宝对游戏产生焦虑情绪。如果宝宝很感兴趣，家长就要不断地介绍，重复也没有关系，重复就是最好的记忆。

☆吃掉小豆豆

【训练目的】

训练宝宝的观察力和视觉分辨力。

【训练方法】

1. 在餐桌上铺一张白色的餐巾纸，在上面放一粒红色的小豆豆和一粒爆米花。如果宝宝未发现红色的小豆豆，妈妈可抖动白色的餐巾纸，促使红色小豆豆滚动，引诱宝宝注意。

2. 宝宝注意到红色的小豆豆后，还可能会注意到白色的爆米花。这时，他可能会伸手摆弄，妈妈可以奖励一粒爆米花给宝宝吃。

3. 如果宝宝不在意这个游戏，妈妈可以把白色的爆米花放到嘴中，然后做出很好吃的表情。这时，宝宝一定很急，也想吃到，这时，妈妈就可以把爆米花给宝宝吃。

【注意事项】

游戏前要给宝宝洗洗手，保持干净卫生。红色的小豆豆最好是可以吃的食品，如膨化片。注意尽量不要让宝宝吃红色小豆豆。

☆凌乱的袜子

【训练目的】

让宝宝形成类别的概念，提高宝宝的左脑逻辑思维能力。

【训练方法】

1. 准备一些不再穿的干净的花色袜子，几个小筐。

2. 将所有袜子放在一堆，让宝宝翻弄。

3. 将袜子按照大小分别放在几个筐里，告诉宝宝："这是宝宝的袜子，这是妈妈的袜子，这是爸爸的袜子……"多重复几次。

4. 将袜子重新放在一起，引导宝宝将袜子分类。

【注意事项】

刚开始训练时袜子不要放得太多，难度不要太大。

☆小手拉一拉

【训练目的】

学习解决问题的方法，提高宝宝的逻辑思维能力。

【训练方法】

1. 爸爸或妈妈和宝宝一起坐在地板上，在宝宝伸手可及的地方放置一条毛巾，并且在毛巾的一端放上一个宝宝非常喜爱的玩具。

2. 指着玩具对宝宝说："呀，宝宝的玩具在那儿，快快去拿。"说完后，观察宝宝会用什么样的方式去拿玩具。

3. 爸爸妈妈试着拉毛巾取玩具给宝宝观看，并且对宝宝说："毛巾拉过来就能拿到玩具了！"然后让宝宝模仿着做。

【注意事项】

毛巾不能过长，以免让宝宝感到很疲倦。

☆乒乓球放在哪儿

【训练目的】

锻炼宝宝的观察力和小肌肉的动作，让宝宝学会动脑思考，培养宝宝解决问题的能力。

【训练方法】

1. 先准备三块积木和一个乒乓球。先给宝宝两块积木、一个乒乓球（积木要适当地比乒乓球稍小一些）。

2. 引导宝宝把一块积木搭建在另一块积木之上，之后再让宝宝试着把乒乓球搭建在第二块积木之上。此时宝宝可能还不能把乒乓球放得很稳当，乒乓球总是会掉下来。

3. 再给宝宝一块小积木，观察宝宝会有什么样的反应。

4. 先不要急着去教宝宝，而是要引导、启发他。如果试了好多次宝宝还是学不会，家长就可以先教他把乒乓球放在三块积木之间。

【注意事项】

如果宝宝做得不好，也不要指责他，而是要尽量引导、鼓励他。

早教提示

☞ **培养宝宝的观察力和判断力**

观察力和判断力是每个人在日常生活中必须具备的基本素质。爸爸妈妈可以多利用游戏培养宝宝的观察力和判断力，提高宝宝的智能。

培养观察力和判断力的游戏非常多，例如在宝宝要玩玩具时，可以先把玩具藏起来让他自己去寻找。如果宝宝很喜欢玩具娃娃，就可以和宝宝玩藏猫猫的游戏：先用一块手帕蒙在玩具娃娃上，注意手帕不要太大，要能露出玩具娃娃的一部分，然后让宝宝把玩具娃娃给找出来。或者可以把玩具娃娃和小汽车等其他玩具都用手帕蒙起来，在手帕边缘露出一些小汽车的轮子和玩具娃娃的胳膊或者腿让宝宝发现，这对培养宝宝观察力和判断力非常有效。

☞ **注意玩具的材质和安全性**

研究表明，即使是刚刚出生的宝宝，也有着非常强的学习能力。从一出生开始，宝宝就会用自己的方式来认识周围的世界。为宝宝选择好合适的玩具，不但有助于宝宝的身心发育，还能启发和丰富宝宝的智力，提高宝宝动作的灵活性。不过，在给宝宝选玩具时，最好选择天然、耐用、触感好、容易清洗、能够重复使用的玩具。

给宝宝的玩具必须确保是无毒的，也不能有尖锐的边缘；零件的组合需要很牢固，以免松脱造成宝宝误食；玩具的质量要轻，以防止砸伤宝宝；玩具的体积不宜过小，以防止宝宝误食。此外还要注意玩具是否含有有害的化学成分，是否使用了有毒的油漆等等。

玩具的卫生也很重要。爸爸妈妈最好定期给宝宝的玩具清洗和消毒。一般来说，给皮毛、棉布玩具消毒的话，可以把它们放在日光下暴晒；木制玩具的话，可用煮沸的肥皂水来烫洗；塑料和橡胶的玩具，可以用浓度为0.2%的过氧乙酸或者浓度为0.5%的消毒灵浸泡1个小时，之后用水冲洗再晾干。

☞ **珍惜宝宝的好奇心**

幼儿对世界的认识是从好奇开始的，强烈的好奇心会增强幼儿的求知欲，对创造性思维与想象力的形成具有十分重要的意义。好奇、好动、喜欢探索周围事物的奥秘，这些都是宝宝学习发展的原动力。0~1岁的宝宝好奇心特别强，他们总是希望洞察和探究一切他所接触到的事物。爸爸妈妈应格外珍惜宝宝的好奇心，抓住这段最关键的时期，培养宝宝的好奇心，促进宝宝的智能发展。

在宝宝学会坐着以前，他所接触的事物非常有限，只愿意对自己能听到、能看到、能摸到的东西投注好奇心。在6个月以前，宝宝长时间处于躺着的状态，他看到的东西多为空中的吊坠物，常常会目不转睛地盯着它们。因此，爸爸妈妈可以利用吊坠物激发宝宝的好奇心，让宝宝多看，不过也要注意保护宝宝的眼睛，吊坠最好是放在离宝宝20~30厘米的距离，让宝宝不用费力气调节焦距。此外，吊坠还要至少一个星期换一次地方，以免长期固定在一个地方让宝宝形成"斗鸡眼"。

6个月以后的宝宝开始坐起来了，他的视野范围也因此发生了根本性的变化，宝宝可以很方便地看到自己的手和自己的脚。由于这个变化，在这个时期宝宝好奇心的关注点是自己和物体间的关系，所以他对于手的动作特别感兴趣。但因为力气比较小，肌肉不够灵活，所以最常出现的就是摸的动作。当然，最根本的用嘴探索的方式还不会完全被抛弃，所以宝宝也经常会出现啃的动作。这时，保证宝宝接触物品的卫生是非常重要的。要对宝宝的玩具定期清洗，或者放在阳光下暴晒。

等到宝宝会爬和会走以后，他更多会借助手和脚来探索世界。不过，刚刚学会爬和走的宝宝手部和腿部的动作相对还较为僵硬，用敲和蹬比较多，而他的活动范围也扩展到家里的各个角落。这个时期的宝宝对于小角落和小洞洞特别好奇，所以家长一定要在这些地方加强防护，如保持角落的干净，不要有玻璃等危险品，保证所有的插座上有盖子等。

右脑智能开发

 开发训练

☆垫上操

【训练目的】

锻炼宝宝的双手，提升运动能力，从而提高宝宝的右脑自然能力。

【训练方法】

1. 让宝宝仰卧，双手与脚面垂直放在身体两侧。

2. 扶起宝宝腰部，让宝宝站立。拉着宝宝的双手，轻轻平举至他身体的两侧。

3. 把平举变为向上举起，高过宝宝的头部。

4. 双手回到平举至身体两侧。

5. 双手回到与脚面垂直至身体的两侧。

【注意事项】

动作要轻柔，以免宝宝产生不适感。

☆放礼花

【训练目的】

通过教宝宝画简单的礼花，训练宝宝的动手能力和思维能力，开发其右脑。

【训练方法】

准备一些爆竹或者焰火的实物或者图片，油画棒，图画纸，字卡"礼花"。

1. 妈妈先问宝宝："小朋友们都在干什么呢？新年到了，小朋友们都特别高兴，他们都在放礼花呢。快看，多漂亮啊，礼花飞满天。现在妈妈画爆竹，宝宝来画礼花，好吗？"

2. 帮助宝宝拿出一支油画棒（可以试着让他自己去挑选喜欢的颜色），再帮助他在爆竹的周围点点画画。妈妈马上加以表演，以此来增加宝宝的兴趣。

3. 鼓励宝宝继续完成作品，可以握着宝宝的手添加画面的竖线或者点。

【注意事项】

不到1岁的宝宝还不能顺畅地握笔，妈妈可以握着宝宝的小手来点点画画，培养宝宝对绘画的感知和兴趣。

☆小乘客

【训练目的】

培养宝宝的自我控制能力以及对一些社会规则的认识。

【训练方法】

1. 准备一把小椅子，让爸爸当司机，宝宝当乘客。妈妈说："汽车马上就要开了，宝宝快上车吧。"然后抱宝宝坐在椅子上，面对着椅背。

2. 然后，爸爸当司机说："乘客们坐好了，汽车要开了。"然后爸爸以椅背的两条腿为支点，挪动椅子。

3. 过一会儿后，爸爸说："汽车到站了，乘客请下车吧。"把宝宝从椅子上抱下来，让宝宝挥手说再见。

4. 爸爸继续挪动椅子，游戏再循环进行，再问宝宝要去哪里，然后让宝宝上车，爸爸再次开车。

【注意事项】

刚开始爸爸的动作要慢一点，以后可以逐渐加快。另外，游戏过程中，宝宝有可能会不遵守规则，汽车到站了还不肯下去。这时，家长可以耐心地开导宝宝："宝宝到家了，爸爸妈妈都在等着你，看不见宝宝会着急的。"

☆认识红色

【训练目的】

让宝宝认识颜色，发展宝宝右脑的形象思维能力。

【训练方法】

1. 放一件宝宝喜爱的红色玩具，如红色积木，反复告诉宝宝："这块积木是红色的。"然后问他："红色的呢？"如果宝宝能很快地从几种不同颜色的玩具中指出这块红色的积木，则要称赞他。

2. 拿出另一个红色玩具，如红色瓶盖，告诉宝宝："这也是红色的。"当宝宝表示疑惑时，再拿出一块红布，和红积木、红瓶盖放在一起，告诉他："这些都是红色的，那边都不是红色的。"（不能说那边是白色的或黄色的）让他把注意力集中到红色上。

3. 把上述物品放在一起，告诉宝宝："把红的给我。"看他能否把红的都挑出来。如果宝宝只挑出那块红积木，你就说："还有红的呢？"并给他一定的提示（如用手指指），让宝宝把所有红色的物品都找出来。

【注意事项】

一次只能教一种颜色，教会后要巩固一段时间，再教第二种颜色。如果宝宝对你用一个"红"字指认几种物品迷惑不解，甚至连第一个红色玩具都不认识，家长就要过几天另拿一件宝宝喜欢的玩具重新开始。颜色是较抽象的概念，要给时间，让宝宝慢慢理解，学会第一种颜色常需要3～4个月。颜色要慢慢认，千万别着急，千万不要同时介绍两种颜色，否则更容易混淆。

☆食品画

【训练目的】

给予宝宝多方面的感觉刺激，培养宝宝的创造力。

【训练方法】

1. 在宝宝的高脚椅托盘上铺一张纸，给他一些食品，如布丁、奶油冰淇淋、果冻或婴儿专用食品等，用手指蘸一点儿食品随便在纸上画些图案，让宝宝观察。

2. 给宝宝的手指也蘸一些食品，让宝宝自己用手指涂出图画来。

【注意事项】

不要让宝宝把食品吃进去。宝宝画完后，家长要及时予以奖励。

☆音乐摇床

【训练目的】

培养宝宝对音乐的感受力，对音乐节奏和音乐停顿的感知。

【训练方法】

1. 先播放一些柔和的音乐，让宝宝坐在床单的中心位置，爸爸妈妈则各持床单的两角，承托着宝宝的重量。

2. 跟随着音乐，爸爸妈妈开始一起像摇篮一样地向左、向右摇晃，音乐一旦停止，动作也要随之停下来。

【注意事项】

一定要确保宝宝在摇床里是安全的，同时要保证摇晃的时候可以跟随着音乐的节拍。

☆丢球球

【训练目的】

培养宝宝解决问题的能力和右脑的创新思维能力。

【训练方法】

1. 准备两个小皮球，妈妈和宝宝各拿一个球，妈妈先把球丢出去，一边丢一边说："宝宝看，球球走喽！"

2. 妈妈握着宝宝的手将球丢出去说："宝宝的球也走喽！"

3. 鼓励宝宝自己丢球，看他会不会改变方向。刚开始宝宝可能不会，妈妈可以示范给他做。多次重复后，宝宝就能学会了。

【注意事项】

训练要适可而止，不要让宝宝感到疲倦。

☆请宝宝跳个舞

【训练目的】

调动宝宝与人交往的能力，开发宝宝的右脑。

【训练方法】

1. 给宝宝放一些简单、欢快、轻松的曲子，轻声问宝宝："宝宝，可以和你跳个舞吗？"

2. 在宝宝耳边哼歌，同时一只手托着他的头部，一只手抱着他的背部，随着音乐向前或向后晃动宝宝的身体。还可以一边跳一边称赞宝宝："宝宝跳得真好！"

3. 音乐结束时，妈妈对宝宝说："谢谢宝宝陪我跳舞。"结束训练。

【注意事项】

音乐的音量不要过大，和宝宝跳舞时的动作要轻柔。

☆音乐按摩师

【训练目的】

促进宝宝皮肤的触觉能力，同时可以培养宝宝的音乐素养。

【训练方法】

准备一些适合宝宝的歌曲，例如贝多芬、莫扎特、舒曼等音乐家的舒缓音乐，或者妈妈在怀孕时期经常听的音乐等。宝宝吃完奶之后的一个半小时后或者睡醒半小时后，就可以开始进行了。

1. 在游戏开始之前，爸爸妈妈要先给宝宝播放他爱听的音乐约10分钟。

2. 妈妈把宝宝放在大床上或者地板上，开始根据音乐的节奏给宝宝做一些身体上的准备活动。

3. 妈妈根据音乐对宝宝从头到脚进行按摩游戏，按摩的时候要注意节奏，每一个身体的位置都可以停留15秒钟左右。

4. 按摩的时候，妈妈可以观察宝宝的情绪反应，根据这个反应来调整速度，让宝宝可以感受到音乐节奏的快和慢。

【注意事项】

如果在按摩的过程中，宝宝出现了哭闹的情绪，则要立刻停止游戏。

 早教提示

☞ **让宝宝累积更多的直观经验**

通过亲身实践和亲身体验所得来的直接的经验，要比别人告知而得来的机械记忆的间接经验更容易记忆，并且还能变为个人能力的一部分。理论上，所有的爸爸妈妈都知道并认可这一点，但落实到具体的育儿实践中却会出现不同的做法。例如，当宝宝不明就里地抓起生的食物往嘴里送时，有的爸爸妈妈会立即制止，并且告诉宝宝这是生的不能吃，而有的爸爸妈妈则会看着宝宝把食物放进嘴里，不予以阻拦，让宝宝自己发现生的东西不好吃，然后将它吐出来。

两种不同的做法即会导致宝宝获得不同的经验。被阻拦的宝宝所获得的是间接的经验，此后他可能依然会继续吃生的东西，一直要到好久之后才能记住爸爸妈妈的话；没有被阻拦的宝宝通过直观的感受，发现生的东西不好吃、不能吃，那么以后就基本不会再吃生的东西了。由此可见，直接经验往往会让宝宝的印象更为深刻，记得也更加牢固，这对宝宝今后的成长大有好处。

☞ 让宝宝形成适度的依恋

早期环境会直接影响到一个人成年后的心智、性格和为人处世的方式，对其今后几十年的生活有着重要的作用。婴幼儿时期是一个人形成安全感的最初阶段，如果这个时期宝宝没能形成正常的依恋感，那么他在今后与他人建立亲密和信任的关系上就会出现一些障碍，例如与人的疏离感、亲密焦虑、缺乏信任感等。

家庭是给予宝宝温暖和勇气的第一个地方，宝宝和家人之间温暖、亲密的关系能让宝宝形成适度的依恋，而依恋最典型的行为就是黏人。黏人不但能令宝宝找到一种满足感，还能让宝宝充分感受到安全和愉悦。宝宝是这个世界的小天使，每一位家人都有抚育宝宝的责任。除去生活上的照顾，心理上的抚育也同样重要，因为这会关系到宝宝的心智健康程度和情商水平。因此，无论有多繁忙，家人特别是爸爸妈妈都要尽量抽出时间来，多待在宝宝身边，陪着宝宝玩乐，与宝宝一同成长。这是爸爸妈妈一生中能给宝宝的最好的礼物。

☞ 注重培养宝宝的艺术才能

1岁以前的宝宝虽然还没到艺术潜能开发的黄金时期，但也不妨提早激发他对艺术的兴趣，为今后的培养打好基础。

如果想培养宝宝对音乐的兴趣，爸爸妈妈可以在平时多给宝宝听一些欢快的音乐，跟随音乐的节拍轻柔地舞动宝宝的四肢，等到宝宝能站起来的时候就让宝宝随着音乐晃动身体。在宝宝晃动身体的时候，爸爸妈妈可以在一旁随着节拍来拍手，营造出一种欢乐的氛围，让宝宝充分享受音乐所带来的愉悦感觉。

如果想培养宝宝的绘画兴趣，那么就可以教宝宝"画画"。尽管这个时候对于宝宝来说，"画画"就是在纸上无序地乱抹，但这却有助于以后正式的学习。可以让宝宝先任意涂抹乱画，之后爸爸或者妈妈再在纸上画出一个简单的图形，教宝宝也跟着画。宝宝画成什么样子都不要紧，重要的是可以激发出宝宝的兴趣和天赋。

智商的开发

☆ 数数歌

【训练目的】

让宝宝熟悉数字的顺序，为培养宝宝数的概念作准备。

【训练方法】

1. 准备一些积木、套碗和套杯，让宝宝随意摆弄，观察宝宝的不同玩法。

2. 当宝宝把积木搭高时，妈妈可以一边帮他搭起"高楼大厦"，一边有节奏地念儿歌"一层楼，两层楼，三层、四层、五层楼，六层楼，七层楼，八层、九层、十层楼"，然后推倒积木，让宝宝产生兴奋感，引起他数高楼的欲望。

3. 反复进行。还可以让宝宝给积木排队。

【注意事项】

抱着宝宝上楼梯时，也可以这样有节奏地从1数到10，培养宝宝的数学概念。

☆ 摸摸蓝天

【训练目的】

用鲜艳的颜色来刺激宝宝的视觉，让宝宝熟悉这些颜色，从而提高宝宝的视觉记忆能力。

【训练方法】

1. 将一张颜色鲜艳的蓝天图画贴在宝宝的床顶。

2. 妈妈抓着宝宝的手，轻轻地举过宝宝的头顶，然后轻轻放下，嘴里不停说着："上，下，我们向上够，我们向下够，我们一起来摸摸蓝天！"

3. 多次重复之后，妈妈抱着宝宝，鼓励宝宝自己伸手去触摸"蓝天"。

【注意事项】

还可以在宝宝的床顶挂一个会动的大玩具，或者使用一些颜色鲜艳的卡片和物体等，约离宝宝的头部43厘米。最好能把这些东西水平地挂着，以方便宝宝一醒来就能看得到。

☆这是书

【训练目的】

让宝宝观察到不同物体的区别，并以此来提高宝宝的观察思考能力，同时可以提高宝宝的逻辑思维能力。

【训练方法】

1. 准备一本图案简单、色彩艳丽的画册。让宝宝背部靠在爸爸或者妈妈的怀里，爸爸或者妈妈拿着一本书放在宝宝的面前给他翻看。

2. 翻看的时候，爸爸妈妈要指着里面的图画告诉宝宝："宝宝你看，这是车子，这是花朵。"

3. 过一会儿之后，再把整本书合上，然后告诉宝宝："这是一本书，是宝宝的书。"

【注意事项】

爸爸妈妈在说话的时候，眼睛要注视着宝宝，并随时观察宝宝的表情。如果宝宝出现了厌恶的表情，要立即停止游戏。

☆宝宝的小手

【训练目的】

开发宝宝的智力。手的动作特别是手指的动作，越复杂、越精巧、越娴熟，就越能在大脑皮质建立更多的神经联系，从而使大脑变得更聪明。

【训练方法】

1. 当宝宝把小手伸出来时，妈妈抚摸它，或者用不同材料的东西触碰宝宝的手。

2. 在物体接触宝宝手指时，妈妈要一边数数或唱歌。

3. 妈妈还可以把自己的手指放在宝宝手心，让他抓握。

【注意事项】

用不同材料的东西在宝宝手上轻轻擦拭时，要注意材料的安全卫生。另外注意不要太大力，宝宝的皮肤很娇嫩，轻轻触碰就可以起到刺激的作用。

☆敲一下和敲两下

【训练目的】

训练宝宝的数学能力，开发宝宝的智力。

【训练方法】

1. 宝宝学会单手拿着物体之后，先来学习单手敲击，学会跟着妈妈每次敲打一下。熟练之后，妈妈再让宝宝练习双手敲击，随便哪一只手先敲击都可以。

2. 练习一段时间之后，宝宝就会自己敲击两下，并且可以逐渐学会分开一下一下地敲打和两下两下地敲打，还知道在每两次敲打之间留一个小小的间歇。

【注意事项】

在敲打的时候，要注意宝宝的安全，以免宝宝误打到自己而受伤。

☆配对游戏

【训练目的】

训练宝宝在众多的图案之中找出相同的图案，提升宝宝的智能。

【训练方法】

1. 先拿一张复写纸放在两张白纸的中间。

2. 妈妈在白纸上任意画画，一边画一边对宝宝说"乖宝宝，看妈妈在画什么呀，小狗，小熊，小兔子，小猪……"这样多做几次，画出许多相同的图案。

3. 把它们打乱，找出两张相同的图片，对宝宝说："看，妈妈找到了两个苹果。"接着随便拿出一张图片如小兔子图片对宝宝说："聪明的乖宝宝，赶快找到另一只小兔子吧！"然后让宝宝多找几次。

【注意事项】

妈妈画完图之后，要把复写纸收好，避免被宝宝吞食。如果宝宝不能答对的话，也不要很急躁，要慢慢来。

☆哪一条绳子

【训练目的】

增强宝宝分辨事物的能力，从而提升宝宝综合的智力水平。

【训练方法】

1. 准备一些绳子和宝宝喜欢的玩具。抱着宝宝坐在桌子前，桌子上放着两条绳子，一条绳子上系着玩具，另一条绳子上什么也没有系，让宝宝自己去选择拉哪一条绳子。

2. 多次练习之后，宝宝就可以分辨出哪一条绳子上有玩具，哪一条绳子上没有玩具了。

【注意事项】

可以不断增加玩具和绳子的数量，以增加难度，让宝宝得到进一步的练习。

☆分辨形状

【训练目的】

让宝宝熟悉抽象数学的概念，培养宝宝分辨形状的能力，让宝宝初步感知到基本图形的概念，提升宝宝的综合思维能力。

【训练方法】

1. 用不同颜色的电线（红、黄、蓝、绿）折出几个边长为20厘米左右的正方形、长方形和三角形。

2. 举起这些几何图形，让宝宝看清楚，然后对他说："这是长方形，这是正方形，这是三角形。"

3. 还可以让宝宝自己伸着小手去拿一拿、捏一捏、攥一攥这些物品，反复训练。

【注意事项】

接头的地方要用胶带缠好，以免伤到宝宝的皮肤。在宝宝手拿着物体的时候，由于小手并不是那么听使唤，因此要注意不让边角、尖部碰到宝宝脸部，以免受伤。

☆剥巧克力

【训练目的】

激发宝宝操作物体的兴趣，进而发展宝宝手部的动作，培养宝宝的思维能力。

【训练方法】

1. 妈妈送给宝宝一些巧克力礼品盒子，观察宝宝的反应，并且鼓励宝宝自己去打开盒子。

2. 当宝宝拿到巧克力之后，妈妈就鼓励他自己去剥巧克力纸。如果宝宝可以剥开，妈妈就和宝宝一起品尝，并且把纸放在盒子里。然后反复练习。

3. 当宝宝尝试了多次都没有剥开巧克力纸时，妈妈要适当地给以帮助。

【注意事项】

可以经常让宝宝摆弄一些小物体，例如剥纸团、糖果等等，并且时刻注意观察宝宝是用什么方法来剥开的，尝试了多少次才剥开的。

☆跟着木偶动动眼

【训练目的】

锻炼宝宝的视觉，开发宝宝的智力。

【训练方法】

1. 准备一个布袋木偶。

2. 在食指上套一个布袋木偶，让它转动，并叫着宝宝的名字。

3. 让木袋木偶上下移动，看宝宝的视线是否能跟着动，试着让布袋木偶绕圈子。

【注意事项】

训练时不要一直转动布袋木偶，应该配合着上下移动，游戏一段时间应休息一下，避免宝宝用眼过度。

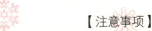 早教提示

☞ 智力开发，要以平常心对待

宝宝的智力水平一方面有赖于后天的培养和开发，但也有一部分是受先天遗传因子的影响。所以，爸爸妈妈虽然要重视宝宝在前几年的智力开发，但也要保持一颗平常心，不要总想着将宝宝培养成超乎常人的"天才"，否则极有可能会适得其反，对宝宝的身体和心理都造成不同程度的伤害。

宝宝各种能力的发展是综合的，如果心理发育不健康，就会影响智力的发育；如果身体发育不健康，就会影响能力的发挥。一些硬性的条条框框对宝宝的智商和能力发展是非常不利的，就如同长相、身高、胖瘦、性格和脾气一样，每个宝宝都是不同的。只要观念正确，方向把握得好，因材施教，宝宝各方面的潜能就一定能发挥出来。

☞ 培养宝宝的数量化意识

在宝宝能听懂大人的话以后，爸爸妈妈就可以给宝宝一些初步的数学概念渗

透，培养宝宝的数量化意识了。最好的方法就是与宝宝对话时，下意识强调一些基本的数字概念，如给宝宝吃饼干，在递给宝宝一块饼干的时候就对宝宝说"给宝宝一块饼干"或者"再给宝宝一块"。

在对宝宝进行体能训练的时候，爸爸妈妈也可以尽量把计数的动作融进去，例如在教宝宝做仰卧起坐时，可以从1数到10给宝宝听。经过一段时间这样有意识的强调后，宝宝要区分一个或者一个以上的数字就不会特别困难了。

☞ 强化宝宝的认知和理解能力

宝宝在10个月左右时就具备了一定水平的认知能力，但对事物的认知概念还有些不清晰，头脑中还没有形成牢固的记忆和联想。此时，如果能多用对比的方法为宝宝渗透某些事物的概念及性质，以及相关概念之间的联系，那么将对宝宝认知和领悟能力的发展大有好处。

例如，妈妈可以抱着宝宝站在镜子前，让宝宝看到镜子中的妈妈和宝宝，告诉宝宝"妈妈大，宝宝小"，以此来强化宝宝关于大小的概念。再例如，爸爸妈妈还可以为宝宝准备一个较大的玩具箱，让宝宝把自己的玩具都放到箱子里，之后再一件件地拿出来，以此让宝宝体会里面和外面的概念。当然，仅仅通过上面的练习，很多宝宝还是不能完全理解这些概念，但至少可以增强这方面的意识，为将来的理解打下基础。

除了认知能力，爸爸妈妈还要多加强对宝宝理解能力的训练。例如，妈妈想对宝宝说"宝宝去把那个玩具拿给妈妈"时，就可以把这句话分解成两句容易理解的话，先对宝宝说"宝宝，拿起那个玩具来"，让宝宝很容易理解并执行。之后，妈妈再对宝宝说"宝宝，把玩具给妈妈"，让宝宝理解并执行。经过两次分解的理解和执行，宝宝就会获得双倍的领悟机会，同时体会到完成指令后的喜悦。

情商的开发

☆这是"我"

【训练目的】

开发宝宝的自我意识，促进宝宝沟通能力的发展。

【训练方法】

1. 捏捏宝宝的五官，使他对即将到来的训练有所准备。

2. 抱着宝宝站到镜子前，然后指着宝宝的脸说："这是谁呀？"稍等几秒钟告诉他："这是宝宝。"

3. 捏着宝宝的鼻子说："这是什么？这是宝宝的鼻子。"这样依次给宝宝指认他的五官。

【注意事项】

抱宝宝照镜子时不要离镜子太近，保持50厘米左右，以免刺激宝宝的眼睛。

☆洗碟子

【训练目的】

增进亲子间的感情，培养宝宝的人际交往能力。

【训练方法】

1. 把宝宝放在床单上，给他按摩，从胸部开始，按照以下的儿歌节奏朝下抚摸宝宝全身。"洗碟儿，洗碟儿，摇摇铃铛叫杯茶，许下三个心愿儿，就会得到三个吻，一、二、三！"

2. 当唱到"茶"的时候，轻轻摸一下宝宝鼻子。注意重复3次，并且亲吻宝宝的面颊。

【注意事项】

注意观察宝宝的情绪，如果宝宝有不耐烦或者不适的表现，就要停止训练。

☆ 暖暖日光浴

【训练目的】

提升宝宝对自然的感知能力，还能培养宝宝积极的情绪，有利于身体发展。

【训练方法】

1. 选一个阳光充裕且无风的时候，给宝宝戴一项遮阳帽，避免阳光直射面部，让宝宝仰卧在阳光下，脱去宝宝的衣服，用小浴巾盖住肚子。

2. 妈妈边念儿歌，边轻揉宝宝被太阳晒到的部位，如小手臂、小脚丫，让宝宝保持愉快心情。

3. 让宝宝俯卧，重复上述过程。

4. 日光浴结束时，用浴巾擦干宝宝身上的汗水，穿上衣服，给宝宝喝适量温开水。

【注意事项】

训练结束后给宝宝穿衣的速度不要太快，有可能宝宝还在依恋刚才的温暖感觉。游戏要在宝宝疲倦之前停止。

☆ 轻轻走

【训练目的】

让宝宝学会关心别人，并且可以按照音乐的节奏来行走。

【训练方法】

准备小猫头饰（一大一小）两个，音乐磁带和写着"轻轻"两个字的字卡。

1. 妈妈给自己和宝宝都戴上小猫头饰进行游戏，开始模仿小猫走路。

2. "猫妈妈"累了，倒在床上要休息，问"小猫"："猫宝宝该怎么办呢？"并且告诉宝宝："猫宝宝要轻轻地走路，不要打扰猫妈妈休息。"

3. 开始播放音乐，妈妈学着小猫的样子随着节拍一下一下地轻轻爬动，给宝宝做示范。

4. 一面做，一面说着"轻轻"，并多次重复。

【注意事项】

妈妈也可以轻声唱着儿歌来做动作，儿歌可以是"小花猫，轻轻跳，妈妈累了，要睡觉"。

☆爸爸、妈妈、大头叔

【训练目的】

培养宝宝的人际交往能力，开发宝宝的情商。

【训练方法】

1. 妈妈先坐在椅子上，把宝宝放在膝盖上，轻轻地弹动双腿，并且适时转动，让宝宝面对不同的方向。

2. 把宝宝从左往右、从前向后地倾斜，最后再让他坐直身子。同时要说唱着这样的儿歌："爸爸、妈妈、大头叔，一个一个把门出。妈妈跌一跤，爸爸跌一跤，只有大头叔没事儿，大步流星地往前走，大步流星地往前走。"

【注意事项】

游戏开始之前，要先逗宝宝开心，调动起宝宝的情绪。妈妈在晃动的时候，动作要柔和。

☆妈妈爱宝宝

【训练目的】

促进爸爸妈妈和宝宝之间的情感亲密性练习，帮助建立亲子感情。

【训练方法】

1. 让喂食变成亲密的时间。无论你是给宝宝喂母乳还是喂食婴儿奶粉，喂奶的时候都要摇哄、安抚宝宝，还要记得邀请新手爸爸一起加入这个亲密的行列。

2. 经常和宝宝说说话，无论他是否能听懂，都必须要以慈爱的口吻来说，轻言细语，语调柔和。

3. 试着给宝宝读书，无论他是否明白书中的内容都无所谓，这个简单的例行公事，也会增加爸爸妈妈与宝宝之间共同相处的机会。

【注意事项】

宝宝对于很多事情都还不熟悉，最需要的就是对爸爸妈妈信任感的确立，只有确立了这种信任，今后的学习和锻炼才会更加顺畅。

☆条件反射笑笑笑

【训练目的】

刺激宝宝神经末梢的感受器，引起神经冲动，经由脊髓传到脑部，让宝宝产生松弛舒畅的感受。

【训练方法】

1. 把宝宝抱在怀里，或让他躺着并直视着他。

2. 挠挠他的身体，摸摸他的脸蛋，用愉快的声音、表情和动作去感染宝宝，直到宝宝露出欢快的笑容。

【注意事项】

有的宝宝喜欢大人摸摸胸脯，有的宝宝喜欢大人挠挠胳肢窝。家长找到了能引起宝宝发笑的方法，就能经常让宝宝开怀大笑。

☆空中飞人

【训练目的】

提升宝宝的专注力，增强宝宝的安全感以及由此对爸爸妈妈产生的信任感。

【训练方法】

1. 抱着宝宝随着四三拍的乐曲节奏跳双人舞，前跨步、后跨步、旋转、仰抱、竖抱或者让宝宝俯趴在妈妈的怀里。

2. 变换姿势继续跳，一边跳还可以一边对宝宝说"宝宝真棒"或者其他的鼓励宝宝的话语。

【注意事项】

在跳舞的过程中，要注意动作幅度不要太大，以免震颤过大使宝宝害怕。另外，跳一会儿后要停顿休息一下，以免累着宝宝。

☆转啊转

【训练目的】

培养宝宝快乐的情绪和与人交往的能力。

【训练方法】

1. 抓住宝宝的一只手，并让他的手掌张开，用另外一只手在他的手掌心里画圆圈。接着用两根手指顺着宝宝的手臂往上移动，做动作的同时唱儿歌："一只胖胖毛毛熊，围着花园转啊转，一步，两步，三四步，就在这儿蹭痒痒！"

2. 儿歌唱完之后，就在宝宝的下巴处挠痒痒。

【注意事项】

游戏时动作要轻柔缓慢，唱歌的时候语调要欢快轻松。

☆有趣的痒痒

【训练目的】

促进宝宝和爸爸妈妈之间的交流，培养出宝宝的欢乐情绪。

【训练方法】

准备一些毛毯、羽毛、棉球等可以轻轻抚摸宝宝的物品。

1. 爸爸妈妈把宝宝抱在怀里，之后就用毛毯、羽毛、棉球等柔软的物品来轻轻触摸宝宝的手和脚，同时跟宝宝低声地说话："这是什么呀？这是宝宝的小脚丫子，胖嘟嘟的小脚丫。胖嘟嘟的小脚丫，痒痒来喽！"这会让宝宝感觉非常开心。

2. 每次触摸宝宝的手和脚的时候，可以采用不同的物品。物品不同，给宝宝造成的触感也就不同，逐渐地，宝宝就能对某种物品产生独特的喜好，也更会加深对这个游戏的喜欢。

【注意事项】

选择的物品一定要是柔软的、没有棱角的，以免伤害到宝宝。对宝宝进行触摸的时候要轻轻地，这样才能更刺激宝宝，让宝宝的感觉更细腻，也更有趣。

🌸 早教提示

☞ **注意关怀宝宝的情绪**

随着月龄的不断增加，宝宝的情绪会越来越复杂，其中最突出的就是微笑。微笑是宝宝身体处于舒适状态的自然生理反应，同时还反映出宝宝的一种心理需求。刚出生的宝宝主要的需求就是食物，之后随着慢慢长大，他的需求越来越多。如果大人不能及时满足宝宝的需求，那么宝宝就会因不满而不安、哭闹。此时，如果爸爸妈妈马上以哼唱歌曲等形式加以爱抚，宝宝就可能会马上破涕为笑，但如果置之不理的话那么宝宝的情绪就会越来越糟糕。这种糟糕的情绪会一直延续下去，对其今后的情绪发展颇为不利。

☞ **教宝宝一些礼节性动作**

虽然1岁以前的宝宝还很难理解大人的语言，但对大人日常的用语习惯、表情、动作和态度等却都有着极其敏锐的感受，能从中察觉出一些行为方式的规律并且试图去模仿大人的行为。因此，爸爸妈妈要特别注意自己在宝宝面前的言行举止，不要以为未满周岁的宝宝什么都不懂，而在宝宝面前随意说话和做事。

6个月~1岁这半年是培养宝宝礼仪的一个入门时期，这一时期的宝宝会通过感受大人的行为举止和面部表情进而发展到认真地模仿。所以，爸爸妈妈除了要有意识地注意自己的言行举止，还应该多在宝宝面前说一些"谢谢""请"等礼貌性的字眼，多给宝宝渗透这些礼貌的言语。

除了语言上的引导，爸爸妈妈还要在行为上为宝宝起到表率作用，教宝宝一些礼节性动作。例如当见到邻居叔叔阿姨时，就可以握着宝宝的小手冲他们挥一挥，教宝宝和叔叔阿姨打招呼。虽然此时的宝宝还说不出这些字眼，但他可以听懂，从而在头脑中建立起一种条件反射，让他明白什么情况下要做出什么样的反应，这将为宝宝今后学习礼仪打下坚实的基础。

☞ 多让宝宝与人交往

多数不到1岁的宝宝都非常喜欢接触熟悉的人，并且可以分辨出家里人和陌生人，对家人以外的人也会用微笑或者张开胳膊等各种方式来表示友好。多为宝宝制造与他人交往的机会，如常抱着宝宝到邻居家去串门或者到街上去散散步，或者多让他与其他同龄的宝宝接触，利用与他人交往的机会教宝宝一些社交礼仪动作，这将有助于提高宝宝日后的交往能力，让宝宝更受欢迎。

有的宝宝到了六七个月时会认生，一见到陌生人就会把脸扑入妈妈的怀里，甚至会哭闹不止，还很害怕到一些陌生的地方，接触一些陌生的事物。如果宝宝特别认生，爸爸妈妈就更要多利用闲暇时间带宝宝到外面去接触和熟悉新的环境和事物，逐渐消除宝宝的认生心理。

1~3岁卷

Part 1

1~3岁，宝宝将经历这些敏感期

语言的敏感期

　　这一时期，宝宝的语言能力会有显著的提高。本阶段宝宝在语言发展上最重要的特点为慢慢学会说话，并能进行简单的模仿和重复。在2～3岁时，宝宝的词汇量会丰富起来，不少宝宝的词汇量已经增长到500个以上，他们常常会将各种词性的词语组成简单的词组或句子来进行表达。在这个阶段，爸爸妈妈应加强对宝宝语言能力的训练和培养，促进其语言能力的提高。

❀ 不断地重复：语言敏感期的序幕

★ 宝宝趣事

　　一天下午，萍萍和姥姥待在家里。姥姥正在收拾屋子，萍萍在自己的小床上专注地摆弄着一个布娃娃，一边摆弄着，一边还咿咿呀呀地发出各种声音。

　　突然，萍萍大喊一声："姥姥！"

　　姥姥以为萍萍有事情叫自己，就马上跑到她的身边应声着："姥姥在这呢！宝贝怎么了？"

　　谁知道萍萍只是笑着看了姥姥一眼，什么话都没说，又自顾自地玩了起来。姥姥看到她没有什么事儿，就继续开始整理房间。

　　谁知道没过几分钟，萍萍又开始大叫："姥姥！"

　　姥姥再次来到萍萍的身边，可她的反应和上次一样，依旧自顾自地玩着玩具，只是看着姥姥笑一笑……就这样，萍萍像故意搞恶作剧似的，一会儿工夫让姥姥反反复复地白跑了好几趟。

　　看着萍萍高兴的表情，姥姥又气又笑："这个小东西，怎么小小年纪就学会折腾人玩了？"

★ 神奇的敏感期

在1~2岁的时候，宝宝的语言能力会有所进步，比如，他们能发出很多类似声母的声音；能够理解表示禁止指令的"不"的意思。在2~2.5岁时，宝宝掌握的词汇量逐渐增加，每天都会说出一些新词，而且还能将单词组合成词组进行表达。2.5~3岁时，宝宝所掌握的词汇量进一步增加，宝宝说话的积极性很高，表达和沟通的能力也增强了不少，不少宝宝已经能记住一些简单的故事情节、朗诵一些简短的诗歌了。

大多数爸爸妈妈会发现，这一时期的宝宝特别喜欢重复说同一个词，随着语言的发展会喜欢重复说同一句话，甚至缠着大人反复给他讲同一个童话故事。这种情况正标志着宝宝进入了语言敏感期。宝宝之前不了解语言，也没有使用过语言，他们仅仅是无意识地模仿着他人的行为。但突然有一天，他们发现，一个词语与一个物品能够配上对，这会令他们感到非常惊喜，之后他们就开始有意识地重复这种配对行为，就如故事里反复喊"姥姥"的萍萍。

但很快，宝宝就会脱离对同一个词的简单重复行为。在2岁左右进入语言爆发期后，他们会进入更为高级的重复阶段，像一只小鹦鹉一样模仿成人说话。别人说什么他也说什么，别人问他话，他不回答，只是重复，乐此不疲地进行着模仿游戏。有些爸爸妈妈会觉得宝宝这样的行为是淘气的、没礼貌的，殊不知模仿是宝宝非常重要的一种学习方式，它将会大大提高宝宝语言发展能力的速度，在某一段时间是对一句话的模仿，其后就是自己对语言的内化和创造了。

☞ 鼓励宝宝多说话

爸爸妈妈只有让宝宝多说话，且随心所欲地说，才能有效提高宝宝说话的能力和与人交流的能力。

能用语言说出自己的感觉是宝宝语言能力发展的显著标志，这不仅说明其语言能力的进步，也是其理解思考能力等逐步进步的表现。1~3岁是宝宝语言能力迅速发展的阶段。爸爸妈妈应抓住这一有利时机，鼓励宝宝多说话，教其学习用完整的语句来讲话，提高其口语表达能力。在平时，爸爸妈妈可以训练宝宝将简短的、表意不明确的词组扩充为完整的简单句子；可以训练宝宝将一些颠倒的词语顺序纠正过来，进行正确排列等等。

同时，爸爸妈妈应对宝宝的语言行为作出积极的反应，多进行表扬和鼓励。宝宝常常会出现表意不清晰、用错词汇等情况，此时爸爸妈妈应帮助纠正并给予鼓励，而不是打击其积极性。在平时，爸爸妈妈可多鼓励宝宝说出自己的想法，当宝宝表现良好时给予及时的赞扬，当其表现不佳时，也应多说正面而积极的话语。在批评宝宝时，可以试着改变说话的方式和语气，以减少对宝宝的不良影响。

另外，爸爸妈妈还应多多表达对宝宝的关爱和喜欢，有一些话爸爸妈妈是需要经常和宝宝说的。例如：我们爱你，我们家的宝宝很棒，妈妈有你真高兴等。总之，爸爸妈妈在此时应该给予宝宝更多关爱和培养，加强对宝宝语言能力的训练。

☞ 多给宝宝创造说话的机会

首先，多种表达方式的综合运用标志着宝宝语言能力的进一步增强，爸爸妈妈应多为宝宝创造说话的机会，让宝宝能自由表达，利用好宝宝的这一语言发展敏感期，促进其语言发育。比如，爸爸妈妈可以注意倾听宝宝说话，多为宝宝创造说话的机会，让宝宝自由地说出自己的感觉和情感；每天可以让宝宝自己说说发生和做过的一些简单事情，或者让宝宝学习叙述简单的故事；鼓励宝宝多与小伙伴玩耍，让宝宝从别的小朋友那里学到新的词汇和表达方式，增强语言能力。

其次，爸爸妈妈可以多陪宝宝学习，让其在学习的过程中不断提高语言表达能力。爸爸妈妈可以培养宝宝的阅读习惯，每天固定地抽出一段时间陪伴宝宝进行学习活动，在学完之后让宝宝尝试着用自己的语言来进行概括和表达；爸爸妈妈可以让宝宝用自己的表达方式来说说当天发生的一些事情，或者也可以试着让宝宝发挥自己的想象力，来编个有趣的故事，等等。

最后，爸爸妈妈应鼓励宝宝多进行尝试和探索，还可以帮助宝宝丰富生活环境。两三岁的宝宝，好奇心和想象力很强，爸爸妈妈在此时应多给予鼓励和支持，让其在探索和自我求知的过程中丰富对世界的认识，提高语言表达能力。

☞ 对"烦人"的唠叨要耐心

对于这一阶段宝宝喜欢重复某句话或者反复用语言表达同一种意思的行为爸爸妈妈应该耐心对待，不要粗暴地训斥和阻止。爸爸妈妈还可以利用这一行为和宝宝做游戏，培养宝宝的语言能力。比如玩"传悄悄话"游戏，妈妈可以把一句唐诗悄悄念给宝宝听，再让宝宝传给爸爸，最后由爸爸大声读出这句诗由宝宝判断他说的对不对。这样会潜移默化地提高宝宝的表达能力和倾听能力。

需要注意的是，处于语言爆发期的宝宝会像海绵吸水一样绵绵不断地吸纳环境中各种丰富的语言信息，这其中有好的也有坏的。宝宝现在爱模仿别人的动作和语言，所以爸爸妈妈和其他亲人在宝宝面前说话、做事都要非常小心，成人一句不经意的脏话都很可能成为宝宝模仿的对象。大人一定要规范自己的语言和行为，不要让不好的语言习惯影响到宝宝。同时，爸爸妈妈应有意识地说文明的、规范的、准确的、富有美感的口语，从而引导宝宝模仿更准确、更优美的语言。在为宝宝讲故事时，注意选择优秀的作品，以让宝宝汲取到好的思想和语言。

❀ "这是什么？"：学习名词的关键期

★ 宝宝趣事

明明和欢欢在小区的草地上摆飞机玩，明明的妈妈在一旁照看着这两个年仅3岁的小朋友。

玩了一会儿，明明自豪地对妈妈说："看，我正在摆飞机的路！"

妈妈问："是跑道吗？你说的是飞机起飞和降落时的跑道吗？"

明明想了一会儿回答道："不是，是飞机飞行时候的路。"

妈妈说："哦，那是航线呀。"

明明立刻接着说："对，是航线，我说的就是航线！"

然后，明明继续和欢欢一边摆着，一边对她说："你看，这就是飞机的路！"

欢欢问："你说什么？路？"

明明立刻改口说道："不不，我说的是航线！"

★ 神奇的敏感期

1~3岁是宝宝积极语言活动的阶段，幼儿从说得很少发展到说得很多，也很喜欢说。2岁左右是宝宝学习名词的关键期，宝宝会发现他周围所有的事物都有自己的名称，他们就喜欢指着周围的事物不停地问这是什么那是什么。在宝宝的世界里没有难易之分，虽然有些名词在发音和字数上会让大人觉得有些难，但是要一再为宝宝重复，他们将会把这些名词牢记在脑海里。宝宝到了3岁时，词汇量已达1000个左右，是语言发展的一个加速期。此外句子结构也起了变化，从单词句转化为双词句、多词句，3岁宝宝的话语已基本上都是完整句。这一时期的宝宝也喜欢和成人交谈，喜欢听别人讲的简短童话、故事、儿歌，并能记住它们的内容，不但能理解和直接感知有关的话语内容，而且能理解对其未直接感知而熟悉的事物的描述内容。

宝宝在二三岁的时候到了一个学习词汇的敏感期，他会把自己的认知感觉同语言相匹配起来。对于这个时期的宝宝而言，他们的认知感觉与匹配能力很强。宝宝学习词语，并不是从名称中导出一个概念，而是从概念中导出一个名称。就像故事里的明明一样，开始他先用了一个词，很快他就学会了用大人们使用的标准说法来表达。

在生活中，当爸爸妈妈发现宝宝的感觉认知和语言能够匹配的时候，应该及时对其进行表扬。当宝宝一遍一遍地让自己的认知感觉同语言匹配时，爸爸妈妈应该欣赏宝宝，鼓励宝宝，给宝宝以足够的支持和信任，强化宝宝的这种正确认知。

☞ 让宝宝说出自己的名字

1岁多的宝宝已经可以说出2～3个字的句子，他不但可以听懂爸爸妈妈的话，还能够知道自己的名字。在这个时期，爸爸妈妈如果要对他发出什么指令，不妨多用宝宝自己的名字去称呼他，而不要用宝贝、乖乖一类亲昵的称呼去代表他。宝宝都很喜欢照镜子，当爸爸妈妈抱着他照镜子的时候，可以指着他在镜子里面的影像告诉他，他叫什么名字。

渐渐地让他说出自己的名字，说出妈妈爸爸的名字。"妈妈叫什么名字？""爸爸叫什么名字？"在这种一问一答反复练习的对话中，鼓励宝宝区别这些名字。进一步，教宝宝学说家庭中其他成员的名字。比如爷爷奶奶的名字，哥哥姐姐的名字。你可以通过让他指认亲人叫出他们的名字来帮助宝宝进行练习。如果宝宝做对了，要及时地亲一亲、抱一抱他，给他以认可和赞扬。

在教宝宝学会说自己和亲人的名字以后，爸爸妈妈可以进一步教宝宝学会介绍自己的基本情况，包括姓名、年龄、性别、爸爸妈妈的电话、家庭住址等。平时带着宝宝出门的时候，在楼门前和楼号前让宝宝记住自己家住在第几号楼，门牌号是多少。走出小区门口告诉宝宝自己家的小区叫什么名字。平时多教宝宝背一背爸爸妈妈的电话号码。让宝宝学会介绍自己的基本情况，不但锻炼他的语言能力，同时也是一种安全教育。如果宝宝不慎走丢了，通过自我介绍更能让别人帮助他找到家。

☞ 教宝宝用词组表达意图

3岁前期，宝宝的语言词汇增加很快，看图讲话是促进宝宝词汇丰富的快捷方法。爸爸妈妈可用故事书上的彩图分别叙述每一件事物。如：先让宝宝形容书中的角色，"是谁？""是个老奶奶。""她在干什么？""在吃橙子。""什么样的橙子？""一个金黄的大橙子。""什么味道的？""又酸又甜的。""香不香？""橙子很香。"把这些分开的小段连起来成为"老奶奶在吃一个金黄色的又酸又甜又香的大橙子"。在训练过程中，让宝宝跟着说几遍然后自己说出，诱导宝宝一面观察一面说出形容的词汇，使语言丰富。

在宝宝学会用一个字表达自己的要求的基础上，进一步训练宝宝用两个字以上的词组表达要求。例如，宝宝说出"抱"字，有可能是让爸爸妈妈抱他，也有可能是他在抱布娃娃。爸爸妈妈就可以根据当时的情景，引导他把这样一句单词句说成2~3个字的句子。例如，"妈妈抱""抱娃娃"。当宝宝说"玩"字时，爸爸妈妈就可以依据他的形体语言明白他的意思，问他"是不是要出去玩？"然后教他说"出去"，然后爸爸妈妈要真的带宝宝到楼下玩一会儿，让他体会到正确表述的重要性。

爸爸妈妈要善于捕捉日常随机的言语训练时刻，比如在从幼儿园接宝宝回来的路上，有意谈幼儿园的情况，问问宝宝今天学了哪些新知识，会背了什么新儿歌，有时宝宝学说一个新的儿歌，只会讲前头几句，其余的还未学会，爸爸妈妈要及时了解这些学习内容以便辅导宝宝，这会提高宝宝的学习热情和语言能力。还可以问问宝宝在班级里有几个要好的小朋友，他们叫什么名字，有哪些表现。在日常看似不经意的训练当中，让宝宝词汇量丰富起来，促进了语言叙述能力。

☞ 引导宝宝多去练习

宝宝对这个世界的认识是从感觉开始的。当他对具体事物进行不断的触摸、感觉后，他就会对所感知的事物进行组织、分类、归纳，然后形成一个概念。爸爸妈妈应该把握好这样一个过程和机会。宝宝的认知是需要时间进行反复练习的。所以，当宝宝面对某种认知感觉和语言时，作为爸爸妈妈，应该引导宝宝多去练习。反复地进行练习会完善宝宝的心理感觉过程，因此爸爸妈妈应该引导宝宝从感觉走向概念，从具体到抽象，再到概念之间的联系。

当宝宝看到一个很好看的容器的时候，会反复地摸一摸、看一看，这时爸爸妈妈就应该及时告诉宝宝："这是个花瓶。"让宝宝把这个概念同他大脑中的感觉配上对。当爸爸妈妈把花瓶再拿起来让宝宝触摸的时候，宝宝感觉到的就是一个很具体的概念了。然后再拿一本印有瓶子图案的书让宝宝再看。其实，纸上的瓶子就是一个半具体半抽象的东西，甚至是纯抽象的。这个时候，如果用文字告诉宝宝，这是个瓶子，它就会成为一个抽象的概念。

❀ 模仿成人说话：进入敏感的"语言爆发期"

★ 宝宝趣事

2岁的甜甜每天都不断地重复几个词，如"小坏蛋""淘气包""饿不饿"等等。爸爸妈妈一开始并没有太在意，直到有一天晚上，甜甜又在没完没了自言自语地重复这几个词，而且一边说还一边冲着妈妈坏笑。

妈妈终于忍不住问她："你为什么老是这么说话呢？"甜甜答道："你说的。"这句话一说出来，妈妈恍然大悟，原来这些词都是自己平时和女儿交流时的口头语。没想到被处于语言敏感期的女儿学会了。

妈妈想到，自己平时说的这几个词都不太优雅，何不换成一些优美的词汇让女儿来模仿呢。从那以后，甜甜的妈妈再对甜甜说话的时候，就会注意说一些比较优美的话，像"好宝贝！""你真棒！""真漂亮！"等等。果然，没过几天，甜甜嘴里的话也换成了这些优美的语言。

★ 神奇的敏感期

2岁以后，宝宝就进入了"语言爆发期"。在这一时期，宝宝不仅常常会自言自语，还常常会模仿他人说话，这些都是宝宝学习语言的基本方式。2岁以后，宝宝有了"我"的概念，他们所说的话基本上都已经很完整了。更令家人感到欣喜的是，宝宝已经能够叙述不在眼前的事物了。例如，回忆白天在幼儿园时发生的事情，想象明天将要做的事情等等。

对于喜欢进行语言模仿的宝宝，爸爸妈妈不要生气，也不要用所谓教育方法阻止宝宝、吓唬宝宝。有时候宝宝模仿的语言并不够优美，这时候爸爸妈妈要提高教育的敏感度，不能粗暴地干涉宝宝的模仿，剥夺宝宝的模仿权利，否则宝宝语言能力的发展速度将会大大减慢。这个时候，爸爸妈妈应该像故事里甜甜的妈妈那样有意识地改变自己的语言，多用优美的语言和宝宝说话，从而让宝宝自然而然地去除那些不好的语言。

在宝宝喜欢模仿大人说话的同时，大人不要模仿宝宝去说话。应模仿宝宝成熟的语句，当宝宝说不清楚时，不要认为可爱而故意模仿，这样会阻碍宝宝学习正确的语言。而宝宝说错时也不要当面说："你这样说不对，再说一次！"这样会让宝宝感到受挫而无意学习。爸爸妈妈一定要对宝宝有耐心，宝宝拥有良好的语言能力，建筑在爱心上的耐心是值得的。

☞ 认识宝宝语言模仿的三阶段

其实宝宝早在婴儿时期，就已经具备了惊人的语言模仿能力。这种模仿分为三个阶段：一是对声音作出反应阶段；二是模仿发音阶段；三是用语言表达思想的阶段。爸爸妈妈应该针对这三个阶段的不同特点对宝宝多加以引导，从而让宝宝的语言模仿能力迅速发展。

一个阶段，处于婴儿时期的宝宝尽管听不懂爸爸妈妈在说什么，但爸爸妈妈也应该多和宝宝进行交流，给宝宝有声的玩具，宝宝就会发出"咿咿呀呀"的声音；第二个阶段，宝宝会对周围的声音更加敏感，常常会进行模仿，这时爸爸妈妈就应该帮助宝宝练习发音，让宝宝模仿发音，进行模仿语言积累；第三个阶段，宝宝可以用语言表达思想，爸爸妈妈除了与宝宝多交流，还应该通过模拟自然界的声音来训练宝宝的联想能力，比如可以教宝宝模拟哗啦哗啦的流水声，或者轰隆轰隆的打雷声，等等。

☞ 塑造宝宝的语言美

爸爸妈妈的言行时时刻刻都在影响着宝宝习惯的养成。如果家长喜欢把物品到处乱扔，那宝宝一般也就容易变得邋遢；如果爸爸妈妈总是说脏话，那宝宝一般也都会有说脏话的坏习惯。这一时期，爸爸妈妈应该给宝宝作出好的表率，对宝宝说话时尽量使用文明、优美的语言，有意识地读书给宝宝听，从而引导宝宝模仿更精确、更优美的语言。

宝宝模仿的语言，重复的话语几乎都来自于我们日常生活当中。他在这一段敏感期内，会模仿口语、练习口语，并感觉语言的音韵，不断地重复语言，在使用的过程中把语言内化，这是宝宝学习语言的必经过程。爸爸妈妈自己若是有一个良好的语言习惯，无论是措辞还是用语都能简明准确，那么宝宝模仿的也就是正确的语言逻辑，这对他的未来用词造句、表词达意也将会大有好处。所以爸爸妈妈一定要注意自己在日常生活中的口语表达，一定不要太随意，要谨慎，要说规范的、准确的、文明的语言，要给宝宝创造一个干净的语言模仿环境。

☞ 多用语言鼓励宝宝

爸爸妈妈可以利用宝宝善于模仿重复别人语言的敏感期，用语言来鼓励宝宝。 比如，对宝宝说："好样的！宝贝你真勇敢。""宝宝，你真棒！"宝宝也会重复爸爸妈妈的这些话，并且把这些话记在心里。日后，宝宝也会想起这些话。当他在未来遇到什么困难时，也许就是儿时爸爸妈妈对他说的这些鼓励的话让他战胜困难。

同时，爸爸妈妈也可以有意识地同宝宝进行交流，引导宝宝重复一些话，以此来训练宝宝的语言表达能力。 比如，晚饭后可以与宝宝说一说话。爸爸妈妈可以从熟悉的句子开始，然后教宝宝说一些新句子，比如："路上汽车——嘀嘀嘀""鸭子说话——呱呱呱"……这些带有象声词的话比较有意思，宝宝也喜欢进行模仿。当然，如果宝宝有说不清楚的，爸爸妈妈也要多重复几次，一定要有耐心。

宝宝的每一次进步都离不开爸爸妈妈的教育和引导。为了提高宝宝的语言表达能力，在宝宝的语言敏感期中，爸爸妈妈一定要多用心引导。

🌸 骂人：验证语言的力量

★ 宝宝趣事

爷爷和奶奶到幼儿园去接强强放学。一见面，强强突然冒出了一句："爷爷，踢你，踢死你！"

看着强强认真的表情，爷爷觉得又诧异又伤心。奶奶训斥强强："你怎么可以这样和你爷爷说话呢？这样说话是不对的！"可是，强强并没有丝毫悔改之意，也没有对奶奶的话作出任何回应。

之后一段时间，家人发现，强强不仅对爷爷，对家里其他人也经常会进出一些有巨大杀伤力的狠话甚至脏话。比如他经常对爸爸说："臭爸爸，懒得像一头猪！"甚至对平时最喜欢的小姨也说出"我打死你"这样的惊悚话语。

强强对这样带有强烈效果的词汇乐此不疲，全然不顾家人的伤心和不解。爸爸妈妈对他的训斥和教导也收效甚微。大家弄不明白，一向乖巧的小宝宝怎么变成一个暴力王了呢？

★ 神奇的敏感期

当宝宝掌握语言后，爸爸妈妈会发现，宝宝的嘴里常常冒出一些莫名其妙的狠话，比如，"我打死你""笨死了"等等。而且他们一旦学会了这样的语言就会乐此不疲没有缘由地使用。

宝宝学会了骂人、说难听的话，是因为随着年龄的增长，宝宝在2.5～3岁的时候自我意识开始萌芽，他们会发现语言的另一种惊人力量，那就是语言可以使人大发脾气；有时候，语言能使人伤心落泪，正是因为这一"重大发现"，宝宝开始没轻没重地、好奇地使用这些不良语言。

另外，所有的爸爸妈妈都不喜欢宝宝说脏话，对骂人或诅咒的语言会很敏感，反应也比较强烈，当宝宝使用这些语言时，宝宝更加深刻地感受到了语言的力量，体会到了语言所带来的快感，所以他就会更加喜欢使用这些语言，观察他人对这些语言的反应。

其实，当宝宝讲一些狠话和诅咒的话语时，并不代表他就是学坏了。这个时候，因为大多数宝宝并不明白这些话的含义，只不过是想引起别人的注意，以此来证明语言的威力罢了。因此，爸爸妈妈不用感到过度敏感和紧张，要采用恰当的方式来对此作出反应，引导宝宝，让他平安度过这个验证语言力量的敏感期。

☞ 对宝宝的行为冷处理

爸爸妈妈应对宝宝那些骂人或诅咒的语言的最好方式就是不作出任何反应，对其进行"冷处理"。在宝宝说脏话的时候，很多爸爸妈妈会表示愤怒，并会训斥和阻止宝宝的行为。但这恰恰适得其反，宝宝会因为爸爸妈妈的过激反应而体会到脏话的力量，有一种获胜的感觉，他可能因此而更加喜欢说脏话。

所以爸爸妈妈不用把宝宝骂人视为恶劣行为，也不要强行去制止。你只要对这种游戏不作出任何反应，那宝宝就会感到自讨没趣，而主动放弃这种"游戏"。当宝宝使用攻击性语言的时候，爸爸妈妈可以对此不予理睬，不着急纠正，当没听见一样继续做自己的事情，宝宝发现爸爸妈妈并没有把他的行为当回事儿，当攻击性语言没有产生预期的效果时，他就会感到索然无味。用不了多长时间，那些脏话和诅咒就会悄无声息地离他而去了。

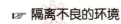

☞ 隔离不良的环境

处于敏感期的宝宝有很强的模仿力。他们就像一面镜子，照到什么就反映出来什么，爸爸妈妈、同伴或者电视节目里所说的话语都可能成为宝宝模仿的对象。无论是爸爸妈妈在不经意间说的一句玩笑话还是争吵时的语言攻击，都有可能污染宝宝的语言环境。

对于宝宝说脏话的行为，爸爸妈妈也应该进行自我检讨。宝宝能够学会说脏话，一定是有原因的。爸爸妈妈要从宝宝所处的环境出发，去寻找脏话的源头。更要以身作则，杜绝脏话，给宝宝一个纯净的语言环境。

如果爸爸妈妈说话粗俗，满口脏字，这就很容易使宝宝去模仿。因此，爸爸妈妈应该提高自身的修养，为宝宝作出良好的榜样。此外，爸爸妈妈还应该有目的地筛选影视作品，让宝宝结交语言文明的小伙伴，尽可能杜绝宝宝学脏话的渠道。同时，家长想引导宝宝用文明的话语去表达自己的想法，就要教会宝宝使用适当的语言，比如，"请你走开""你不讲道理，我很不高兴"等。这样，宝宝在处理矛盾时就会掌握更多的文明用语。

☞ 用优美的语言来引导宝宝

对于宝宝乐于说脏话和诅咒语言的行为，爸爸妈妈除了对其进行冷处理和漠视以外，还可以尝试用与之相反的良好语言来进行回应。比如，当宝宝说"妈妈是大坏蛋"的时候，妈妈可以回应他"妈妈是好妈妈，是宝宝的好妈妈"。这个时候宝宝就会转移他的注意力，把注意力放在妈妈的话上。他的模仿能力也许会带着他去重复新的、好的语句。

当宝宝能够正确使用一些美好的词汇和语言时，爸爸妈妈要给予他们及时的肯定和鼓励。对诅咒的漠视和优美语言的鼓励，会让宝宝明白什么样的话是受人欢迎的，什么样的话是惹人讨厌的。爸爸妈妈的赞扬会让宝宝非常有成就感，会让他更乐意使用好的语言，从而获得更多的赞赏。宝宝也会因此而增加学习优美语言的兴趣，爸爸妈妈就可以利用他的兴趣来对他进行引导，从而加强宝宝的语言学习。总之，对于宝宝的骂人、诅咒行为，爸爸妈妈一定要有一个良好的心态来面对，用耐心和爱心帮助宝宝度过这一语言敏感期。

叙述不在眼前的事物：语言运用的进一步发展

★ 宝宝趣事

3岁的兵兵是一个小车迷，天天车不离手，手不离车。这一天，兵兵又在全神贯注地摆弄新买的救护车，边玩边说："嘀嘀嘟嘟，救护车来了！嘀嘀嘟嘟，救护车走了！"

同时，他的嘴里还描述着很多想象中的情景："我们到医院了，该下车了。""刚刚路过的是王子饭店。""老奶奶你再坚持一下，我们马上就到医院了！""到加油站了，该加点儿油了。""好了，油箱加满了。我们该走了。"妈妈看到他津津有味地发挥着想象力描绘那些并不在眼前的事物，灵机一动，开始陪兵兵一起玩游戏。

在救护车出发前，妈妈告诉兵兵："这是救护车，一般救护车是停在医院里的。救护车是用来拉病人救人的，病人要给兵兵打电话，兵兵一定要及时接。"

妈妈开始模仿病人给兵兵打电话："是120急救中心吗？快来救命啊，我们在104国道上呢，这里发生车祸了，快来救人啊。"

"好的，出发！救护车马上就来！"兵兵又开起了他的救护车。一边开一边说："快点儿让开让开！救护车来了！我们要去救人哦。"

妈妈在旁边描述了很多种情况："疼死我了，发生车祸的人有的骨折了、有的昏迷了、有的肚子疼……"同时给兵兵进行了一些交通安全教育。

就这样，母子俩都投入到了"救护车救人"游戏的角色当中，玩得不亦乐乎。

★ 神奇的敏感期

2.5岁以后，宝宝的生活经验丰富了，友伴关系也随之形成，会使用主文和从属文的句子，有了"我"的概念，动词、形容词的使用也越来越正确，还能叙述不在眼前的事物。这一阶段，宝宝在语言能力方面更为重要的变化是，宝宝说话的积极性很高，表达和沟通的能力也增强了不少，不少宝宝已经能记住一些简单的故事情节、朗诵一些简短的诗歌了，一些宝宝甚至已经学会了利用语言来表达自己的感觉了。

儿童敏感期 与 智力开发全案

这一阶段，爸爸妈妈应为宝宝进行正确的语言示范，不要总用儿语与其交流。在语言的初学阶段，宝宝主要通过简单的重复和模仿来学习语言，因此爸爸妈妈要特别加强对宝宝语言能力的培养和训练。比如，爸爸妈妈应该多教宝宝学习各种拼音、汉字的正确读法和写法；爸爸妈妈可以训练宝宝以正确的词序和句序来进行表达；爸爸妈妈可以教会宝宝一些常用字的正确用法，告诉宝宝在什么时候应用什么词语等。需要注意的是，在教宝宝学习语言知识时，爸爸妈妈最好不要用儿语与宝宝进行交流，更不要重复其错误的表达方式。有些爸爸妈妈觉得"吃饭饭""喝水水"等儿语更利于拉近与宝宝的感情，也能增强宝宝的理解力，这实际上是错误的，如果总是用特定阶段的儿语与宝宝交流，不仅宝宝语言能力的发展会受到限制，长此以往，还容易使宝宝形成不良的用语习惯。

同时，在讲故事、做游戏等活动中训练并增强宝宝的交流和沟通能力。爸爸妈妈可以收集宝宝的照片或剪下一些宝宝感兴趣的图案做成小书，这是引导宝宝进入阅读的最佳材料。当然字数不要多，语句的设计要简单、扼要、有趣。讲故事和做游戏实际上是提高宝宝语言能力的重要活动，在这个过程中，爸爸妈妈可以巧妙地教宝宝学会一些词语和语言表达方式，同时能训练宝宝构思及整合语言的能力、自由进行表达的能力等多方面的能力，让宝宝在轻松愉悦中收获知识，变得能说会道。

☞ **和宝宝一起读书**

找一本宝宝熟悉的故事书，爸爸妈妈从中选择一行，以轻松、标准的语调、发音念给宝宝听，然后让宝宝自己跟着念。不要在乎宝宝是否真的了解故事的具体内容，只要宝宝有阅读的兴趣就算达到目的了。刚开始的时候，宝宝肯定不能完全顺利地念出来，也许发音很不准确，甚至还有些结巴，没办法将上下句联系起来。这个时候，爸爸妈妈不但不要责怪宝宝，还要以点头和微笑的方式鼓励和夸奖宝宝，让宝宝继续下去。如果每天都能抽点时间来做这个游戏，宝宝就会渐渐地了解故事的内容，并且养成热爱读书的好习惯。

此外，还可以从宝宝熟悉的故事书中找出一些比较突出的卡通人物，剪下来给宝宝看，让宝宝说出这些卡通人物都是什么角色，叫什么名字或者正在做什么。或者也可以将几张卡通图片剪下来，撒在桌子上，让宝宝按照顺序排列出来，并且编出故事。还可以将其中的一张卡片拿开，只让宝宝看其他几张，然后联想出空白位置的卡片应该是什么内容。这样的游戏不但可以培养宝宝热爱阅读的习惯，还可以提高宝宝的构思力，鼓励宝宝勇敢地表达自己的意见和培养宝宝的反应能力。

☞ 选择适合宝宝的读物

在这个时期，看书和看画册是宝宝日常学习中重要的一个环节，爸爸妈妈要挑选一些适合宝宝阅读和观看的书籍和画册，让宝宝接受更好的知识和熏陶。

为宝宝选择图书和绘本的时候，一定要按照宝宝喜欢的种类，甚至可以挑选一些宝宝喜闻乐见的经典故事来读。因为，只有宝宝熟悉和喜爱的故事，才能激发起宝宝听、说、读、看的意愿，才能让宝宝拥有正确的学习态度。

2岁左右的宝宝已经可以听一些简单的故事了，所以爸爸妈妈最好能选择一些形状简单、故事情节不复杂的画册来给宝宝阅读和观看，另外还可以选择一些语言幽默、充满童趣的绘本。

如果爸爸妈妈想给宝宝选择那些认识地理和天气的画册，那就不如带着宝宝去观看身边关乎实际的东西，这些东西宝宝会更感兴趣。

☞ 避免过于精细的照顾

每一个宝宝都会被全家人视为掌上明珠，不仅受爸爸妈妈的宠爱，爷爷奶奶、外公外婆及其他亲人也对他们宠爱有加，全家人都在为宝宝的快乐成长贡献着自己的力量，可谓"集万般宠爱于一身"。家人们照顾到宝宝的方方面面，生怕在生活中对宝宝有一丁点儿疏忽。可是，让广大爸爸妈妈大跌眼镜的是，处于语言敏感期的宝宝如果得到太多的照顾，反而会丧失语言表达的机会，影响他们语言能力的发展。

在生活中，爸爸妈妈总是在宝宝开口之前就将他的要求全达到。爸爸妈妈似乎能够看穿宝宝的心思，总是能将行动执行于宝宝的思维及语言能力之前。长此以往，宝宝的心中就会形成"我想要的不用说出来爸爸妈妈也会知道"的概念，他们自然会降低通过语言表达需求的能力。宝宝在语言敏感期内，家人切忌给宝宝过于精细的照顾。应该有意识地引导他们通过语言来表达自己的需求。还可以通过语言指导宝宝帮助家长做一些力所能及的事情，这样不但可以促进宝宝语言能力的发展，还可以培养宝宝爱劳动、懂得关心他人的好品质。

☞ 在日常生活中进行语言练习

宝宝对于说话的积极性，是发展宝宝语言能力的一个重要机会。爸爸妈妈要抓住这个机会，把宝宝的语言练习很自然地穿插到日常生活和游戏当中。例如，早晨给宝宝穿衣服的时候就可以教宝宝几个词或者一两句话，一边穿衣服一边练习；或者和宝宝逛动物园的时候，告诉宝宝一些动物的名称，各自有什么样的特点，并且结合具体的动物给宝宝讲解，给宝宝留下深刻、具体的印象。

有些宝宝在一个人玩耍的时候，总是自言自语，叽叽咕咕的不知在说些什么，而爸爸妈妈又听不懂。这是一种非交流性的语言，宝宝原本就没打算说给谁听。此时，爸爸妈妈千万不要打断宝宝，而要让宝宝自得其乐。爸爸妈妈还可以加入进来和宝宝一起对话，只是要注意，爸爸妈妈一定要围绕着宝宝本来的话题来说。

生活中处处都有语言，处处也都存在发展语言能力的机会。在教宝宝说话的时候，要结合宝宝的兴趣和情绪，让宝宝在学习中感受到乐趣，很自然地去学习，而不能是刻意的、枯燥的学习，否则宝宝就会失去兴趣和热情。另外，爸爸妈妈在教宝宝说话的时候一定要有耐心，不能随意批评宝宝，一旦宝宝遇到了挫折要耐心帮助，取得了进步要及时给以鼓励。在愉快的情绪下，宝宝的潜能才会得到更好的发挥。

☞ 用正确的心态面对宝宝语言的发展

每个宝宝的发育程度和对语言的敏感度都有所不同，宝宝的语言发展因个体差异有快有慢。在宝宝语言发展的过程当中，爸爸妈妈不要拿自己宝宝学说话的快慢程度来和别人家的宝宝进行攀比。有些爸爸妈妈觉得自己家宝宝学说话没别人家宝宝快，就用"你怎么这么笨？""你怎么像个闷葫芦？学学隔壁那个小孩！"等语句指责宝宝。殊不知，这正是宝宝语言发展过程中的大忌。爸爸妈妈的攀比心会伤害到宝宝的自尊心，带来的阴影可能会对他未来学习语言产生极大的负面影响。

当宝宝的语言发展比较慢的时候，爸爸妈妈首先要学会自我反思，寻找根源。你可以想一想，是不是婴儿时期没有让宝宝适时适度地啼哭过？家人有没有为宝宝创造一个良好的语言环境？是不是和宝宝的语言交流不够……当找到原因后，再去制订相应的对策来帮助宝宝学习语言。要记住，永远不要拿宝宝的短处和别人家宝宝的长处来比，只和自己进行比较就足够了。

感官的敏感期

宝宝从出生时起，几乎就能借助着身体的感官来了解事物和熟悉环境了，在1~3岁这个阶段，其感知事物、分析和理解事物的能力会逐渐增强。这个时期宝宝的听觉、嗅觉会变得越发敏锐，容易察觉到细微的声音和物体的异味儿；口腔味觉也敏感起来，会突然挑食，也会对各种东西的味道表示好奇；同时，这个时期的宝宝会变得非常好动，喜欢玩水玩沙等，这是其进行触觉体验的需要。

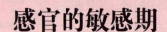 能听见细微的声音：听觉越来越敏锐

★ 宝宝趣事

半夜12点多，正在睡觉的飞飞突然从床上爬起来，问妈妈："这是什么声音？"妈妈仔细听了一下，没有听到任何声音，就督促飞飞说："哪来的什么声音，赶紧睡觉吧！"

飞飞不情愿地躺下了，不大一会儿，他又爬了起来，再次跟妈妈说："妈妈，外面有声音！"

说着，他竟然朝着阳台的方向走去。

妈妈拿他没办法，只得跟了过去。在阳台上站了一会儿，周围一直静悄悄的，听不到任何杂音。

妈妈劝了好一会儿，飞飞才再次回到床上。刚把飞飞哄睡了，这时候妈妈也突然听到了一阵怪声……如此反复了几次以后，她才恍然大悟，原来楼下的一家服装店在装修。因为服装店白天要营业，只能趁着晚上的时间装修店面，一阵一阵的怪声正是锯木头的声音。晚上睡觉时关着窗，装修的声音比较细微，并不会打扰到周围居民的休息。

原来，儿子并没有瞎说，而是真的听到了声音。妈妈感到很惊奇，刚开始自己根本没有听到电锯的声音，但宝宝的听力怎么会这么好呢？

★ 神奇的敏感期

人一生15%的学习都是通过听觉系统来完成的。宝宝听觉系统的发育在胚胎时期就已经开始了，随着年龄的增长和丰富的听觉刺激，宝宝的听觉会变得越来越敏锐。实际上，刚出生的宝宝已经能听到外界的声音了，只是他们不能分辨出各种声响，而且也不知声音是从何而来的，所以常常会对此产生简单的"惊吓反射"，出现哭闹的情形，这其实是很正常的，爸爸妈妈绝不能因此就制造出过分安静的环境。

接触有声音的环境，是宝宝感知和理解世界的重要途径，也是宝宝学习各种本领的重要方式。尤其是在1～2岁，正是宝宝从聆听语言到学会自己说话的关键时期，如果总是让宝宝生活在安静的环境中，不仅会影响其听力发育，也会影响宝宝其他潜能的发挥和能力的培养。

在3岁左右，宝宝的听力就逐步发育成熟了。此时的宝宝不仅能清晰地听到来自各个方向的声音，找出声音的来源，而且还具备了一定的听觉辨别能力和听觉记忆能力，生活中任何风吹草动的声音似乎都躲不过宝宝的小耳朵。比如，宝宝能够很好地区分小猫、小狗、小鸡等各种动物的叫声，能够听得懂简单的音乐旋律，即使闭上眼睛也能分辨出一些熟悉的声音，同时也能试着模仿自然界的一些声音，学唱一些简单的儿歌。此外，宝宝还学会了将各种感官的功能结合起来，进行一些较为复杂的活动，如：此时的宝宝可以边看着图画书，边听大人的故事，过后还能自己进行复述。

宝宝听力的健康发展，其脑部对所听到的声音如何进行处理和分配会直接影响宝宝学习语言、运动、认知及社会交往的能力，进而影响到宝宝一生的发展。爸爸妈妈应该趁着宝宝正处于听力发展的黄金时期，有意识地为宝宝提供丰富的听觉环境，对宝宝的听觉进行培养和训练，为宝宝日后听觉及感官能力的综合发展打下良好的基础。

☞ 给宝宝制造点噪声

上述故事中的飞飞能够迅速捕捉到噪声，而妈妈却听不到，是因为大人已经对周围的环境很熟悉了，听力处于提高阶段的宝宝却对噪声很敏感。也许以前他对噪声没有什么感觉，但现在他的敏感期来了，就很容易察觉到噪声。

为了让宝宝能够尽快适应噪声，以加强宝宝选择声音和忽视噪声能力的培养，爸爸妈妈可以在生活中故意制造点杂音。比如带宝宝去菜市场、超市等比较嘈杂的场所，故意把电视声音开大等等，以此来锻炼宝宝选择声音和忽视声音的能力，从而让宝宝适应噪声环境，提高听力水平。

当然，制造噪声应该把握个度，循序渐进地对宝宝进行训练。一旦发现宝宝对噪声感到烦躁不安、大哭大叫，爸爸妈妈就应该带宝宝走出噪声环境，否则会适得其反。

☞ **为宝宝创造有声音的环境**

现实生活中充满着各种各样的声音，如果一个人的世界中少了声音，总会觉得少了些什么，生活可能就没那么丰富多彩了。其实和我们一样，宝宝也不喜欢非常安静的环境，而喜欢生活在有声的环境中。

家庭生活中常见却又丰富的声音是刺激宝宝听力的最易得到的良好资源。爸爸妈妈在正常活动过程当中产生的关门声、扫地声、走路声、说话声等所有来自环境当中的声音对宝宝都是十分有益的刺激。因此，爸爸妈妈要让宝宝有机会常常听到这些声音，接受来自外界的这些刺激，而不是将宝宝封闭在一个幽静的环境当中。

另外，有些爸爸妈妈担心外界的声音会影响宝宝睡觉或者损伤稚嫩宝宝的听力，这种担心实际上是不必要的。一般来说，宝宝的睡眠都很香、很沉，不容易被吵醒。而且，如果能从小训练宝宝在有自然声响的环境中睡觉，对于培养宝宝良好的睡眠习惯很有帮助。如果总是营造安静的环境，久而久之宝宝就会习惯这样的环境，一旦环境有所改变，或者周围发出一些轻微的声响，宝宝就很容易被吵醒。

☞ **进行促进听觉的训练**

为了促进宝宝听觉的发展，爸爸妈妈要多陪宝宝聆听美妙悦耳的音乐、唱歌给宝宝听等。宝宝在欣赏音乐的时候，能够提高对节奏、音高、音调的辨识能力，促进宝宝听力的提高。除此之外，音乐还能够使宝宝心情愉快，促进大脑发育。

为了促进宝宝的健康成长，爸爸妈妈应重视与宝宝的语言交流，在平时可以陪宝宝聊聊家常、给宝宝讲讲故事。在宝宝开始学习说话的时期，爸爸妈妈还应多加强对宝宝的训练和培养，如教宝宝学发音、学拼音、学各种汉字的读法等。在教育的过程中，爸爸妈妈应该耐心和细心，多进行正确的示范，多给予鼓励。不管宝宝能不能够听懂话，爸爸妈妈都应该与宝宝多进行语言上的交流，因为这不仅有助于宝宝的听力发育，还能促进宝宝的智力发育和各方面能力的提高。

同时，在宝宝成长的过程中，爸爸妈妈还应注意带宝宝走进大自然，让宝宝在大自然中感受各种自然的声音，如风的声音、河流的声音、动物的叫声等。大自然是我们最宝贵的课堂，通过聆听自然，可以锻炼宝宝对声音的知觉，提高宝宝对不同声音的分辨能力。宝宝听到的声音丰富了，自然能更好地促进其听力发展。

玩水玩沙：多种触觉的体验

★ 宝宝趣事

周末的下午，妈妈正在客厅里看电视，萌萌独自跑到卫生间里，半天也没出来。"女儿待在卫生间里这么久做什么呢？"妈妈决定去探个究竟。

一进卫生间，她看到女儿竟然在玩水。她把脸盆里装满水，然后把各种各样的塑料小玩具扔进水里，接着把它们捞出来放在另外一个脸盆里。然后把刚才那盆水又倒进放塑料小玩具的脸盆。如此循环往复地玩着她自己发明的小游戏。

妈妈在旁边看了萌萌半天，专注于玩水游戏的萌萌竟然没发现她的存在。突然，她在向另外一个脸盆倒水的时候，一不小心把水洒了出来，溅了自己一身。但这仍然阻挡不了萌萌玩水的热情，她重新接了盆水，继续自己的游戏……

★ 神奇的敏感期

宝宝天生喜欢玩水玩沙，水和沙是大自然赋予的玩具，可以给宝宝带来无穷的乐趣。水和沙对宝宝的吸引是惊人的，而且是巨大的，从出生开始一直会持续到12岁，宝宝都喜欢玩水玩沙，甚至每天玩水玩沙都不会厌烦，水和沙结合在一起是宝宝的最爱。水和沙子都是流动的，变化无常但又特别容易掌握，会给宝宝带来巨大的空间感和流动感。宝宝可以根据自己的意愿随意玩耍，充分发挥思维和想象能力，还可以锻炼手的动作。

宝宝用手的探索需要反复去体验，去抓水去抓沙。宝宝与环境有个真实的连接，他们是通过手的探索来协调大脑和身体之间的关系。宝宝通过手的探索发现外在的世界并建构自己内在的世界，这是他们很重要的认知过程，但是这个过程很容易被爸爸妈妈所忽略掉。爸爸妈妈应了解到，手是宝宝最好的感知工具，手的活动不是一个简单的动作，而是宝宝有目标地探索世界的行为，通过手的探索会让世界在他们面前变得丰富多彩起来。

有些爸爸妈妈不喜欢宝宝玩水玩沙，觉得这样不卫生，会弄脏衣服和手。但是如果爸爸妈妈回想起自己的小时候，可能就会找回自己玩水玩沙的记忆。即便是现在，我们到了海边和江边，也喜欢脱下鞋子在水边走一走，感受水和沙之间的美妙。所以我们要理解宝宝玩水玩沙的行为，不但要允许他们玩，还要鼓励他们玩。衣服和手弄脏了可以洗，但不要错过水和沙这两样大自然赐予宝宝的最好的玩具。

口和手的敏感期是宝宝通过口和手去了解探索世界的工具，也是唯一的工具。爸爸妈妈要尽可能地在这个时候为宝宝提供这样的条件，让宝宝去发展，不要去破坏它，不要过于担心卫生状态，帮助宝宝顺利地度过这个敏感期。

☞ 陪宝宝一起玩水玩沙

1.5岁左右的宝宝可用小盆、小瓶、小碗、小杯和小漏斗等容器装水玩。爸爸妈妈可先做给宝宝看，把小盆装满水，将瓶子压到水下装满水，然后把瓶子里的水倒进碗里看是否洒漏。如果宝宝手的技巧进步了，可以让宝宝将小碗压到水里，然后将碗中的水倒进瓶子里。碗口大，瓶口小，如果对倒容易洒漏，可以教宝宝将碗拿高些，离瓶子远些再倒，这样反而不容易洒漏，经过多次训练，就能学会。这可训练宝宝手的控制能力及手眼的协调能力。还可用一个大盆，装上半盆水，把一些可漂浮的玩具如小船、小鸭子、小乌龟、机动的游泳娃娃、青蛙、轮船等放在大盆中，让宝宝玩，做各种游戏，如小鸭戏水、小孩游泳等。开始宝宝可能会把水搞得满身满地，不要因此而责骂他，帮助宝宝挽起袖子，提醒他不要把水洒出来即可。

玩沙需要幼儿专用的小铲子、筛子、桶、一些瓶瓶罐罐等。可让宝宝用小铲子把沙装到小桶里，然后堆建一个小小的城堡。在玩沙时，要提醒宝宝不要用带沙子的手去揉眼睛、鼻子。如果空气干燥，可在沙子里加一点水，避免尘土飞扬。

☞ 趁机培养宝宝的专注力

每个宝宝都会经历迷恋玩水玩沙的敏感期。一旦他们玩起来就会像故事里的萌萌一样，乐此不疲，非常专心，丝毫不会受到外界干扰。爸爸妈妈可以利用这个机会，培养宝宝的专注力。在宝宝专注于游戏时，不要去干涉他们。爸爸妈妈应该给予宝宝玩水玩沙的自由，让宝宝在这个自由的环境当中拥有选择游戏的权力，那么他形成专注的品质就是自然而然的事情了。

同时，很多宝宝都有玩尿的经历，把尿尿到土上后，他会非常开心地玩尿和稀泥。这会让爸爸妈妈感到恶心和不舒服。但事实上，在宝宝眼里，尿和水并没有什么太大的区别，童尿是安全的，即便是宝宝在玩尿，他们也是开心和专注的。这时候，爸爸妈妈不要无端地打断宝宝，这不仅会破坏宝宝的成长机会，也很可能会造就一个做事不专心，对任何事情都提不起兴趣的人，为宝宝未来的发展带来不利影响。

✿ 口腔敏感：什么东西都喜欢尝一尝

★ 宝宝趣事

鹏鹏的姑姑从国外给他带回来几盒不同品种的巧克力。鹏鹏兴奋地打开其中一盒，吃了两口就不吃了，又去拆另外一盒，吃了一小块，又立刻去拆第三盒……

妈妈制止他："巧克力要吃完一盒再吃下一盒，都打开你也吃不了，放时间长了会坏掉的！"鹏鹏不听，继续拆还没有拆开的其他巧克力。妈妈气得把所有的巧克力都收走了，鹏鹏大哭起来。

妈妈很感慨：才2岁多一点就如此任性不讲道理，长大以后可如何了得！

★ 神奇的敏感期

1～3岁的宝宝有个显著的特点，那就是喜欢吸吮和咬东西，无论是什么东西，只要是能拿到的，宝宝马上就往自己的嘴里放，好像什么东西都想要尝一下似的。这一问题常常困扰着不少家长，一些爸爸妈妈想了很多方法，宝宝照样还是我行我素，似乎没什么改变。其实，在这个年龄段，宝宝喜欢吸吮和咬东西是正常的，爸爸妈妈应该正确地看待，在必要时再采取一些适当的措施，帮助宝宝纠正不良习惯。

　　这个年龄段的宝宝之所以喜欢将什么东西都放到嘴里尝一尝，主要是由宝宝的生长特性决定的。因为才出生不久，周围的一切在宝宝看来都是新奇而有趣的，但由于行动能力有限，宝宝就只能用手和嘴来进行最初的探索，这段时期也就是人们通常认为的宝宝"口腔期"和味觉敏感期。在这段时期内，宝宝常会为了满足好奇心而将能抓到的东西放在嘴里尝一尝，通过吸吮、舔、咬等方式来满足自己的探索欲。另外，除了生理的原因之外，环境和心理因素也会使宝宝变得喜欢尝东西，比如，当宝宝的感知能力有所提高之后，他来到陌生的环境时也容易吸吮和咬东西；当宝宝觉得缺乏安全感或者感到孤独、无聊时常常也会有这一举动；当宝宝在成长中缺乏锌元素，或者受到周围人不良的影响时，这一情况也会加剧。

　　一般来说，如果是由生长特点而导致的情况，通常会随着宝宝的成长而逐渐消失，爸爸妈妈不用刻意去帮忙矫正，只要注意将一些可能会带来危险的东西拿出宝宝的视线就可以了。像体积较小的物品，尖利的物品，有毒物、易碎而不能吃的物品等都属于危险品，爸爸妈妈应该放在宝宝够不到的地方。

　　如果是因后天环境、心理问题等因素的影响而导致宝宝喜欢将东西放在嘴里的情况加剧，爸爸妈妈可以人为地进行干预，帮助宝宝远离这些因素，积极进行纠正。在平时，爸爸妈妈应给予宝宝充分的关爱，尽量多陪宝宝，不要让其产生孤独感，而且，爸爸妈妈最好能让宝宝远离可能引起宝宝不安全感的环境，让其保持舒适心情。同时，爸爸妈妈需要为宝宝补充各种营养元素，保证其身体健康发育，适当进行这方面的教养，让宝宝远离不良习惯等。

☞ 尊重宝宝的口腔敏感期

　　一般来说，宝宝的口腔敏感期会集中在出生到2岁左右这个阶段。口是宝宝连接自己和这个世界使用的最自然通道。最初宝宝仅仅是用口认识手，发展到后面，儿童会用口认识周围所有的一切，什么东西都能放到嘴里。这个过程也完成和健全了口的功能。对于一个幼儿来说，他正是用这种方式感觉他口的各种能力，口的部位功能，以及口的极限。与此同时，他也在体验着他周围的世界，在学会选择他究竟能够把哪些东西塞进嘴里，建构只属于他的自我世界。而这些是同步进行和完成的。

　　如果爸爸妈妈理解宝宝的口腔敏感期，允许宝宝用口去探索周围的环境、物品，宝宝的口腔敏感期就会很快地过去。如果爸爸妈妈阻碍宝宝用口去探索事物，宝宝自身与外部世界就很难建立起联系，那么这一敏感期很可能会延续到三四岁，甚至会养成抢别人食物、随便拿别人东西等缺点，对宝宝未来的发展带来不良影响。所以，爸爸妈妈应该允许宝宝用口去探索这个世界，让宝宝的探索需求得到最大的满足，从而尽快结束口腔敏感期。

☞ 尽量满足宝宝的需求

了解宝宝有口腔敏感期后，爸爸妈妈就应该尽量去满足宝宝的这一需求。不要强行终止宝宝探索，那种因为卫生问题或者养成吃手习惯而给宝宝戴上手套的做法是不科学的，宝宝的口腔敏感期不会因此消失，反而容易滞后或引起喜欢咬人等问题。如果担心放入口中的物体会携带细菌，可以通过经常消毒和洗手来消除担心。事实上，即使做不到严格消毒，后果也不会像担心的那么可怕，不是所有的细菌都对人体有害，即使是有害的细菌，也只是在宝宝抵抗力较差的时候入侵体内，而适当地接触细菌，反而有助于增强抵抗力，因为人的机体有个适应的过程。在无菌环境下成长的宝宝，反而对细菌没有抵抗力。

为了给这个时期的宝宝提供充分的探索机会，可以提供不同质地、性状、味道的东西供宝宝拿来啃咬，这样，宝宝的探索对象也得到了丰富。特别要注意这一时期的安全问题，那些小纽扣、有毒物体之类可以引起安全隐患的东西，一定不要出现在宝宝的视野之内，这个时期的宝宝还没有多少判断力，万一拿过去给吃了，后果可能会很严重。

☞ 宝宝为什么爱咬人

宝宝喜欢咬人，主要是因为以下两方面的原因。

一方面是宝宝正在长牙，牙龈发痒，还有些疼痛，宝宝想要通过吸吮和咬东西的方式来缓解不适感。宝宝一般在出生后六七个月时开始长牙，有些宝宝可能在四五个月的时候长牙，有些宝宝可能晚到10个月之后开始长牙。因为长牙，宝宝常常感觉到牙龈发痒、疼痛等，所以就喜欢咬东西、咬人。

另一方面是由语言贫乏所致。当宝宝长到2岁之后，行动能力增强了，活动的范围也得以拓展，但由于此时其语言贫乏，不懂得怎样正确表达自己的意见和情感，所以就常常会用推、拉、咬等方式来进行表达。

此外，如果宝宝受到周围同伴的不良影响，或者内心觉得焦虑、孤独等，常常也会通过咬人的方式来发泄。

☞ **不要训斥和打骂宝宝**

通常情况下，宝宝咬人并不是恶意的，而是由一些特定的原因引发的，爸爸妈妈可以将此看成是宝宝对世界无恶意的探索，不需过于担忧，只要加以注意并帮忙纠正，宝宝的行为就会得到改善。

首先，爸爸妈妈应注重对宝宝的思想教育，让宝宝意识到咬人是一种不好的行为。在平时，爸爸妈妈要让宝宝知道咬人不仅会让人产生疼痛感，而且也是一种错误的情感表达方式，当宝宝咬爸爸妈妈的时候，爸爸妈妈还可以表现出夸张的表情，并说出此时自己的感受，以引起宝宝的同情心和愧疚感。

其次，如果宝宝是因为长牙而咬人，爸爸妈妈可以为其准备好干净的牙胶，满足宝宝咬的欲望，或者，爸爸妈妈还可以为宝宝准备一些食物，如饼干、水果等，让宝宝自己咀嚼。另外，爸爸妈妈还应该多关心宝宝，让其远离不良环境的影响，并帮助宝宝努力提高各方面的能力，尤其是语言表达能力。在宝宝经常咬人时爸爸妈妈还可以细心观察，在查明原因之后采取合理的措施，满足宝宝的正当要求，并给予适当的惩戒，帮助宝宝纠正这一习惯。

✿ 排斥怪味：对味道越来越警觉

★ 宝宝趣事

彬彬特别喜欢吃姥姥包的三鲜馅饺子，每次都能吃上好多个。这天，彬彬又想吃饺子了，姥姥照例给她包了三鲜馅的。

谁知道，饺子煮熟了，彬彬刚咬了以后，就不再吃了。她说饺子有一股怪味道。姥姥想起来今天在做馅料的时候多加了一种调料，就一下子被外孙女挑出来了。最近彬彬的嘴巴变得特别"刁"，每次吃饭都能挑出一些毛病来。姥姥也觉得有些奇怪，以前彬彬是不挑食的，现在怎么这么难"伺候"了？

★ 神奇的敏感期

嗅觉系统和味觉系统是人类感觉神经最多、最复杂的系统，由于味觉很多时候都需要嗅觉的辅助，因此两者是密不可分的。嗅觉和味觉在人类的生活中也发挥着重要作用，是宝宝认识外部世界，探索世界奥秘的重要途径。

嗅觉和味觉的良好发展对于宝宝的成长有着重要的意义。首先，嗅觉能让宝宝更好地了解周围的人和事物。在宝宝出生不久后，已经具备的基本的嗅觉能力，就已经能区分好几种气味了，他们喜欢好闻的气味，不喜欢难闻的气味。此时的宝宝能够通过嗅觉来辨别妈妈的气味，通过味觉来辨别母乳的味道，并将自己的妈妈与别人区分开来。在7个多月的时候，宝宝已经能够分辨出芳香的气味儿。之后，宝宝的嗅觉能力增强，通过气味辨认物品的能力也会增强，到了2岁左右时，宝宝就能够很好地辨别各种气味了。其次，正常的嗅觉和味觉能让宝宝更好地防御危险，保护自己。现实生活中，一些危险物品都带有难闻的气味，通过嗅觉的分辨，我们就能及早避开危险。宝宝也是如此。随着对事物认识的不断深化，经验的不断积累，宝宝能根据气味来判断事物是否具有危害。最后，灵敏的嗅觉和味觉，还有助于激发宝宝的食欲，帮助宝宝增进食欲，这也是宝宝健康成长的保证。另外，良好的嗅觉和味觉还能帮助宝宝不断增强判断力，促进宝宝较好地适应社会。

两三岁的宝宝感觉器官中的嗅觉系统和味觉系统非常发达，宝宝的嗅觉和味觉变得格外敏感，一丁点儿特殊的味道都会引起他们的注意。这一时期的宝宝对于同一食物味道稍微有所改变就能够察觉出来。在味觉敏感期内应该给予宝宝以丰富的味觉感受和刺激，让宝宝品尝不同食物的味道，这样宝宝才会在未来形成健康的饮食口味。

☞ 让宝宝多闻闻不同的气味

让宝宝闻嗅不同的气味，可以激发宝宝的嗅觉发育，开发宝宝的嗅觉能力。

爸爸妈妈可以将烧好的菜肴放在小盘子里，端到宝宝面前让他闻闻，之后问宝宝"香不香"。尝试着让宝宝闻各种食品的气味，酸、甜、苦、辣、咸、香，等等。还可以把新买回家没有使用的香皂或者洗发露拿来给宝宝闻一闻，告诉他"肥皂真香啊"。不要用香味太浓、过于刺激的物品来让宝宝嗅。

在室外或者室内种植的花草旁，让宝宝嗅嗅花的气味，让他熟悉这些气味。比如玫瑰、百合、茉莉等等。在训练宝宝闻花香的时候要选择气味对比比较明显的鲜花，一次不可使用太多的花。同时，对于过敏性体质的宝宝，不要让他离花太近，以免引起花粉过敏。爸爸妈妈要经常带宝宝去公园和郊外，帮助他们探索尝试闻更多的气味，丰富宝宝的嗅觉。

在宝宝成长的过程中，尤其是感觉发展的敏感期，爸爸妈妈应该关注宝宝嗅觉的正常发育和发展。如果发现宝宝因疾病而导致了嗅觉障碍，爸爸妈妈应该带着宝宝及时就医，接受治疗；爸爸妈妈发现宝宝的嗅觉发育不良或者比同龄人要差很多，爸爸妈妈也应该请医生帮助治疗，并对宝宝进行一些相关训练，以帮助宝宝提高嗅觉能力。

☞ 告诉宝宝东西的味道

在平时，爸爸妈妈可以尝试着让宝宝吃各种各样的食物，在尝试的同时给宝宝讲解相关的知识，培养宝宝将味觉与嗅觉、听觉、视觉等各种感觉结合起来的能力，以促进宝宝味觉系统的良性发展。

爸爸妈妈可让宝宝适当地喝一些鲜榨果汁，让他们尝一尝不同果汁的味道，一方面可以刺激宝宝味觉的发展；另一方面还可以增加维生素，为宝宝以后能够接受更丰富的食物作好味觉适应的准备。许多宝宝都喜欢吃有甜味儿的东西，对于苦味、酸味等东西很排斥。爸爸妈妈可以适当地让宝宝尝一点苦味的东西，积累不一样的味觉经验。

当很多种食物混合在一起的时候，宝宝会很难分辨出原有的味道，比如八宝粥。针对这种情况，妈妈可以在制作八宝粥的时候带上宝宝，和他一起准备原料，让他看看自己吃到嘴里的都是些什么样的食物。当八宝粥做好以后，让宝宝品尝后尝试着说出莲子、桂圆、葡萄干等原料的味道，训练宝宝味觉的灵敏度。

秩序的敏感期

大约在1岁之后，宝宝对于秩序的追求近乎顽固，他们常常要求事物保持原有的状态和位置，要求每天严格按照既定的程序去做事和生活，对自己和家人的东西看管得特别严格而不愿意与别人分享等。一旦这些秩序被打破，他们就会表现出焦虑不安的神色，极力要求按照原来程序的步骤重来，以维持秩序感。在成长的过程中，爸爸妈妈应重视宝宝秩序感形成背后的心理因素，理解宝宝在此期间表现出的各种行为，并帮助宝宝建立良好的秩序感。

 "爸爸的帽子妈妈不能戴"：秩序感的表现

★ 宝宝趣事

最近，2岁的小路变得很奇怪，凡是不符合他心意的事情，都要重新再来一遍。一次，他看到妈妈戴着爸爸的帽子，立刻大哭起来，一边哭还一边喊："爸爸的帽子妈妈不能戴！"直到妈妈摘下帽子，他才停住了哭声。

还有一次，小路在外面睡着了，妈妈抱着他回家睡觉，但是刚刚把他放到床上，他就醒来迷迷糊糊地跟妈妈说："我还没坐电梯呢。"

妈妈跟他解释，在他睡着的时候妈妈已经抱着他坐过电梯了。

但是，小路就是听不进去，一直要求再去坐电梯，直到惹怒了妈妈，冲他喊了几句。没想到小路哭得更厉害了，一边哭嘴里一边不住地说："我还没坐电梯呢，我还没坐电梯呢……"

★ 神奇的敏感期

婴幼儿时期，宝宝的秩序感已经逐渐萌生，他们把出生时所在的环境固定为

自己的秩序形式，这种形式就是他对秩序的需要和认识。一旦这一秩序被打破，他们就会哭闹表示自己的不安，甚至会因此而生病。

在成长的过程当中，宝宝的秩序感会逐渐增强。大约在1岁之后，宝宝对于秩序的追求近乎顽固，他们常常要求事物保持原有的状态和位置。这时期他们对这个陌生的世界已经开始有了自己的感知，要求每天严格按照既定的程序去做事和生活，不愿意别人分享自己的物品，还不允许家里其他人物品随意交换使用等等。在宝宝的脑海中已经逐渐形成了一些固定的"秩序"。在他们的头脑当中，这些秩序是每个人都必须去遵守的。一旦这些秩序被打破，他们就会感到非常不适应并且极力要求按照原来程序的步骤重来，以维持秩序感。随着年龄的增长，宝宝强烈的秩序感会逐渐强化，成为一种特定的习惯和固执坚守的东西，是绝不容别人违反的。

处于秩序敏感期的宝宝会对秩序表现出强烈的需求和喜爱，尤其是在顺序性、生活习惯、物品所有权上。宝宝的秩序感实际上来源于对环境的控制欲望，而最根本的还是源于对未知世界的恐惧和不安。没有秩序会让他们感到恐惧，只有建立有序的环境，他们才会感到安全。基于这种需要，他们才会一遍遍重复原有秩序，不断巩固安全感，直到他们在成长中加深了对世界的认识，意识到一定范围内的秩序变动不会影响后果，才能顺利地走出秩序敏感期，进入下一阶段的成长。

在成长的过程中，爸爸妈妈应重视宝宝秩序感形成背后的心理因素，理解宝宝在此期间表现出的各种行为，并帮助宝宝建立良好的秩序感。

☞ 理解宝宝的秩序感

秩序的敏感期会从宝宝出生以后一直持续到2.5岁左右。对于处在秩序敏感期的宝宝来讲，秩序是其内心的一种感觉，他们会将所生活的环境当中各种各样的独立事物当成一个彼此相关的整体，这个整体必须保持有序。对于成人来说，秩序混乱可能是很正常的，但是对宝宝来说，就是一件大事情，是绝对不允许的。只有在有序的环境当中，宝宝才能感觉到舒适和安全。只有这样宝宝才能逐渐形成对物体的深入感知，慢慢地了解这个世界。如果爸爸妈妈在这个时候采取强硬措施打破宝宝的这种秩序，他们就没有办法对周围的环境进行认知，身心产生强烈的不安全感。

秩序是生命的一种需要，也是影响一个人终生的一种习惯和品质。良好的秩序感在幼儿时期形成以后，便会体现在宝宝上小学、中学、大学的阶段。在读书的时候，宝宝会井然有序地安排学习时间，整理好学习用品。参加工作之后，他们能够学会分清主次，能够抓住重点。安全顺利地度过敏感期会使这种能力成为终身的品质。因此，爸爸妈妈在这一阶段应该尊重和理解宝宝的秩序感，不轻易打破他们心中的秩序感，以帮助宝宝健康快乐地成长。

☞ 不要随意打破宝宝心里的秩序

宝宝秩序感的形成实际上预示着其空间感的形成和认识理解能力等的提高，同时也表明宝宝对自己和对外界有要求和欲望了。在秩序敏感期中，由于信任、安全等各方面的需要，宝宝对有秩序的环境的要求会变得强烈，于是，他们不仅逐渐形成了自己的内在模式，还用内在秩序要求外部环境，如果有人破坏了这种有序的环境，他们就会表现出不满和反抗。

当宝宝处于秩序敏感期的阶段时，对秩序的固执感在成人眼里往往显得不可理喻，但对宝宝来说，打破秩序是一种焦虑，是一种难以消除的痛苦。如果他们内心的秩序一次次被成人破坏而得不到恢复，那些随之而来的不安全感很有可能会伴随他们的一生。换句话说，当宝宝正经历秩序敏感期时，看到的都是无秩序的东西，则此种无秩序性不仅会成为儿童发展的障碍，也会成为其人格异常的原因。

处于秩序敏感期中的宝宝，一定要按照自己的想法做事情，他是在发展和建构自我意识。爸爸妈妈有义务去细心地了解宝宝的内心，读懂宝宝的每一个行为，而不是简单地将其归结为任性、无理取闹。爸爸妈妈要尊重他的选择，并且尽量满足他在这一阶段的需求，使他能顺利度过这一重要时期，由此获得快乐和顺从。

☞ 为宝宝创建一个井然有序的环境

在婴幼儿时期，宝宝非常需要一个有秩序的环境来帮助其认识事物，熟悉环境，同时满足内心对安全感的需要。想要促使宝宝建立良好的秩序感，爸爸妈妈需要从婴儿时期抓起，为培养宝宝良好的秩序感做好储备。在婴儿时期，影响宝宝秩序感的因素主要是家庭环境和家人的影响，爸爸妈妈可以在这些方面多下些功夫。

首先，爸爸妈妈应为宝宝营建舒适、整洁的家庭环境，让宝宝从小受到良好的熏陶。在平时，爸爸妈妈需要将家里打扫干净，将物品摆放整齐，尤其是宝宝的东西，最好是整齐有序地放置，东西用完了之后再放回原处。这样不仅能给宝宝以舒适感和安全感，还能培养宝宝良好的秩序感。当宝宝看到爸爸妈妈坐的座位"不对"或戴"错"帽子而要求更换的时候，爸爸妈妈应当满足宝宝的要求，尽量配合他。

其次，爸爸妈妈可以试着让宝宝养成有规律的睡眠习惯、饮食习惯等。爸爸妈妈可以控制好宝宝的进食时间，从一日多餐到一日三餐定时进餐，最终让宝宝学会白天进食和活动，晚上安静地睡觉；大多数的物品，如家具、玩具、衣服等，尽量保持在相同的位置，玩完了玩具后物归原处；例行事项尽量采取相同的步骤，例如喂食、洗澡、穿衣以及睡前活动等。

执着的物归原位：无序会令宝宝感觉不安

★ 宝宝趣事

爷爷骑自行车载着自己3岁的孙子去人民公园，去过两次之后，孙子记住了从家到人民公园的路。有一次爷爷换了另一条路线骑车载他去人民公园玩，孙子不乐意了，一定要让爷爷按照原来的路线走。到了公园，他还要求爷爷必须把自行车放在同一个停车场的同一个位置，就连车把手朝左朝右都得一模一样，不能有任何改变，要么他就会哭闹不停。

有时候，家人骑车载着他去做别的事情，停车也要像旁边的自行车那样，要是不一样，他就会一边指着旁边的一辆自行车，一边要求大人把车子转过来，和那辆车子摆放一致；过马路时也坚决不能闯红灯，看到红灯亮了就让载着他的大人停下来，直到绿灯亮了才可以骑车过马路。家人都说他比看自行车的管理员要求还严格……

★ 神奇的敏感期

秩序是生命的一种需要，秩序是安全感的基础。生活有序，宝宝才会感到安全。秩序的破坏会给宝宝带来焦虑和恐慌，因为无序而进一步引起思维的混乱、感觉的混乱、情绪的混乱、心理的混乱。宝宝只有一遍遍重复原有的秩序，才能不断巩固安全感。

敏感期与精神现象有密切的关系。精神现象是一种洞察力和行动，它们为意识打下基础，同时也是形成精神成长的基础。当宝宝在建构秩序感这一特殊品质时，他的大脑中有一个特定的程序，他认为事情只能按照这种程序发生，他认为世界必须按照这种程序运行，他坚定地固守，他严格地执行，难以变通，不可理喻。一旦秩序被打破，宝宝会非常痛苦，他会奋力反抗，他会为了维护秩序而顽强地斗争，他会用哭闹和发脾气来表达自己的不满。

很多爸爸妈妈都认为，当宝宝进入秩序敏感期后，就会变得非常固执，执着于物归原位。比如，他们会把自己的餐具摆正，会把家里的鞋子都按顺序摆好，垃圾必须扔到垃圾桶里，红灯的时候绝对不能过马路，等等。爸爸妈妈应该认同并审视宝宝这种固执。同时利用宝宝"归位"的敏感期，培养和锻炼宝宝的自理能力。当宝宝这么做的时候，要鼓励和强化他的这种行为，时间长了，宝宝就养成做自己力所能及的事情的习惯了。从这个角度来看，秩序敏感期是培养宝宝自律能力、养成好习惯的好机会。

☞ 认识宝宝秩序敏感期的3阶段

秩序感是宝宝的重要敏感期之一。宝宝是喜欢规则，遵守规则的，规则的内化意味着对社会、对群体共有秩序的遵守。

宝宝的秩序敏感期呈现螺旋式上升的3个阶段：

一、为了秩序的破坏而哭闹，秩序一旦恢复就会安静下来。

二、为了维护秩序而说"不"，自我意识开始萌芽。

三、为了维护秩序而执拗，一切要重新来。

在一岁半之前，宝宝的心理能力低于生理能力，这个时期宝宝的秩序感不容易观察到，但是宝宝的一些哭闹行为实际上是因为秩序被破坏。1.5～2岁的时候，宝宝的自我意识开始萌芽，而且正是宝宝心理能力和生理能力相匹配的时期，也就是说，宝宝可以为维护秩序说"不"了。而3岁左右，宝宝自我意识已经形成，可以为维护秩序而执拗了。当秩序敏感期到来的时候，宝宝在某些方面往往表现得非常"固执"，而正是这种对秩序的追求，使宝宝开始理解这个世界，理解每个位置上的事物，从而达到和环境的融合。

1～3岁的宝宝语言能力、行动能力等各方面的能力逐渐增强，他能接触到的事物和环境也更多了，此时是培养和强化宝宝良好秩序感的重要时期，爸爸妈妈应该利用好这段时间，加强培养，尽量满足宝宝秩序感爆发的各种需求。

☞ 观察和倾听宝宝的要求

宝宝执拗的这个阶段可能是老师和爸爸妈妈最为苦恼的时期，因为执拗的要求具有不可逆性，让人感到无奈。但尊重宝宝这一成长阶段的自然现象是非常重要的，爸爸妈妈要放慢速度，用耐心和爱心来面对宝宝的秩序敏感期。

爸爸妈妈所要做的就是观察和倾听宝宝的要求。当宝宝因为某种"秩序"被破坏而哭闹时，平静地陪伴他、倾听他的感觉，而后协助宝宝找到解决问题的办法。如果宝宝要求"重新来一遍"，不妨花费几分钟时间按照他的设计重新来一遍，否则你可能需要花费很长时间来平息他的不安情绪。同时爸爸妈妈可以给宝宝一些专属的物品，告诉他这些物品是属于他的，可以放在什么地方，如何摆放等等，以培养宝宝的责任心和独立性。

总之，处于秩序敏感期的宝宝，爸爸妈妈对他们应该做到宽容而不是管教；内心应该享受这一切，而不是忍受。别担心宝宝会因此变得任性、自私，这只是其成长发展的必经阶段，不会一成不变。我们需要帮助宝宝顺利度过这个阶段，以便今后更加健康地发展。

☞ 不鼓励死板

爸爸妈妈在把握"秩序感"上要区分"秩序的美感"与"刻板的规则"之间的不同，如果不分场合地用自己的秩序观强加在别人身上，秩序的和谐美就会大打折扣。如果爸爸妈妈意识不到宝宝秩序感的刻板性，就可能事事顺着宝宝，使他形成任性、执拗的个性。

因此爸爸妈妈要多带宝宝出去走走，感受不同环境中的人与物，帮助宝宝认识到别人的"秩序"和自己的"秩序"可以不同，使他学会把"自我"与"他人"区别开来。观察发现，生活在家庭成员比较多的宝宝、喜欢跟人打交道的宝宝性情比较随和，这与他们常常见识不同事物和人物的"秩序"有很大关系。同时尝试多种可能。宝宝自己将玩具摆放整齐的时候，爸爸妈妈一方面赞许宝宝的行动；另一方面，和宝宝一起试一试可不可以换一种方式来摆放玩具。在宝宝秩序感的发展过程中，鼓励宝宝的创造力与养成宝宝有序的生活方式同样重要。

✿ 先穿上衣再穿裤子：不能错位的秩序要求

★ 宝宝趣事

最近，3岁的静静都快变成"小偏执"了。早起穿衣，静静非要先穿上衣再穿裤子，次序一打乱她就哭闹不已，要脱下来重新穿。回家的时候，每上一层楼都要由她来按亮楼道里照明灯的开关，进家门以后，一定要由她来按亮家里的灯。如果爸爸妈妈偶尔忘记这个程序，她就会大哭，然后把灯关了，再由她重新按亮。

静静有睡前喝牛奶的习惯，她喝牛奶自己有一套严格的步骤，必须把牛奶倒进固定的玻璃杯里，然后坐在自己的小床上喝。如果爸爸妈妈不小心把奶倒在别的杯子里，她就会大哭大闹起来，必须重新开一包牛奶倒在原来的玻璃杯里才肯喝。

★ 神奇的敏感期

秩序感在形成之后就会一直伴随着宝宝的成长过程，一时是难以改变的，这种秩序感随着宝宝的逐渐长大，在心理体验上会深化为安全感、归属感。随着宝宝活动能力的增强以及自我意识的萌芽和增强，其叛逆性也会逐步表现出来，此时的宝宝常常会为了坚守秩序感而做出反抗的行为和举动。比如，3岁之前的宝宝会特别喜欢熟悉而有序的环境，当爸爸妈妈带着他们来到陌生的环境时，他们常常会因认生而不安、哭闹，当爸爸妈妈将东西放置的顺序打乱，或者违反了宝宝坚持的秩序感时，宝宝就会觉得缺乏安全感并因此而焦躁不安，甚至表现出反抗的情绪，要爸爸妈妈将一切复归原位或者重新再来。直到3岁之后，随着宝宝的知识和生活经验的丰富，宝宝才会逐渐走出秩序敏感期，进入新的成长阶段。

处于秩序敏感期的宝宝有着强烈的安全需要，他们需要一个有秩序的环境来帮助他们来认识事物，熟悉环境。幼儿时期是培养和强化宝宝良好秩序感的重要时期，在此期间如果爸爸妈妈能重视起宝宝的行为，对宝宝良好秩序感进行训练和强化，宝宝将形成良好的生活习惯，生活也会变得更有规律，同时也对宝宝道德意识的形成起着至关重要的作用。

在这一时期，爸爸妈妈应重视宝宝成长过程中环境因素的影响和教育的作用。要给宝宝创造一个舒适、有序、宁静的家庭环境，培养他们合理、有规律的生活习惯。幼年时期的宝宝就像一张白纸，很容易受到周围环境的影响，因此，爸爸妈妈应当从生活的点滴入手，努力为宝宝树立良好的榜样，采取适当的方式培养宝宝良好的秩序行为，时时刻刻注意以自身的秩序行为来影响宝宝。同时让宝宝多接触好的人和事，远离不良因素。在平时，爸爸妈妈最好能保持家中的干净整洁，做好宝宝的清洁卫生工作，并逐步培养宝宝自己做好个人卫生，使其养成良好的卫生习惯。另外，爸爸妈妈还可以逐步培养宝宝有规律的饮食习惯、睡眠习惯等，强化良好的秩序感。

☞ 不要破坏宝宝所习惯的秩序

宝宝对秩序的喜好常表现在对顺序性、生活习惯、所有物的要求上。总之，每一件事情都一定要符合秩序的需求。他透过有秩序的精准的环境，来和自己的内部秩序配对，由此在心理体验上深化为安全感、归属感和规则意识。

处于秩序敏感期的宝宝会有类似于这样的表现：餐桌上，家人的座位顺序必须固定不变，谁坐在哪里就应该坐在哪里；折纸时，两条边必须对齐，如果做不到，就把这张纸扔了，再来一张，反复；垃圾必须扔进垃圾桶里，如果一路没有看见垃圾桶，宝宝就会把垃圾紧紧地攥在手里。

爸爸妈妈应理解宝宝对于秩序感的要求，并尽量满足宝宝，如爸爸妈妈可以将宝宝的东西单独收藏，将宝宝的物品放在固定的位置，尽量按照宝宝喜欢的方式和程序来办事等，尽量不要强迫宝宝。不要轻易破坏宝宝所喜欢的秩序，更多地去了解宝宝行为背后的原因，顺应宝宝发展的需要，满足宝宝内心的需求，不要武断地为宝宝的行为下定义。当了解了宝宝在这一特定时期的种种表现时，爸爸妈妈便会理解宝宝的不听话行为，用更加贴近宝宝的眼光去看待宝宝，并友好地和宝宝相处。

☞ 在公共场合培养宝宝的秩序感

在我们所生活的公共场所，都有着明文规定或者人们约定俗成的规章制度。这些规章制度是维护公共秩序的保障，也是对公民基本道德的要求，需要每一个人都自觉遵守。比如，游览公园的时候不要随意践踏草坪、攀折花木；过马路的时候要遵守交通规则，不要乱穿马路；买东西的时候要按次序排队，不能随意插队；在电影院和图书馆里要保持安静不可大声喧哗，等等。

每到一个地方，爸爸妈妈在以身作则的同时，要向正处于秩序敏感期的宝宝讲解相关规则。让宝宝懂得在社会生活中存在着种种秩序规则，这些规则是需要我们所有人都共同遵守的，不遵守是不道德的。这些必须遵守的规章制度恰好满足了宝宝在秩序敏感期的爆发需求，正是让宝宝萌发道德意识，造就宝宝基本品格和素质的一种良好手段。

追着别人要东西：执着于他人许下的承诺

★ 宝宝趣事

小丽每天最发愁的事情就是早晨去幼儿园，这天早晨她又在家闹着不想去上学。为了让她早点去幼儿园，妈妈就承诺晚上早点回家带她去肯德基。但是因为工作忙，妈妈加班回家太晚，就忘记了这件事情。

晚上回家，小丽突然无缘无故地大发脾气。妈妈一直不明白她究竟为什么无缘无故闹得这么凶，就没有理她。但她反而越哭越来劲儿。妈妈好不容易把小丽哄得平静以后，问她原因，她才把没有去肯德基的事情说出来。原来小丽对妈妈没有信守承诺带她去肯德基这件事感到非常生气，只好大闹一场引起妈妈的重视。

★ 神奇的敏感期

很多爸爸妈妈都曾经历过小丽妈妈所遇到的场景。对宝宝随意许下的一个承诺，但自己并没有放在心上，过后就忘记了，宝宝却记得十分清楚。处于秩序敏感期的宝宝会把对约定的承诺当作外部事件中程序和顺序的一部分，如果爸爸妈妈没有履行承诺就会破坏宝宝的秩序感，宝宝对此不会有任何让步，从而造成了和大人之间的冲突。

人与人之间的交往，互相信赖非常重要，爸爸妈妈与宝宝之间也一样。处于敏感期的宝宝虽然年龄小，但他有自己的思想，完全能明辨是非，他们对爸爸妈妈承诺过的事情，常是个有心的收藏家。要认为他年龄小不懂事就可以忽视你的诺言，宝宝会因此对爸爸妈妈失去信心，丧失安全感。久而久之，他会对周围的社会也失去信心，去用怀疑的眼睛看世界，成为一个悲观的人。

在宝宝3岁以前，爸爸妈妈要做的一件很重要的事情是帮助宝宝建立安全感，安全感的建立将以宝宝对他人的信任为前提。这个时期的宝宝在建构精神的内在秩序的同时，对周围环境中的人会有"约定"的要求，一旦"约定"没有实现，会使宝宝与爸爸妈妈之间产生不信任感，如果爸爸妈妈多次毁约，则会对宝宝的发展带来非常不利的影响。因此，爸爸妈妈不可轻易、草率地和处在秩序敏感期的宝宝约定事情。正确的做法是：不要轻易给宝宝承诺，承诺过的事情就一定要实现。

☞ 不轻易对宝宝许诺

有些爸爸妈妈为了哄宝宝常常随口许诺，事后却不履行，引得宝宝大哭大闹。处于秩序敏感期的宝宝会认为大人答应他要做的每一件事情都是要实现的，这件答应要做的事情绝不是随随便便的一句话，而是必须信守的承诺。比如幼儿园小班的老师跟同学们说下节课给大家带糖果吃。到了下次上课的时候，老师很可能没把自己随口说的话放心上，忘记带糖果了，但小朋友们却会牢牢地记住这件事情。

许多人抱怨宝宝不懂事，但是爸爸妈妈和老师平时的言行举止、生活态度以及是否信守诺言会深深地影响到宝宝。爸爸妈妈在向宝宝许诺之前一定要三思，不能言而无信，答应宝宝的事情就一定要做到。如果兑现不了，应及时给宝宝解释，向宝宝道歉，让宝宝有一种被人尊重的感觉，使他幼小的心灵不受伤害，让宝宝从内心理解和原谅爸爸妈妈，事后爸爸妈妈应设法兑现自己的承诺。因为宝宝对大人说的话是一向当真的。否则，久而久之，宝宝会对爸爸妈妈产生不信任感，并认为说了话可以不算数，慢慢地他们也会学着这样做。

许多爸爸妈妈喜欢用物质来激励宝宝，比如买玩具、吃大餐。但如果爸爸妈妈常常工作忙或者没有足够的资金来满足宝宝的物质需求，就不要轻易许诺。况且这种把宝宝的表现与物质利益挂钩的做法会让宝宝觉得自己听不听话、好不好好学习只是为了得到爸爸妈妈的奖赏，久而久之形成做什么事情都要有利可图的坏习惯。其实，一个人除物质需求外，还有被人尊重、被人爱、被社会认可、被人理解等多方面的精神需求。因此，爸爸妈妈在鼓励宝宝的时候，不妨多给宝宝一些精神鼓励。

☞ 答应宝宝的事情一定要做到

承诺是双向的，一方面是爸爸妈妈对宝宝的承诺，一方面是宝宝对爸爸妈妈的承诺。爸爸妈妈在对宝宝许下诺言的时候应该注意以下几个方面：

不轻易许诺。自己不能做到的事情不向宝宝许诺，没有必要许诺的事情不要许诺。许诺一定要适度，有些事情是宝宝应该做的，而且容易做到的，不要附加条件许诺，如早上睡懒觉不肯起床，不愿意去幼儿园，等等。

一旦许诺一定要兑现。爸爸妈妈要做到讲信用，说话算话，不要哄骗宝宝，否则会使宝宝感到失望。只有兑现了诺言，才能起到激励宝宝的作用，并且增强爸爸妈妈在宝宝心中的威信力，获取宝宝的信任。

儿童敏感期与智力开发全案

许诺应随着宝宝年龄的增长而逐渐减少。因为年龄小的宝宝，控制能力差，许诺可以多些，随着宝宝年龄的增长，有较好的自控能力，许诺次数可以逐渐减少。

对于宝宝对爸爸妈妈的许诺，比如做错事情后宝宝许诺以后肯定改正，爸爸妈妈也不要当耳旁风。要认真对待宝宝的承诺，帮助宝宝分析事情的性质和危害，使宝宝的许诺能真正地兑现，培养宝宝养成讲诚信的好习惯。

🌸 对某件事情乐此不疲：建立内在的秩序感

★ 宝宝趣事

刚满3岁的娃娃常常坐在自己的小床上专注地玩耍。她把自己的全部精力都集中在了这样一个游戏上——将很多五颜六色的千纸鹤从大玻璃罐中倒出来，再一个个地装回罐子里。反复地倒，反复地装，这个游戏看似很单调，但娃娃却玩得很投入。

娃娃一直重复着这个游戏，当她把所有的千纸鹤都放进瓶子里的时候，就再把它们都倒出来，然后重复这个游戏。快到吃饭时间了，妈妈喊了娃娃好几次，可她根本就听不见。直到妈妈过来把玻璃罐和千纸鹤都收走之后，娃娃才恋恋不舍地结束她的游戏。

★ 神奇的敏感期

重复是宝宝建立秩序感最重要的方式之一，他们通过不断地重复来强化自我的内在秩序感。人类作为一个生命体，是以秩序化的结构系统存在着，所产生的无形的内在心理活动、认知活动和精神活动也彰显着秩序和结构。人们的认知活动是以逻辑的秩序表现的，精神是以法则的秩序表现的，心理是以规律的秩序显现的，这些都可称为内在秩序。可以说我们的内在秩序是由智慧和心灵决定的。

而外在秩序是人们所生存的环境，指的是物质环境的秩序、人文环境的秩序、心理环境的秩序。如果人的内在一定是秩序的，那就一定需要外在秩序的配对，结果是造就了秩序的人和秩序的环境，然后这个秩序的人又会创造一个秩序的社会。

如果秩序是大自然的定律，那么环境的秩序在教育中的意义就一定是配合宝宝，帮助宝宝发展内在的秩序，和宝宝内在的秩序配对了。宝宝一旦有了良好的秩序感，自我的形成就成为了可能，内在就和谐了。如果宝宝对环境的印象与经验是建立在一种有秩序的形态上，那么他对世界的看法将具备稳固的基础，并在此基础上形成有条不紊的语言表达能力。换言之，外在的秩序感有助于发展宝宝内在的秩序感。我们可以把握环境的秩序性，宝宝的秩序敏感期到来时，我们应该保护宝宝、理解宝宝、尊重宝宝、协助宝宝，尽可能给宝宝提供一个有秩序的外在环境。

☞ 满足宝宝的重复要求

在宝宝的成长过程当中，会有一段时间特别喜欢重复：反复要求爸爸妈妈讲同一个故事，重复做一个再熟悉不过的游戏，重复猜同一个谜语的答案。有时候爸爸妈妈会觉得宝宝的这种行为很无聊，殊不知宝宝正是通过这种重复行为来构建和强化内在的秩序感。

重复是生命赋予宝宝的一种本能，处于秩序敏感期的宝宝需要靠重复来获得内在的秩序感。对于宝宝来讲，这可不是简单的重复，在重复做同一件事情的过程当中，他们每一次都会获得新鲜感。所以爸爸妈妈如果想让宝宝健康快乐地成长，就要耐心一些，认真地讲已经讲过很多遍的故事，重复猜早就知道答案的谜语，尽可能满足宝宝的重复要求。如果爸爸妈妈对此表示不耐烦，阻止或拒绝宝宝的要求，往往会破坏宝宝的秩序感，对其成长造成不利影响。

爸爸妈妈要明白，重复只是宝宝成长过程当中的一个短期现象，说明他们喜欢一切都按顺序进行，每次面对的都是相同的环节和内容。当宝宝重复到一定程度的时候，他就会走出这一阶段，喜欢重复的现象在他们身上会自然而然地消失。

☞ 帮助宝宝构建内在的秩序

宝宝喜欢重复，因为他正处在重复的敏感期，需要靠这种重复来建立自己的秩序感。实验心理学家研究表明，人体内部存在着一种使人能够意识到自己身体不同部分所在的不同位置的肌肉感觉，宝宝会借助顺序来建立自己身体肌肉的运动顺序，内在的秩序感和肌肉感觉及记忆是相互关联的。对宝宝来说，"重复"是其建立内在秩序感的最重要的方法之一，也是宝宝感知周围环境的重要方法。

那些刚刚学会走路的宝宝都特别喜欢玩捉迷藏的游戏，但他们玩捉迷藏的时候喜欢把自己藏在同一个地方，并且喜欢被别人找到。因为对于他们来讲，捉迷藏的乐趣在于把自己藏起来，然后被别人发现后获得一种秩序感，这与年龄大一些的宝宝玩捉迷藏的目的是完全不同的。处于秩序敏感期的宝宝想通过这种重复的方式来体验秩序带来的快感。

爸爸妈妈如果能够理解宝宝的这种行为，摸透了宝宝的成长规律，有意识地协助宝宝去体验秩序给他们带来的快感，从中找到乐趣，就不会为宝宝喜欢重复而感到苦恼了。

☞ 为宝宝维护外在的秩序

宝宝的秩序感来源于对环境的控制欲望，这种控制欲望的根源在于对未知未卜的恐惧。生活有序，宝宝才会感到安全。一旦这个秩序有所变动，宝宝感到未卜，就会产生焦虑和恐惧。只有一遍遍重复原有秩序，不断巩固安全感，直到宝宝把握了这个秩序的恒定，内化了守恒概念，知道在一定范围内的秩序改变不会影响后果，顺利地度过这个阶段，他才能进一步发展。

外在秩序的破坏会打破宝宝内在秩序的一种平衡，给宝宝带来不安全感和身心的紊乱。因此爸爸妈妈要在这个时期为宝宝创造外在秩序。首先为宝宝安排属于他们自己的空间，除了他的卧室、游戏室外，客厅中也应有属于他的空间。每一个地方都有柜子放置他的物品，而且是固定的。同时这一时期的宝宝很喜欢一次做一件事，所以爸爸妈妈要坚持一次只让宝宝玩一种玩具。这样很容易引导他将玩具收拾好，然后再拿另一个玩具出来玩。最后，爸爸妈妈要为宝宝准备一个井然有序的环境，并一一为他介绍位置，他一定可以遵守。宝宝的快乐来自于能在固定的地方找到物品。

✿ 突如其来的执拗：秩序感向意识层面的提升

★ 宝宝趣事

最近，2.5岁的小小养成了每天晚上睡觉前玩一会儿小汽车的习惯，而且必须是他最喜欢的那辆小汽车。

这天，因为小小在楼下用那辆小汽车装沙子玩了，所以妈妈把他的小汽车洗刷了一遍。睡觉前，妈妈随便拿了一辆别的小汽车给他玩，他非常不高兴，执意要原来的那个。妈妈跟他解释，他最喜欢的那辆小汽车被洗了，现在还不能玩，明天才可以。可小小根本不听妈妈的解释，一气之下直接把小汽车摔到了地上。

妈妈强忍住怒火，但她实在是对小小的这种任性行为感到伤心又头疼。

★ 神奇的敏感期

伴随着宝宝外在秩序感的逐步建立，其内在的心理也在发生着重大变化。起初宝宝对秩序的要求并没有达到执拗的地步，一开始他们只是会在秩序被破坏时用哭闹来表示不安。随着自我的逐渐形成，宝宝将这一秩序上升到意识层面，他们对于秩序的严格要求甚至已经达到了顽固和执拗的地步。他们常常扮演着坚决维护秩序的角色，绝不允许别人违反，一旦有人破坏了秩序，他们就会哭闹、焦虑，变得执拗、不妥协。

从出生之后的一段时期，宝宝的秩序感逐步建立，也会变得越来越执拗，在1~3岁间，这种意识会逐渐增强，直到宝宝慢慢懂事才会有所好转。在此期间，宝宝常常会为了维护原有秩序而做出一些令人难以理解的事情：他们总是会严格按照每天的程序做事情，如早上起床之后要先上厕所、刷牙、洗脸、吃早餐，如果有人打破了这种秩序，他们就会表现出不满情绪；他们做事情要求完美，端水的时候洒出一滴就会感到非常痛苦；他们坚持认为某种东西就只能处于某种状态，如衣服是用来穿的，而不能用来披在肩上，吃苹果时应该整个地拿着吃，而不能切成两半。他们不仅自己严格地遵守着这样的秩序，而且还要求周围的人也一样遵守，如果发现有人忽略了他们的要求，或者没有准确理解他们的意图，而没有完全按照原有秩序来，他们就会表现出反抗，执拗地要求"重新再来一遍"。

宝宝的执拗敏感期在2岁左右就已经有所体现了，到了3岁左右会达到一个高峰。他们会要求凡事都听他们的，如果遭到反抗和拒绝，他们就会变得非常烦躁而哭闹不止。对于宝宝的执拗行为，爸爸妈妈应该理解并尽量满足宝宝对秩序的追求，而不要采取强硬措施迫使其改变。在此基础上，爸爸妈妈可以帮助宝宝安排有规律的生活，帮助其养成良好的生活习惯。良好的生活习惯有助于培养良好的秩序感，给宝宝以安全感。同时，爸爸妈妈在平时还可以加强对宝宝的思想和行为教育，如给宝宝讲讲做事情的多种方法、如何才能更好地获得想要的好结果等，让宝宝明白更多的知识，以此帮助宝宝顺利地度过这一阶段。

☞ 理解宝宝的执拗敏感期

宝宝与成人不同，作为大人，我们不能期望宝宝像成人一样理性、自制。虽然宝宝的任性有时候像故意在为难大人，但实际上宝宝并没有这种目的，他们的很多行为仅仅是由他们特殊的思维方式所决定的。

宝宝的思维是直线式的，一旦他们内心的秩序形成，就不容他人破坏。如果爸爸妈妈强制对宝宝进行干涉，让宝宝屈服，不仅会对宝宝的心理造成影响，反而会引起宝宝更大的反抗。一旦爸爸妈妈用强硬的手段制止了宝宝的任性，就会让他产生挫败感，从而寻找新的方式进行反抗。

在执拗敏感期的宝宝自我意识刚刚萌芽，他们常常通过与家长对着干来锻炼自我意识。随着宝宝自我意识的萌芽与发展，他会发现自己与这个世界是分离的，随着他生活范围的进一步扩大以及探索能力的不断提升，他又会发现自己能控制的事物越来越多，体验到自我的强大力量，从而敢于向爸爸妈妈发起挑战。在这种情况下，爸爸妈妈应该尊重宝宝，尽可能满足其一些非原则性的要求，掌握教育宝宝的技巧，宝宝的执拗行为就会大大减少。

☞ 不与宝宝的执拗行为进行对抗

执拗的敏感期一般是从2岁持续到3岁。处在执拗敏感期的宝宝都很倔强、有主见，一定要按自己的想法做事，一旦遭到拒绝就会大哭大闹，大发脾气。如果爸爸妈妈与宝宝进行对抗，以硬碰硬的态度不断地与宝宝较劲儿，宝宝会感到很委屈、挫败，爸爸妈妈也会感到气愤又无奈。这样不仅达不到教育效果，反而两败俱伤。

因此，爸爸妈妈不要用较劲儿的方式与处在执拗敏感期的宝宝相处。对付执拗敏感期的宝宝唯一的办法只能是：只要不伤害他人，不伤害自己，不伤害环境，就让他去做。宝宝的执拗行为一时间是无法完全去除的，只能尽量去缓解。爸爸妈妈要给宝宝以足够的理解，尽量顺从他的要求，以此来减轻宝宝内心的焦虑与不安。

其实执拗恰恰是宝宝的一种自我成长。当宝宝的执拗过去之后，随之而来的就是追求完美的敏感期。他们做事力求尽善尽美，不允许出现一丁点儿的瑕疵和失误；接着又上升到对规则的要求，对审美的要求，等等。正是在这有序的生命成长过程中，宝宝构建着自己最基本的品格和素质。

☞ 通过生活细节培养宝宝的秩序感

爸爸妈妈需注重日常生活中的细节，从小事入手培养宝宝的秩序感。

家庭中的物品，特别是宝宝要用到的用品和玩具，应该让宝宝知道它们的具体位置。宝宝的玩具请他自己整理、放置。同时大人也应养成使用过的物品放回原处的习惯，使宝宝自然地感受到家里的秩序。培养宝宝有规律的作息习惯，比如每天早上按时起床，让宝宝自己洗漱后进早餐，再按时上幼儿园。良好的作息制度不但对宝宝的身心发展有好处，而且还有助于宝宝秩序感的形成。在遵守规则的条件下宝宝可以自由地活动，做他想做的事情，如宝宝喜欢做一些生活上的事情，穿衣、脱衣、用餐、扫地等，就应放手让他自己去做。尊重宝宝的选择，给宝宝各种选择的自由。

宝宝良好秩序感的形成不是一朝一夕的事情，需要在宝宝的生活中逐渐积累，慢慢形成。爸爸妈妈要充分利用宝宝秩序敏感期这一阶段，帮助宝宝养成良好习惯的，为他们的将来打下坚实的基础。

暴力行为：心理受到伤害的反应

★ 宝宝趣事

一位父亲发现自己还不到3岁的儿子总是不听话，常常和他对着干。这位父亲脾气比较暴躁，经常对儿子大吼大叫，甚至使用武力。每次爸爸一扬起手掌，儿子就乖乖地屈服了。父亲颇以此为傲，觉得这是管理宝宝的好方法。

有一天晚饭后，儿子又不听话了。爸爸对着他的屁股打了几巴掌。然后儿子就跑进自己的小房间里去了。不一会儿，父亲听到儿子的房间里传来叮叮咣咣的声音。他推门一看，儿子正抓着毛绒玩具狗的身体使劲儿把它往床头上磕。而地上，机器人、洋娃娃等好几个可怜的玩具已经惨遭儿子的"毒手"，正在地上躺着。

看着眼前的情景，父亲陷入了沉思。

★ 神奇的敏感期

在秩序敏感期，有时为了维护既定的秩序不受破坏，不少宝宝就常常会以暴力来解决问题，比如，有些宝宝在看到别人拿自己东西的时候，常常就会打人、咬人等，有些宝宝在看到别人违反自己坚持的秩序时，也会用手推、脚踢等方式来迫使别人遵守等。面对宝宝的暴力行为，爸爸妈妈绝不能忽视和不管，而应在寻找原因的基础上，有针对性地纠正宝宝的不良行为。

使宝宝变得具有攻击性、喜欢用暴力来解决问题的原因是多方面的，一方面可能是因为宝宝不懂得怎样用语言来与人进行正确的交流，而且此时的宝宝又非常好动，所以就常常以肢体行为替代语言行为；另一方面，宝宝就是环境的一面镜子，大人怎样对待他，他就会怎样对待别人，爸爸妈妈的暴力行为是会在宝宝身上有所延续的。生长的环境让宝宝缺乏关爱感和安全感或者受到了不良影响，也会使宝宝学会使用暴力。

在秩序敏感期，宝宝的多数暴力行为主要还是为了维护既定秩序。因为此时的宝宝语言表达能力还不是十分健全，常常会出现无法自由表达真实想法的情况，再加上此时宝宝内心的秩序感非常强烈，人也十分执拗，当别人违反了自己坚持的秩序感，宝宝内心就会觉得十分受伤，但又不知道怎么来与人说理，所以就常常会对违反自己坚持秩序的人采取暴力行为。

☞ 暴力只能催生更多的暴力

故事里的宝宝之所以会有暴力行为，是因为他认为自己受到了父亲的不公平待遇。表面上看，父亲对宝宝使用了暴力，宝宝是屈服的，但实际上，宝宝会寻找机会把心中的委屈发泄出来。爸爸妈妈的暴力解决不了问题，反而会催生更多的暴力。爸爸妈妈的暴力行为会在宝宝身上延续。爸爸妈妈因为宝宝的执拗行为失去了理智，采用暴力行为来对待宝宝是非常不明智的。虽然暴力可以促使宝宝放弃执拗行为，但这种教育方法对宝宝心理造成的伤害是巨大的。

爸爸妈妈千万不要小看类似于故事里宝宝那样的暴力行为，这是宝宝"暴力倾向"的一种前兆，如果爸爸妈妈不及时调整自己的教育方式，宝宝很有可能形成暴力性格、暴力思维等。

宝宝毕竟只是幼儿，而且还处于执拗敏感期，他们很难控制自己的行为，并且不知道自己的行为会给大人带来困扰。而爸爸妈妈已经是成年人了，必须要有良好的自我控制能力。当宝宝不听话的时候，爸爸妈妈应该理智一些，压住心中的怒火，控制住自己的行为，让宝宝受到的"伤害"化解掉。爸爸妈妈的宽容与忍耐一定会早日让宝宝健康成长起来。

☞ 爸爸妈妈双方的教育意见要统一

许多爸爸妈妈在教育宝宝的时候，双方会采取两种完全不同的方式。通常父亲会扮演严父形象，爱对宝宝黑着脸，甚至动拳头；而母亲往往会宠溺和安慰宝宝，甚至会因为教育意见的不统一而彼此争吵起来。

爸爸妈妈的教育意见不统一会让宝宝养成这样的习惯，受到一方的批评后立刻向另一方寻求帮助，认为爸爸妈妈双方中对其持宽容态度的一方是自己的靠山，永远会对其进行袒护。在这样的情况下，宝宝学会钻空子，他的执拗和任性行为就会越来越严重，这对宝宝良好性格的形成是非常不利的。

如果爸爸妈妈双方在教育宝宝过程中出现意见分歧的状况，不要当着宝宝的面进行争吵，要在私下及时进行沟通，讨论更好的教育方式。在一方教育宝宝的时候，另一方最好不要进行干涉。无论宝宝是否处于执拗敏感期，爸爸妈妈双方都应该齐心协力，教育观点一致，这样宝宝才能真正健康地成长。

☞ 尽量满足宝宝的要求

针对宝宝在秩序敏感期中出现的暴力行为，爸爸妈妈一定要与宝宝的其他一些暴力行为区别开来。当宝宝出现为了维护秩序而采用暴力行为时，爸爸妈妈应该先仔细寻找宝宝这么做的原因，在理解的基础上进行教育。比如，当宝宝是因为别人坐滑梯的时候插队而动手打人时，爸爸妈妈可以先告诉宝宝，别人不排队的确是违反秩序的，是我们不应该学的坏行为，但面对这种行为的时候，我们可以通过说理、教育等方式来要求别人改正，维护正常秩序，而不能以打人的方式来解决，因为打人是比插队更糟糕的行为。而且在此时，爸爸妈妈还可以多关注一下被打的小朋友，并对自家宝宝表现出责备、生气的表情，这样，宝宝可能就会意识到自己的错误，并学会慢慢改正了。

在平时，爸爸妈妈还可以多给宝宝讲讲做人做事的道理，培养宝宝正确的价值观和良好的道德品质。同时，爸爸妈妈还可以在具体情境中告诉宝宝，当别人违反秩序之后应该怎么对待和处理，这样，当宝宝明白的事理多了之后，就不会轻易用暴力解决问题了。

关注细小事物的敏感期

在1～3岁时，是宝宝关注细小事物的敏感期的关键阶段，他们常常会发现一些容易被大人忽视的细小事物，如墙上的小洞洞，地板上的头发丝、饼干屑，书上的小图画，衣服上的小线头等，并对这些小东西表现出特别浓厚的兴趣。宝宝在认识事物、熟悉环境时，常常会从微观方面着眼，越是细小的事物，就越能吸引他们的注意力，这与大人总是习惯于从宏观方面来了解事物是不一样的。爸爸妈妈可以利用好这一敏感期，努力培养宝宝的观察力，帮助宝宝成长。

✿ 喜欢"小"东西：关注细小事物敏感期的开端

★ 宝宝趣事

妈妈抱着不满2岁的宁宁在沙发上看电视，可宁宁突然躁动起来，不说话，只是用手指着一个方向，嘴里"嗯、嗯"地叫着。

顺着女儿手指的方向，妈妈看了看，什么也没有发现。于是，妈妈换了个姿势抱着女儿，可女儿不干，还是用手指着刚才的地方，反应比刚才更强烈。

妈妈越发觉得奇怪，她凑到女儿指的地方，仔细地看了好一会儿，才发现沙发背上有一个小的几乎要用放大镜才能看到的小线头。妈妈捡了起来，宁宁的眼睛瞪得大大的。看来，刚才吸引到宁宁注意力的就是这个小线头了。

妈妈以为这个小线头让宁宁觉得不舒服，于是就把它捡起来扔进了旁边的垃圾篓中，谁知道女儿竟然不愿意了。她扒开妈妈的手一看，妈妈手里真的没有线头了。宁宁竟然哇哇大哭起来。

妈妈感到很诧异，女儿这是怎么了，为什么会这么关注一个小小的线头？

★ 神奇的敏感期

通常来说，从1.5岁开始，多数宝宝进入了对细小事物的敏感期，这一进程将一直持续两三年，有些宝宝对细小事物感兴趣的时间甚至更长些。处于敏感期的宝宝，喜欢观察细小事物。随着动作能力、身体平衡能力、视觉能力等的发展，宝宝手和腿的力量更强了，动作也更灵活了，看到的世界也更立体而多彩了，他们常常会将身体的各项功能结合起来，以自己的方式观察周围的环境、认识事物。

有不少儿童教育专家认为，儿童首先是通过简单图式发展认知和认识外在世界的。在这个认知的过程中，外界在其眼中也多是微观的。所以宝宝在认识事物、熟悉环境时，常常会从微观方面着眼，越是细小的事物，就越能吸引他们的注意力，这与大人总是习惯于从宏观方面来了解事物是不一样的。在观察细小事物的过程当中，宝宝会渐渐发现事物之间的差异，着迷于感官上的探索与辨别，从而增强对周围环境的敏感度和观察事物的敏锐性。因此，对细微事物感兴趣的敏感期阶段，是开启宝宝智慧的第一道大门。

在了解了宝宝对细小事物的敏感期及其产生缘由之后，爸爸妈妈就会对宝宝的一些看来奇怪的举动有所理解和感受了。在这一基础上，爸爸妈妈还可以利用好这一敏感期，努力培养宝宝的观察力，让宝宝在丰富的教育环境下成长，久而久之，宝宝就会具备惊人的观察和探索能力。需要注意的是，爸爸妈妈不能因为宝宝总是对细小事物产生兴趣就限制其行动自由，让宝宝失去了自己观察和思索的机会。如果忽视了敏感期内对宝宝细微事物观察力的培养，打消了宝宝探索细微事物奥秘的积极性，长大后宝宝就会变得非常粗心，对周围很多显而易见的事物都视而不见，因此爸爸妈妈一定要格外重视培养宝宝对细微事物的观察能力。

☞ 了解宝宝乐于关注细小事物的心理根源

从深层次来分析，宝宝喜欢观察细小事物是心智发展的需要。宝宝从刚刚出生开始，就对爸爸妈妈和其他亲人处于仰望的状态。和大人比起来，他们是非常弱小的，同时他们也希望自己变得高大强壮起来。但他们自身的这种弱小在成长的缓慢进程当中一时无法改变，于是他们就把关注点转移到跟自己同样弱小、细微的事物上来。

对于正处于关注细小事物敏感期的宝宝来说，他们会把自己的爱和关注放到那些细小事物上去。在他们的眼里，那些小线头、头发丝也都是有生命的，甚至他们觉得自己可以保护那些比他们更弱小的事物。在大人眼中，宝宝的这种行为和想法是很不可思议的。其实，很多时候这是宝宝心智纯真的表现，也是他们认识世界和心理成长的一个过程。

当宝宝度过关注细小事物的敏感期，他们会对周围环境的认识和兴趣上升一个层次：从对细小事物感兴趣转向对生活中一些具体的事物感兴趣。随着年龄的增长，他们会意识到自己是生活在人群之中的，而那些小线头、小蚂蚁对自己并没有那么重要。到了一定年龄，他们会自然而然地走出关注细小事物的敏感期。

对于喜欢观察细小事物的宝宝，爸爸妈妈还要尊重他们的意见，别强行打断宝宝的观察行为，也不要强制性地培养其观察能力。在对细小事物的敏感期，宝宝常常会对墙壁上的小洞、地板上的小杂物、衣物上的小线头等兴趣浓厚，此时爸爸妈妈千万不要因为觉得这些东西不起眼、不干净而阻止宝宝去观察，或者觉得其观察能力太差，一下就把最后的结果讲出来了，这样都会破坏宝宝的观察兴趣，甚至会给其心理造成伤害。爸爸妈妈应做的就是，多给宝宝一些自己探索的时间，在旁边陪伴和给予适当的引导、帮助，多鼓励宝宝。

☞ 重视对宝宝细微事物观察力的培养

在宝宝关注细小事物的敏感期里，爸爸妈妈不仅要理解宝宝的行为，鼓励和支持宝宝多进行观察和探索，还应该为宝宝的探索创造良好的条件，帮助宝宝在探索中成长。

首先，爸爸妈妈在平时可以多给宝宝讲解各种知识，不断提高宝宝的能力，鼓励宝宝自己去观察，在观察时给予正确的引导和帮助。在宝宝成长的每一阶段，爸爸妈妈最好都能根据宝宝的年龄特点，制定适当的学习方案，教给宝宝知识，让宝宝在学习中不断进步。同时，爸爸妈妈还应该鼓励宝宝多去观察和探索，在实践中验证自己学到的知识。比如，如果家里养有小动物，爸爸妈妈可以先为宝宝讲讲动物的相关知识，然后带着宝宝去观察这些小动物的外形长相、动作行为、生活习惯等，让宝宝通过自己的观察和思考，看看爸爸妈妈的讲解是否准确，并加深对以前学到知识的理解。

同时，爸爸妈妈应该多为宝宝创造一些观察的机会，努力为宝宝提供良好条件。在平时生活中，爸爸妈妈可以带着宝宝多去接触各色人群和多样化的环境，为宝宝扩展观察范围创造良好的条件。比如，在宝宝对细小事物感兴趣的敏感期，爸爸妈妈可以带着宝宝一起寻找路边的蚂蚁洞，陪他一起观察；爸爸妈妈可以多创造一些外出游玩的机会，带着宝宝一起去领略自然美景，让宝宝在这个过程中锻炼观察能力；爸爸妈妈可以和宝宝玩一些有助于开发和增强观察能力的游戏等。

特别要注意的是，有些爸爸妈妈意识到观察细小事物能培养宝宝的观察力之后，就会经常直接把一些小东西放在宝宝的面前，让他一一辨认，其实这样做很可能会使宝宝反感。因此，爸爸妈妈也不要违背宝宝的意愿，强制性地培养他的观察力。

☞ 在大自然中提高宝宝的观察力

对于刚刚开始认识世界的宝宝来说，大自然是他最好的老师。爸爸妈妈让宝宝看过很多次识图卡片，也许宝宝还是不知道太阳是什么。但是当宝宝自己在户外看到太阳时，往往爸爸妈妈只需要告诉他一两遍，他就会理解太阳的含义。所以，爸爸妈妈可以多带宝宝进入大自然，去亲身体会并观察事物。只有让宝宝更多地去接触和观察大自然，宝宝才能获得更多的知识，才能更快地踏上收集事实、认识真理的道路。

在让宝宝接触了大自然的时候，爸爸妈妈不要提前给他设定一个目标，也不用一定让他去认识什么，这样就会阻碍他体验大自然的乐趣，使宝宝丧失观察的欲望。爸爸妈妈要明白，在这一敏感期的宝宝，只愿意去观察他感兴趣的事物，所以即便是爸爸妈妈想有针对性地对宝宝进行引导，也要以宝宝的兴趣为主。

在宝宝对细小事物的敏感期，爸爸妈妈要做的是，多在一旁观察和照料宝宝，让其远离一些危险的物品，提醒宝宝不要将自己感兴趣的小东西放进嘴里，以减少宝宝的危险，同时鼓励宝宝大胆地进行探索，并为其提供良好的条件。

◉ "收集癖"：关注细小事物的表现

★ 宝宝趣事

最近花花的妈妈发现自己的女儿有了一个特别奇怪的爱好——喜欢收集头发丝。每当她发现卫生间的地上、枕边等地方有头发丝时，都喜欢捡起来，尽量把它们捋直，整整齐齐放在自己的小盒子里。而且经常打开盒子欣赏那些头发丝。

她还经常找爸爸妈妈要头发，有时候还会揪几根自己的头发放进盒子里。每当她找到很多头发丝的时候都会非常兴奋，还经常向妈妈展示她的收藏成果。

妈妈有些纳闷，这些头发丝为什么会对自己的女儿那么有吸引力呢？

★ 神奇的敏感期

喜欢收集是宝宝的一种心理特定，他们收集那些自己喜爱的新奇物品，摆弄、观察、欣赏，这是宝宝生长发展过程中一个不可逾越的阶段。可以说，宝宝收集小东西的过程就是他们学习的过程、成长的过程，也是发展智力的过程。

在1~3岁，宝宝的行动能力、身体平衡能力、视觉能力和听觉能力等各方面的能力逐步提高，而且也学会了将这些能力协调配合去认识世界，这正是一个能够将手的活动和整个身体的平衡联系起来的时期。在这个认识过程中，观察能力是非常重要的，正是在对细微事物感兴趣的敏感力的推动下，宝宝的手眼协调、精细动作、认知等才能得到相应的发展和提高。

良好的观察力能够激发宝宝对事物的兴趣，在兴趣中开始探索和学习。处在对细小事物的敏感期内的宝宝很容易发现物与物之间的差异性及特性，他们会沉迷于做一些感官上的探索辨别。经过这些行为，宝宝才能加深对事物的理解和认知，不断丰富知识。良好的观察力还能让宝宝学会远离危险，以保护自己的安全，如经过爸爸妈妈的教养，当宝宝观察到有危险情况时，就会主动避开。值得注意的是，良好的观察力，不仅需要发挥眼睛和耳朵的功能，还需要调动嗅觉、触觉、方位感和距离感、认知和判断能力等，也就是需要多种功能的协调与配合。在宝宝对细小事物的敏感期，宝宝身体的各项能力将会被很好地调动起来，此时如果爸爸妈妈能加以正确的引导和训练，宝宝的观察能力将会逐步增强。

对细小事物敏感常常会给宝宝带来一些危险，这是多数爸爸妈妈担心的主要原因。需要说明的是，对细小事物敏感，虽然可能带来一些意想不到的、潜在的危险，但如果爸爸妈妈能抓住宝宝对细小事物的敏感期，注意教育和培养，对宝宝的成长却是十分有利的，因为这一时期正是培养和锻炼宝宝观察能力的最佳时期。

☞ 不要阻碍宝宝的探索

处于对细小事物的敏感期的宝宝开始控制自己手和眼睛的协调能力。家里地板上的一根头发、布料上的一个小线头等，都会吸引宝宝的注意力，这也是家长判断宝宝是否出现了这个敏感期的关键点。在宝宝收集和观察小东西的时候，要对其给予充分的理解和自由，不要轻易阻止他们，让他们尽可能自由地收集小东西。

如果爸爸妈妈在这个时候阻止宝宝收集和观察细小事物的行为，会打扰宝宝对事物的认知。同时，宝宝也会因为内心的某种要求得不到满足而受到伤害。

在幼儿的耳朵里、眼睛里、嘴里、鼻子里、手上都蕴藏着巨大的探索的能量，他们对整个世界充满了好奇与兴趣。与大人相比，他们更能发现世界的美好。宝宝发现的东西很可能是爸爸妈妈平时没有注意到的，他们与大人观察事物的方式和角度都不相同，因此，爸爸妈妈不应该以自己的好坏标准来评判和干涉宝宝的这种行为。

☞ 鼓励宝宝多尝试

爸爸妈妈应当引导宝宝的收集兴趣。一方面指导宝宝对收集物进行整理、分类，教给宝宝保存的方法，鼓励宝宝更好地收集；另一方面可以利用宝宝喜欢收集的特点，指导开展收集活动，如捕捉昆虫，采摘野花、野草，捡拾落叶和小石头等，并因势利导地讲一讲科学知识。让他们经常欣赏自己的收集物，和爸爸妈妈一起分享快乐，这是一项极为有益的科学活动，也是符合宝宝兴趣的活动，具有良好的教育价值。

当宝宝对头发丝等小东西产生兴趣的时候，爸爸妈妈要多多鼓励宝宝对其进行探索和认知。例如，爸爸妈妈可以尝试和宝宝一起玩头发丝的游戏，在头发丝上挂几只钢笔，让宝宝认知到头发丝的承重能力惊人的强大。这就是对宝宝收集头发丝的一种良好回应，也是对宝宝的一种鼓励。这样既满足了宝宝的收集兴趣，又拓展他的知识面。

宝宝的内心世界很独特，爸爸妈妈要知道，对小东西的格外注意其实就是宝宝观察能力的开端。所以爸爸妈妈要给予宝宝足够的时间，也要表现出足够的耐心，这种有意识地对宝宝观察能力的培养，可以使宝宝养成细心的好习惯。

☞ 不要强行把宝宝从"工作"的状态中拉出来

万事万物的发展都是遵循一定的规律的，宝宝的认知过程也是这样的。对于他们来说，宏观的世界非常遥远，成长和学习需要从小到大，由浅入深。所以宝宝要想了解宏观的世界，就一定会先从微小的世界入手。因此宝宝就会对细小的事物充满好奇。

当宝宝在饶有兴致地收集和观察小事物的时候，爸爸妈妈不要轻易地打断宝宝，更不要武断地呵斥宝宝，阻止宝宝。如果强行把宝宝从"工作"状态中拉回来，就等于破坏了他的认知过程。同时，如果爸爸妈妈以吃饭、带宝宝出去等理由强行打断宝宝的专注状态，会让其注意力分散，不利于宝宝形成专注的品质。

爸爸妈妈允许宝宝收集小东西，观察细小事物，并且欣赏他们的表现，就是满足宝宝的发展需求，这样会有利于宝宝健康成长，使得宝宝的认知状态、心智状态正常发展，从而使宝宝非常顺利、圆满地度过这个敏感期。

"捡破烂"：对细小事物的探索需求

★ 宝宝趣事

2岁的小雪最近特别喜欢捡小石头，每次在外面玩耍的时候都要捡一把小石头带回家去。妈妈知道这是宝宝进入关注细小事物的敏感期阶段了，很尊重她的这一行为。每次出去玩的时候，她都静静地在一旁等待女儿捡小石头，直到小雪玩够了才回家。

有一次小雪捡的小石头太多了，没地方放了，妈妈就主动提出让她把小石头放在衣服兜里。从那以后，每次带小雪出去玩的时候妈妈都不忘带一个塑料袋子，帮助小雪装她的"战利品"。现在小雪的家中已经攒了好多好多小石头了。

★ 神奇的敏感期

当宝宝学会走路以后，爸爸妈妈会发现他们在走路的时候常常会走走停停，不断地将地上的东西捡起来，不是捏在手里玩耍就是将捡来的东西放进嘴里。他们这样的举动会让爸爸妈妈感到不舒服，并且觉得疑惑，宝宝怎么就突然喜欢"捡破烂"了呢？

实际上，宝宝突然变得喜欢"捡破烂"是因为此时宝宝对细小事物的敏感期已经到来了。通常情况下，在1岁之前，宝宝身体上重要的大肌肉和小肌肉逐步发育，到1.5岁的时候，基本已经发育完全了，此时宝宝行动能力更强，手部的灵巧性和身体的平衡能力、协调能力都在不断增强，其活动范围也更宽了。

1～3岁正是宝宝好奇心很强的时候，此时的宝宝对细小的事物特别敏感，忙碌的大人时常会忽略周遭环境中的细小事物，但宝宝却常能捕捉到各种奥秘，所以也就会出现捡拾地上东西的行为。同时宝宝虽然已经能够自由地活动了，但懂得的事理却不是很多，喜欢以自己的方式探索和认识事物，他们常常会依靠双脚来到达自己想去的地方，而以双手和嘴巴来进行探索工作。

可以看出，喜欢"捡破烂"是宝宝在特定时期的行为表现，而这主要与宝宝的成长特性有关，随着宝宝的成长，这一行为会逐渐消失的。面对宝宝喜欢捡东西的情况，爸爸妈妈不用感到焦虑，而应尽量宽容和理解宝宝的探索行为，爸爸妈妈的阻止可能会延迟宝宝敏感期的出现，阻碍宝宝智能及各项能力的发展。因此，放手让宝宝按照他自己的想法去做他想做的一切吧，这其中的乐趣会让宝宝沉迷，这沉迷会带来一股力量推动宝宝的成长。

☞ 允许宝宝"捡破烂"

爸爸妈妈会发现，当宝宝学会走路以后，总爱收集一些"破烂"，像螺丝帽、牙膏盒、玻璃瓶、小棍子等一些毫不起眼的东西都被宝宝视为珍宝，百玩不厌。宝宝常常将外面的小石头、小树杈等在大人眼里毫无价值的破烂装满一兜子带回家来，这令爸爸妈妈感到非常不理解。有许多爸爸妈妈甚至采用了训斥宝宝的方法，有的甚至一气之下扔掉宝宝心爱的"破烂"，结果导致一场"家庭大战"。

其实，喜欢"捡破烂"是宝宝心智纯真的表现，是他们认识世界，让自己心理获得成长的一个必然的过程。在收集过程中，他们会观察比较，如：这堆石头都是什么颜色、什么形状的？摸一摸哪一块更光滑？敲打敲打哪块石头的声音好听，质地更坚硬？然后根据自己的标准去挑选最喜欢的带回家中欣赏、游戏，享受获得收集物后成功的快乐。在这个过程中，宝宝的感官得到发展，增强了观察力和记忆力，同时也获得了知识，加深了对周围世界的认识与了解。

因此，作为爸爸妈妈，应该帮助宝宝更好地享受关注细小事物的敏感期，允许宝宝"捡破烂"，把那些他们视为珍宝的小石头等东西带回家，保护好宝宝幼小的心灵世界，促进宝宝健康快乐地成长。

☞ 帮助宝宝体验观察的乐趣

需要说明的是，要利用好宝宝对细小事物的敏感期，培养宝宝的观察力，爸爸妈妈应对幼年宝宝观察力的特点有所了解，然后才能有针对性地采取恰当的方式进行培养和训练。幼年宝宝的观察力与成人不同，他们有着自己的独特之处。这种独特之处，一方面是此时宝宝的观察力还很不稳定，年幼的宝宝很少会出于某一目的自觉地去进行观察，而常常是由兴趣、当时的情绪支配着去进行观察，所以他们常常会频繁地更换观察对象或者中断观察；另一方面是宝宝很少能长时间地集中注意力进行观察，他观察一种事物的时间一般只能维持几分钟，如果是自己不怎么感兴趣的东西，那么观察持续的时间则可能会更短。

宝宝对世界的认知多是从微观方面开始的，在了解了成长特性之后，爸爸妈妈大可以抓住宝宝对细小事物的敏感期，对宝宝进行观察能力的训练和培养，以提高效果。从宝宝学会走路开始，爸爸妈妈就要有意识地为宝宝提供自由探索的机会，并为宝宝提供一些合适的环境。比如，准备一些能够满足探究事物细微区别需求的玩具、用具，经常带宝宝到户外去玩耍，让宝宝在不同环境中对事物进行分类、比较等活动。让宝宝在观察中进行感知，在感知中完成蜕变和成长。

☞ 和宝宝一起"捡破烂"

当宝宝表现出对细小事物的关注，开始喜欢捡外面的小东西的时候，爸爸妈妈可以俯下身和宝宝一起捡，或者帮他拿袋子和容器，这是在最大程度上保护了宝宝的敏感性，也能和宝宝一起体会其中的乐趣。而当宝宝不需要爸爸妈妈的帮助的时候，爸爸妈妈可以在一旁静静地等待和观察宝宝的"工作"。

当宝宝对细小的事物感兴趣的时候，表明他们的观察能力正在形成。爸爸妈妈要尽量为宝宝提供机会，认真对待宝宝捡小石头、小树杈等行为，让他们在自己的观察和玩耍当中认知周围的事物，提高自己的技能。同时，当宝宝处于关注细小事物敏感期的时候，爸爸妈妈要充满耐心和爱心，深入了解宝宝的内心世界，尽可能尊重他们的成长规律。

同时在户外爸爸妈妈应保护好宝宝，让宝宝远离危险。比如，爸爸妈妈应让宝宝远离脏乱的环境，以免宝宝随便捡到什么东西都放进嘴里，影响身体健康；在宝宝玩耍时，应随时有家人在旁边照料，这样才能尽量让宝宝远离危险；爸爸妈妈要将家中的危险物品放在宝宝够不到的地方，以免危害宝宝的安全。

动作的敏感期

宝宝的学习都是通过手来进行和获得的。手连着大脑，手的活动又受到大脑的支配。动作发展主要包括两个大的领域，一个是身体运动，如走路；另一个是手的动作。走路的敏感期是1~2岁，手的动作敏感期是1.5~3岁。2岁的宝宝已经会走路，是活泼好动的时期，爸爸妈妈应充分让宝宝运动，使其肢体动作正确、熟练，并帮助左、右脑均衡发展。除了大肌肉的训练外，也要注意小肌肉练习，即手眼协调细微动作的教育，这样不仅能养成良好的动作习惯，也能帮助智力的发展。

喜欢转圈：开启动作的敏感期

★ 宝宝趣事

最近，姗姗特别喜欢转圈，刚开始的时候，她喜欢一个人在房间里绕圈走，后来喜欢围着大人转来转去，有时候会牵着大人的手在屋子里面旋转。只要一转起来，她就会感到异常兴奋。

到后来，她开始喜欢自己在原地转圈玩，而且速度越来越快。当她快晕的时候，就会坐到床上，等缓过来的时候，还会继续转圈玩。

这种在大人眼里看起来很无聊的游戏，姗姗却玩得非常开心。每次转完之后她都会咯咯地笑上一会儿，一副非常满足的样子。

★ 神奇的敏感期

宝宝的思维起源于动作。婴幼儿所有的动作、行为都与正在进行的智能活动有密切的关系。处于动作敏感期的宝宝体内会散发出如同火山爆发的能力，一再去重复自己想要达成的动作能力。他们喜好活动，尝试搬运重物，而这些动作表现却常常被成人误解为好动、乱摸，伴随而来的是制止、是批评，其实这些重复性的动作行为表现正预示着动作敏感期到来了。

宝宝的动作发展主要包括两个大的领域，一个是大肌肉的发展，一个是小肌肉的发展。大肌肉的发展主要是指身体运动，比如走路等，而小肌肉的发展则主要是指手的动作。身体运动的敏感期是1～2岁，此时期可训练宝宝多走路；而手的动作敏感期是1.5～3岁，动作训练主要是手的抓、握、捏、提等，辅以游戏效果最佳。

在动作敏感期这一阶段，宝宝经过一连串的动作发展，将其与生俱来潜藏在生命中的能力与正在进行的智能活动密切地联系起来，而且在发展动作与智能的同时，也成长了宝宝的精神生命。所以，如果没有健康的动作，就不可能有最健康的和最进步的心智。

宝宝从一出生就进入动作敏感期，这个阶段里爸爸妈妈应当特别注意宝宝的动作训练，使其肢体动作正确、熟练，而且活动可以帮助左、右脑均衡发展。要掌握一些适合开发他大肌肉的运动，帮助动作发展。除了大肌肉的训练外，还要加强小肌肉的练习，即手眼协调的细微动作教育，不仅能养成良好的动作习惯，也能帮助智力的发展。

☞ 注意宝宝的情绪变化

在学走路之前，宝宝对空间的感知和探索都是被动的，而一旦学会走路之后，他们的世界就发生了巨大的变化。宝宝的活动不再依赖于承认而进行，他们可以自由地在空间中进行探索。什么样的东西吸引他们，他们就可以过去看看。因此，处于动作敏感期的宝宝特别喜欢旋转和走路。当他们旋转的时候，爸爸妈妈会发现宝宝的情绪会变得非常高涨和兴奋，这是因为他们突然发现自己生活在一个自由的空间里，所以就会用旋转和不断走路的方式来感知这个空间。

爸爸妈妈应该知道，这一时期的宝宝初期的活泼好动是因为他们有着相应的心理需求，如果他们的这些心理需求得不到满足就会变得沮丧和失落，身体的动作潜能也无法得到正常的发展。爸爸妈妈不要强行干涉宝宝的这些行为，给他们以活动的自由，以宝宝成长的大局为重，千万不要以成人的思维方式来阻碍宝宝的健康成长。

☞ 怀着赞美的心态去鼓励宝宝

宝宝会走路以后，是活泼好动的时期。宝宝一面发挥着自己的能力，一面尝试着控制自己。爸爸妈妈要想让宝宝的心理得到健康的成长，让宝宝的潜能得到最大的发挥，就必须欣赏和支持宝宝的动作。首先要支持和鼓励宝宝去运动、去锻炼。不要过多地担心卫生和安全问题，让他们尽情地探索和成长，即便是磕磕碰碰受点挫折，只要保证安全，对宝宝来说也是有益的事情。

在宝宝进行活动时，爸爸妈妈应该为宝宝选择相对安全的环境，让宝宝尽情地跑、尽情地跳，并不断变换游戏的方式。如果遇到不会造成实质性伤害的小危险，也尽量不要把这种危险说出来，否则就会让宝宝在很大程度上产生危险感，从而使宝宝对空间、对世界的探索行为过早地结束。同时爸爸妈妈还可以带宝宝去踢球，玩抛接沙包和投掷的游戏，在运动中提高宝宝全身协调和手眼协调的能力，通过提高运动技巧刺激大脑更好地发育。

☞ 不要"帮助"宝宝

宝宝在不停走动的过程当中，一方面是他们对空间进行探索，对周围的环境表示好奇的一种表现；另一方面也是宝宝在培养双脚这个行走工具，增强腿脚的功能。宝宝只有反复感知腿脚的功能，通过各种动作来对空间进行探索，他们的肌肉才能够得到锻炼，腿脚的潜能才能够逐渐被激发出来。

有些爸爸妈妈会处于安全性等方面的考虑，帮助宝宝完成一些所谓危险性的动作。比如在宝宝转圈时围着他，遇到台阶时抱着他走。这样的帮助是没有必要的，有时候反而会干涉到宝宝的探索行为。两三岁的宝宝在探索腿脚功能的时候跌跌撞撞是很正常的现象，并不是什么可怕的事情，正是在跌倒和爬起的过程当中，他们的身体才变得更结实，腿脚才变得更灵活。

❀ 专门挑战"高难度"：建立身体的平衡感

★ 宝宝趣事

最近1.5岁的妮妮特别喜欢爬坡和走坑坑洼洼的路。爬楼梯的时候从来不让爸爸妈妈抱着，总是喜欢自己爬，即便有电梯也不肯坐。见到路边有水坑就会快步走过去，然后伸出脚去踩，使劲儿在里面踩，甚至专门挑坑坑洼洼的路去走。

妈妈总是担心她会摔倒，可妮妮却乐此不疲，在走凹凸不平的路时，拒绝爸爸妈妈的帮助。

★ 神奇的敏感期

到了动作敏感期，宝宝从迈步到学会走路是他所喜欢的过程，常常会用小手扒开爸爸妈妈的辅助，因为他更愿意自己去尝试。渐渐地，手的动作也会随之开始，在学步的时候总会溜着边碰到什么抓什么，自己扶住物体保持平衡，每当这时宝宝倔强的样子是那么可爱。

行走扩大了宝宝的活动范围，加强了独立性，所以1～3岁的宝宝特别喜欢到处爬、到处走、到处抓、到处翻，这会增强他们的成就感，他们的感知经验也因此更加丰富。两三岁的宝宝正处于最活泼好动的时期，爸爸妈妈应充分让宝宝运动，这不仅可以锻炼宝宝的运动能力，还可以促使宝宝的智力发展。因为手的动作连接着大脑，从而刺激大脑发育，而大脑反过来又支配手的动作使之更加熟练，就像互帮互助的两个朋友。而身体运动和手部的动作共同协调大脑的支配，形成了几个朋友相互帮助学习的过程。

有些爸爸妈妈在宝宝喜欢独立行走，喜欢挑战高难度动作以后，经常会为他们的安全情况感到担忧，甚至会对他们进行限制。但这样往往会阻碍宝宝心理的健康发展，甚至会影响到智力的发展。对于处在动作敏感期的宝宝，爸爸妈妈不要因为他们好动、吵闹，而不断加以制止，要具有加倍的耐心，观察宝宝在动作训练中所需要的帮助，实时引导，这样才能促进宝宝健康全面地发展。

☞ 了解宝宝大肌肉发展的两个阶段

宝宝的大肌肉发展分为两个阶段，开始是无意识的反射，随后是有意识但尚不成熟的初级运动，基础运动要在宝宝2岁左右才会出现。宝宝有意识的运动是按照从头到脚趾，从里面的脊柱到外面的手指尖的规律来进行的。

在1～2岁期间，宝宝的大肌肉的发展比以前更加完善了，而且在此时，宝宝差不多已经自己能走会跑了。大约在1～1.5岁之间，多数宝宝都能学会自己走路，如果爸爸妈妈重视对宝宝大肌肉的训练，宝宝能自己走的时间可能还更早些。

在3岁之后，宝宝大肌肉的发展逐步趋向成熟，已经很习惯于独立行走，也能跑会跳了。此时宝宝走路的姿势也更为多样，既能踮起脚尖走碎步，也能大踏步行走，在走路遇到障碍物时，还能自如地跨过去，在走楼梯时也能交替着双脚上下楼梯了。同时，宝宝能进行的活动也更多了。而且3岁之后，由于宝宝身体发育的日益健全和好奇心的增长，其自由活动的能力也更强了，常常是自己想去哪里就能走到哪里，还常常会做出一些调皮的事情来。

在宝宝大肌肉发展的关键时期，爸爸妈妈应该关注宝宝的成长，了解宝宝每一动作发育的关键时期，并抓住这一关键时期，陪宝宝多做一些有利于大肌肉发展的游戏、体操等，以促进发育。

☞ 了解宝宝小肌肉的发展

在1～2岁期间，宝宝小肌肉的发育和精细动作的发展已经比较完善。此时宝宝的小手更加灵活，差不多已经能自如地抓取和松开物品了，不管看到什么东西，宝宝都想要用小手摸一摸，摆弄一番。同时，宝宝还可以用食指、拇指、中指抓握物体，能够尝试着自己用双手端着杯子喝水，也能逐步学会用小勺吃饭了。另外，此时的宝宝对绘画、搭积木之类游戏的兴趣逐渐增强，他们已经能自己握着笔在纸上胡乱进行涂鸦了，而且还会将积木一块一块地往上搭高楼。

在3岁之后，宝宝小肌肉的发展逐步成熟，宝宝控制手部和手指的能力也更强了。此时的宝宝不仅能自如地抓取自己想要的东西，能自己扣扣子、穿衣服之类的事情，还常常会对一些手工活动感兴趣，如绘画、搭积木、捏橡皮泥、剪纸等。爸爸妈妈多加以培养和训练，宝宝动作的灵活性和协调性会逐步趋于成熟。

宝宝在敏感期的时候，内心会涌出一股无法抑制的热情，这股热情会促使宝宝在环境中寻找可以满足爆发需求的突破口。因此宝宝变成了个破坏王，家里的床单、门把手等很多东西就成了他在环境中能够找到的满足爆发需求的工具，在搞破坏的过程中促进小肌肉动作的发展和提高。

☞ 促进宝宝平衡感的协调发展

宝宝的平衡能力是逐渐发展的，2～3岁是培养宝宝平衡能力的关键时期。在宝宝出生两三个月的时候，可能就会出现抬起头这第一个平衡动作了，如果此时爸爸妈妈能重视训练，让宝宝能尽量地多做抬头动作，其平衡感传递给大脑的信息将会越来越准确，这对于日后其平衡能力的发展是非常有利的。而且，当宝宝能熟练地操作这一动作之后，其将身体直立的欲望就会逐渐增强。如此一来，宝宝就能在这一动作的基础上逐步学会翻身、坐起来、爬动，然后是学会行走、跳跃和跑动等。这些动作行为的发展，也就标志着宝宝的平衡感在逐步增强。

在宝宝平衡感发展的关键时期，爸爸妈妈可适当进行干预，以帮助宝宝培养良好的平衡感。如对于才出生不久的宝宝，爸爸妈妈可以多抚摩，或帮他做一些按摩，这样能充分刺激宝宝身体表皮的神经末梢，增强其感觉的灵敏度；当宝宝稍大一些之后，爸爸妈妈可以逐步教宝宝学会爬行，并鼓励宝宝多多爬行，这对于增强其平衡感是很有好处的；当宝宝能走会跳之后，爸爸妈妈还可以陪宝宝玩一些能增强平衡感的游戏，如荡秋千、玩跷跷板、走平衡木、让宝宝在绳子上跳舞、练习"金鸡独立"等。

搞破坏：小肌肉发展的需要

★ 宝宝趣事

一向好动的小凌最近更是变成了个名副其实的破坏王。家里的好多东西都没能逃过他的小手。小机器人的零件散落在客厅里，画册被撕掉了几页，桌上的电话机被拔掉了线，台灯罩也掉到了地上……为此小凌没少被爸爸妈妈教训过，可他总是改不了这个毛病，只要他玩过的东西就难逃被拆坏的"厄运"。

小凌的爸爸妈妈感到非常苦恼，他们把贵重一点的东西都放到小凌够不到的高处，生怕这个小破坏王捅出什么娄子来。哎，该怎么改掉小凌喜欢破坏东西的"毛病"呢？

★ 神奇的敏感期

肌肉主要是指运动系统的骨骼肌，根据它的部位、形状和活动范围，可分为大肌肉、小肌肉。相对躯干大肌肉而言，前臂和手部肌肉是小肌肉；相对前臂和手，手指肌肉是小肌肉。婴幼儿时期，支配大肌肉的脑的区域才开始迅速发展。所以，宝宝学习走路、奔跑较容易，用筷子、扣扣子会难一些。

著名教育家苏霍姆林斯基说过："宝宝的智慧在手指头上。"支配手部肌肉活动的脑神经非常丰富，使人的手灵活，无所不能；反之，手部活动有许多小肌肉参与，又给脑提供了丰富的信息刺激。因为手指运动中枢在大脑皮质中所占的区域最广泛，所以手的动作，尤其是手指的动作越复杂、越精巧、越娴熟，就越能在大脑皮质建立更多的神经联系，从而使大脑变得更聪明。

宝宝的破坏行为正是因为小肌肉发展的需要，当他们开始拆东西、撕纸的时候，他们通过手对世界的探索就开始了。这些看似破坏性的活动能够帮助宝宝了解物体的特点和构造，帮助宝宝获取丰富的经验知识。这对发展小肌肉，加强其思维能力和创造能力起着积极的促进作用。因此，爸爸妈妈不要盲目地把"破坏王"的帽子扣在宝宝头上。如果害怕他们的破坏带来物质损失，就把家里贵重的东西藏好，给他们一些安全的家用物品，或者买些耐摔的玩具，让他们好好地搞破坏去吧。

☞ 为宝宝创设敏感力爆发需求的环境

当宝宝有破坏性行为时，爸爸妈妈大可不必紧张不安，也不要打骂和责备宝宝。他们正是用这种方式来接触和认识外界的事物的。对于处于动作敏感期的宝宝，爸爸妈妈要为他们提供空间来满足他们"搞破坏"的需要。

为了避免宝宝破坏家中重要的东西，爸爸妈妈要为宝宝创设敏感力爆发需求的环境，当宝宝的敏感力得到宣泄和发展后，自然就不会"破坏"家中的物品了。爸爸妈妈可以给宝宝提供一些组合式的玩具，鼓励他尝试组合不同的造型。在修理物品的时候不妨让宝宝参与进来，和他一起来拆卸物品，了解如电视、收音机等物品背后的原理。同时爸爸妈妈要慢慢引导宝宝建立什么东西可以碰，什么东西不可以碰的概念。比如他可以玩一个小皮球、摆弄一个大水桶，但他不可以把手机当玩具，不然会有大麻烦。

总之，对于宝宝喜欢搞破坏的行为，不要责备和惩罚，而是要通过正确的引导让他领会哪些事情是可以做的，哪些事情是不可以做的，他所感兴趣的每一件物品背后蕴含着什么样的奥妙。要理解这是宝宝的正常行为，是他们发展小肌肉的需要，也是学习与外界相处的一种方式。

☞ 教宝宝学习用筷子

为了促进宝宝小肌肉的发展，爸爸妈妈可以为宝宝提供一些训练小肌肉，尤其是手眼协调能力的玩具，比如皮球、积木、插塑、橡皮泥、拼图、七巧板、珠子、剪纸等，让宝宝通过拍、插、捏、揉、摆、拼、穿、拨、剪等各种动作来操作玩具，发展智力。同时还可以在学习使用筷子、勺子等生活用品中锻炼其小肌肉。

用筷子夹东西是一种牵涉到肩部、胳膊、手掌、手指等30多个大小关节和50多条肌肉的手眼协调的精细动作，爸爸妈妈应该在宝宝两三岁的时候就教会他们正确使用筷子。对于刚刚学习使用筷子的宝宝，圆柱形的筷子太过光滑，他们的小手很难抓住。最好选用四方形的筷子，因为四方形的筷子夹东西不容易滑落，有助于宝宝树立信心。在练习使用筷子吃饭的过程中，先让宝宝夹一些较大的容易夹起的食物，循序渐进地等到他动作比较熟练之后，再去夹一些比较小或者光滑的食物。需要注意的是，不必刻意强求宝宝按特定的姿势拿筷子，不妨试着让宝宝自己去摸索，逐渐学会筷子的正确使用方法。

☞ 和宝宝一起玩游戏

一、传递游戏

当宝宝能自由抓取东西之后，爸爸妈妈可以和宝宝玩一些传递游戏，以此锻炼其动作的灵巧性。在进行游戏时，妈妈把几个玩具放在一个箱子里或盒子里，放在地上，让宝宝站在箱子旁边，然后妈妈伸出一只手，让宝宝将玩具递给自己，然后再将这些玩具还给宝宝，让其抓稳。在游戏中，妈妈可以先训练宝宝一个一个抓取和传递玩具的能力，然后逐渐增加难度，妈妈同时递两个玩具给宝宝或者让宝宝同时传递两个玩具给自己。

二、让宝宝把玩具投进小箱子里

爸爸妈妈为宝宝准备一个大箱子，把玩具散乱地放在宝宝周围，让宝宝把玩具一个个捡起来并投进箱子里。在开始时，爸爸妈妈可以先为宝宝做示范，然后再教宝宝独自进行。这一游戏不仅能锻炼宝宝的手部动作，还能让宝宝学会收拾自己的东西。

三、开关盒子

准备好一个带盖子的小盒子，妈妈先给宝宝做示范，用两手把盒子打开，再把盒子盖上，或者也可以在盒子里装一些新奇的玩具，这样更能吸引宝宝。之后，再让宝宝学着妈妈的样子自己去打开盒子、拿出玩具再关上盒子。这套相对复杂的动作对于锻炼宝宝动作的灵巧性是很有帮助的。

四、接球和抛球

接球和抛球能够练习手眼协调，增强身体的灵活性。爸爸或妈妈离宝宝距离近一些，保持在1米之内，抛过去的球要几乎触到宝宝的胸前，这样宝宝双手在胸前就可以接到。宝宝接到球之后，应当马上抛给家长。如果宝宝连续好多次都能接到球，就可以加大距离来进行练习。也可以边小跑边练习接球，使游戏变得更加有趣。

✿ 信手涂鸦：锻炼小肌肉，发展绘画能力

★ 宝宝趣事

最近娜娜非常喜欢涂颜色。刚开始，她是想怎么涂就怎么涂，随心所欲，没有一丁点儿章法。后来她就能把所有的物体都涂成五颜六色的了。为此，妈妈给她买了画板，还有专门用来涂鸦的画册，以及各种各样的蜡笔。娜娜在不断的练习中，已经能够很好地搭配颜色了，涂出来的作品也很像那么回事儿了。她还非常喜欢把自己涂出来的画展示给别人看，大人们都夸奖娜娜是个小画家。

★ 神奇的敏感期

3岁左右的时候，宝宝手部和脚部动作已经变得很灵巧了。在这个年龄段，不少宝宝都学会了用手拿笔绘画，此时绘画的兴趣会逐渐增强，他们有时候会在纸上画，有时候会在地上画，有时候会在墙上画，显得非常高兴。

涂鸦的敏感期是宝宝天然的一种语言表达形式，是宝宝自我意识的表现，也是其创造力的萌芽。对宝宝来说，涂鸦是一件自然而然学会的事情。从1.5岁起，宝宝的涂鸦期就开始了，他们会对各种各样的笔产生兴趣，会很自然地拿起笔到处涂涂画画，只是此时宝宝操作笔的能力还不成熟，画出来的只是一些乱线团和小横杠之类的东西。他们不会在意自己画出来的是什么，而是把注意力集中在如何握笔上。到了2岁左右，宝宝手部变得越来越灵活，已经能熟练地握笔绘画了，其涂画的兴趣也变得更加浓厚，会进入真正的绘画状态。到了3岁左右，宝宝的涂鸦水平有所进步，已经能画出各种有变化的线条和一些简单的图案了，由于认知能力有限，他们经常会画出一些抽象的符号，大人很少能看懂这些作品。多数宝宝会在这个过程中，一边涂画一边给自己的作品起名。到了3岁之后，随着宝宝生活常识的增加和思维能力的发展，其绘画的能力将进一步增强。

涂鸦能发展宝宝的想象力、创造力等，能够练习到腕部诸多关节与小肌肉群的协调动作，是一种综合能力的表现。爸爸妈妈要保护好宝宝的绘画兴趣，要大胆地让宝宝涂画，结果并不重要。在涂鸦的过程当中，引导宝宝进行观察和创作，抽时间和他一起画画、涂颜色。在和宝宝一起玩的过程中，带着他观察周围

的环境和生活。比如宝宝可能不太会关注到事物的细节，这个时候爸爸妈妈可以有意识地提供机会让宝宝去接触事物，观察事物，宝宝自然就会关注到那些细节。这会让宝宝有一双发现美的眼睛，为其带来艺术的启迪，从而丰富宝宝的想象力。

☞ 不要剥夺宝宝信手涂鸦的权利

宝宝喜欢绘画本来是一件好事，可让爸爸妈妈颇感头疼的是，相比于在纸上绘画，3岁的宝宝更喜欢在地板和墙壁上绘画。宝宝从1.5岁开始喜欢拿着笔在纸上涂画。随着宝宝年龄的增长和运动范围的扩大，家中的墙壁、沙发、床单、大橱、家用电器上，处处会留下他的即兴之作。3岁时，宝宝的好奇心很强，而且此时其手指小肌肉的灵活性也在逐渐增强，于是宝宝就有了更加强烈的想要涂画的表现欲望，此时的宝宝会将绘画看成是一种游戏，更看重过程而不是结果。

宝宝之所以更喜欢在墙上和地板上乱涂乱画，主要是因为他们认为在这些地方画起来更方便，只要以手拿笔用力画就行了，而不用像纸那样还要用一只手压稳，或者因为家长没能给他们提供好的绘画工具。对于宝宝喜欢到处乱涂乱画的行为，爸爸妈妈不能盲目地训斥，而应该因势利导，鼓励他们充分发挥自己的想象力和创造能力。在平时，爸爸妈妈可以为宝宝准备彩色笔、涂料、纸张等各种绘画工具，让宝宝能自由涂画，面对宝宝喜欢在墙上和地上乱涂乱画的行为，爸爸妈妈可以给宝宝买一些方便的绘画工具。此外，爸爸妈妈还应该进行适当的教育和引导，让宝宝逐渐改掉随处涂鸦的行为。

☞ 让宝宝涂鸦起到智力开发的作用

爸爸妈妈可以在这个阶段训练宝宝进行画画。1岁左右的宝宝小肌肉控制能力比较弱，开始时只能敲敲小点。可以做小鸡啄米的绘画游戏：妈妈画小鸡，宝宝画小米。也可以妈妈画小花，宝宝画小雨滴。宝宝第一次画出的东西，爸爸妈妈一定要加以赞赏和表扬。随着宝宝小肌肉的逐步完善，宝宝手中的点开始延长为线。初始时，这些线条歪歪扭扭。此时是开发宝宝创造力的大好时机，你可以问问宝宝："你画的是什么？"宝宝会给你与众不同的回答。爸爸妈妈可以通过指导宝宝画冰糖葫芦的小棒、画薯条、给气球画线等游戏训练他画线的能力。

随着宝宝手部肌肉力量的增强，宝宝有能力画出圆圈。一开始，宝宝画的圆圈不圆，而且首尾不相连。爸爸妈妈要鼓励宝宝多练习，加强手腕控制。绘画游戏有：画泡泡、画皮球、画太阳，等等。学会画圆比画线要难得多，爸爸妈妈切忌操之过急。

同时，爸爸妈妈可以有意识地为宝宝买一些涂鸦方面的参考书，为宝宝讲解书中的内容，指导他模仿与创作，过一段时间就会惊喜地发现宝宝的运笔能力有所提高了。有时候宝宝会随着自己的心意胡乱画一些图案，这是他们在通过绘画表达自己的想法，爸爸妈妈不要给他限制和误导，不要随便嘲笑宝宝，更不要按照成人的思考模式来纠正宝宝的画。这样会打击宝宝的积极性，甚至会引起宝宝的反感。

☞ 留涂鸦墙让宝宝发挥想象力

有些宝宝喜欢在家里的墙上、地上乱涂乱画，这颇让爸爸妈妈感到头疼。当发现宝宝有这样的行为时，不要对其进行阻止。爸爸妈妈要给宝宝足够的自由，为宝宝提供便利条件，让他们能够尽情地发挥自己的想象力去创作，为宝宝的涂鸦活动创造一片自由的空间。在充满自由氛围的环境中，宝宝的天赋就会很容易被激发出来。

爸爸妈妈可以在墙壁上贴上大纸，既能保持墙面清洁，又为宝宝涂鸦提供便利。在纸的选择上，可利用废旧的挂历纸、宣纸、广告纸、报纸等等。有兴趣的爸爸妈妈还可以买一块大黑板挂在家里，再买一些各色各样的粉笔，让宝宝在黑板上作画。同时可以和宝宝进行协商，告诉他什么地方能画，什么地方不能画。通过这些办法既可以让宝宝自由快乐地在墙上涂涂画画，又避免了墙壁变脏，室内变得不美观。特别要注意的是，宝宝涂鸦要在爸爸妈妈的陪同下进行，一定要为宝宝提供质量合格的画笔和颜料，在涂鸦时要注意安全，提醒宝宝不要将颜料和笔放到嘴里。

社会化的敏感期

社会化是指儿童学习社会性情绪、对爸爸妈妈和亲人的依恋、气质、道德感和道德标准、自我意识、性别角色、同伴关系等。年幼的宝宝具备一股自然赋予的神奇能量，通过对环境的吸收、内化、互动，最终推动社会化的形成和发展，适应于社会。1~3岁阶段处于社会性发展的敏感时期，他们会突然变得非常自我，喜欢说"不"，好像故意与人作对似的。在这一阶段，爸爸妈妈应该教导宝宝建立明确的生活规则和日常礼仪，从而使他在以后能遵守社会规范，过一种自律生活。

和爸爸妈妈"唱反调"：自我意识的确立

★ 宝宝趣事

2.5岁的小武最近突然变得特别不听话。爸爸妈妈要求他做什么，他都喜欢用"不"来回应。

快到吃饭的时间了，妈妈叫他来饭桌上吃饭，他说"不"，然后仍然自顾自地在自己的小房间里玩玩具。好不容易把他哄到饭桌上，小武夹菜的时候因为袖子太长总是不小心碰到菜汤。妈妈让他把袖子挽起来。他怒气冲冲地说："不，我就不！"妈妈没办法，主动帮助他挽袖子，可小武就是不让妈妈帮他。气得妈妈摔了筷子，狠狠地给了他一巴掌。

小武开始大哭起来，奶奶和爸爸怎么哄也哄不好。一顿饭就这样不欢而散了。

★ 神奇的敏感期

宝宝在3岁左右这个阶段，会突然变得叛逆起来，无论爸爸妈妈要求他们做什么，他们都会下意识地拒绝，喜欢和爸爸妈妈唱反调。其实，这些反常的表现正代表着宝宝已经进入了自我意识的敏感期。

自我意识，是指人对自己的认识和调节，在适应社会的过程中可以有自己的选择。自我意识不是天生的，它受社会生活制约，在后天学习中形成。只有具备明确的个性倾向，其他个性品质如需要、动机、理想和世界观等才逐步形成。宝宝在婴儿期的时候，由于对爸爸妈妈的依恋，他们总会觉得自己和他人是一体的。直到2～3岁时，宝宝开始进入社会性发展的敏感时期，即其认识自我和构建自我的关键时期。宝宝逐步学会使用代词"我""你""他"，自我意识发展真正进入实质阶段。这个时期的宝宝出现最多的现象是划分我的，以便清除你的，同时通过"不"的使用增强自我意志的感觉，我说了算是最重要的，如果发生不符合他心思的事情就会大哭大闹。这种以自我为中心的表现恰好是他们在进行自我分离和发现自我的过程。

这个时期的宝宝自我意识比较强，他们不会像以前那么顺从了，开始坚守自己的信念，要求按照自己刚刚形成的意识萌芽来做自己的事情，爸爸妈妈很难使他们妥协。他们会故意向爸爸妈妈展示自我，爸爸妈妈越是强迫宝宝做什么，他们越不会去做。爸爸妈妈不要误解宝宝的不听话行为，不要故意和他们较劲儿。这是宝宝形成自我的一个自然过程。如果宝宝得到正常的发展，过一段时间后，他们就会逐渐告别以自我为中心的过程。

☞ 满足宝宝的自我意识

3岁左右的宝宝，会用人称代词"我"来表示自己，用别的词表示其他事物，说明他开始意识到了自己心理活动的过程和内容，开始从把自己当作客体转化为把自己当作一个主体来认识。这是自我意识发展中的一次质变和飞跃，人的自我意识从此萌生，而喜欢和家长唱反调，正是他们加强自我意识的表现。在宝宝喜欢说"不"的年龄段，他们做出什么样的抗拒和拒绝行为都是没有理由的。不论宝宝多么不听话，爸爸妈妈都不要发火，越是与宝宝针锋相对，他们就会越不合作。爸爸妈妈应该学着理解宝宝，采取新的方法同宝宝相处。

对于自我意识开始萌芽的宝宝，爸爸妈妈要仔细地观察他们，了解到宝宝的特点，尽量遵循宝宝的意愿，满足他们的要求。这个时期的宝宝会很坚定地坚守自我信念，如果爸爸妈妈能够尊重宝宝的意愿，反而能够促使宝宝变得乖巧起来，放弃对大人的抵抗行为。

这个时期，切忌强迫宝宝做事情，要学着理解宝宝，尊重他们的意愿，宝宝才会顺利度过这个敏感期。如果长期对抗下去，爸爸妈妈与其冲突过多，对宝宝的健康成长是非常不利的。

☞ 巧妙化解宝宝的抵触情绪

对于喜欢说"不"的宝宝，爸爸妈妈需要动一动脑筋，采用一些技巧来化解其抵触情绪，避免宝宝和爸爸妈妈的正面冲突。

在要求宝宝做事情的时候，爸爸妈妈不要提前询问他的意愿，而是直接带着他去做。比如，妈妈要带宝宝出去买衣服，如果直接去跟宝宝说要带他出门，得到的回答八成是拒绝的。这个时候，妈妈可以不和宝宝商量，直接领他出门买衣服，这样宝宝会忘记了拒绝，在无意识中答应了妈妈的要求。日常生活中，到了吃饭睡觉的时候，可以直接把他抱到饭桌前、床上，你会发现，这样做爸爸妈妈被宝宝拒绝的次数会大大地减少。

如果即便这样宝宝依然对爸爸妈妈保持拒绝态度，爸爸妈妈可以用温和的态度来退让一步。比如宝宝不想吃饭的时候，可以允许他再玩一会儿就过来吃，当宝宝感到饥饿的时候，自然就来饭桌上吃饭了。切忌打骂宝宝，或者对其持放任态度。其实，只要爸爸妈妈多了解一下宝宝的心理，多在他们的身上下一些功夫，会让宝宝的成长道路顺畅很多。

☞ 建立良好的亲子依恋关系

宝宝与爸爸妈妈所建立的亲子关系是宝宝人生最早体验的关系，同时也是人际关系中最为重要的一环。亲子关系是宝宝社会性良性发展的基础，爸爸妈妈和宝宝建立良好的亲密的依恋关系，有利于宝宝顺利度过社会性发展的敏感期，使宝宝未来能够顺畅自然地融入社会。

宝宝在建立依恋关系上的经历会对他的一生产生影响。这种影响会产生在宝宝今后处理日常人际交往中、价值体系的建立过程中，以及如何寻找快乐的过程当中。所以爸爸妈妈一定要注重亲子关系的培养。首先学会理解和倾听宝宝。当宝宝说话和表达自己想法的时候，爸爸妈妈应该全神贯注地聆听，不仅能够更了解宝宝的想法，也能让宝宝觉得自己是被在乎、被重视的。当宝宝与爸爸妈妈的意见相左时，可首先试着了解宝宝的想法，并从中取得平衡处理。其次要多给宝宝一些拥抱和亲吻，这是提升亲子亲密关系的最有效方式。两三岁的宝宝还很幼小，他们需要靠肢体的接触来获得肯定。有时候爸爸妈妈一个拥抱，就可以抚平宝宝内心的委屈和惊吓，让他得到安全感。最后，爸爸妈妈要多给宝宝一些关爱，经常陪宝宝玩耍，和宝宝进行互动。总之，良好的亲子关系将会影响宝宝的一生，是爸爸妈妈送给宝宝的最独特、最实用的爱的礼物。

☞ 多和宝宝玩亲子、社会性游戏

在宝宝的成长过程中，由于接触到的人少，环境窄，其早期的单独活动占了大部分时间。随着年龄的增长，宝宝单独活动的时间比例也随之降低。宝宝满2岁后，对于他人的关心较从前大为提高。此时宝宝的注意力已渐渐由母亲转移到家庭内的其他成员，尤其是其他的小孩，是他们最有兴趣的。爸爸妈妈可以多带宝宝和其他小伙伴玩耍，和别的家长进行合作，多和宝宝玩亲子游戏、社会性游戏，这样可以促使宝宝自我意识的成熟发展，学会与他人进行交往和合作，从而降低对抗心理。

爸爸妈妈可以多和宝宝玩角色扮演游戏，扮演老师、医生、售货员，等等，让宝宝通过角色扮演了解社会规则，体会社会情感。带着宝宝尝试着和他人接触，走入社会，融入社会，比如和其他朋友一起玩耍，为陌生人指路，给老人让座，等等。虽然刚开始宝宝由于自我观念过强很难与他人友好相处，比如他人无意中碰到自己，也会勃然大怒，这即是过于以自我为中心。但在逐渐的探索和练习过程当中，他们会学会如何与别人快乐地相处，宝宝自己也会逐渐变得随和，善解人意了。

❀ "这是我的东西"：自我的发现和诞生

★ 宝宝趣事

微微以前是个大方的小宝宝，喜欢和别的小朋友分享玩具和零食。可不知道为什么，自从过完3岁生日后，她突然变得非常自私。她的东西谁都不可以碰，不仅不喜欢和小朋友们一起分享，连爸爸妈妈都不可以动她的任何东西。

有一天，妈妈给她买了一袋奶糖。回到家里，当爸爸也想拿一块来吃的时候，她却一把把糖抢过来说："这是微微的奶糖，谁都不许动。"

妈妈让她给爸爸一块糖吃，就给一块。可好说歹说，微微就是不肯和任何人分享糖果。最终，这袋奶糖还是由这个小家伙"独吞"了。

★ 神奇的敏感期

在宝宝开始确立和发展自我意识之后，很多爸爸妈妈除了觉得宝宝不像以前那样听话了，还有一个非常大的感受，就是宝宝开始变得自私起来。

爸爸妈妈都认为自私是不对的，让宝宝把自己的东西让给别人进行分享是一种美德。但在宝宝自我意识还没有完全形成的时候，就教宝宝把自己的物品无条件地贡献出来，这种做法是非常不科学的。宝宝的占有欲实际上和自私没有任何关系，他们只有确立自我意识，学会了拥有，才能学会分享。如果爸爸妈妈强迫宝宝把属于他们自己的东西给别人，宝宝就会产生强烈的不安全感。在这种不安全感中，宝宝自我意识的发展会受到阻碍，他们的性格也很有可能变得懦弱起来。宝宝有权利分享他的东西。他可以分享，也可以不分享，是没有错误的，选择权在他自己。

自我意识是所有敏感期中最重要的一个敏感期，一个人将来要成为什么样的人，首先就来自自我意识形成的敏感期。所以保证这个自我意识形成的敏感期，就等于保证了宝宝未来身心的强大和人格的独立。因此，在宝宝处于发展自我意识的阶段，爸爸妈妈要尊重宝宝的选择，给宝宝以足够的权利来自己作决定，这样才能促进宝宝的自我意识得到健康的发展，让他们在未来成长为一个人格健全、身心强大的人。

☞ 不要呵斥宝宝太"自私"

宝宝自我意识在一两岁的时候就已经有所体现，这个时期的宝宝常常会无缘无故地打人咬人，喜欢说"不"，这些都是宝宝自我意识萌发的表现。随着年龄的增长，宝宝就会产生私有观念，在很多时候，他们常常会拒绝与别人分享事物和玩具，这是因为宝宝的自我意识进一步发展了，与成人社会中的所谓自私有着本质的差别。

对于宝宝的"自私"行为，爸爸妈妈常常感到不解，觉得没法改变和说服宝宝，甚至习惯性地把宝宝的这些行为解释为自私的表现。我们经常听到爸爸妈妈抱怨，"这宝宝越来越自私了"。这样的指责对宝宝来讲是不公平的，爸爸妈妈要了解宝宝"自私"行为的原因，也要区分自我和自私的区别。自我指的是一个人可以按照自己的意愿、情感、心理和意志的需要行使自己的计划、支配自己的行为，而自私是在利益发生冲突的时候选择了损害他人的利益，而满足自己的利益。因此，爸爸妈妈切莫盲目训斥宝宝，把宝宝发展自我意识的行为简单粗暴地归结为"自私"两个字，而应当客观看待宝宝的行为，分清其"自私"行为是自我意识发展的需要，还是真正的自私行为。对于前者，爸爸妈妈应当尊重宝宝的意愿，顺其自然；对于后者，爸爸妈妈还是要给予及时的教育和矫正，让宝宝告别自私的坏习性。

☞ 强迫分享要不得

很多爸爸妈妈都习惯性地教育宝宝与他人分享自己的物品。比如把自己的零食分给别的小朋友，与别的小朋友一起玩同一个玩具，等等。但是当宝宝处于发展自我意识阶段的时候，常常会拒绝与他人进行分享。这个时候有些爸爸妈妈会强迫宝宝把自己的东西与他人进行分享，这往往会引来宝宝的反抗情绪，不仅分享未遂，反而引起一场"轩然大波"。

在宝宝自我形成期的敏感期之内爸爸妈妈要尊重宝宝的"自私"行为，允许宝宝自己决定是否把属于他的物品与他人进行分享。如果爸爸妈妈强迫宝宝与他人分享，会阻碍宝宝人格的发展，试想一个正当权利常常受到他人侵犯的人，怎么可能建立起强大的内心呢？

如果想让宝宝做一个乐于分享的人，就要用正确的方式引导和教育宝宝学会分享。比如，爸爸妈妈可以给宝宝讲一些有关分享的故事，或者在家玩玩分享游戏，不管是好吃的还是好玩的，即便这个东西本来就是给宝宝的，也可以分配给家里每个人，然后由这个人提出来分享。大家都这样，宝宝就会模仿家人的行为，并在这样的分享活动中得到快乐，慢慢他也就学会分享了。

❀ 占有欲：宝宝竟然"偷东西"

★ 宝宝趣事

妈妈发现3岁的晨晨兜里多了两个塑料拼图，于是问晨晨："这是哪来的？"晨晨支支吾吾地说："是我同学送的。"

妈妈看着他的样子，知道他在撒谎，故意说道："这个和幼儿园的玩具好像啊！"晨晨兴奋地说："就是幼儿园的拼图。"

妈妈这才知道他是偷拿了幼儿园的玩具。这时，妈妈蹲下身来，说："你知道吗？幼儿园的东西是给所有小朋友一起玩儿的，不是你一个人的。"

接着，妈妈拿出家里类似的拼图，说："看见这个了吗？这个才是你的。"说着，指着另外两个拼图，说："至于它们两个，它们的家在幼儿园。我们明天送它们回家，好不好？"

晨晨点了点头，痛快地答应了。

★ 神奇的敏感期

占有欲是人成长阶段的一种正常心理。宝宝到了3岁左右就会产生"以我为中心"的意识，这一时期他们往往是从"我"出发，认为很多东西都是他的，而且仅仅是属于他自己的，不允许别人碰他的东西。这一时期由于好奇、独占等心理，在宝宝身上常会出现偷窃行为，比如"偷"别人的玩具，随便拿幼儿园里的东西。

许多爸爸妈妈对宝宝这种行为表现得非常紧张，觉得这是品质恶劣的表现，会严厉地警告和惩罚宝宝的"偷窃"行为。其实，两三岁的宝宝喜欢拿别人的东西是一种非常正常的现象，这与自私自利和大人眼中的"偷窃"有着本质的区别。宝宝之所以会把别人的东西据为己有，仅仅是因为他们对他人物品的归属感还不是很强烈，在两三岁幼儿的思维意识里，认为"只要我喜欢，就是我的"，而不会意识到，别人的物品跟自己的物品一样，是不容他人侵犯的。

对于宝宝喜欢拿别人东西的行为，爸爸妈妈要认真分析原因，用恰当的方式来纠正他的行为。告诉宝宝幼儿园的东西是属于大家的，不可以带回家；别人的东西只属于他自己，不能随便拿。千万不要大惊小怪，给宝宝冠以"偷窃"的罪名。如果爸爸妈妈以这样的罪名惩罚宝宝，会伤害到宝宝的自尊心，也会影响到他们自我意识的发展，甚至有些宝宝会因为爸爸妈妈的指责而出现逆反情绪，更喜欢"偷"东西了。因此，爸爸妈妈一定要读懂宝宝的行为，采取正确的方式对待宝宝的行为，顺利帮助他们度过这个敏感期。

☞ 千万不要惩罚宝宝

对于宝宝的"偷窃"行为，爸爸妈妈千万不要大动肝火惩罚和打骂宝宝，给宝宝冠以"小偷"的罪名。宝宝的观念中并没有偷窃的概念，如果爸爸妈妈用特别强烈的方式管教他们，过于重视这些行为，宝宝就会感受到这种重视，反而变本加厉地偷拿别人的东西，以至于最后真正成为了"偷"。

在宝宝出现这样的现象时，并不代表宝宝的道德品质出现了问题。因此，爸爸妈妈只要适当地讲一讲道理，或者帮助宝宝把东西还给别人，不要进行过多的评价，也不要直接进行道德教育。同时也不要对宝宝进行审问。一定要控制住自己的情绪，保持平和的心态。一旦对宝宝进行严厉的审问，只会给他们造成很大的压力，甚至逼迫他说谎。爸爸妈妈也不要想当然地认为宝宝每次从外面拿回来的东西都是偷来的，还是要鼓励他把事情的经过和自己的真实想法表达出来。这样才更利于解决问题。

☞ 用正确的方式教育宝宝

在实际生活中，爸爸妈妈要给宝宝灌输这样一种思想，那就是拿别人的东西一定要经过主人的同意。要告诉宝宝："你的物品不允许别人拿，所以你也不能拿别人的东西，如果没有经过别人的同意就偷拿了是不对的行为。"这样宝宝就会明白，别人的物品是不容侵犯的，自己偷偷拿走他人东西以后，丢了东西的人也会受到心灵上的伤害。

当宝宝偷偷拿了幼儿园或者其他小朋友的物品时，爸爸妈妈除了给他讲道理，让他分清对错，具备是非观念外，这件事的处理结果也非常重要。爸爸妈妈应该鼓励宝宝主动归还物品，当然，归还之前一定要让他明白道理，从而让他做出自愿归还的行为，不可强迫。当宝宝把东西还给了别人，要对他的这种行为表示赞赏。爸爸妈妈也可以代替宝宝归还，宝宝每拿一次，就让他或带他还一次。这样，拿别人东西的行为慢慢地就会在宝宝的身上消失。

❀ 抢夺玩具：懂得用争抢来表达喜欢

★ 宝宝趣事

奶奶带阳阳去小峰家里玩。一开始两个小朋友玩得好好的，可不大一会儿，就开始为个玩具小汽车大打出手。

家长见状赶忙上来拉架，可怎么也哄不好两个打得不可开交的宝宝。阳阳的奶奶开始训斥起阳阳来，让他把小汽车让给小峰。小峰的妈妈见状也谦让了起来，非不让自己的宝宝霸占小汽车。

正在两个家长推让来推让去的时候，一回头，突然看到阳阳和小峰像是什么事情都没发生一样又开开心心地玩到一起了。争抢小汽车的风波就这样悄无声息地平息了下来。

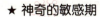

★ 神奇的敏感期

在生活中，我们会经常看到故事里发生的情形——两个小朋友为争抢一件玩具而打起来。其实两三岁的宝宝总爱抢别人的东西并非什么恶习，只是他们成长的一个必经阶段。由于小宝宝的好奇心强，对于别人的东西就觉得特别新鲜，于是就想拿过来看看，什么都想试试。对于喜欢的东西如果想要就直接抢过来，这种争抢在主观上并没有什么恶意。同时因为宝宝自我意识和占有欲的加强，认为所有东西都是自己的，自己想拿就拿，完全分不出自己的东西和他人的东西有什么区别。

对于宝宝争抢玩具的行为，爸爸妈妈不要训斥宝宝；如果宝宝的玩具被别的小朋友抢走了，也不要教育宝宝以牙还牙抢回来。对于这一时期的宝宝，爸爸妈妈应该让他们明白一个规则：别人的东西在没有经过允许的情况下是不能拿的。当宝宝抢他人的东西时，应该及时告诉他："不要随便要别人的东西，我们可以回家拿或者自己去买。"如果他迫切地想玩别人的玩具，就告诉他："去和那个小朋友商量一下，能不能和他一起玩。"这样久而久之宝宝就会在内心形成一种自我约束的机制，这能够帮助宝宝保护自己的东西，也能约束他不去抢夺别人的东西。到青少年时期，这种内在的秩序就会上升为一种道德和精神自律。爸爸妈妈切忌不可纵容宝宝抢东西的行为，如果这个时候没能对宝宝及时进行教育，很可能会形成自私和喜欢无理取闹的性格。

☞ 减少干预，让宝宝做自己的主人

当宝宝之间发生争抢行为，或者宝宝的玩具被别的小朋友抢走的时候，爸爸妈妈不要对其进行过多的干预。对于小朋友们之间的冲突最好是让他们自己来解决。对于宝宝抢东西和被抢的现象，最关键的解决点在于让宝宝懂得自己的东西自己要做主，别人的东西应该由别人来做主，这是宝宝学会与人相处的很重要的一步。

有的爸爸妈妈怕自己的宝宝吃亏，会教唆宝宝对于抢自己东西的人要以牙还牙，告诉宝宝既然别人可以抢他的东西，那么他也可以抢别人的东西。这样会让宝宝养成霸道自私的毛病，也不会受到他人的欢迎，对其健康成长会产生非常不利的影响。

同时，爸爸妈妈不要因为宝宝抢别人的东西或者他的东西被抢而训斥宝宝。当宝宝抢别人东西的时候，爸爸妈妈可以直接与他们聊聊天，了解宝宝的心理，多给宝宝讲些关于良好品行方面的小故事。对于宝宝合理的物质索取，在条件允许下要给予满足，降低他抢别人东西的概率。从小就给宝宝以良好的家庭教育，有智慧地引导宝宝，让宝宝顺顺利利地度过这一敏感期。

☞ 教宝宝学会支配自己的东西

爸爸妈妈可以在家里预先和宝宝玩互相借东西的游戏，让宝宝明白自己的东西由自己支配，自己有权做主是否借出。刚开始的时候爸爸妈妈可以多做做示范，一方扮演借出者，一方扮演借东西者。通常情况下借出者都会把东西借出去，偶尔不同意时要解释一下是因为自己特别喜欢这个东西的缘故才不想借出，而借东西的一方也要表现出理解和接纳的态度，当场表示放弃借东西。之后就可以和宝宝做这个游戏了，让宝宝在游戏中学会支配自己的东西。

对于宝宝喜欢抢别人东西的现象，爸爸妈妈则要引起重视，让宝宝明白，别人的东西由别人支配，获取前需要征得别人的同意。虽然处于敏感期的宝宝喜欢抢别人东西是一种很正常的现象，但这种不受欢迎的行为会让宝宝受到群体的排斥，严重的还会使宝宝出现对抗性的人格特征。所以在宝宝最初与同伴进行交往时爸爸妈妈需要对其进行及时有效的指导，教宝宝学会与同伴交流的技巧和策略，以防时间久了形成思维定势，就很难调整了。

☞ 精神上的支持很重要

当宝宝的玩具被别的宝宝抢走了，或者宝宝被别的小朋友欺负了，他们的心里会感到非常害怕和无助，甚至不知所措。这个时候他们幼小的心灵是最需要爸爸妈妈给予呵护的。如果爸爸妈妈在这个时候没有及时为宝宝提供帮助和支持，不仅会使得宝宝对人际关系更加恐惧，而且还会影响宝宝自我意识的发展，使得宝宝时刻觉得自己非常弱小。在人际关系恐惧感的影响下，宝宝对人与人之间关系的探索会提前结束，这会让他们在长大以后也很难处理好人际关系。因此，当宝宝受到欺负时，爸爸妈妈应该给宝宝以精神上的支持，让他们变得勇敢起来，找到维护自身权利的办法。

比如有的宝宝会因为被幼儿园的小朋友抢了玩具而不敢再带玩具去幼儿园。这个时候爸爸妈妈就要意识到他们在人际交往上遇到难题了。而选择逃避并不是合适的解决方法。爸爸妈妈可以用一种比较轻松的语气说："要不要让别人玩你的玩具是你自己的权利，不论你做什么决定，我们都会支持你。但是如果换我的话，我会带玩具去幼儿园。"

在宝宝遇到自己解决不了的交往问题时，爸爸妈妈要给宝宝提出有力的建议，想办法给宝宝以精神上的支持，帮助宝宝处理人际交往上的难题。宝宝受到爸爸妈妈的支持和鼓励，很可能就会勇敢地面对这个问题，懂得了要不要别人玩自己的玩具是他的权利。在这样的支持中，宝宝的心灵就能变得强大起来，也会增强处理矛盾冲突的能力。

❀ 交换物品：开启人际关系的大幕

★ 宝宝趣事

最近贝贝每天从幼儿园回来的时候都会"丢"一点东西，再带回来一点新的小玩意儿。妈妈一询问才知道，他自己的东西要么送人了，要么拿去和别的小朋友交换了。

一天，贝贝放学回家，兴奋地跟妈妈说："妈妈，快看快看！我有一只机器猫！"妈妈一看，他手里拿的是一张机器猫的贴纸。随口一问才知道，这是贝贝拿自己的新铅笔和同桌换的。看着儿子兴奋的表情，妈妈没有说什么，但心里还是有些担心，怕自己家的宝宝在这种不等价的交换中吃了亏。

★ 神奇的敏感期

随着宝宝自我意识的发展，他们会逐渐明白物品的归属感，知道自己与他人的物品都是不容侵犯的。宝宝们会尝试着把自己的东西和别人的东西进行交换，就是我把我的给你，你把你的给我。交换是宝宝之间的一种交往行为。宝宝之间的交往经常通过交换物品、食物、玩具来进行，在跟别人交换的过程中来划分你我的界限。

这个时期宝宝的观念中没有金钱和价值这两个词语，也不懂得什么叫做等价交换。因此常常会发生故事当中那种不等价交换的行为。用一支铅笔换一张贴纸，用一辆电子遥控车换一本小画册，令家长感到哭笑不得。

由于物品的价值不同，有贵有便宜，很多爸爸妈妈对宝宝的交换行为产生质疑。他们常常用"占便宜"和"吃亏了"来衡量宝宝换东西的行为。其实，所谓等价交换只是大人以金钱来衡量物品价值的一种标准。宝宝在与他人交换物品的过程当中，自有自己的衡量标准。他们之所以会进行交换，是因为他们认为对方的东西是自己所需要和喜欢的，在他们的眼中这两样物品是等值的。因此，爸爸妈妈不要从成人的角度来干涉宝宝的交换行为，要知道，在这种交换过程中产生的成就感会让宝宝的内心变得非常强大和自信，这种宝贵的素质是千金难买的。在成长过程中，他们自然会了解金钱和价值的概念，也就能够学会以成熟的方式进行等价交换了。

☞ 给宝宝足够的自主权

交换是宝宝赢得朋友的一种方式，宝宝正是在这种看似不平等的交换中摸索和构建着与他人交往的尺度与关系。接下来宝宝又会在交往的过程当中体会到，玩具也不是真正维系长久友谊的有效手段，于是他们对人际交往的意识又上升了一个层次。宝宝会在不停变换的角度与角色中摸索出真正和谐的人际交往状态，最终找到能够彼此理解关爱，志趣相投的好朋友。

爸爸妈妈不要以大人的成见看待宝宝的这种行为。其实，在幼儿眼里没有"价值"的概念，他们更不懂得"等价交换"，不知道什么是"吃亏"，什么是"占便宜"。作为爸爸妈妈要给宝宝的交换行为以足够的自主权，尽可能地保护宝宝们之间的这种交换行为，为他们的健康成长提供保证。

当宝宝换来了与自己原来拥有的物品明显不等价的东西时，爸爸妈妈不要向他灌输"占便宜"和"吃亏"的概念。一位妈妈知道自己的宝宝用贵的东西换来一个便宜的小玩意儿时，就跟她的丈夫说："宝宝会和别人换东西了，但是吃了亏，拿贵的换了便宜的。"但宝宝的父亲并没有觉得自己的宝宝吃亏了，而是非常骄傲地认为宝宝成长了，懂得与人进行交往了。我们都要学习这位父亲的行为，让宝宝的自我意识得到自由的发展。当然，当宝宝"吃亏"了，爸爸妈妈也不要说宝宝"笨""傻"之类的话，即便是开玩笑也不可以，以免打击宝宝的自信心。

☞ 告诉宝宝交换之后不能后悔

一个3岁的女孩在幼儿园答应送给班里的小朋友一本童话书，然后从他那得到一块苹果味儿的橡皮。可是回家一想觉得不合算，就对妈妈说："我现在不想换了。"可是妈妈却郑重地对她说："你说过的话要算数，答应别人的不能反悔。"

一些宝宝在交换玩具后后悔了，把玩具弄丢了或者玩坏了，然后希望要回原来的玩具。这个时候爸爸妈妈要告诉宝宝交换后的物品已经有了新主人，那个东西已经属于别人，不再是自己的了。要让宝宝明白，以后再交换物品的时候要考虑好，一旦进行交换，就不要反悔。这样宝宝就会明白，通过交换，物品已经有了新的主人，他也就懂得了遵守交换守则。刚才例子中妈妈的做法不仅让女儿学会了交换后不能后悔，还让她学会了兑现承诺，这种做法值得借鉴。

☞ 鼓励宝宝的交换或赠送行为

交换是宝宝人际关系敏感期的重要表现，宝宝不会交换反而显得有点异常。爸爸妈妈不仅要理解宝宝的行为，还要为他创造交换的条件。要知道，交换或赠送也是宝宝进行人际交往和得到物品的方法。所以爸爸妈妈平时要给宝宝一些小玩具和零食，鼓励他用交换、赠送的方式赢得友谊。

一位妈妈为了鼓励宝宝和同龄朋友一起玩，和小区里其他妈妈商量，把周日定为宝宝们的玩具交换日。到了星期日，这个小区的同龄小朋友都会在一起分享玩具，互相赠送。还有一位妈妈发现自己的儿子喜欢往幼儿园带零食和其他的小朋友一起分享，就主动给他买一些零食，鼓励他和其他宝宝进行分享。这些方法都值得爸爸妈妈们借鉴。当然，在这个过程中，爸爸妈妈不要干涉宝宝的行为，也不要随意给他建议，而是让他自己做决定，随意交换和赠送。

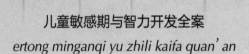

Part 2

1～3岁，宝宝的
智力开发方案

宝宝的能力发育指标

	1~1.5岁宝宝能力发育指标	1.5~2岁宝宝能力发育指标	2~3岁宝宝能力发育指标
认知能力	1. 能够用思维解决问题，可以在头脑中完成尝试，而不是亲自去实践。能理解物体之间的联系，对因果关系的理解力有所进步。 2. 对陌生人开始有好奇心。感情表现更丰富，会表现出各种各样的笑和哭。	1. 具备支配自己的能力。 2. 思维更接近于成年人。 3. 有"这是我的东西"的意识，自己的玩具和零食等物品不愿意给别人。	1. 可以分辨出两种以上的颜色。 2. 搭建积木的时候，可以堆砌出3层的金字塔。 3. 活动范围不断变大，认知能力也随之提高。可以饶有兴趣地观看电视节目，并且对有形象图案表示的天气预报十分感兴趣。 4. 喜欢一些简单的乐器，尤其爱听乐器发出的叮叮咚咚的声音。
语言能力	1. 能说出一些单字来表达自己的想法，例如"蕉"表示"我要吃香蕉"，"干"表示"我要吃饼干"等等。 2. 可以听懂一些常见的最基本的日常用品的名字。他们能够听懂的话比他们说出的话要多得多，但词汇量还很不丰富，大概只能说10~20个单词。	1. 语言表达能力发生质的飞跃，大概会以平均每个月说出25个新单词的速度向前发展。 2. 可以说出由两个单词组成的许多句子，例如会说"大狗狗""苹果，削"等等。 3. 开始学会使用否定和疑问的表达方法。满2周岁时，口语词汇可能会达到上千个。 4. 说话声调比较准，能快速说出自己的名字和熟悉的物体名称。	1. 可以完整背诵一些儿歌，语言发育比较快的宝宝能够背诵的儿歌还会更多。 2. 快到3岁的宝宝词汇量明显增多，已经学会了一定的复合句，还拥有了一定的概括力。 3. 非常爱说话，会不断地提出问题。 4. 对语言的掌控力有所增加，可以正确地复述3~4个字的话，还能重复3个以上的数字。
手的技巧	1. 可以用手把硬币从存钱罐的细缝中塞进去。 2. 穿衣服时可以拉拉链，还会自己脱袜子、手套和帽子。 3. 可以玩简单的积木，会把积木堆砌起来然后再推倒。	1. 运动的灵活性和手眼的协调能力都有所增强，能够用手握住杯子、勺子或者叉子。 2. 会自己沾湿双手、用手打肥皂、冲水和擦干净。 3. 可以自己用手来刷牙和洗澡，还可以动手整理玩具和物品。	1. 可以独立地合并运动自己的每一根手指。 2. 对各个物体之间的关系更加敏感。玩耍时会更加仔细地确定玩具的位置、方向，从而更准确快捷地抓到玩具。 3. 可以画方形、圆形或者自由涂鸦。

	1～1.5岁宝宝能力发育指标	1.5～2岁宝宝能力发育指标	2～3岁宝宝能力发育指标
大动作	1. 大多能较平稳地走路，摔倒后能自己爬起来，但非常容易被绊倒。 2. 会爬到沙发上或者椅子上，然后转动身来，自己坐好。 3. 喜欢能推拉、会移动的玩具，喜欢玩球，有些宝宝还会倒着走。	1. 步态稳健，能走能跑，会踢球，会单独上下楼梯。 2. 可以垒六七块积木；会用一只手拿着杯子喝水喝奶；可以自己画出直线和圆圈。 3. 有较强的节奏感，比较喜欢做摇摆等活动。	1. 喜欢总是不停地运动，比如跑、踢、爬和跳动。 2. 以前爬楼梯的时候都是双脚站稳之后再继续爬行，现在可以单只脚交替着上下楼梯。
精细动作	1. 可以玩一些比较复杂的游戏，例如折纸、堆积木、捏泥巴，等等。 2. 多数宝宝可以正确地摆放两个苹果。	1. 有能力协调身体的各个部位了，例如已经可以自己动手将肥皂泡涂抹在自己的身上。 2. 可以自己整理自己的玩具，带着东西在屋子里行走，还能完成一些简单的指令。	1. 能随意用手摆弄小物体了，例如剥番薯、搭建积木塔、脱鞋以及拉开大的拉链，等等。 2. 手腕、脚腕和手掌可以进行协调运动，可以转动门把手、旋开广口瓶的盖子、用一只手使用茶杯，可以剥开糖纸。 3. 学会抓笔。
自理	1. 戴帽子时会马上把帽子给拉正，如果帽檐不正他也会赶紧拉好。 2. 可以在爸爸妈妈帮他把裤子穿到膝盖以下的时候，自己向上拉好裤子，并且拉正裤腰，拥有了初步整理仪容的能力。	1. 能够单腿站立并且不摔倒，还能控制自己的两臂、双手和两腿的活动。 2. 会自己刷牙。	1. 可以自己吃饭。2岁左右的时候，他就会提出独自进食的要求。 2. 能自己捧着杯子喝水。 3. 可以自己穿裤子、系扣子。
交往	1. 喜欢到户外玩耍、做游戏，喜欢到小朋友多的地方去玩，还喜欢做一些没有做好的事情，并且对物体进行深入的"探究"。 2. 在做某件事情的时候遇到了困难，会主动向大人发出求助。例如，让大人帮他把玩具的发条上满，拉着大人的手去看自己喜欢的东西等。	1. 逐渐有了情感意识，自尊自爱的感觉萌芽，爸爸妈妈如果让宝宝过分受挫，宝宝可能就会"大发雷霆"。 2. 变得越来越"善解人意"。当爸爸妈妈表扬他的时候，他就会非常开心，并且将这种行为当做一种习惯而坚持下去。 3. 喜欢和比自己稍微大一些的宝宝在一起玩耍。	1. 有了较强的自我意识，明白自己和别人是有区别的，表现出来的就是：对食物或者玩具的占有欲比较强。 2. 会因为愿望没有得到满足而大声哭闹。 3. 有时会表现出具有攻击性的行为，例如会打和咬，指挥身边的人，还会产生强烈的逆反心理。

儿童敏感期与智力开发全案

语言能力开发

 **开发训练**

☆走路静悄悄

【训练目的】

锻炼宝宝的语言能力，通过游戏教育宝宝在别人休息时走路要静悄悄的，不要打扰别人的休息。

【训练方法】

1. 准备好带有小猫和小狗图案的卡片，准备两张字卡"走路""静悄悄"。

2. 爸爸妈妈拿出小猫、小狗的图片，模仿这两种小动物走路的样子。

3. 带着宝宝一起进行动作模仿，一边模仿一边教宝宝儿歌"走路要学小花猫，脚步轻轻静悄悄。我们不学小花狗，又跑又叫真糟糕"。同时教宝宝认字：走路、静悄悄。

4. 妈妈可以问宝宝，喜欢哪个小动物走路？应该学哪个小动物走路？通过回答让宝宝明白为了不打扰别人，走路时应该放轻脚步。

【注意事项】

为了吸引宝宝，准备的图片颜色要鲜艳。在为宝宝辅导儿歌的时候，重点复习每句话最后面三个字。

☆快乐的玩偶

【训练目的】

这个训练有助于发展宝宝的交往能力和语言表达能力。

【训练方法】

1. 爸爸妈妈把旧的手套或者旧的衣服改装一下，变成一个可以套在手掌上或者手指头上的小帽子，在上面画上宝宝喜欢的小脸谱和小游戏。

2. 爸爸妈妈和宝宝一人套一个玩偶，套在手上或者手指头上，靠着手腕或者手指头的力量左右地摆动，使玩偶活动起来。

3. 爸爸妈妈和宝宝一边做游戏，一边随机地给宝宝编一些儿歌或者利用宝宝比较熟悉的故事，与宝宝一起创造一个奇幻的小人国世界。

4. 根据宝宝的兴趣，爸爸妈妈还可以编一些与宝宝的生活紧密联系的故事，通过手指的摆动来辅助讲述故事的生动性。

【注意事项】

对比较小的宝宝，控制小手的能力还比较弱，此时爸爸妈妈可以给宝宝制作一个比较大的玩偶，让宝宝可以套在整个手掌上面玩。

☆他们在干什么

【训练目的】

让宝宝通过模仿小动物，掌握简单的动词。

【训练方法】

1. 爸爸妈妈和宝宝一起看图片，并让宝宝自己说一下图片上都有哪些小动物，它们分别在做什么。

2. 给宝宝念儿歌"小白兔，蹦来蹦去；花蝴蝶，飞来飞去；小黑猪，滚来滚去；小朋友，跑来跑去"。

3. 爸爸妈妈和宝宝可戴动物头饰进行表演，一起说儿歌并模仿动作。

4. 爸爸妈妈可以采用问答的方式教宝宝学习，比如妈妈可以说"小白兔"，让宝宝回答"滚来滚去"。

【注意事项】

爸爸妈妈还可以多动脑筋，用别的小动物来替换儿歌里的动物。

☆答反义词

【训练目的】

通过回答反义词让宝宝能正确地理解一个词的意思，加深对事物的认识。

【训练方法】

1. 准备一些反义词的字卡。

2. 拿出相对应的字卡，说出一个词，让宝宝说出它的反义词。比如，妈妈说"上"，让宝宝回答"下"。

3. 反复训练，让宝宝在脑子里不断把这些词排列、归纳、比较，加深理解。

【注意事项】

有条件的话可以用相反的实物来进行对比，比如拿一个大的娃娃和一个小的娃娃来对比，宝宝在这样的比较中会学习得更快、更扎实。

☆家庭成员

【训练目的】

这个游戏可以培养宝宝的语言和观察能力，以此提高宝宝的语言表达能力。

【训练方法】

1. 爸爸妈妈准备好家里各个成员工作或者日常的一些照片，然后问宝宝："宝宝家里都有什么人呢？"

2. 问完之后，引导着宝宝回答："宝宝家里有爸爸、妈妈、爷爷、奶奶和我。"

3. 拿出一张爸爸在扫地的图片，问宝宝："爸爸在干什么？"

4. 引导着宝宝回答："爸爸在扫地呢！"

【注意事项】

同样的道理，可以依次诱导宝宝说出"爷爷在干什么""妈妈在干什么"，等等。

☆表达感受

【训练目的】

训练宝宝的语言表达能力和感知能力。

【训练方法】

1. 把盐、醋、糖等调料放在桌上，引导宝宝尝调料的味道，并教会宝宝学说咸、酸、甜等形容词。

2. 让宝宝接触一下比较热的水，再接触一下凉水，让他明白冷、热两个形容词的意思。

3. 多次重复，让宝宝加深对事物的感知。

【注意事项】

对宝宝来说，形容词比名词、动词更难理解，爸爸妈妈在日常生活中要多丰富宝宝的感知经验。

☆词语接龙

【训练目的】

词语接龙的游戏可以提升宝宝的词汇量，锻炼宝宝的语言反应能力，由此提高宝宝的语言能力。

【训练方法】

1. 告诉宝宝训练规则：用前一个词语的最后一个字作为下一个词语的前一个字。如果宝宝不能理解，就要先给予示范。

2. 爸爸妈妈先说出一个词语，引导着宝宝接着末字再说一个词，例如"上学—学校—校长—长大……"看看宝宝自己可以说多长。

【注意事项】

许多训练都可以采用接龙的方式进行，例如"绘画接龙"：一个主题的内容大家接连着来画；"数字接龙"：1~3~5……"故事接龙"：从前有一个猎人……"动物接龙"：四只脚的动物如狮子、老虎、大象……空中飞的如老鹰、鸽子……

☆鹦鹉学说话

【训练目的】

通过这个训练，可以锻炼宝宝的语言模仿能力。

【训练方法】

1. 先给宝宝讲解一下训练的规则，要宝宝仔细听爸爸妈妈的话，之后再复述一遍。爸爸妈妈可以先从一些简单的话语开始，如"你好吗""我很好""今天天气不错"等。让宝宝跟着学习这些话。

2. 之后让宝宝学习说较为复杂的语言，甚至可以是一些简单的绕口令，例如"妈妈骑马，马慢，妈妈骂马"。

3. 除了简单的话语之外，还可以模仿各种声音，例如小动物的叫声、有节奏的敲击声或者几个简单的乐音等。

【注意事项】

小一点的宝宝都比较喜欢模仿周围人说话，因此，爸爸妈妈可以经常和宝宝玩这个游戏，让宝宝不断练习。

☆小小营业员

【训练目的】

培养宝宝运用口语进行连贯讲述的能力，巩固宝宝对物品特征的认识。

【训练方法】

1. 准备若干件宝宝的小玩具和一件围裙。

2. 将玩具一件一件地在桌子上摆好，妈妈或爸爸系上围裙扮演成营业员，宝宝扮演顾客，由营业员向顾客介绍商品。比如，爸爸妈妈可以指着玩具小兔子说："这是一只小白兔，有4条腿和短短的尾巴，喜欢吃胡萝卜，它很乖，很可爱，如果你喜欢它的话可以把它带回家。"

3. 爸爸妈妈扮演一会营业员后，和宝宝交换角色，让宝宝扮演营业员来介绍商品，爸爸妈妈扮演顾客。

【注意事项】

除了玩具以外还可以出现水果、蔬菜、交通工具、娃娃等各类物品；还可以让顾客描述自己要买的物品特征，不说出名字，让营业员猜，猜对了就把物品"卖"给顾客。

☆我是小小鸭

【训练目的】

这个游戏可以训练宝宝练习简短的儿歌，促进宝宝语言的发展，进而提高宝宝的语言能力。

【训练方法】

1. 在宝宝吃饱过一段时间后，先让宝宝热热身，伸伸胳膊，伸伸腿，扭扭腰等。

2. 爸爸妈妈扮作小鸭的爸爸和妈妈，戴上鸭子的头饰，让宝宝来当小鸭。鸭妈妈带领着小鸭们一边找东西一边行走，嘴里发出"嘎嘎嘎……"的叫声，脑袋一摇一摆，模仿着小鸭吃食的样子。这时还可以随口念几句儿歌"嘎嘎嘎，我是小小鸭"，让宝宝也跟着模仿。

3. 这样玩过几次之后，就让宝宝尝试着做鸭妈妈，爸爸妈妈在适当的时候给宝宝一些提示和帮助，让宝宝体验到扮演不同角色的快乐和满足。

【注意事项】

可以随便更换模仿的动作，以锻炼宝宝说简单句子的能力和发音的能力。发音练习十分重要，它可以帮助宝宝掌握标准的语音，同时调动起宝宝说话的积极性。

❁ 早教提示

☞ 教宝宝说完整的句子

1~3岁的宝宝正处于语言能力发展最快速的时期，此时宝宝的词汇量也在不断地增加。到了2岁左右，宝宝会说的词汇能够达到500个以上了，几乎是之前的4~5倍。除此之外，词语的种类也丰富多了，宝宝会说出的物品名称比以前增多了，能够说出自己的玩具，比如娃娃、熊（狗熊）等，除了名词、动词，还有形容词、副词和代词等。

此时宝宝已经掌握了基本的语法，从原来吐单字到现在已经发展成了合乎语法习惯的简单句子，同时复合句子的使用也在不断增加。因此宝宝听和说话的积极性都非常高，非常喜欢和人进行语言交流，爱听故事、念儿歌，并且可以记住一些主要的故事情节，还能够背诵一些诗歌了。

爸爸妈妈应该抓住这个语言发展的大好时机，教宝宝学习使用完整的语句来对话，提高其口语表达能力，并且促进宝宝对事物间关系的理解和思维能力的发展。爸爸妈妈要尽量把宝宝简短的、成分不全的句子或者关键词连接成完整的一句或者几句话，把颠倒的词语顺序排放正确。例如，当宝宝说"妈妈，睡觉"的时候，妈妈就要教他"妈妈，我要睡觉"；当宝宝去动物园看长颈鹿时，宝宝可能会说"鹿，吃草，脖子"，这时候爸爸妈妈就要帮他理顺成"长颈鹿的脖子很长，他正在吃草"。这样的练习要结合生活的实际场景，随时随地练习。另外，爸爸妈妈还要在生活中以身作则，确保发音准确，说完整的、语序正确的句子。还要不断给宝宝创造说话的机会，让宝宝想说话，并且学会怎样表达自己的感情。如果宝宝暂时说话比较慢，要表示理解，进行鼓励，和宝宝一起渡过语言的难关。

☞ **和宝宝一起读书**

帮助宝宝提前阅读是促进宝宝智能和人格发展的重要因素，也能为将来宝宝的学习打下基础。

首先，爸爸妈妈带着宝宝一起读书，在阅读的过程中各自交流感受，让宝宝学会分享别人的感受。爸爸妈妈还可以设置悬念，和宝宝玩猜故事结尾的游戏，当故事讲到一半的时候，让宝宝猜一猜故事的后面到底发生什么了，等宝宝做了几个假设之后，就把书翻出来看是否猜对了，之后再接着往下看。有时候，爸爸妈妈也可以跟宝宝交流一些相反的意见，这样可以激发宝宝的好胜心，同时宝宝听故事、看书的兴趣也会随之浓厚起来。

其次，在读书的过程中，爸爸妈妈不妨试一试给宝宝大声朗诵文章。爸爸妈妈声情并茂地给宝宝朗诵故事不仅能够促进宝宝语言能力的发展，而且还会激发宝宝的表演欲。两三岁的宝宝都很会模仿，爸爸妈妈进行朗诵的时候他们会自然而然被吸引住，进行模仿。因此爸爸妈妈在表演的时候，一定要表情丰富、语速缓慢，便于宝宝受到故事气氛的感染而进行自主的模仿。一旦宝宝表现出了自主的欲望，爸爸妈妈就要赶快鼓励宝宝投入表演，而且要让他当主角。

此外，爸爸妈妈可以试着教宝宝用手指点读。对于成人来说用手指点读不是阅读的好习惯，会降低阅读速度，但是对于处于语言发展期的宝宝来讲，手指点读对他们阅读能力的提高有很大帮助，但前提是宝宝每天要有一个固定的阅读故事的时间。每天按时给宝宝阅读，就像吃饭、睡觉一样养成习惯，会让他们渐渐养成读书的好习惯，并且产生快乐的期待情绪。刚开始的时候，可以由爸爸妈妈先来指点，宝宝跟着爸爸妈妈的手指动，以后再练习宝宝自己用手指着阅读。

☞ **教宝宝学会写字**

与阅读相对的，就是写字。让宝宝学会写字，前提就是宝宝要认识更多的字，有较多的词汇量。

爸爸妈妈应该把教宝宝识字作为早期教育的重要内容。在日常生活中，要随时随地教他们识字。如果宝宝乐意去做一些找字的练习，爸爸妈妈就让宝宝在报纸或者街边的广告、店铺上寻找汉字，以巩固记忆和提高兴趣。为增加词汇量，爸爸妈妈可以教宝宝一些反义词，通过比较，更有助于宝宝分辨和记忆。要注意教给宝宝的反义词需要是具体的，这样方便宝宝理解和记忆。例如，在教宝宝学习"前与后"的时候，可在宝宝的前面和后面放上不同的东西。"大和小"则可以用动物中的狮子和猴子来比较。

在宝宝已经认识了一些汉字的时候，爸爸妈妈可以教宝宝玩认字配对的小游戏。爸爸妈妈可以把宝宝看过的图画书中的句子，用毛笔写成大字，让宝宝拿手中的字卡与实物进行配对。平时宝宝看图画书的时候会注重看图，忽略看字。如果去掉图，宝宝只能认识其中的几个字。但他会一边背诵句子，一边将其他的字对号入座，这种连猜带蒙的配对游戏，如果猜对了，会给宝宝带来很大的鼓励。

除此之外，爸爸妈妈可以让宝宝随意写写画画。两三岁的宝宝会经常想拿起笔来"写写画画"，爸爸妈妈此时不妨就任他们写画，因为绘画和写字是密不可分的。让他们写写画画可以增强对笔和写字的兴趣。这个时期，宝宝笔下的东西可能只是一些杂乱无章的线条，但爸爸妈妈还是要对这种行为表示赞赏。因为这是宝宝在展示自己的能力，积极的反馈能够增强宝宝的信心。

☞ 教宝宝学习英语

2～3岁的宝宝会对英语产生兴趣，想让自己的宝宝同时掌握两种或两种以上的语言，越早接触外国语言越好。

年幼的宝宝会很喜欢用英语说动物的名称，爸爸妈妈可以先教他们动物玩具的英语名称。比如可以拿着一只玩具狗，教他说："狗的英语名字叫dog，狗——dog，dog——狗。"然后再拿出小鸭子、小熊等玩具教宝宝它们的读法。如果没有适当的玩具，可以用图书和图片来代替。把书翻到有动物的一页，教宝宝说出动物的英文名称。如果宝宝说得好就表扬他一下。要让宝宝感受到成功，使他有学习兴趣。爸爸妈妈还可以购买一些教幼儿学英语的音像制品，让宝宝边听边看边学习。如果宝宝感到累了厌烦了就马上休息，千万不要为了完成任务而进行学习，以免削弱了宝宝的积极性。

其实，宝宝学习语言不止局限于英语，能够接触越多的语言越好。如果爸爸妈妈不会几国语言，可以找几个固定的外国朋友，在固定的时间与场合分别和宝宝说话与交流，同样可以刺激宝宝脑细胞中集中不同语音链的链接，为宝宝今后学习更多的语言打下良好的基础。语言的学习重在环境，只有浸泡在环境中才能有利于语言的接受、理解和表达。所以对宝宝的外语学习要创造良好的环境，持之以恒地进行培养。

☞ 对宝宝进行语言训练需要注意的问题

对1岁多的宝宝来说，张嘴说话就意味着说词汇。因为此时他们的语言能力还仅仅限于说自己想要表达的句子中的词的程度。例如宝宝要吃鸭梨，可能就只能说"果"或者"梨"。也因为如此，爸爸妈妈可以在和宝宝对话的过程中，主要采用词语来表达意思，而不是用"这个""那个"等来表达。对宝宝说"来尝尝这个"，最好用"来尝尝菠萝"替代。明确地指向某一方面可以帮助宝宝理解所说的东西，另一方面也可以增加宝宝的词汇量。

有些爸爸妈妈担心词汇太复杂，或宝宝无法发出那个音节，就会帮宝宝先缩减一下。例如把"漂亮的衣服"说成"漂漂"，其实这是完全没有必要的。爸爸妈妈用准确的语言和宝宝对话，可以让他们尽早地学会更多词语。

总之，扩大宝宝的词汇量是很有必要的。如果爸爸妈妈觉得自己的词汇很有限，还可以借助童话书中的故事来帮助宝宝接触新词汇，无论是外国的儿童书籍翻译版本还是国内的儿童书籍都可以。

另外，如果1岁半之后的宝宝说话还不是很清楚，"h""f"还分不清楚，爸爸妈妈也不要打断他的话指出错误。因为这样做会打断宝宝原有的思维，使他一下子忘记自己本来想要表达的是什么。另外，总是被纠正发音的宝宝，在说话的时候会变得紧张，而更加说不好话了。

运动能力开发

❀ 开发训练

☆小羊与狼

【训练目的】

通过跑、躲藏等动作来锻炼宝宝肢体的敏捷性和反应力。

【训练方法】

1. 妈妈先给宝宝讲关于小羊与狼的故事：一只小羊独自出去玩，突然遇到了一只大灰狼。小羊想起妈妈以前告诉它的话："见到大灰狼要躲起来，否则会被它捉起来吃掉的！"于是它连忙藏到一棵大树后面，大灰狼什么都没看到就走远了。小羊看大灰狼走远后，安全地回到了家里。

2. 讲完故事后妈妈可以扮成大灰狼，让宝宝扮成小羊，让宝宝藏起来，看看能不能被妈妈捉住。

3. 妈妈和宝宝可以互换角色，以达到训练宝宝动作和思维的目的。

【注意事项】

注意不要每次都捉到宝宝，以增强宝宝的成就感。在户外玩游戏的时候不要让宝宝爬得太高，以免摔伤宝宝。

☆踩木桩

【训练目的】

训练宝宝身体的平衡能力。

【训练方法】

1. 爸爸妈妈可以在地面上摆好几根木桩或者几块砖头，木桩之间相隔10厘米左右的距离。

2. 爸爸妈妈给宝宝做示范：双臂伸平，脚踩在第一根木桩上开始走，身体保持平衡。

3. 带着宝宝从第一个桩开始走，走到最后一根木桩结束。

4. 可以准备两组高矮不同的木桩，与宝宝进行比赛，看谁先走完。

【注意事项】

注意安全第一，按宝宝的年龄和行走能力，可以采用不同高矮的木桩。

☆ 小鱼游来了

【训练目的】

发展宝宝的手脚协调能力，培养躲闪能力。

【训练方法】

1. 宝宝和爸爸妈妈事先学会游戏歌曲："一群小鱼游来了，游来了，游来了。一群小鱼游来了，快快抓住。"

2. 爸爸妈妈手拉手做"网"状。宝宝边唱边手一前一后摆动做游鱼状，走小碎步穿过"渔网"。

3. 当唱到"抓住"这最后两个字时"收网"，哪条"小鱼"被抓住就要被"红烧"或"清蒸"，最后剩下的那条小鱼为胜利者。

【注意事项】

该游戏为集体活动，需要幼儿园或社区的家长们配合进行。

☆ 兔子跳圈

【训练目的】

练习宝宝双脚离开地面连续跳的能力，进而提高宝宝的运动能力。

【训练方法】

1. 先准备一个小兔子的头饰，在院子里画出一个圈作为小兔子的家。

2. 让宝宝离开圈子2米远。

3. 给宝宝戴上兔子头饰或者教宝宝竖起两根手指做兔子耳朵，双脚离开地面跳跃，一蹦一跳地跳到兔子的家里。

【注意事项】

跳的距离不能太长，以免宝宝劳累。

☆放鞭炮

【训练目的】

让宝宝练习蹲、跳动作，感受亲子游戏的快乐。

【训练方法】

1. 妈妈说儿歌："小鞭炮，小鞭炮，嘭嘭一响真热闹，妈妈赶快点一点，嘭嘭嘭嘭跳得高。"

2. 说第一、第二句时，让宝宝先蹲下来，按照准备动作做好姿势。

3. 妈妈用手抚摩宝宝的头，并做点鞭炮的动作。

4. 做完动作后，让宝宝慢慢放松身体，用力向上跳，并发出"嘭"的声音。

【注意事项】

计算速度，尽可能提高宝宝动作的敏捷性。

☆抬轿子

【训练目的】

训练宝宝的身体协调能力，增进亲子交流。

【训练方法】

1. 准备羊角球、高低障碍物。

2. 宝宝站在起点，爸爸妈妈站在中点，发令后，宝宝骑着球跳向中点，把球传给爸爸妈妈。

3. 爸爸妈妈背对背夹球从中点绕回起点的凳子再跑回中点，把球放下后，用手搭成轿子状，宝宝坐在轿子上。

4. 爸爸妈妈抬着轿子通过高低障碍物（低的跨过去，高的蹲着钻过去），跑到终点，以快者为胜。

【注意事项】

爸爸妈妈夹球时，如球掉地，须在原地夹好后再往前走；通过障碍物时，不可碰倒障碍物。

☆宝宝模仿秀

【训练目的】

让宝宝模仿简单的运动，可以提高宝宝身体的灵活性，以便提高宝宝右脑的肢体协调能力。游戏开始之前，要先逗宝宝高兴，让宝宝拥有愉快的情绪。

【训练方法】

1. 妈妈先告诉宝宝："现在妈妈要做各种动作，宝宝也和妈妈一起来做吧！"并且教给他训练的方法。

2. 妈妈双手高举，并且对宝宝说："双手往上举，万岁！"让宝宝跟着做同样的动作。

3. 妈妈拍几下手，并且对宝宝说："来，拍、拍、拍、拍、拍、拍、拍。"之后再跟他说："来，跟着一起做。"让宝宝再次模仿。

4. 妈妈将双手的手掌叠放在头上，并且说："哇！好热啊！快将手放到头上遮太阳！"让宝宝也跟着把手掌放在头上。

5. 妈妈的手一边做圆形运动，一边对宝宝说："咕噜咕噜，咕噜咕噜，手画圆。这只手画完，就换一只手。咕噜咕噜，咕噜咕噜！"让宝宝也跟着画圆。

6. 妈妈把球放在两人之间，开始互相踢球。球踢过去之后，妈妈就把脚抬高，或者故意跌倒给宝宝看。再次让宝宝做相同的动作。

7. 妈妈双手抱着球，放在头上，一只手扶着球，一只手做圆形运动。让宝宝跟着做。

【注意事项】

一定要在宝宝兴趣很高的时候来做这个练习，并且要注意训练时间，在宝宝疲倦之前停止。

☆摊煎饼

【训练目的】

有助于增强宝宝的动作协调性，提高宝宝的肢体平衡能力。

【训练方法】

1. 训练之前妈妈要带宝宝品尝煎饼，并且观看煎饼的制作过程。然后，让宝宝躺在床上，全身呈放松状态。

2. 妈妈对宝宝说："我们先来和面粉（用手推宝宝的身体，让宝宝滚动起来），再加点水（在宝宝身上点一点，假装在加水）。"

妈妈又说："再来和一和面粉（帮助宝宝再翻一翻身）。"

妈妈："锅里要倒点油，把和好的面粉放进去喽（家长相互配合，一人抬起宝宝的头，另一人抬起宝宝的脚，来回晃一晃，再轻轻扔回床上）。"

妈妈："一面已经烤好了，现在再烤另一面了（抬起宝宝的身体再翻一翻身）。"

妈妈："好了，做好了，最后要再加一点芝麻（用手在宝宝的身体上到处摸一摸）。"

妈妈："煎饼做好啦（用手握住宝宝的手或者其他部位，假装张大嘴巴咬了一口）。"

妈妈："真好吃啊（用手轻轻按摩宝宝的身体）！"

【注意事项】

在训练的过程中，可以根据宝宝喜欢某个动作的程度来重复某些动作，也可以根据宝宝的生活经验换成做蛋饼、葱油饼之类的食品。训练的时候可以换换角色，让宝宝自己来摊煎饼，而妈妈做面粉，以提高宝宝的兴趣。

☆小熊睡觉

【训练目的】

这个游戏是让宝宝练习朝着指定的方向跑，能够发展宝宝的自然运动能力。

【训练方法】

1. 妈妈先在一张硬纸上画出小熊的头部轮廓，之后把它剪下来，用彩笔进行装饰，使它看起来更逼真。做好后就用绳子穿起来，挂在宝宝的胸前。

2. 妈妈和宝宝一起蹲下，一起念儿歌："大熊睡觉醒不了，小熊偷偷地往外跑，因为小熊爱训练啊，轻手轻脚地往外跑。"

3. 念完之后，宝宝（也就是小熊）轻轻地离开妈妈（也就是大熊）。

4. "大熊"睡醒之后，一边伸着懒腰一边说："大熊睡醒仔细瞧，不见了小熊怎么得了。汪，小熊小熊哪里去了？"

5. "小熊"（宝宝）听到"大熊"（妈妈）的叫声，马上跑回到大熊的身旁。

【注意事项】

训练开始的时候，妈妈最好给宝宝指定一个地点跑，尽量不要太远，以免宝宝迷失方向。

☆ 骑大马

【训练目的】

这个游戏能够发展宝宝动作的协调性，同时训练宝宝的想象力。

【训练方法】

1. 爸爸妈妈问宝宝："大人是怎样骑马的呀？"之后启发宝宝的想象，并且模仿大人骑马时候的样子。爸爸妈妈可以为宝宝准备一些竹竿或者别的物品来代替马。

2. 爸爸妈妈针对宝宝的反应和动作表现，进行恰当的语言引导和帮助，使宝宝可以渐渐地学会骑马的动作。也就是两只脚始终是一只脚在前、另一只脚在后，轮流着做向前跑的动作。

3. 另外，一只手拿着竹竿，另一只手臂屈肘放置在身体的一侧，手微微地握成拳头，就像在握住马的缰绳一样，协同着两只脚做上下颠覆的动作。

4. 爸爸妈妈可以带着宝宝一起做骑马的动作。

【注意事项】

游戏进行之前，爸爸妈妈可以让宝宝看一些有关骑马的图片或者电视，以在宝宝的头脑中留下骑马动作的表象。骑马的动作幅度不要太大，以免宝宝受伤。

早教提示

☞ 训练宝宝身体的平衡能力

平衡感是大脑、神经系统、身体和地心吸引力之间的一种协调能力，平衡感发展了，宝宝才可以平躺、翻身、坐、爬、站立，进而才能灵活操作大小肌肉。平衡感不佳的宝宝，连身体的站立都会变成一个大麻烦。由此可见，平衡感是一切行动的基础。

训练宝宝身体的平衡能力，可以培养宝宝的专注力，还能培养宝宝的勇敢精神。公园和游乐场里所有的小平衡木、小滑梯和适合宝宝玩耍的攀登架等设备，都可以成为玩耍时利用的工具。在利用这些平衡木和滑梯等设备进行平衡动作的练习时，妈妈和爸爸需要在旁边加以帮助和保护，同时要注意减缓中间的缓冲力。在玩的时候，开始时要在旁边扶住并鼓励宝宝去玩，后来就逐渐地放开手让宝宝自己去玩。如果与其他同伴一起玩，还可以培养宝宝的勇敢和遵守先后次序等良好行为，但要注意宝宝彼此之间的距离，避免碰撞引发伤害。

☞ 用玩具辅助训练动作的协调性

玩具推拉车是宝宝学习迈步一直到独立行走期间最适宜的玩具，两三岁的宝宝对各色各样的玩具推拉车非常感兴趣。多做玩具推拉车游戏，不但可以发展宝宝手臂和腿部动作的协调性，让宝宝学会独立行走，还能帮助宝宝尽早摆脱对爸爸妈妈的过多依赖，学会独立自主地进行活动。

玩具推拉车的种类非常多，例如鸭子车或者其他动物形象推拉车等，还有一些推拉车可以发出声音，例如小熊打鼓、鸭子背蛋或者大象转伞等等。开始的时候，宝宝走路不稳当，妈妈或者爸爸可以先拉着宝宝的一只手，领着宝宝拉着小车朝前走，或者和宝宝一起推拉着小车，之后再慢慢地减少帮助，让宝宝自己去拉车、推车。在宝宝拉车的时候，还可以训练宝宝拉着小车进行侧身走、倒退走、转弯走等，使宝宝行走得更加敏捷和稳定。在宝宝推车的时候，要选择平坦的路面进行。妈妈或者爸爸要经常给予鼓励和帮助，防止宝宝因为推力过猛或者转弯过大而失手摔倒。

当宝宝到了2岁以后，可以开始从玩推拉车过渡到骑童车。童车是宝宝的最好玩具之一，既可以锻炼身体，增强腿部的力量，又可使手、眼、脚的动作协调一致，掌握平衡和控制的能力。

同时爸爸妈妈还可以为宝宝提供各种球类，玩球可锻炼全身。宝宝从1周岁起开始玩球，先是玩小皮球，用手拍。接着就是玩小排球，小足球，羽毛球，用手打，用脚踢。2岁半后，还可玩标准型少年小足球，连踢带跑，锻炼了全身各个器官，并使全身动作协调发展。

☞ 继续训练宝宝的行走能力

在宝宝迈出第一步的6个月以后，他们的行走方式就更加成熟了。马上要迈步子的时候，宝宝的双脚就靠得很近，步态也更加稳定了。这个时期，爸爸妈妈要继续训练宝宝的行走，逐步锻炼宝宝的独立行走能力和行走时的稳定性，为今后宝宝独立自主地行走打下好基础。

在宝宝刚开始学习走路的时候会先把手放在地上，把胳膊伸直，高高地撅起屁股，之后把腿拉到身体的下面，最后，直起腰离开地面，把腿伸直，开始迈步走。开始的时候，宝宝不能迈大步，在向前走动的时候，两腿之间的距离很宽，脚指头向外，东倒西歪的。刚开始走路的时候，宝宝似乎又慢又小心，但是很快他就开始加速了，爸爸妈妈甚至需要小跑才能跟得上他。

为了锻炼宝宝的行走能力，爸爸妈妈可以在家里设置一个小栏杆，在不同的位置用宝宝感兴趣的玩具逗引宝宝，鼓励宝宝扶着栏杆迈步。等宝宝走得比较稳了，再引导他用另一只手扶着床沿迈步。还可以找一个比较坚固的纸箱，让宝宝在收拾干净的房间里推着纸箱走。随着宝宝的进步，可以逐渐在纸箱里装东西，逐渐增加纸箱的重量，锻炼宝宝的腿部力量。

在宝宝学习迈大步的时候，大人可以站在宝宝的背后，双手搀扶住宝宝的两只胳膊，让宝宝开始迈大步，并对宝宝说"宝宝迈大步，一二一"。之后就慢慢地过渡到拉着宝宝的手，让宝宝迈大步走。最后，就让宝宝自己迈着大步向前走，并且训练侧身走、倒退着走等。

左脑智能开发

🌸 开发训练

☆切分烙饼

【训练目的】

锻炼宝宝的逻辑思维能力，促进左脑的开发。

【训练方法】

1. 妈妈做几张烙饼，让宝宝先用刀切成4份，看看能不能切均匀。

2. 再教宝宝如何把烙饼切成3份。第一种方法是在烙饼上估量着竖切两刀，两边的会比中间的少，3份不一样大。另一种切法是先找准圆心，从圆心向边上切一刀，估量三分之一处再从圆心向外切，余下的部分再一分为二。

3. 如果宝宝用铅笔在纸上画，多画几次就能找准三分之一的位置，就能分得比较均匀了。

【注意事项】

用刀时需注意安全，爸爸妈妈必须在旁边进行指导和看护。

☆小猴摘香蕉

【训练目的】

让宝宝知道1加1是2，2加1是3……以此来提升宝宝的数学能力。

【训练方法】

1. 提前准备好小猴子和香蕉的图片。爸爸妈妈先出示小猴子的图片，同时告诉宝宝："小猴子现在要去摘香蕉了，先摘了一个香蕉。"

2. 之后出示一张香蕉的图片问宝宝："现在小猴子摘了几根香蕉？"让宝宝

来回答。

3. 爸爸妈妈再接着说："小猴子还要给他的弟弟也摘一根香蕉。"之后再拿出一张香蕉的图片问宝宝："小猴子现在一共摘了几根香蕉啊？"

4. 之后再问宝宝："这两根香蕉是怎么得来的呀？"并且引导着宝宝把答案说出来："这两根香蕉是由一根香蕉再添上一根香蕉而得来的。"

【注意事项】

爸爸妈妈不要太过着急，如果宝宝回答得不对，也不要责怪，要耐心地引导。

☆哭笑娃娃

【训练目的】

这个游戏可以帮助宝宝在迅速的反应中发展思维的逆向性和流畅性，进而提升宝宝的逻辑思维能力。

【训练方法】

1. 先帮助宝宝熟悉训练的项目，必要的时候要先做个示范。爸爸妈妈要告诉宝宝，要和宝宝一起玩一个经典的游戏"石头、剪刀、布"。

2. 爸爸妈妈告诉宝宝，这次要做一些小小的改动。每一次胜利者都要作出"哭"的表情，而失败的一方则要作出"笑"的表情，谁先做错谁就要认输。

【注意事项】

逆向思维的特色就是换一个角度去看待问题。想让宝宝更聪明的爸爸妈妈就要经常对宝宝进行一些逆向思维的训练。

☆给气球娃娃戴帽子

【训练目的】

培养宝宝观察比较物体数量多少的能力，激发宝宝探索科学的欲望。

【训练方法】

1. 准备气球、纸杯、塑料杯、热水、彩笔、线等材料。

2. 爸爸妈妈给气球吹气并用线绑好，宝宝用彩笔在气球上画上眼睛、嘴等。

3. 让宝宝说说气球的颜色，分别数数每种各有几个。

4. 请宝宝试着把杯子倒扣在气球上看能否待住。

5. 爸爸妈妈将热水倒入杯中，过20秒后再把杯中水倒出来，立即将杯口紧密倒扣在气球上，片刻后轻轻把杯子举起，让宝宝观察并说出结果。

【注意事项】

爸爸妈妈可以进一步引导宝宝比较不同颜色气球的个数，气球与帽子的个数的多少，锻炼宝宝的逻辑思维能力。

☆蝴蝶飞

【训练目的】

让宝宝练习手口一致数数，有助于其数学能力的培养。

【训练方法】

1. 准备一张画有花草的图片，蝴蝶图片5张，在图片上有花的地方切开一个裂缝，分别插上蝴蝶。

2. 爸爸妈妈对宝宝说："一只蝴蝶飞来啦，落在了花上，又飞来了一只蝴蝶，看一看花丛中共有几只蝴蝶？"（一边说一边把蝴蝶插入切开的缝隙里）

3. 宝宝如果回答出了问题，爸爸妈妈就再次提问："一会儿又飞来了一只蝴蝶，宝宝再数一数现在是几只蝴蝶？"

4. 按照这样类推下去，反复地练习，最后让宝宝自己插蝴蝶，然后再自己数数。

【注意事项】

宝宝数数的时候，爸爸妈妈可以指导着宝宝数一只，手指就屈一只，要求手和口保持一致。爸爸妈妈还可以带宝宝到户外的公园里去做这个练习。接近更真实的花草和蝴蝶，更能提升宝宝对大自然的认知。

☆一起玩麻将

【训练目的】

激发宝宝手口一致点数以及按一定规律排序的兴趣，培养宝宝空间建构能力。

【训练方法】

1. 爸爸妈妈和宝宝自由地玩麻将。

2. 爸爸妈妈引导宝宝数数"条""饼"的个数。

3. 爸爸妈妈和宝宝比一比谁的"条"或者"饼"多，谁的少。

4. 爸爸妈妈让宝宝用麻将堆成或摆成各种形状，说出图形名称。

5. 爸爸妈妈按一定的规律摆放麻将，使宝宝发现规律。

【注意事项】

为增强游戏的互动性，也可以让宝宝按一定规律摆放麻将，让爸爸妈妈来猜。

☆摆餐具，学数双数

【训练目的】

让宝宝学会数双数，训练宝宝的数学逻辑能力。

【训练方法】

1. 开饭的时候，让宝宝负责分发筷子。让宝宝按人头一双一双地发筷子。

2. 告诉宝宝一双筷子是两根，让宝宝自己查查一共用了多少根筷子。

3. 趁着宝宝数筷子之际，妈妈可以拿出一堆花生，同宝宝一起数双数。

4. 每一次拿两颗摆在桌上，一面说2、4、6、8、10，一面排成双行，再从头数起。

【注意事项】

可以让宝宝逐行按双数多数几遍，使宝宝记住双数的数数方法。

☆百宝篮

【训练目的】

通过触摸不同软硬、重量和质地的玩具，提高宝宝利用触觉来辨别不同物体的能力，有助于宝宝逻辑思维能力的发展。

【训练方法】

1. 准备一个藤篮和大量不同样式的玩具。在宝宝的注视之下，将不同的玩具都放进篮子里，然后再将玩具一个接着一个取出。取出一个就问宝宝："这个是宝宝最喜欢的吗？"

2. 这样重复几次之后，就可以让宝宝自己去寻找喜欢的玩具了。

【注意事项】

每天都要更换篮子中的玩具，以保持宝宝对游戏的新鲜度和兴趣。

☆小小音乐家

【训练目的】

培养宝宝手口一致点数的能力，让宝宝具有大胆探索的精神。

【训练方法】

1. 准备相同的玻璃杯7个，筷子两根，水若干。

2. 将7个玻璃杯并排放在桌上，让宝宝数数共有几个杯子。

3. 在杯子里注入不同高度的水，让宝宝把杯子按照水位由低到高排队。

4. 让宝宝用筷子敲击杯沿，听一听，说一说像什么声音。然后由爸爸妈妈引导宝宝观察比较水位与声音的关系。

【注意事项】

爸爸妈妈可以进一步调整水量，以便发出Do、Re、Mi等音阶声音，然后演奏乐曲，激发宝宝演奏的兴趣。

☆ 瓶内取球

【训练目的】

让宝宝想办法把瓶子内的乒乓球取出来，综合训练宝宝的观察力、思维判断和推理的能力，还有实际操作的能力，以提升宝宝的逻辑思维能力。

【训练方法】

1. 爸爸妈妈把3个拴着长线的乒乓球分别装进广口瓶里（线要留一截在瓶口外面）。

2. 爸爸妈妈告诉宝宝："瓶子里装着3个乒乓球，不晃动瓶子怎样才能把它们取出来呢？"

3. 这个阶段的宝宝在考虑怎样把乒乓球取出来的时候，往往是想把3个乒乓球一下子同时取出来，他们一般都会抓住3根绳子一起往外拉。这个时候，爸爸妈妈就要指导宝宝先比较一下瓶口和乒乓球的大小，问宝宝能一下子把3个乒乓球都取出来吗？启发宝宝去思考。

【注意事项】

宝宝领悟到解决问题的办法之后，爸爸妈妈应该让宝宝独自完成任务，把瓶子里的乒乓球依次分别拉出来。

❀ 早教提示

☞ 增强宝宝的辨别能力

爸爸妈妈可通过以下几个游戏来增强宝宝的辨别能力，锻炼他们的观察和注意力。

1. 归类超市物品

超市中有各种各样归类放置的商品，爸爸妈妈可以利用带宝宝去超市的机会对各种物品进行观察和认知活动。购物的时候，爸爸妈妈边推车边给宝宝介绍各种商品，指定商品让宝宝来拿。在走一圈后，爸爸妈妈可以故意将已经放入购物车的商品退回，让宝宝将商品放回原处。以此来培养宝宝的观察能力及分类、归类能力。

2. 布袋游戏

妈妈或者爸爸先准备一个小小的布袋和各类水果若干，例如香蕉、苹果、橘子、葡萄，等等；另外再准备一些各类的小玩具，例如手枪、汽车、兔子、帽子和手套，等等。妈妈或者爸爸拿着装满各类物品的小布袋，让宝宝伸出手到袋子里去摸一样东西，但不许偷看是什么东西，摸完之后告诉爸爸妈妈。当宝宝可以多次把物品的名称说对的时候，妈妈或者爸爸就再让宝宝把这些掏出来的东西进行归类，例如香蕉、苹果等是水果类；手套、袜子等是日用品类；毛绒小兔子是玩具类，等等。

3. 图片归类

妈妈或者爸爸先找几张明信片或者照片，教宝宝认识明信片或者照片中的物品之后，就将图片次序打乱，让宝宝重新进行选择。例如把有小船的明信片或者照片放在一起。进行这个游戏时，妈妈或者爸爸要尽量给宝宝以提示和引导，例如对宝宝说"看这张图里的小船""哪张图片还有小船呢"，等等。如果宝宝区分对了，就要及时地给予表扬和鼓励。此游戏可提高宝宝的语言能力和长期记忆力。

4. 纸盒游戏

在纸盒里面同时放入同种颜色的玻璃杯、球、积木块等物品。把纸盒子放在宝宝的面前，让宝宝依次把盒子里的物品拿出来，并且一一说出名字。如果宝宝不知道或者说不清楚，妈妈或者爸爸就要教宝宝进行辨认。这个游戏不但可以很好地增加宝宝的词汇量，还能够让宝宝认识和区别不同的物品。多次练习之后，妈妈或者爸爸就可以尝试增加一些其他颜色的纸盒及物品，然后教宝宝把同种颜色的物品都放到同一个盒子里。

☞ **锻炼宝宝的思维能力**

1~3岁的宝宝正处于思维能力发展的关键时期，此时他们的抽象思维开始萌芽并且在迅速发展。在这个阶段，爸爸妈妈要注意加强宝宝相关方面的练习，以提高宝宝的思维水平。

爸爸妈妈可以通过进行因果问答的互动来训练宝宝思考某个行为可能带来的能够预测的后果。爸爸妈妈可以这样对宝宝提问："如果我忘记了关掉水龙头，让它开了一整夜，你想象会发生什么事情呢？""如果没有了电，那么人类的生活会变成什么样子呢？""如果你没有请假就偷偷从幼儿园跑出来，老师会采取什么措施呢？"如此等等。和宝宝玩因果游戏的时候，爸爸妈妈还可以和宝宝交换一下角色，由宝宝来进行提问，爸爸妈妈来想结果。通过一问一答的方法促使宝宝进行思考，拓宽他们的思维空间。

爸爸妈妈还可以训练宝宝学会思考解决问题的方法，让他明白解决问题的程序。例如，如果宝宝和别的小朋友闹矛盾了，爸爸妈妈可以借机启发宝宝思考："别的小朋友为什么不和你玩了？"等宝宝找出了正确的原因之后，爸爸妈妈就可以进一步启发他，给他提示一些解决问题的方案，并且要求他一个一个地分析各种方案的优势和劣势，比较之后作出最终的选择。这不仅锻炼了宝宝的思维，也提高了他应对生活和人际交往中小难题的能力。

爸爸妈妈还要鼓励宝宝从多个角度想问题。例如，让宝宝明白任何一个解决问题的方案都有有利和有害的一面。同一个问题，不但要会正向思维，还要会逆向思维，甚至也要会横向思考。爸爸妈妈可以拿这样的问题来问宝宝："把身上带的所有钱都给你买好吃的和好喝的好吗？"宝宝听完之后一开始可能会赞同，此时爸爸妈妈就可以要求宝宝从正反几个方面去思考，经过认真思考之后，宝宝往往就会改变最开始的想法。

☞ 让宝宝少接触电视和电脑

有些爸爸妈妈不知道该给宝宝玩些什么，或者当宝宝情绪激动哭闹不止的时候，发现看电视能让宝宝变安静。于是为了哄宝宝开心，这些家长就总让宝宝看电视，甚至玩电脑。爸爸妈妈会觉得这是解决宝宝哭闹，并且拓宽视野、认识世界的好办法，可事实上，这样的做法危害非常大。

研究表明，使用电子产品过多的宝宝，控制能力差、注意力不集中；对环境刺激的敏感性低；自我控制水平低；意志力薄弱；易情绪不稳定。一方面，现在的电视节目主要是针对成年人，小宝宝理解起来会有很大的困难，尤其是还不满3岁的小宝宝，他们缺少中间应有的过渡，这对宝宝的理解能力是很不利的。另一方面，电视媒体节目在质量上良莠不齐，而小宝宝的模仿能力都很强，如果长期看电视，就会不自觉地模仿里面的人物，养成一种"装腔作势"的习惯，到那时想要改变是很困难的。此外，电视节目看起来很丰富，但若与宝宝们的想象力相比，其实还是很贫乏的。长期看电视的宝宝，理解力和阅读能力都明显没有长期阅读的宝宝能力强。与其让宝宝在那里看电视，还不如让宝宝多花点时间去读书。

右脑智能开发

✿ 开发训练

☆ 猜盒子

【训练目的】

宝宝使用触觉和视觉来进行判断，可刺激右脑发展。

【训练方法】

1. 做一个纸盒，或者用纸巾盒来代替，往盒子里面放一些糖果、小玩具等物品。

2. 让宝宝摸一摸，请他在拿出物品之前说出物品的名称。或者给他指令，让宝宝拿出你所指定的东西。

3. 可以给宝宝一些否定的指令，告诉他不可以把什么东西拿出来，比如"不可以把红色的东西拿出来""不可以把吃的东西拿出来"。

【注意事项】

可以使用一些激励方法，比如，拿对了巧克力，就把巧克力奖励给宝宝吃，如果拿错了，巧克力就归妈妈吃等。

☆ 大家一起唱

【训练目的】

发展宝宝的节奏感和创造力。

【训练方法】

1. 把生活中的事套用我们所熟悉的简单旋律编成新的歌曲，和宝宝边唱边玩。

2. 比如洗脸、吃饭、睡觉，我们可以把这些活动和我们熟悉的旋律如《生日歌》编在一起来唱：我们一起吃饭，我们一起吃饭，我们快来吃饭，天天都要吃饭。

【注意事项】

可以试着让宝宝自己套用旋律来"创造"歌曲。

☆找朋友

【训练目的】

让宝宝发挥想象力，刺激右脑的开发。

【训练方法】

1. 摊开几张字母卡片，让宝宝将两张相同的字母卡片配对。

2. 如果宝宝把外形相近的两个不同的字母混淆，爸爸妈妈可在纠正错误的同时，形象地指出它们的区别。如：在解释字母B时可将其描绘成宝宝的一只耳朵，而把字母P解释为爷爷的一根手杖。

3. 让宝宝自己来形容一下每个字母像什么。

【注意事项】

这个配对游戏适合1.5岁左右的宝宝。随着宝宝年龄的增长，可以将配对游戏发展为"归类游戏"。如：让2岁左右的宝宝将不同姿势的同一种动物的图片配成一对；让2.5岁的宝宝将图片或实物中的水果、饼干等分类。

☆说梦

【训练目的】

协调右脑和左脑的平衡发展，有助于右脑潜能开发。

【训练方法】

1. 睡觉前妈妈可以给宝宝讲故事，帮助宝宝入睡。

2. 早晨醒来的时候，让宝宝试着复述一下昨晚睡觉前听的故事。

3. 诱导宝宝把昨晚做梦梦见的东西说出来。

【注意事项】

人的梦境实际上就是无意识中右脑描绘的形象。鼓励宝宝做梦醒来后立即把梦境讲出来，这样做就等于再现右脑的形象，有利于刺激右脑。

☆像什么

【训练目的】

训练想象力，给宝宝的右脑以更多的刺激。

【训练方法】

1. 让宝宝面对一面没有过多视觉刺激的墙。爸爸妈妈手里拿着图画卡片或积木等，从宝宝的左耳后方进入他的左眼视野。

2. 爸爸妈妈问宝宝："你看这个像什么呀？"让宝宝用自己丰富的想象力来回答问题。

3. 爸爸妈妈还可以在晴朗的天气带宝宝出去玩，让他观察天上的云朵，启发他将不同形状的云朵看成动物、仙女、天使等。

【注意事项】

爸爸妈妈不要问宝宝"这是什么"或者"你看这个像不像小兔子"，这样的问题很容易得到单一答案，禁锢了宝宝的想象力。

☆画圆形物体

【训练目的】

培养宝宝的想象力和创造能力，起到开发右脑的作用。

【训练方法】

1. 在桌上铺张大纸，让宝宝在上面画圆圈。

2. 爸爸或妈妈做示范先画一个圆，如果宝宝画出一个有凹面的圆圈，爸爸妈妈加一个柄告诉宝宝这是苹果。如果画出一个有凸起的圆，爸爸妈妈可看形状添上几笔或者画成梨或者画成桃子。如果宝宝偶然画得较规整，可加光芒成太阳。如果近似圆可称它为鸡蛋，或者加几笔成一个碗。如果画得太小，可穿成糖葫芦或串珠。

3. 让宝宝在画好的物体上添颜色。

【注意事项】

最初宝宝画好了会叫爸爸妈妈来帮他变成一个东西，渐渐地爸爸妈妈可启发宝宝自己去想它像什么，引导他学习自己加上几笔作画。

☆剪纸环

【训练目的】

这个活动是多种感官配合的活动，既有手的动作，又有颜色的感觉、图案的设计等等，对发展宝宝的右脑很有帮助。

【训练方法】

1. 找一张韧性比较好的牛皮纸，两边粘起来，形成桶状。

2. 横剪成一个一个环，然后和宝宝一起在环上画自己喜欢的图案和颜色，把它套在手腕上当手镯。

3. 妈妈先做一个引起宝宝的兴趣，然后放手让他自己来做。

【注意事项】

以鼓励为主，不要计较宝宝做得是否漂亮。

☆美丽的花布

【训练目的】

培养宝宝对色彩的运用技巧及创造力。

【训练方法】

1. 准备各种各样的花布若干，各种白布和颜料。

2. 拿出白布和各种颜料，激发宝宝运用所提供的材料自行设计花布。

3. 设计完后，让宝宝欣赏自己的作品，并向他人作简单的介绍。

【注意事项】

在画花布的过程中，爸爸妈妈要鼓励宝宝大胆使用各种颜色，并对其作品给予肯定。

☆手影游戏

【训练目的】

可以培养宝宝的空间想象能力。

【训练方法】

1. 爸爸妈妈先用绳子制作成兔子、飞鸟、马头等形状，让宝宝一一辨识。

2. 爸爸妈妈还可以借助一些工具做一定的动作，例如小兔子咬耳朵、小鸟飞翔、马儿吃草、小鸭子戏水等等，激发出宝宝的兴趣。

【注意事项】

这个游戏需要在灯光或者阳光能投影到的地方玩，必要的时候可以增加一些辅助材料，例如小棍子、小布条等等。这个游戏要先教宝宝认识这些动物，然后再慢慢地教宝宝怎么做形状。

☆撕纸条

【训练目的】

撕东西可以锻炼宝宝手的灵活性，为将来使用剪刀等工具奠定基础。同时，让宝宝玩撕东西的游戏还可以培养他的创造能力，有益于宝宝创造性思维能力的提升。

【训练方法】

1. 一开始，爸爸妈妈可以把一些不需要的废纸撕成几个细长条的纸条递给宝宝看，并对他说："这些可以用来做什么呢？"

2. 爸爸妈妈把纸条做成一个可以发出"沙、沙"响的纸掸子。

3. 如果宝宝看到了也想撕，就先帮他撕开一个小缺口，让宝宝先拿住一边，爸爸妈妈则拉着另一边往外拉，这样就能"哗啦哗啦"地把纸撕开了，撕到一半把纸撕断了也没关系。

4. 把纸撕成许多长条以后，就全部卷在另外一根纸做的小棍子上面，不管是长条还是短条都用透明胶带一起贴在小棍子的一头，这样就做成了一个掸子。这个发出"沙沙"声音的纸掸子马上会成为宝宝非常喜欢的新玩具。

【注意事项】

做好"沙沙"响的纸掸子之后，先不要忙着丢掉玩具，要把它收起来，等两三天之后再拿出来，宝宝又会玩得很高兴。在玩撕纸训练之前，爸爸妈妈要先把重要的东西收藏在宝宝拿不到的地方，然后再好好地和宝宝玩撕纸的游戏。

🌸 早教提示

☞ 如何对待发脾气的宝宝

1岁多的宝宝开始渐渐有了脾气。宝宝爱发脾气，有其生理、心理上的原因。有些宝宝发起脾气来，不让大人抱，努力挣脱大人的手，拿到什么东西就都扔掉。如果经常出现这种情况，爸爸妈妈就要带宝宝去医院检查一下，看是否缺少某种营养元素。一些微量元素的缺乏会造成宝宝脾气暴躁。

如果是外部的事情使得宝宝发脾气，爸爸妈妈就要注意好处理的方式。宝宝的脑神经系统功能发育还不完善，兴奋和抑制过程发展不平衡，容易兴奋而难以抑制。遇到不顺心的事情容易冲动，甚至完全不能控制自己。爸爸妈妈不要过分和宝宝纠缠。当宝宝平静以后再慢慢地讲道理，引导宝宝明辨是非。切忌先严后松，教育宝宝之后又跑去道歉，这会增加宝宝的委屈感，也会助长宝宝的坏脾气。

处理宝宝发脾气的最好办法，就是爸爸妈妈先克制住自己的情绪，沉下气来，用一种冷静、理性的态度来对待正哭闹的宝宝，不让他觉得自己的哭闹可以引起爸爸妈妈的注意。这样，他的反应没有得到重视，就不会再以这种方式来引起注意了。如果爸爸妈妈不分青红皂白，采取简单粗暴的方法，只会火上浇油。在日常生活中，爸爸妈妈一定要注意生活的氛围，长期生活在争吵和不和谐家庭中的宝宝成长会受到阻碍，只有温馨轻松的家庭氛围才能让宝宝的性格发展更加健康。

☞ 训练宝宝的自理能力

这个阶段的宝宝的肢体基本动作已经很协调，也有了自理的愿望，如果爸爸妈妈及时引导，就能帮助宝宝养成独立生活的能力。

爸爸妈妈可以通过一些故事和例子来引导宝宝提升生活能力，通过宝宝经常接触到的一些文学作品中的故事情节来培养宝宝的自理意识，是一件潜移默化也很容易做到的事情。例如，在给宝宝讲《大公鸡和漏嘴巴》的故事之后，宝宝在进餐的时候就会有意识地看看自己是不是拖拖拉拉的或者是个"漏嘴巴"；《三只小猪》的故事可以让宝宝明白，想住进安全漂亮的房子就要不怕苦不怕累，勤动脑筋等。

除了故事以外，爸爸妈妈还可以用儿歌来培养宝宝的自理能力。因为这个阶段的宝宝的思维特点还是以直觉行动思维为主，他们的模仿性强，故事和儿歌对他们来说是最合适的一种学习方法。在生活中爸爸妈妈要有意识地让宝宝学会自己动手做一些事情。例如，去超市的时候，可以让宝宝帮忙推购物车；吃鱼的时候，家长可以先让宝宝仔细观察大人是怎样摘除鱼刺的，然后让宝宝自己动手去摘除，家长则在旁边指点；洗衣服的时候，可以让宝宝试着动手洗一下他自己的袜子和内衣。

宝宝的自理能力是在生活中一点一滴培养和积累起来的。如果宝宝表现出十分优秀的生活自理能力，爸爸妈妈就要适时地鼓励一下，但不要以此作为炫耀而常常在家人朋友面前谈及，这样会滋长宝宝不健康的好胜心；对一些自理能力稍差的宝宝，爸爸妈妈要反思一下是不是自己平时做得太多了，或者没有正确地教导宝宝，千万不要批评宝宝，以免影响他的自信心。

☞ 团队精神早培养

年幼的宝宝和社会的互动性很少，宝宝主要还是和家人接触，有一些已经上了幼儿园或者托班的宝宝虽然可以和同龄的宝宝接触了，但"交际圈"仍然是十分简单的。由于2岁左右的宝宝正处于形成自我意识的重要阶段，有时候难免出现自私、发脾气、极端和依赖大人的情况，这时给他们讲道理往往会比较困难。要培养起宝宝的合作意识，团队精神，可以从以下几个方面入手。

首先，要营造温馨的家庭氛围。对宝宝而言，爸爸妈妈之间的行为和互动都会对他产生很大的影响。每一个家庭成员的行为和情绪都会给其他的家庭成员造成影响。所以，要培养宝宝的合作精神，爸爸妈妈首先要以身作则。如果爸爸妈妈之间能够相互体恤，在做家务活的时候互相合作，培养和谐亲密的家庭氛围，那就可以在宝宝幼小的心灵中种下合作的种子。还可以让宝宝帮着爸爸妈妈做一些力所能及的事，以便培养宝宝的合作意识。

其次，要让宝宝学会分享。如果家里来了客人，就可以请宝宝拿出水果来招待客人，这时候对方通常都会说"你真乖""谢谢"之类的话，这对宝宝积极做事情是有激励作用的。和宝宝一起上街的时候，爸爸妈妈可以请宝宝帮忙提一些轻便的东西，并且鼓励他做得很好，让他觉得能给别人帮忙做事情是一件很快乐的事情。很多宝宝对自己的玩具都有一种独占意识，不愿意让别的小朋友玩。如果硬抢，宝宝可能会大声哭闹。面对宝宝的这种行为，要想培养宝宝的合作精神，就要教育宝宝学会跟别人分享。此外，当宝宝特别想要别的宝宝的某一样玩具时，爸爸妈妈可以提议宝宝拿自己的玩具去换。在这样的共同玩乐和互换玩具之间，宝宝的合作意识就会随之增强。

最后，爸爸妈妈可以通过带宝宝参加集体表演来增强团队意识。任何幼儿的团体表演项目都是分工明确的，并且会要求动作一致，每个宝宝除了做好自己的角色外，还需要懂得和其他人配合。在一些大型的表演中更是如此。因此，爸爸妈妈要多让宝宝参加集体舞蹈、集体歌唱等培训和表演，这对提高宝宝的团队意识有非常积极的作用。总之，在培养团队精神方面，爸爸妈妈要多给宝宝一点时间和机会做事情，这样他们会更乐于合作。

培养宝宝的音乐素养

音乐早教不仅能够培养宝宝的气质，陶冶情操，还可以通过听觉器官传入大脑，开发智力，激发创造力和想象力。而且音乐能刺激人体分泌一些有益于健康的激素，促进宝宝身心健康，让他们变得更快乐。因此，爸爸妈妈应该注重宝宝在音乐方面的培养，多让宝宝接触音乐，让宝宝爱上音乐，潜移默化中开发右脑，激发出多方面的潜能。爸爸妈妈可以通过以下几个方面开发宝宝的音乐潜能。

在家庭中为宝宝创造良好的音乐环境。爸爸妈妈根据宝宝活动的不同时间有针对性地创设适合宝宝的音乐环境。当宝宝游戏玩耍的时候，可以播放一些欢快的乐曲；当宝宝吃饭的时候，可以播放古典名曲；在宝宝入睡前，可以播放一些摇篮曲或小夜曲。播放乐曲的音量要适度，否则会有损宝宝的听力。

带宝宝听音乐会。爸爸妈妈可以有选择地带宝宝去听一些适合他们的儿童音乐会，或者以儿童、青少年为对象的歌舞晚会。这样的演出表演者和观众都以儿童为主，宝宝在边听边看的过程中能够找到共鸣，培养宝宝对音乐的喜爱。宝宝会对小朋友们表演的音乐作品产生很大兴趣。爸爸妈妈最好把音乐会上的节目录下来，带回家让宝宝反复听，慢慢学。

给宝宝听乐器独奏。会钢琴等乐器的爸爸妈妈可以亲自给宝宝弹一段乐器听听，也可以买某一种乐器的演奏录音带给宝宝听。钢琴、小提琴、黑管的独奏都是不错的选择。最好让宝宝欣赏小提琴的独奏乐曲，因为小提琴有较强的表现力。若宝宝喜欢其中的几首曲子，可以重复放给他听。当宝宝欣赏乐曲的时候，爸爸妈妈不妨带着宝宝配合乐曲韵律做有节奏的肢体动作或者有节奏地敲击一些物体，让宝宝逐渐感知音乐的旋律和节奏。培养宝宝的节奏感，有助于提高宝宝的音乐感受力和理解力。

智商的开发

✿ 开发训练

☆ 认识多和少

【训练目的】

让宝宝正确区分多和少，并能按大人的口令说出或指出物品的多少。

【训练方法】

1. 准备两张图画，一张画2只气球，一张画5只气球。

2. 爸爸妈妈每人拿一张图纸，问宝宝哪张图画上的气球多，哪张图画上的气球少。引导宝宝来进行比较。

3. 爸爸妈妈还可以出示其他数量不同的图片，让宝宝区分多和少。

4. 爸爸妈妈可以各拿一些数量差别较多的物品，鼓励宝宝说出"多"和"少"；或让宝宝两只手拿着数量不等的图片，大人说"多"或"少"，宝宝按照指令快速举起。

【注意事项】

训练要适度，不要引起宝宝厌烦。当宝宝有所进步时，爸爸妈妈要及时给予鼓励。

☆ 分水果

【训练目的】

这个游戏可以加深宝宝对数字的理解，进而提高宝宝学习数学的能力。

【训练方法】

1. 准备一盘橘子、一盘香蕉（每样3个左右）。爸爸妈妈先提问宝宝："这个是什么"，让宝宝先认一认盘子里放的是什么。

2. 爸爸妈妈对宝宝说："我们来分橘子吃，请宝宝来给大家分，一人分1个。"宝宝分的时候，"爸爸1个，妈妈1个，我1个。"分对了，爸爸妈妈要赶紧说谢谢，对宝宝予以赞扬，并且和宝宝一起高兴地吃橘子。

3. 吃完后，爸爸妈妈再次让宝宝分香蕉，具体方法同上。

【注意事项】

训练的时候用的材料可以任意选择，如果是食品，要注意不能让宝宝吃得太多。

☆辨识图形

【训练目的】

让宝宝认知三角形、圆形和正方形。

【训练方法】

1. 准备三角形、正方形、圆形积木或图片各一个，字卡"三角形""正方形""圆形"。

2. 爸爸或妈妈同时出示3种图形：三角形、正方形及圆形，让宝宝听口令指认，并说一说3种图形的特点。

3. 爸爸或妈妈一手拿一种图形，让宝宝找出相同的图形，并举例说出和图形相近的物品，比如圆形像皮球，三角形像三明治等等。

4. 爸爸妈妈可以把三角形、正方形和圆形作为3种小动物的嘴巴，请宝宝为"小动物"喂"饼干"，把相应的图形投进相应的动物嘴中。

5. 爸爸或妈妈出示一种图形，宝宝就在屋内找相似的物品，并把图形卡片贴到相似的物品旁边。

【注意事项】

当宝宝认识了这3种基本图形之后，爸爸妈妈还可以用同样的方法教宝宝认识其他图形。

☆摇一摇

【训练目的】

这个游戏能让宝宝理解分类和类别，让宝宝知道不同和相同的概念，以便增强宝宝的逻辑思维能力。

【训练方法】

1. 准备5个卫生纸卷轴以及豆子、大米、纸碎片和铝箔球等。爸爸妈妈取出4个卫生纸卷轴，用纸封住卷轴的一边，并且用胶布粘紧。

2. 爸爸妈妈在每个卷轴中都灌入不同的东西，例如豆子、大米、纸碎片和铝箔球，之后将另一端也封住。

3. 让宝宝摇动每个卷轴，仔细地听听它们发出的声音。

4. 在第5个卷轴中加入与原来4种材料中的一个相同的材料，把第5个卷轴给宝宝，让他听听，然后说出原先4个卷轴中哪一个的声音与这个相同。

5. 爸爸妈妈打开卷轴进行检验。

【注意事项】

训练进行过程中，爸爸妈妈要细心地观察宝宝的活动，耐心地给宝宝演示。

☆ 听声辨人

【训练目的】

提供听觉经验，培养宝宝的注意力、记忆力和分辨能力。

【训练方法】

1. 用录音机录下爸爸、妈妈、爷爷、奶奶、姑姑、婶婶等家庭成员每人说的一段话。

2. 再准备一些家庭成员的照片，照片的个数与录音机中录好的内容人数相符。

3. 爸爸妈妈放录音，每出现一个声音，请宝宝听辨之后，马上把相应的相片配好对放好。可以让宝宝听一个，放一个，也可以让宝宝连续听好几个，然后凭记忆顺序地将照片放好。

4. 游戏刚开始进行的时候，可以先从听辨动物声音并进行配对开始，然后再让宝宝听辨家庭成员的声音。

【注意事项】

放录音的速度、音量要合适，方便宝宝听清楚。每一个家庭成员所录下来的话之间要留出一段空白时间，方便宝宝思考。

☆ 学说地名

【训练目的】

增加宝宝的地理知识，提高语言能力。

【训练方法】

1. 和宝宝一起看电视里的天气预报节目，让宝宝跟着主持人说全国各地的地名。

2. 在家里挂一张世界地图，一张中国地图，看地图教宝宝说各国、各城市的名称。

3. 和宝宝进行地名互动游戏。男宝宝爱做开车游戏，给他一个圆纸盘或篮子代表方向盘，让他当司机，妈妈当乘客。妈妈说："我们要到北京去，请开车。"然后让宝宝一边描述一下北京在地图上所在的位置，一边开车。

【注意事项】

爸爸妈妈和宝宝进行地名互动时，可不断变换说出各地的名称。

☆ 猜糖果

【训练目的】

这个游戏可以培养宝宝发现规律的能力，由此提高宝宝的逻辑思维能力。

【训练方法】

1. 先准备几颗颜色鲜艳的糖果。妈妈拿出一颗糖果在宝宝面前晃一晃，引起宝宝的注意。当宝宝伸手来拿的时候，妈妈就把糖果握在左手的手心里，同时对宝宝说："宝宝，宝宝猜一猜，糖果到底在哪里呢？"

2. 在宝宝思考的时候，妈妈可以把手打开让宝宝看，发现在左手："呀！糖果在这里，宝宝好厉害啊！"然后让宝宝把糖果拿走。

3. 再拿出一颗糖果握在右手里，让宝宝再猜，之后仍旧打开手让宝宝拿糖果。

4. 再一次将糖果握在左手……如此反复几次后，最后一次就不打开手，看宝宝会去掰开妈妈的哪只手。

【注意事项】

不要进行的次数太多，以免宝宝厌烦。

☆对应比较

【训练目的】

学习对物体的数量进行比较。

【训练方法】

1. 重叠比较。拿4个口杯、5把匙子，先让宝宝数一数口杯、匙子各多少个。

告诉宝宝说："现在，我们来比比谁多，谁少，多几个？"让宝宝在每个口杯里放把匙子，然后由宝宝说出匙子比口杯多，多1个。爸爸妈妈说出5比4多1个。

2. 并放比较。如比较小动物玩具多还是苹果多，先把小动物玩具排成一行，然后每个小动物玩具下放一个苹果，一个对一个地上下并放对齐，就容易看出谁多谁少了。

【注意事项】

可以变换数字和物体进行比较。

☆ **请你照我这样做**

【训练目的】

锻炼宝宝的反应能力和身体协调能力。

【训练方法】

1. 爸爸妈妈与宝宝面对面站立，爸爸妈妈做动作，让宝宝跟着家长一起做。

2. 当爸爸妈妈说"请你照我这样做"时，宝宝要立刻回答"我就照你这样做"。

3. 爸爸妈妈可以做洗脸、刷牙、骑马、小兔跳、鸟儿飞等动作，让宝宝进行模仿。

【注意事项】

也可以由宝宝想动作，爸爸妈妈进行模仿。

☆ **接数游戏**

【训练目的】

让宝宝学会数数，了解数字背后的规则。

【训练方法】

1. 准备一套数字卡片。

2. 游戏时，爸爸妈妈出示1～10的数字卡片，宝宝看后逐一读出数字。首先了解数字的排列，并加深其印象。

3. 接着爸爸妈妈说出几个数，要求宝宝接着往下数与爸爸妈妈一样多的数，例如，爸爸妈妈数1、2、3，宝宝数4、5、6；爸爸妈妈数6、7，宝宝接下去数8、9。

【注意事项】

当宝宝学会了游戏规则以后，可以由宝宝先数数，爸爸妈妈再跟着数。

早教提示

☞ 教给宝宝一些基本生活技能

随着宝宝不断长大，日常生活中，爸爸妈妈也要逐渐地开始让宝宝学会自己穿衣服、洗脸和整理物品等。

日常生活中，爸爸妈妈可以结合具体的情况教宝宝认识一些日常用品的用途，这样做不但可以丰富宝宝的词汇量，发展宝宝的语言表达能力，还能激发宝宝对周围事物的兴趣，对培养宝宝独立生活的能力有重大作用。在实际的练习中，要用教和问的方式。大人要结合具体的事物来给宝宝讲解这叫什么、是用来干什么的。比如，妈妈在用擀面杖做饺子皮的时候，可以告诉宝宝，这个"棍子"的名字是擀面杖，可以做出包饺子用的面皮；在晾衣服的时候，可以告诉宝宝挂衣服的东西叫做衣架，有利于衣服的风干和整洁，等等。等宝宝有了一定的了解，大人则要赶紧抓住机会向宝宝提问，让宝宝复习巩固这些常识。

在洗漱的时候，妈妈可以教宝宝自己学会洗脸。让宝宝每天在洗脸前先把手洗干净，然后用干净的双手把水捧起来，低头让水与脸接触，双手揉搓面部，之后用软毛巾把脸擦干。再用毛巾的一角擦净眼角，又用洗净的毛巾角伸入鼻孔清洗，再用清洗过的毛巾擦两个耳郭，然后清洗颈部，最后用肥皂把毛巾洗干净挂起来。洗脸的过程由妈妈指导，宝宝自己完成，必要的时候妈妈可以帮一帮宝宝。

宝宝的自理能力是一点一滴培养起来的。宝宝学会每一个自理的步骤都会使他产生信心，感到"我能行"，所以爸爸妈妈要格外重视对宝宝自理能力的培养。

☞ 培养宝宝的观察能力

培养宝宝的观察能力，对发展宝宝的智力是十分重要的。观察是一个人认识事物的重要途径，是智力活动的基础，是完成学习任务的必备能力。因此爸爸妈妈在日常生活中要多重视对宝宝观察能力的培养。下面我们就来介绍几种主要的观察方法。

1. 对比观察法。比较是一个鉴别的过程，只有通过比较才能提高宝宝的观察能力。爸爸妈妈可以准备两块一模一样的毛巾，给宝宝看两件玩具（两件玩具有比较明显的大小区别），先告诉宝宝玩具的名称，然后背着宝宝把玩具分别藏在毛巾下，让宝宝辨认出其中一种玩具。宝宝的识别主要是通过毛巾是否有突起及突起的形状来判断的，这样的外观判断是比较难的，不但需要宝宝有大小的识别能力，还需要宝宝有空间联想能力才能知道大的突起对应大的物品。这样的游戏可以促进宝宝空间思维力、联想力的提高。

2. 重点观察法。在事物完整的发展过程中，必定有一个环节是主要的。这个环节是重点观察的对象。这些训练对培养宝宝抓主要问题，抓中心环节，掌握大局都有好处。例如宝宝每次与人接触的时候，总会记住人的一些特别部位，印象深的就能记得清楚些，但有些部位就是记不住。妈妈可以给宝宝一张纸，一支铅笔，让宝宝凭自己的想象和印象画一个完整的人。下次可以有意识地让宝宝观察一个人，然后再让他画，看看和之前的会有什么不同。

3. 顺序观察法。让宝宝认识一个事物发展的全部过程，一般来说，观察是由近及远或由远及近；从上而下或从下而上；从左到右或从右到左；先中间后四周或先四周后中间；由表及里或由里及表的，帮助宝宝建立一个完整的概念，使宝宝养成按顺序观察的好习惯。

4. 反复观察法。对于某一件事情可以让宝宝进行重复观察，这种方法可以强化宝宝大脑皮质形成暂时性的联系，并能使各个暂时性联系之间相互贯通，逐步形成动作的连贯一致。

在观察过程中，爸爸妈妈要鼓励宝宝多多进行提问，培养宝宝思考问题的能力。同时，爸爸妈妈要明确让宝宝进行观察的目的，引起宝宝的兴趣，让宝宝在对事物观察时集中注意力，这样才能达到培养观察能力的效果。

☞ 选择适合宝宝的玩具

宝宝已经拥有了一定的独立意识，好奇心在逐渐增强，许多事情更愿意自己去做。宝宝还非常喜欢模仿大人的动作，可以听懂很多话，还喜欢听大人的赞扬。在年幼的宝宝眼里，玩具就是他们的天使和伙伴，也是他们最初认识世界的学习材料。在玩玩具的过程中，他们学会了用自己的眼睛去看，用自己的头脑去思考，用自己的双手去做，玩具给他们带来了智慧。为了开发宝宝的智力，爸爸妈妈应该多和宝宝一起做游戏玩耍，因此需要给宝宝挑选一些可以开发智力的好玩具。

1. 组合玩具。早在宝宝可以说出圆形、方形或者三角形的名称之前，宝宝就已经可以辨认好多形状，并学会玩组合玩具了。例如积木，宝宝在玩积木的时候认识了图形，还学会了正确分类。有些宝宝会按照大小、长短把积木分成组，按照红、黄、绿的颜色把积木分成类，然后再把这些积木配成对。有些宝宝还能按照大小、长短、颜色等多个标准统一起来，做出更加复杂的分类组合排序的游戏，用积木组装成正方体、长方体和"木楼房"。积木游戏不仅提高了宝宝的思维能力，还能促进宝宝的智力发展。

2. 容易动手的玩具。爸爸妈妈可以购买一些特别设计的小玩具或者利用家里现成的东西。例如成套的各种小物件之类的小玩具，让宝宝把那些小玩具放入小容器中，例如小筐、小盒子等，之后再把它们取出来。或者提供有盖子的小盒子、小瓶子等，让宝宝打开或者盖上盖子。还可以选购一些套碗等套叠的玩具，让宝宝动手将其拆开，再套上去，并不一定要求按大小顺序套好。

3. 情绪类玩具。医院玩具、填充玩具如布娃娃、绒毛玩具、布玩偶等；过家家玩具如烹饪玩具、可穿脱衣服的洋娃娃、芭比娃娃、迷你家具、迷你用具等等。玩这类玩具时需要设置一定的情景，家庭成员和其他宝宝可作为游戏的部分角色参与到游戏当中来，使游戏能成为模拟现实生活的一种有趣的活动。在这种活动中，玩具和游戏激发了宝宝的情感，发展了他们的想象力，培养了同情心，满足了他们模仿和表演的欲望，也锻炼了口语表达能力。

☞ **警惕日常生活影响宝宝智力发展的因素**

影响宝宝智力的因素很多，对于年幼的宝宝来说，生活中一点一滴的小事都会对他们智力和心灵的发展带来影响。例如环境、饮食、药物等等都会直接间接地影响到宝宝的智力。因此爸爸妈妈应该了解一些相关的常识，把握能够把握的因素，为宝宝的智力发展创造良好条件。生活中对宝宝智力带来不良影响的主要有以下几个因素。

1. 饮食不科学。宝宝的脑部发育缺不了脂肪，一些特殊的脂类只能在肉类中获取，宝宝吃素或者摄取肉类过少会影响到智力。但吃肉多或贪吃的宝宝智力也会减低。不吃早餐的宝宝智力会受到影响，这是因为早餐摄入的蛋白质、糖、维生素和微量元素等都是健脑的重要成分。同时，味精等调料也是影响宝宝智力的元凶，有些调料对于成人是安全的，但是对于年幼的宝宝非常的有害。比如味精，其主要成分谷氨酸钠会与锌结合成不易溶解的谷氨酸钠锌，会造成宝宝缺锌而影响脑发育。

2. 环境差。生活在家庭环境恶劣，得不到良好教育和关爱的宝宝智商会较低，反之智商会比较高。同时，生活环境中的有害元素也会给宝宝的智商带来极大的损害，尤其是铝和铅。研究证实，宝宝体内只要达到每10毫升血浆含铅5～15毫克的水平，即可造成发育迟缓和智力减退。宝宝舔食含铅颜料的玩具，在路边玩耍吸入汽车尾气，吃不健康的垃圾食品都容易遭到有害元素的侵害。

3. 体重超标。肥胖不仅易生病，而且扼杀智力。超过正常体重20％的肥胖儿与同龄正常宝宝比较，其智商与后者相差悬殊，其视觉、听力、接受知识的能力都会处于较低的水平。这是因为肥胖儿过多的脂肪进入脑内，会妨碍神经细胞的发育和神经纤维增生。

因此，爸爸妈妈应该尽量切断影响宝宝智力发展的因素。调整宝宝的饮食结构，让宝宝少吃味精和甜食，食谱结构力求平衡，荤素要搭配，鱼、禽等健脑食物适当安排；注重睡眠，多运动，减轻体重；多吃新鲜水果、蔬菜或富含钙、铁及维生素C的食物，断绝有害元素的侵入渠道，为培养一个聪明、健康的宝宝作出努力。

☞ 创造有利于宝宝智力发展的外部环境

1～3岁的宝宝会说一些话了，也开始迈出了步伐，这两项技能为宝宝的智力发展开拓了更宽广的空间。为让宝宝继续去探索这个不断对其展开的大千世界，并且加强宝宝各方面的能力，需要营造一个利于智力发展的外部环境和条件。

家中应专门为宝宝布置一个小天地。在宝宝的小天地里，环境布置要儿童化，允许宝宝对自己的小天地提出怎样布置的意见。摆设物不宜过多，要易于宝宝拿、放东西和整理物品。一般来说，宝宝的小天地中要有一个书架，从小培养宝宝喜爱书、爱读书、会整理图书的好习惯。小天地中，玩具柜也是必不可少的，要让宝宝学会摆放玩具，爱护自己的玩具。有些宝宝喜欢音乐性的玩具，妈妈和爸爸就可以选择一些音质较好的音乐玩具给宝宝，让宝宝按照自己的意愿即兴创作出只有他自己才能懂的音乐，哪怕是利用木质的汤匙敲打锅碗瓢盆都没问题。

在家庭物品的摆设中，要考虑到对宝宝的教育作用。如在家中适当的地方摆上几盆花，饲养几条金鱼。家庭中的摆设是良好的信息刺激源，可以使宝宝产生好奇心和积极的探索愿望。每天让宝宝闻一闻花香，观察花开花落的现象，让宝宝在观察的过程中提出各种问题并解决问题，如喇叭花的形状像什么，马蹄莲花的形状像什么，为什么不给花浇水它就会枯萎等，这些问题的提出与解决可以使宝宝的大脑处于积极的思维状态。又如宝宝在观察金鱼的过程中可以发现金鱼的身体是什么形状的，眼睛是什么形状的，尾巴又是什么样的，这就大大地发展了宝宝的观察力。

如果宝宝每天只是面对自己家里的这个单调环境，就会觉得厌烦无趣。为增长宝宝的见识，促进宝宝的智力发育，爸爸妈妈应该多让宝宝看看外面的丰富世界，经常带宝宝四处游览，去游乐场、公园、玩具店、餐厅和百货公司等一些可以逛的场所。如果宝宝特别喜欢图书或者雕塑，爸爸妈妈还可以在平常人少的时候带他们去图书馆、美术馆等逛逛。

不管是室内还是户外，都要把安全放在第一位。对刚刚站稳双脚，且开始自己行走的宝宝，要时刻注意他的安全。例如，室内的热水瓶等一些可能对宝宝构成危害的东西，都要妥善放置，不能让宝宝碰到。要在安全地带进行户外活动，不要带宝宝到靠近大街、马路、车辆通行等危险地带活动。

情商的开发

 开发训练

☆过家家

【训练目的】

帮助宝宝自己发现和理解社会关系，还能掌握适当的社交技巧，锻炼社交技能，使宝宝在快乐中克服自己存在的弱点。

【训练方法】

1. 选择场景。可以选择家庭场景，也可以选择幼儿园或其他场景。

2. 宝宝扮演相关社会角色，妈妈或爸爸扮演宝宝。

3. 如果妈妈扮演宝宝，可以表现宝宝平时的弱点，如不肯吃饭等，观察宝宝的反应；又如宝宝害怕打针，可以让宝宝扮演医生，妈妈再现宝宝原来的情景——哭、挣扎等。

4. 不断重复表演。

【注意事项】

要注意针对宝宝的特点进行角色扮演，这样才能达到教育效果。

☆音乐一路听

【训练目的】

这个游戏的练习可以让宝宝对音乐有初步的感知，并且随着音乐做各种模仿的动作。在游戏中，通过模仿各种自然界、生物界的事物，促使宝宝更加关注生活和自然。这样的游戏不但可以培养宝宝的观察能力、想象能力、音乐感知能力、模仿表演能力和创造能力，还可以培养宝宝对自然界的关心，对生活的热爱。

【训练方法】

1. 在家中选择一块空地（有院子是最好的），用粉笔或者其他标志物确定一个起点和终点。播放一段节奏和强度都适中的音乐，让宝宝随着音乐的感觉自己选择方式或者动作从起点到终点，例如可以模仿动物行走的样子等。

2. 播放一段非常热烈的音乐，再次让宝宝根据自己的感觉来选择一种方式或动作到终点，例如可以学赛车奔驰等。

3. 再播放一段非常舒缓的音乐，还让宝宝按照音乐的感觉自己选择方式或动作到终点，例如可以学习小鸟在空中飞翔的姿势、鱼儿在水中畅游的姿势等。

【注意事项】

爸爸妈妈可以用照相机记录下宝宝精彩的表演，和其他做游戏过程中的有趣物品一起放入作品夹，作为本阶段的亲子游戏纪念。

☆我是"小聋人"

【训练目的】

通过引导宝宝去想象"没有声音的世界"，培养宝宝发散思维的能力，并在感受没有声音的世界的同时，唤起宝宝对聋哑人的同情和爱心，增强与人交际的能力。

【训练方法】

1. 爸爸妈妈先请宝宝用耳塞塞住自己的耳朵或者用手指堵住自己的耳朵，体会1分钟听不到声音，成为"小聋人"的感觉。

2. 爸爸妈妈和宝宝讨论一下：如果听不到声音会怎么样？让宝宝举出一些例子来说明，例如听不到别人的敲门声、听不到小鸟的叫声等。

3. 唤起宝宝对聋哑人的同情心，请宝宝仔细思考如何关心别人，帮助聋哑人。

4. 教育宝宝注意保护好自己的耳朵，不要让自己成为聋哑人。

【注意事项】

这样的方式还可以用来培养宝宝对盲人、瘫痪症患者等其他残疾人的感知。

☆给娃娃洗澡

【训练目的】

通过游戏可以培养宝宝的生活自理能力，让宝宝从小就建立起责任意识。游戏之前，先要拿出宝宝平时喜欢玩的玩具。

【训练方法】

1. 妈妈和宝宝一起将娃娃的衣服脱下来，然后清洗娃娃的身体。

2. 妈妈用肥皂搓洗娃娃的衣服，宝宝则可将衣服上的肥皂液冲干净。

3. 洗完衣服之后，就把衣服晾干，然后把晾干的衣服再给娃娃穿回去。

4. 做完之后，妈妈就称赞宝宝："真干净！娃娃更漂亮了。她在说谢谢你呢！"

【注意事项】

妈妈要告诉宝宝娃娃的脸和衣服必须要干净整洁，这件事以后就交给宝宝来做了，让宝宝有责任意识，也能培养其自理的能力。

☆小猫为什么哭了

【训练目的】

教育宝宝出门时要经过爸爸妈妈同意，培养宝宝乐于助人的品质。

【训练方法】

1. 妈妈扮演小猫，做哭泣状说："小猫咪为什么哭了？让我们来看看事情的原因。"然后妈妈给宝宝讲《小猫为什么哭了》的故事：一个晴天，小猫和小狗在洒满阳光的草地上玩耍。小猫出门的时候忘记了告诉妈妈。天快黑了，小狗的妈妈把小狗接回家去了，小猫的妈妈却没有来接小猫。小猫哭了。幸好长颈鹿伯伯路过把它送回了家。

小猫到了家，猫妈妈正着急地找它呢。猫妈妈让小猫给长颈鹿伯伯道了谢，长颈鹿伯伯说："不用谢了。下次出去玩的时候，记得一定要跟妈妈说一声。"

2. 妈妈和宝宝可戴头饰表演故事，让宝宝分别学小猫、小狗的叫声。

3. 妈妈通过提问方式，使宝宝加深对故事内容的理解。如："谁和谁在草地上玩？""小猫为什么哭了？""最后，谁把小猫送回家去了？"

【注意事项】

在提问宝宝时，妈妈尽量不要提醒宝宝或者给宝宝引导，让宝宝通过主动独立的思考寻找答案。

☆我的好朋友

【训练目的】

让宝宝进一步理解好朋友的意义，并且学习如何培养朋友之间的友谊和欣赏别人的优点，进而提高宝宝的人际关系能力。

【训练方法】

1. 爸爸妈妈可以先告诉宝宝："我的好朋友是某某某，她有着长长的头发，我最喜欢听她唱歌了。"等等。

2. 让宝宝自己努力表达出自己心中的好朋友的形象，是谁，叫什么名字，为什么喜欢和他在一起玩耍等等。

【注意事项】

爸爸妈妈要先和宝宝说清楚，大家来谈谈好朋友，问问宝宝有几个好朋友。如果宝宝不明白朋友的含义，爸爸妈妈就可以加以解释"你最喜欢一起玩耍的人"。

☆认识警车

【训练目的】

认识并了解警车的主要用途，培养宝宝勇敢、坚强的品质，树立正义感。

【训练方法】

1. 准备警车模型或图片，让宝宝观察并描述警车的特征："这是什么车？车顶上安装着什么？车是什么颜色的？警车是用来干什么的？"

2. 通过宝宝的回答帮助他归纳警车的特点和用途。让宝宝知道如果遇到坏人或者发生了意外事故，拨打110警车就会出动来解决问题。

【注意事项】

爸爸妈妈可以带着宝宝到公路旁边去观察警车，以加深其对警车的了解。

☆怎么办

【训练目的】

让宝宝学习解决日常生活中的小问题，丰富词汇。

【训练方法】

1. 爸爸妈妈在适当时机向宝宝提问一些日常生活中的小常识，比如，"口渴你会怎么办"，宝宝会回答"喝水"；"感到太热怎么办"，宝宝也许会回答"脱衣服，吹风扇，洗脸"等；"感到冷怎么办"，宝宝也许会回答"穿衣服、盖被子、生炉子"等。

2. 有时家中遇到突然的情况，让宝宝想解决的办法。例如傍晚突然停电了，爸爸妈妈让宝宝想办法解决。宝宝这时就会开动脑筋去寻找手电筒等照明工具。

【注意事项】

可以让宝宝多讲几种办法，鼓励宝宝出新点子。

☆购物小帮手

【训练目的】

让宝宝能更加熟练地使用语言与人交流，产生强烈的社会交往意识。

【训练方法】

1. 带着宝宝去寻找东西。让宝宝多亲近家附近常常见到的老板或者店员。

2. 买东西的时候，让宝宝自己去问问价格："这个多少钱？"

3. 让宝宝把从爸爸手中接过的钱交给老板或者店员。

4. 可以让宝宝自己去接找回来的零钱。

5. 虽然刚开始的时候，宝宝可能会愣在那里不知道该做什么，但是爸爸给他鼓励的话和老板对他的夸奖，渐渐就会让他有信心自己去做了。

6. 让宝宝每一次进出商店的时候，都主动地跟人打招呼问候。

【注意事项】

不论是否怕生，多数宝宝第一次看见不认识的人时，都会害羞或者畏畏缩缩的。而带宝宝到家附近的市场里去买东西，可以很好地帮助宝宝培养社交能力和建立自信心。

☆可爱手偶

【训练目的】

通过角色扮演来让宝宝学习人际间的互动，进而发展宝宝的交往能力。

【训练方法】

1. 爸爸妈妈用白布准备一只布偶手套，用粗线油笔在手套上细致地画出眼睛、鼻子、嘴巴等五官。

2. 先戴上玩偶手套，对宝宝点点"头"，然后挥挥"手"，对宝宝说："你好，我是乖乖，你是谁呢？"

3. 宝宝会对此作出反应，这时爸爸或妈妈要继续挥动手偶对宝宝说："我很喜欢你，我们拉拉手，做好朋友吧。"

4. 当宝宝逐渐地接受了玩偶之后，就可以用玩偶的身份给他唱儿歌，讲故事等。

【注意事项】

爸爸妈妈学手偶说话的时候声音要夸张，富有趣味性。画玩偶的时候，要注意颜色和线条一定要温和可爱，不能面目狰狞。

早教提示

☞ 加强对宝宝社交能力的培养

到了这个阶段，爸爸妈妈要开始训练宝宝的社会交往能力，逐渐培养宝宝的社会性，让宝宝认识更多的朋友。爸爸妈妈用电话游戏来培养宝宝的社会性，用"过家家"游戏来培养宝宝的亲情和友谊，让宝宝学会介绍自己，懂得关心他人，同时爸爸妈妈自己要为宝宝树立良好的社交榜样。

爸爸妈妈可以通过和宝宝一起玩"过家家"的游戏来加强对宝宝社交能力的培养。为宝宝准备一些小玩具，例如玩具熊、布娃娃和小丑等，鼓励宝宝细心地照顾心爱的玩具，并且利用类似"过家家"的游戏来帮助宝宝学习社会生活礼仪。例如，晚上睡觉之前要和玩具娃娃说"晚安"，或者在爸爸妈妈带着宝宝外出的时候，教宝宝和心爱的玩具说"再见"。

让宝宝学会自我介绍也是培养宝宝社交能力必需的一部分。1岁多的宝宝在理解一些符号和自己的关系之后，就可以让他自己介绍自己，这可以强化他的自我意识。宝宝自我介绍的对象可以是家里人，也可以是邻居，还可以是小伙伴。1岁以后就可以训练宝宝做自我介绍。宝宝介绍自己的内容可以是：大名、小名，几岁了，在哪座房子里住，最喜欢的人是谁，自己平时喜欢做什么，最爱吃的是什么，喜欢玩什么游戏，会唱什么儿歌等。

了解他人要首先从最亲密的人开始，而要让宝宝学会关心他人，也要从与宝宝最亲密的人开始。宝宝到了1岁时，大人就可以向宝宝详细介绍一家人：高大健壮的是爸爸，勤劳美丽的是妈妈，慈祥和蔼的是爷爷奶奶，等等。让宝宝认识家人的长相，熟悉家人的性情。经常告诉宝宝这些家人都是爱他的，让他感受到大家的爱，这样宝宝也会以同样的爱回馈给家人。

榜样的作用是无穷的，爸爸妈妈的言行都在无形中影响着宝宝的言行。如果爸爸妈妈在与他人的交往中表现出良好的社交礼仪，很热情地跟邻里打招呼，向认识的人寒暄问好，时常保持微笑等，这些文明礼貌行为会潜移默化地影响着宝宝。因此，爸爸妈妈千万不要忽视自身的榜样作用，要时刻做一个文明有礼的人，并鼓励宝宝模仿爸爸妈妈的行为，激发宝宝成为一个文明懂礼的好宝宝。

☞ 了解宝宝的身体语言

年幼的宝宝还不太善于用语句来表达自己的想法，但他们的语言并不匮乏，他们可以通过表情、动作和情绪等来表达自己的意思，也就是我们所说的身体语言。如果爸爸妈妈能读懂宝宝的身体语言，就不会在宝宝哭闹的时候手足无措，或者在他们生气的时候不明就里了。

身体语言和宝宝的年龄是相对应的，无论是只能躺着的宝宝，还是能坐起来、爬或者能站立和走路的宝宝，他们都能用自己的身体语言和爸爸妈妈对话。清澈明亮的眼睛，飞扬的眉毛，随着物体而不断转动的小眼睛，跟着视线活动的小脑袋，这些动作都说明宝宝是乐于交往的、清醒的宝宝；无神的眼睛，只关注自己身边的视线，反应微弱，这些表现则可推断出宝宝此刻缺乏交流、感觉不舒服或者很无聊。

宝宝的头微微抬起并跟随眼睛转动，可理解为想要探索未知事物，头和脖子的灵活是清醒的重要标志。头的转向和朝前看意味着宝宝要求休息、尽快结束游戏、中断交流或者重新交往的愿望；耷拉着脑袋意味着宝宝此时有点疲倦；如果伸直脑袋则意味着："我在这儿呢！谁来跟我一起玩？"

向某一个人或者某一个物体伸出手显然是表达想要有所互动或与之进行交往；手攥成拳头表示愤怒、想要争斗，胀气、便秘、尿湿和冷了也可能让宝宝攥紧拳头。

如果宝宝的整个手腕都下垂，这就明确地表示：我不想动，不感兴趣了。这个动作的潜台词一般就是感到忧虑，不舒服，不满意，或许是太累了，想要休息。如果整条手臂都下垂且紧贴着身体，那就表示他累了，想睡觉了。如果宝宝蹬脚，就可能是身体的疼痛或内心的压力造成的，他在试图把伤害踢开。

宝宝的身体语言还有很多，有时候一些疾病也会通过身体语言表达出来，这些都需要爸爸妈妈细致地观察和及时地反馈。

☞ 帮助宝宝形成正确的是非观

俗话说"3岁看到老"，宝宝在3岁之前判断事物是非的标准仍是以家中大人对此事物的态度、情绪、情感来作为自己判定的参照物。因此爸爸妈妈要格外重视对两三岁宝宝的言传身教，让他们明确是非曲直，帮助他们在人生的最初时期形成健全的世界观、人生观、价值观。

这一阶段爸爸妈妈必须注重自己在家中的一言一行，给宝宝树立良好的榜样。同时爸爸妈妈首先要具备正确的判断是非的观念，让宝宝在大人的教育中掌握正确的判断事物好坏的标准。因为宝宝在这一阶段对事物的认识还不够深刻，他的是非标准是家中大人施加给他的，如果爸爸妈妈经常重复正确的观念，就会逐渐稳定宝宝自己的判断是非的标准。随着宝宝渐渐地长大，这些判断是非的标准就会逐渐内化成他自身的品质，影响着宝宝一生的成长与发展。

要引导宝宝形成最初的是非观，全家人就要有统一的是非标准。在宝宝饮食、排便、睡眠、卫生、礼貌等方面建立良好的制度，当宝宝做得好的时候家人都保持支持和赞赏的态度，做得不好的时候予以否定。慢慢地宝宝就知道自己哪些行为是正确的，哪些行为是错误的了。同时还可以利用表情动作、简单的语言对宝宝的行为加以肯定或否定。在宝宝的成长有所进步时，可以亲一亲抱一抱他，奖励他最喜爱吃的或玩的东西，以此来不断鼓励、强化宝宝正确简单的是非观。当宝宝表现差时，可以置之不理，或佯装怒容。最后爸爸妈妈要让宝宝的生活丰富起来，经常带宝宝出去走走，在与他人的交往和与小伙伴的玩耍中，引导宝宝形成文明礼貌行为，明确人生的是非观念。

☞ 鼓励宝宝多交朋友

为了鼓励宝宝与人接触交往，爸爸妈妈可以多带宝宝到各种集体场合，别人表示的对宝宝的友好尊重，能使他感到快乐，宝宝也会乐于与人交往。最主要的是要让宝宝与同龄伙伴多接触，平时注意帮助宝宝结交新朋友。

爸爸妈妈可以有意识地帮宝宝邀请一些小朋友到家中来，让他做小主人。如果宝宝愿意主动请邻居家的小朋友来自己家玩"过家家"，那就再好不过了。爸爸妈妈要欢迎别人家的小朋友来自己家玩，鼓励宝宝招待小朋友，把玩具和零食拿出来和小朋友一起分享，使宝宝锻炼与人交往的能力。千万不可抱怨小朋友把客厅弄脏了、把家弄脏了。

爸爸妈妈要注意培养宝宝人际交往的独立性，鼓励宝宝去做力所能及的事情，当宝宝遇到人际交往的困难时，不要一味包办，而要让宝宝自己想法解决。宝宝们经常会为一丁点小事儿而争斗，同龄的宝宝经常会大打出手，几乎所有的宝宝尤其是男宝宝都打过架。打架是宝宝们进行人际交往的特殊方式，他们从打架中得到经验，通过打架知道自己的实力。在打架中有些身强力壮的宝宝喜欢自告奋勇地去帮助弱者，渐渐成为小伙伴中的头头，这样就在宝宝们中间形成了小社会。而很多宝宝之间也是不打不相识，因为打架而成为了好朋友。所以爸爸妈妈没有必要参与到宝宝们的"是非"当中，适当地给予一点指导，正常情况下交由他们自己去解决就可以了。

不同宝宝的性格有所不同。有些宝宝性格开朗，比别人更善于交际，而有一些宝宝则需要大量单独玩的时间来平衡他们与朋友的相互影响。因此，也不要一味地催促宝宝去与其他宝宝玩，适当的社交经验已经足够了，没有必要为了培养活泼开朗的宝宝刻意准备一大堆室外活动或者强迫宝宝接触各色各样的人，以至于宝宝产生了厌烦心理，抗拒人际交往，出现适得其反的结果。

3～6岁卷

Part 1

3~6岁，宝宝
将经历这些敏感期

语言的敏感期

从宝宝能够发音开始，他的语言学习就已经开始了。在逐步经历了咿咿呀呀的练习——单字出现的"妈妈""爸爸"——由词到短语到短句再到表达一个完整的意思——完整地使用语言的内在功能这些阶段后，宝宝的语言能力就蓬勃地成长起来了。在这个过程中，宝宝会出现一些看似"奇怪""不正常"的现象，也就是语言敏感期的表现，这属于正常现象，父母不用担心。

✿ 自言自语：语言由外向内转化的过渡期

★ 宝宝趣事

星期天，妈妈带着圆圆去动物园玩耍。一路上，圆圆的小嘴就没有停下来过，一直在没完没了地自言自语。公交车上贴着许多明星的图片，圆圆一会儿指着郭富城的照片说："那是我家城城，跳舞最棒了。"一会儿又指着刘德华的照片说："刘德华叔叔还是那么帅气啊！"接着，她又看到了谢霆锋的照片，于是又接着说："呀，我家霆锋哥哥的衣服怎么是这个样子的呀！"就这样，她几乎把公交车上的明星都指了个遍，也说了个遍。

看到她自顾自说话的样子，车上的售票员和乘客都忍不住偷笑起来。她妈妈也觉得很不好意思，心想："这小家伙今天是怎么了，一个劲儿地说话。"幸好，动物园马上就到了，她们很快下了车。

就在妈妈为圆圆不再自言自语庆幸的时候，圆圆竟又开始了自顾自说话的状态，她指着动物园门口雕刻的大象造型，美滋滋地说："这是我的坐骑，我要骑着它上学去。"然后，看到墙壁上画着老虎的画，她又指着说："这个老虎一点儿都不凶呢！"就这样，在动物园里，圆圆简直成了个"话婆子"，一刻不停地自言自语，把妈妈搞得哭笑不得。

★ 神奇的敏感期

研究显示，3～4岁是人类一生当中说话最多的年龄，处于这个时期的宝宝常常会变成"多嘴婆"，甚至比"多嘴婆"讲的话还要多。相关专家也指出，2～5岁的宝宝普遍都存在着自言自语的现象，而在3岁的时候，这种行为会达到顶峰。

一般来讲，3岁左右的宝宝已经掌握了语言的语法系统，具备了基本的语言表达能力，可以进行正常的语言交流。此时，宝宝会对身边的人和事，看到的故事书中的情景和角色，甚至见到的一些好玩的事物都产生浓厚的表达兴趣，不断地用语言说出来，变成一个一刻也停不下来的"小小多嘴婆"。

这种自言自语的表现，是宝宝由外部语言向内部语言的一种过渡，也是宝宝特有的、通过与自己的交流来提高语言表达能力和与外界沟通能力的方式。专家指出，人的语言分内部语言和外部语言，3岁之前的宝宝学习的主要是外部语言，而后，随着自我意识的增强，他们的内部语言会逐渐形成并且丰富起来，而三四岁左右的自言自语就是宝宝将外部语言转化为内部语言的典型体现。

☞ 这样的自言自语，并不需要纠正

对宝宝的这种自言自语的表现，很多父母一开始非常担心，以为宝宝出现了什么心理问题。但实际上，父母一点儿也不用为宝宝的这一行为过于忧虑，这只是宝宝语言发展过程中的一种正常现象。

一般来讲，在宝宝玩游戏遇到困难时，最容易自言自语。在独自玩游戏的时候，宝宝常常会把自己想象成多个角色，然后按照角色的行为说话。例如，当宝宝玩"小熊和兔宝宝"的游戏时，他一会儿会将自己想象成小熊，用小熊的语气说话，一会儿又会把自己当成兔宝宝。此外，宝宝在遇到困难时也会自言自语。例如，当他不知道自己的玩具放在哪里时，常会自己嘀咕着"到底放哪里了呢……"之类的话。实际上，这个时候恰恰是宝宝进行思考并将思维结果有声化的表现。还有一些时候，当宝宝觉得父母不能很好地听自己说话，或想要保密时，就会对着玩具自言自语。

对宝宝的这些自言自语的行为，父母并不需要特别矫正，随着年龄的增长，这一现象会逐渐消失。父母应该做的，就是理解宝宝的行为，给予正确的引导和教育，帮宝宝提高语言能力。

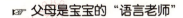

☞ **父母是宝宝的"语言老师"**

在宝宝语言发展敏感期中，父母是宝宝最好的"语言老师"。父母的语言会直接成为宝宝的第一学习对象，并为其以后的语言发展奠定基础。因此，父母一定要做好"老师"的角色。

在宝宝的成长过程中，其对语言的使用和理解都来自于成人、同伴，尤其是父母。而宝宝对于句子的使用和解释也更多地来自于日常生活，更多地来自于与父母的交流沟通。当父母了解了宝宝的语言敏感期特点时，就应该改变自己随意的说话方式和不规则的语言形式，用自身的语言为宝宝提供一个准确、丰富、风趣的语言储备，也为宝宝提供一个良好的人文环境。在这样的爱和自由中，宝宝更能感受到自己和他人的关系，感受到环境的美好，并且迅速反应表达出来。这个时候，宝宝的语言表达就不仅是一种表达了，而更多的是一种力量、一种真实和深刻。

❀ 简单的句子表达：重复语言的高级阶段

★ 宝宝趣事

程程刚刚过完3岁生日。最近，他妈妈发现他出现了一个怪行为，那就是不断地模仿、重复别人说过的话。这不，星期六早上，妈妈要带程程出去跟小朋友玩的时候，程程的模仿行为又开始了……

妈妈："程程，来，今天天真好，我们出去转转吧！"

程程："程程，来，今天天真好，我们出去转转吧！"

妈妈："快来吧，你看小朋友都在外面晒太阳呢。"

程程："快来吧，你看小朋友都在外面晒太阳呢。"

妈妈："你这孩子，不许再学妈妈说话。"

程程："你这孩子，不许再学妈妈说话。"

妈妈："好了，不管你了，来，我们出去吧。"

程程："好了，不管你了，来，我们出去吧。"

妈妈："走喽，去外面玩喽！"

程程："走喽，去外面玩喽！"

妈妈："不要再学妈妈说话了！"

程程："不要再学妈妈说话了！"

……

★ 神奇的敏感期

处于语言敏感期的宝宝，就像一个学舌的小鹦鹉一样，听到别人说什么，他就会重复什么；别人问他什么，他根本不回答，还是重复人家的话，简直让人哭笑不得。为什么这个时期宝宝要不断地重复别人的话呢？

实际上，在语言敏感期的这个时期内，宝宝已经发现，一句话是可以表达一个意思的，这个新发现让他很兴奋，于是就对这种表达产生了浓厚的兴趣。同时，处在这个年龄段的宝宝，已经可以完整地模仿说出一句话了。因此，他就乐此不疲地爱上了这种"鹦鹉学舌"的游戏，并且在重复别人话的时候非常得意。当然，除了模仿现实中的人说话，宝宝还会模仿电视上或者童话书中的人说话，且会尽力做到惟妙惟肖，这也充分表明，宝宝已经具备表达句子的能力了。

☞ 教宝宝学会重复

对宝宝的这种模仿和重复现象，父母可以有意识地与宝宝交流沟通，引导着宝宝重复一些话，以此来训练宝宝的语言表达能力和词汇量。例如，吃饭的时候，父母可以引导着宝宝说："爷爷先坐，奶奶先坐。"爸爸上班的时候，妈妈也可以有意识地说："爸爸上班了，爸爸再见。"宝宝上幼儿园的时候，父母就说"宝宝要上幼儿园了"等。父母每说一句，宝宝都会跟着说一句，这样，不知不觉间，宝宝就学会了一些日常用语和礼貌用语。

除了这些日常用语，父母还可以让宝宝侧重于一些新句子的表达，例如"爸爸正在打电话呢——喂喂喂""奶奶在听戏曲呢——啊啊啊""河里的鸭子在游泳——嘎嘎嘎"……这些带有象声词的句子非常有意思，宝宝一定很喜欢读，这样一方面增加了他的词汇量；另一方面也可以让他了解更多的动物和其他知识。需要注意的是，在教这些象声词的时候，宝宝可能一下子学不会，这时候就需要父母有充足的耐心，多重复几遍，悉心教导。

☞ 鼓励宝宝自由地表达

在宝宝处于模仿敏感期的时候，父母一定不要斥责他、打骂他，甚至把他看成坏宝宝。要知道，此时宝宝最需要的就是父母的理解和鼓励。父母应该经常用鼓励的话语来指导宝宝："宝宝，你真勇敢！""宝宝真是个好孩子。""宝宝真棒，说得真好。"父母说这些话的时候，宝宝可能还会模仿重复，但这样更有利于他的记忆。在以后的日子里，如果遇到困难，宝宝就会想到父母曾经说过的这些鼓励的话，就更容易形成坚强、勇敢的个性。

另外，鼓励的话语表达了父母的一种态度，让宝宝没有压力，能够更加自由地模仿和重复，进而提升自己的语言表达能力和词汇量。这个时期的宝宝与父母接触最多，很多事情都会看父母的眼色行事，如果父母鼓励他说话，那么他就会从心里认为说话是很好的，从而对说话更有兴趣，也就更能快速地提升语言表达能力。

✿ 口吃：获取语言过程中偶尔的退化

★ 宝宝趣事

周六晚上，就要睡觉了，可3.5岁的晶晶却一直很兴奋。眼看都十点了，可她还没有一点儿要睡觉的意思。无奈之下，妈妈只好哄着她说："晶晶，很晚了，别闹了，赶紧睡觉好不好！"

虽然心里仍然有些不情愿，但是晶晶还是按照妈妈说的爬上了床，并盖上了被子。妈妈呢，她细心地给晶晶掖好了被角，然后坐在床边，轻轻地用手拍打着晶晶让她入睡。眼看就要睡着了，突然，晶晶好像想起了什么，脸上显出十分激动的样子，兴奋地对妈妈说："妈妈，明……明天……"

看着结结巴巴的晶晶，妈妈一点儿也没生气，她知道，这是宝宝语言敏感期的一种特殊表现。因此，她一点儿也不着急，而是轻轻地安慰晶晶说："别着急，慢慢说，妈妈听着呢。"可尽管如此，晶晶还是一个劲儿地"口吃"，嘴里的后半截话就是说不出来。

此时，妈妈忽然想到了什么，她赶紧对晶晶说："晶晶，你是不是想跟妈妈说'明天你想让妈妈带你去植物园'呀？"一听妈妈这么说，晶晶一下子就说出了嘴里的话："是，妈妈，我就是想说明天去植物园看花儿呢。"说完，她就高高兴兴地睡觉了。

★ 神奇的敏感期

一般来讲，2岁左右的宝宝可以讲200多个词语，到3岁时能讲的词汇会猛增到900多个，已经可以使用主语、动词、形容词等来表达比较复杂的意思了。而到了4岁之后，他的词汇量就会增加到1600多个，能和别人较为随意地进行交谈，并且在语言的质量方面也有了很大的提高。因此，对三四岁左右的宝宝来说，语言的发展是非常迅速的。但需要注意的是，由于此时宝宝刚刚开始流畅表达，还不是非常熟练，一些想说的话还不能很轻易地表达出来，很多时候他们不能迅速选择与自己想法相对应的词汇，因此会出现口吃的现象。

除此之外，三四岁的宝宝由于已经开始有了基本的逻辑思考能力，随着他们语言能力的提高，他们会希望用更好的语言来表达自己的想法和认知。此时，他们就会出现自身的语言储备跟不上思想发展的情况，也就是语言和思想的融合产生了脱节，表现在外的就是"口吃"。不过，有时候，宝宝急于表达或者太过兴奋时，也会出现"口吃"现象。

因此，对这个年龄段的宝宝来说，出现"口吃"并不是什么大事情，只是正常的语言敏感期的一种表现。随着他的逐渐成长，当他掌握的词汇量可以完整地表达出他的意思时，"口吃"就会自动消失，对此父母不必太过在意。

☞ 耐心等待宝宝的表达

面对结结巴巴、半天都说不出一句完整话的宝宝，父母一定要有充足的耐心，千万不要把关注点仅仅放在宝宝"话说得怎么样"上，而是要鼓励宝宝慢慢说，别着急。

故事中的妈妈就做得非常好。在面对女儿结结巴巴的表达时，她非但没有生气和急躁，反而一边安慰女儿，一边站在女儿的立场上想她要说的话，并且自己把女儿想说的话给说出来。这样既不会伤害女儿的自尊心，也表达出了对女儿喜欢事物的了解，更能赢得女儿的信赖和喜爱。

每一对父母都希望自己的宝宝健康成长，头脑聪明，学什么都很快，但对于语言敏感期的宝宝来说，耐心才是最好的方式。千万不能仅仅图快，或者为了跟别的宝宝比较而要求宝宝改正"口吃"，或者打骂宝宝，那样只会让宝宝对"口吃"更加有阴影，而无法彻底改正。对待口吃，父母一定要摆正心态，不急不躁，拿出"只知耕耘，不问收获"的精神，以良好的心态来对待。这样，在不知不觉间，你就会发现，宝宝的"口吃"现象不知道什么时候已经消失了。

☞ 压力也会造成宝宝口吃

除了由表达不流畅而造成的口吃现象外，压力大也是造成宝宝口吃的一个重要原因。

塔塔有个和他年纪差不多，但是却"能说会道"的表哥。每次大家庭聚会，小表哥总是滔滔不绝，伶牙俐齿，深得长辈们的喜爱。而塔塔呢，他正处在语言敏感期，语言表达很不流畅，还有点儿结巴，根本没有办法跟小表哥比。为此，他妈妈每次在家庭聚会后，都要严厉地批评塔塔："你看你，都不会好好说话吗？看你表哥，说得多好。"这样子时间长了，塔塔结巴得更厉害了，而面对妈妈越来越多的指责，他更是连张口说话都不敢了。

无疑，塔塔妈妈的做法是很不对的，她给塔塔的压力一定程度上加重了塔塔的口吃。要知道，宝宝虽小，却也是一个独立的、有尊严的个体，家长不应该随意拿他跟别人比，更应该谨记：永远都不要拿自己宝宝的弱项和其他宝宝的强项比较。这样对宝宝是很不公平的。塔塔在面对小表哥的时候，本来就缺少自信，再加上他又处在语言发展的敏感期，如果家长对此情况处理不当，很有可能造成塔塔以后的语言能力受到影响。

在语言敏感期内，父母一定要记得，为宝宝创造一个宽松、自由的语言环境和空间，让宝宝自由表达、快乐生活，同时父母还要放低对宝宝的要求，让宝宝安然顺利地度过"口吃"的特殊阶段。

☞ 矫正宝宝的口吃

一般情况下，多数宝宝的口吃现象到5岁之后都会消失，也就是会顺利度过语言敏感期的"假性口吃"时期。但也有一些宝宝，到了5岁之后，还存在着口吃问题，这就可能是真性口吃了。如果任其发展下去，很可能会对宝宝的一生产生不利影响，因此父母一定要提高警惕，积极进行干预和帮助治疗。

对于那些因为生长特点而产生的口吃现象，父母要给予适当的关注，通过有意识的教育和训练来帮助宝宝纠正口吃，提高语言表达能力。平时，父母可以多和宝宝说话交流，并且尽量多地给宝宝提供说话的机会，让宝宝多加练习，一旦他的语言表达能力得到提高，口吃现象也就会自然消失了。需要注意的是，面对宝宝的口吃，父母千万不要觉得好笑而学宝宝说话，或者称呼他"小结巴"之类的，这样容易给宝宝造成心理阴影，让口吃情况越发严重。

正常情况下，在宝宝的语言能力逐步完善后，其口吃也将得到好转，但如果此时宝宝依然口吃，父母就要认真查明原因了。如果发现宝宝是因为受了刺激，例如严厉的批评、打骂引起情绪紧张而口吃，父母就要帮助宝宝缓解紧张的情绪；如果宝宝是因为模仿其他小朋友或者家人的口吃行为而形成口吃，父母就要及时进行干预和引导，让宝宝远离不良影响，摆脱口吃。

悄悄话：爱上无声的表达

★ 宝宝趣事

周妈妈最近忽然发现，她3.5岁的儿子变得非常爱说悄悄话了。一会儿趴在爷爷的耳朵边嘀咕一阵子，一会儿又跑到爸爸的耳朵边嘀咕半天，看样子神神秘秘的。

这天吃过饭，周妈妈就拿起报纸坐在沙发上看报。这时候，小儿子跑了过来。他趴到妈妈身上，凑到妈妈的耳朵边，煞有介事地说了几句话。说完后，他满脸兴奋地问妈妈："妈妈，你听明白我说的了吗？"周妈妈摇摇头说："没有，你到底说什么啊？"一听妈妈说没听到，小家伙就又趴在妈妈的耳边，继续说悄悄话。可这次，周妈妈还是没有听到任何话语，她奇怪地扭过头看儿子，结果惊奇地发现，小家伙只是在动嘴巴，却根本没有发出声音！

等儿子说完后，又问妈妈："妈妈，这次你听明白了没有？"周妈妈很聪明，她想，要是我再说没听明白，他肯定还会跟我说这种悄悄话的。于是，她非常认真地点点头说："嗯，这次听明白了。"这下子，儿子高兴极了，欢笑着跑到外面玩去了。

★ 神奇的敏感期

3岁多的宝宝正处于语言敏感期的重要时期。一般情况下，这个时期的宝宝已经初步掌握了语言的发音和基本交流语，慢慢懂得了语言有很多表达方式，例如大声喊叫，或者两个人之间的悄悄话等。而这其中，悄悄话对宝宝的吸引力最大，它能让宝宝体会到神秘感，以及和别人之间的那种亲密感。因此，宝宝会很经常地和父母或者亲近的人说悄悄话。

一般来讲，说悄悄话的宝宝会很自豪，并且对此相当着迷。在这种两个人之间的秘密交流中，宝宝感受着奇异的神秘感，会越发地有兴趣。虽然有时候，这种悄悄话甚至是没有语言的，就像故事中的宝宝一样，根本没有发出任何声音，但他依然会很开心地玩这种游戏。不过，一旦父母对宝宝的这种行为表示反感，大声斥责，或者让他大声说出来时，宝宝就会失去说悄悄话的兴趣，进而可能影响其语言能力的正常发展。

☞ 要欣赏并且配合宝宝说"悄悄话"

很多母亲都有这样的感受，在某一段时间内，她们的宝宝常常会趴在她们的耳边说悄悄话。而每次煞有介事地说完后，她们都会听到小家伙兴奋地问"妈妈，你明白了吗"或者"妈妈，你知道了吗"。这个时候，如果母亲说"不明白"或者"不知道"，那么宝宝就会一直讲悄悄话，但如果母亲高兴地说"听到了""明白了"，宝宝就会非常满意地离开。

悄悄话是宝宝和父母增进感情的一种独特的交流方式。当小家伙神神秘秘地趴在父母的耳边嘀咕的时候，父母最好作出认真倾听的姿态和表情，配合宝宝说悄悄话，千万不要粗暴地打断他们，或训斥他们。要知道，宝宝对悄悄话的偏爱正是其对语言表达方式多样化的尝试，它能让宝宝的语言表达能力得到很好的锻炼。因此，主动配合宝宝讲"悄悄话"，或者以欣赏而不是厌烦的心态来对待宝宝的悄悄话，才是父母应该做的。就算有时宝宝讲悄悄话并没有说什么，父母也最好揣测一下宝宝的心理给出一个合理的回答。

☞ 主动跟宝宝玩说"悄悄话"的游戏

已经有研究表明，悄悄话可以刺激宝宝的大脑发育，帮助宝宝集中起注意力。而这种独特的"耳语游戏"也能发展宝宝的语言表达、倾听和理解事物的能力，同时还能刺激宝宝想象力和思维能力的提高。因此，在宝宝出现说"悄悄话"行为的时候，父母可以试着主动和宝宝玩说"悄悄话"的游戏，用耳语跟他交流。

在生活中，例如宝宝一觉醒来，妈妈就可以用温和的语调主动跟宝宝讲一些"悄悄话"："哦，小宝贝醒了，刚才梦到妈妈了吗？""小宝贝刚才睡得好香啊！"说的时候，最好语调放慢，让宝宝能清晰地把话听明白。另外，对一些在公共场合不听话的宝宝，父母也可以利用说悄悄话的方式来转移宝宝的注意力，从而让宝宝更听话。例如，可以趴在他的耳边神秘地说："宝贝，妈妈要告诉你一个秘密……妈妈在家里藏了一个玩具，你能找到吗？"这样，宝宝就会被这悄悄话吸引，从而安静下来了。

接电话：您好—再见！

★ 宝宝趣事

3岁的天天最近迷上了接电话，只要一听到电话响，他就马上跑过去接，还会像大人一样说："喂，您好！"就算是爸爸妈妈已经接起了电话，他也一定要凑到电话跟前，把耳朵紧贴在话筒上听对方说话。

很多时候，电话都是爸爸妈妈工作单位的同事或者朋友打来的，要讲一些事情。这个时候，爸爸妈妈就不想让这个小家伙来捣乱。但是根本不管用，无论怎么跟天天说，他依然如故。如果爸爸妈妈说得重了，他甚至还会在旁边又哭又闹，爸爸妈妈总是在电话接到一半的时候赶紧跑去哄天天。

妈妈比较心细，她看到天天这么爱接电话，就想好好地满足一下他的愿望。于是，这天，妈妈故意在另一个房间用手机拨打了家里的电话。天天还跟以前一样，高兴地跑去接起了电话："喂，您好！"但这次，他竟然从电话里听到了妈妈的声音。这下他乐坏了，兴奋地跟妈妈聊起来，一直聊了半个多小时，最后挂电话的时候还不忘说"再见"。

看到儿子这么开心，妈妈也很开心，她感到自己的做法是对的。从那以后，只要有时间，妈妈就会和天天玩"接电话"的游戏，这样，爸爸妈妈再次接电话的时候，天天也不闹了。

★ 神奇的敏感期

3岁左右的宝宝会对接电话产生浓厚的兴趣，一般表现就是：一听到电话铃响，就会飞快地跑到电话机旁，拿起听筒，然后煞有介事地说："喂，您好！"挂电话时会说："再见！"可能中间的对话并不很多，但这个"您好"和"再见"却记得很清楚，一定会说的。这其实也是宝宝语言敏感期的一种表现。

对这个年龄段的宝宝来说，听到从"电话"这个不是人，而是一部机器口中说出话来是多么神奇的一件事情啊。他们已经发现，语言并不仅仅只能从人的嘴里说出来，还可以从其他地方说出来，这无疑刺激了他们的探求和尝试欲望，于是频繁地接电话就成了探求这一现象的典型表现。通过这样的探求，他们会

儿童敏感期与智力开发全案

更加加深对语言的理解，丰富语言表达和沟通能力。不过，由于此时的宝宝沟通能力和表达能力都还不是很自如，因此还只会说一些相对简单固定的话语，如"您好"和"再见"。

☞ 正确看待宝宝接电话

针对宝宝的频繁甚至是执拗地抢接电话的行为，很多父母一开始很不理解，认为这是宝宝的胡闹或者只是觉得好玩。因此，往往会用较为严厉或者强制的方式制止宝宝，甚至把电话从宝宝手里"抢过来"。其实，这样的做法会伤害宝宝接电话的兴趣，打断宝宝对这一语言交流行为的探求欲，而且还会让宝宝对电话产生更强的神秘感，甚至可能演变成恐慌，以为父母不让他接电话是因为电话是可怕的东西。

因此，正确看待宝宝接电话的行为并充分理解宝宝，是父母应该采取的措施。就算宝宝因为抢接电话而耽误了什么重要的事情或者弄错了什么事情，父母也不要发火，对宝宝大喊大叫，而可以耐心地给宝宝解释一下事情的重要性，让宝宝以后注意。刚开始接电话的时候，宝宝会不知道说什么，这个时候，父母可以适当地给以引导，让宝宝学会更多的电话语言，加快对接电话这一语言形式的理解。

☞ 让宝宝学会"打电话"和"接电话"

在宝宝对接电话产生浓厚兴趣的时候，父母可以顺便教宝宝学会接电话和打电话，让宝宝了解这一除了面对面说话之外的另一种交流方式。

电话是如今生活中必备的一个交流工具。因此，就算宝宝不对电话产生兴趣，父母也有义务教宝宝使用电话。在宝宝饶有兴趣地接电话的时候，父母就可以把正确接打电话的常识教给宝宝，然后再有意识地引导宝宝去接打电话，让宝宝学会与对方进行良好的沟通。这样，一方面可以满足宝宝对电话的好奇心，充分了解电话交流这一交流方式，享受这个独特的敏感期带给他的快乐。另一方面也能锻炼宝宝的沟通交流能力，对宝宝今后的与人交往、语言表达能力等更加有益。

教宝宝接打电话，是生活常识的一个方面。在节假日，学会打电话的宝宝就可以给爷爷奶奶或者其他亲人打电话问候，让亲人感受到小宝宝的孝心和懂事。此外，一旦家中出现什么状况，宝宝也可以独自打电话通知别人，及时排除隐患。

☞ 培养能说会道的宝宝

每对父母都希望培养出一个能说会道的宝宝。能说会道的宝宝一方面拥有流畅的语言表达，看起来更聪慧；另一方面也更能引起人们的注意，广受欢迎，让父母感到很骄傲。不过，能说会道的宝宝并非天生，而是后天教育培养形成的。在宝宝的语言敏感期内，只要父母注意悉心培养、多加训练，就可能培养出能说会道的宝宝。

那么，具体来讲，父母应该在哪些方面下功夫呢？

1. 注重早教，多跟宝宝交流，不用担心宝宝听不懂。与宝宝的交流从其出生后就应该开始，虽然此时宝宝还听不懂大人的话，但却已具备了一定的学习能力，可以将父母传递的语言信息存储在脑子里。逐渐长大后，这些信息就能成为宝宝用来表达的模板。

2. 给宝宝正确的语言示范，不要总用儿语与其交流。最开始进行语言学习时，宝宝主要是通过重复和模仿来学习的。因此，在这一时期，父母应该多教宝宝学习各种拼音、汉字的正确读法和写法，教宝宝以正确的词序和句序进行表达等。

3. 在讲故事、做游戏等活动中训练宝宝的交流和沟通能力。讲故事和做游戏是提高宝宝语言能力的重要途径，在这个过程中，父母可巧妙地教宝宝学一些词语和语言的表达方式，并训练宝宝构思和整合语言的能力、自由表达的能力等，让宝宝在轻松愉悦中收获知识，变得能说会道。

❀ 哭泣：直接表达的感受或想法

★ 宝宝趣事

丰丰3岁了，很喜欢玩玻璃球。一天，他正在客厅里高兴地玩玻璃球，一会儿让玻璃球滚到左边，一会儿又让它滚到右边。突然，他一下子用力太大了，玻璃球竟然滚出好远，跑到了客厅的长沙发下面。

他赶快跑过去蹲下身子伸手去摸，结果摸了半天也没摸到。这下子，他不知道怎么办了，就哭起来，还用手指着沙发底下，希望以此引起家人的注意，帮他把玻璃球拿出来。

但很不巧，他妈妈这时候正在厨房忙着做饭，丰丰越来越大的哭声让妈妈心情很烦躁。她来到客厅，不耐烦地问："你哭什么？发生什么事了？"丰丰听到妈妈这么问，却不回答，只是一个劲儿地指着沙发底下，还在不断地哭。这下可把妈妈气急了，她拉过丰丰，伸手就在他的屁股上拍了两巴掌，一边还严厉地说："让你哭，有什么事不会说出来吗？哭什么哭！"结果，被打之后的丰丰哭得更加厉害了。

★ 神奇的敏感期

处在语言敏感期的宝宝，有些时候会用哭泣代替语言来表达自己的委屈或者某种需求。他们会"缄口不言"，一个劲儿地哭，并用动作表达自己的要求。这一方面是由于宝宝在某些紧张情况下忘记了怎么表达；另一方面是宝宝想通过哭泣这种较为强烈的方式来引起别人的注意。

在宝宝哭泣的时候，父母一定要有耐心，试着去理解宝宝为什么哭泣，并耐心地解读宝宝的肢体语言，帮宝宝解决困难或者满足需求。往往，面对"不肯开口"、只知道哭闹的宝宝，很多父母会耐不住性子，粗暴地对待，或者大声质问或者直接动手打一顿。这种做法会严重伤害宝宝的心灵，甚至会对宝宝以后的性格发展产生不利影响，并影响其智力的发育。正确的做法是，父母可以用温和的态度，慢慢地引导着宝宝说出他想表达的意思，用语言来代替哭泣，正确表达自己的想法。

☞ 不要把责任随意推给无辜者

宝宝的哭泣很多时候是由于自己出了某种小意外，例如不小心碰到了头或者撞到了树。这个时候，为了安慰宝宝，让宝宝不再哭泣，许多父母会把宝宝的意外作为一种"事故"来处理，把责任推给一些无辜者。

比如，宝宝在客厅里玩耍不小心头碰到了桌子，哭起来。父母赶紧跑过来，一边帮宝宝揉着头，一边振振有词地说："该死的桌子，坏桌子，碰宝宝的头，宝宝打它！"然后，还会抓起宝宝的小手拍打两下桌子，表明已经"惩罚"了这个"肇事者"。表面上看，这样不仅可以让宝宝停止哭泣，而且还会让宝宝觉得很好玩。但实际上，这种把责任推给无辜的桌子的行为，很容易误导宝宝，甚至给宝宝提供一种坏的引导。桌子是不动的，是没有生命的，宝宝被碰到头，跟它一点儿关系都没有。如果此时传达给宝宝"桌子很坏"的信息，那么宝宝就会想当然地认为，自己是没有错的，错的是别人。于是，就很容易感到委屈而哭泣，而且，在宝宝逐渐长大之后，跟别的宝宝相处时，如果起了摩擦，也容易把责任推给别人，想当然地认为是对方错了。因此，父母千万不要"聪明"地为宝宝的委屈找一个端由，就事论事，正确引导才是好的做法。

☞ 哭泣的宝宝需要表达自己

用哭泣来引起别人的注意，是宝宝幼小心灵形成的一种不正确的认知。对此，父母可以通过引导宝宝用语言表达自己来取代哭泣。这样，一方面可以缓解宝宝遇事就哭泣的习惯；另一方面还会让宝宝在认知语言的基础上，养成良好的思维方式，更加熟悉现实生活。

有这样一位妈妈。一天，她给3岁的儿子买了许多好吃的点心。在儿子吃完第一块之后，就眼巴巴地盯着点心"呜呜"地哭起来，一边还用手指着面前盛点心的小盒子。妈妈一下子就明白儿子是想再吃一块点心，于是她故意问儿子："你想要什么呀？你告诉妈妈，妈妈就会给你。"结果，儿子果然嗫嚅着说出了两个字"点心"。之后，妈妈就很耐心地对儿子说："别哭了，以后你想要什么，只要跟妈妈说，妈妈就会给你。"宝宝看着她，停止了哭泣，然后清清楚楚地说："妈妈，我想再要一块点心。"

这个妈妈的做法就非常好，她用温和的态度引导宝宝用语言来代替了哭泣，这样，以后宝宝如果再遇到这种事情，就不会只想着哭了，而是会用语言来表示。通过妈妈的耐心引导，宝宝会感受到妈妈的关心和用语言表达的便捷，慢慢地，就会放弃用哭泣来引人注意了。

动作的敏感期

　　某个时期，父母会突然发现，宝宝的某种动作发展迅速，他会一下子就知道把东西往嘴里塞或到处走动等。这都是动作敏感期的表现。宝宝从出生到6岁，都是动作敏感时期。在这个时期内，父母一定要掌握一些适合宝宝开发大肌肉的运动，帮助其动作发展。此外，还要保证宝宝手眼协调能力的训练，以使宝宝整个肢体动作正确、协调、熟练。这样，不仅能让宝宝养成良好的动作习惯，也能帮助其发展智力。

❀ 喜欢"高难度"的玩耍：大肌肉发展敏感期的爆发

★ 宝宝趣事

　　琪琪的大肌肉发展一直很顺畅，在之前的时间，她已经迎接了一个又一个的挑战，无论是翻身、坐、爬等动作都非常灵活。会走路之后的琪琪，更是开始了新的挑战，她喜欢走有坡度的路，上坡走得飞快，而下坡却战战兢兢……虽然如此，她还是顺利度过了这一时期，并很好地发展了自己的大肌肉。

　　现在琪琪4岁了。每次，妈妈带她去小区的健身区玩耍的时候，她都会成为小明星，因为她实在是太棒了。她会灵活地跳蹦床，还会在单杠上吊半天……每一个动作都做得很顺利，而且还很熟练。这让一些还不会做这些动作的宝宝羡慕不已。其他父母也一个劲儿地向琪琪的妈妈请教"育儿经"。每次，妈妈总是骄傲又自豪地说："我们琪琪啊，从小就喜欢挑战新动作，各种动作都愿意尝试，所以现在这些动作对她来说，都很简单！"

★ 神奇的敏感期

　　3岁之后，宝宝大肌肉的发展就逐步趋向成熟，大肌肉发展敏感期的表现尤为突出。此时的宝宝已经很习惯独立行走，也能跑会跳了。这个阶段，宝宝走路的姿势更加多样化，他不但可以踮起脚尖来走碎步，还能大踏步地往前走，一旦路上遇到了障碍，他还能很自如地跨过去，而且在走楼梯的时候也可以交替着双脚上下了。同时，宝宝能进行的活动也逐渐增多了。而且，3岁之后，由于宝宝身体发育的日益健全和好奇心的增长，他的自由活动能力更强了，常常是自己想去哪里就能走到哪里，还常做出一些让父母想不到的调皮事情来。

当然，在宝宝大肌肉发展的关键时期，父母一定要随时关注宝宝的成长，了解宝宝每一个动作发育的关键时期，并尽量抓住这一关键时期，陪宝宝做一些有利于大肌肉发展的游戏、体操等，以促使其大肌肉的发展和动作能力的提高。

☞ 允许宝宝自由地蹬低爬高

其实，大多数宝宝在两三岁的时候就特别喜欢蹬低爬高了，他会经常性地爬上桌子、椅子甚至窗台，还会试图从不太高的地方往下跳等。对宝宝的这种行为，一些父母往往表现得"大惊小怪"，觉得这些动作和行为对宝宝来说太过危险，应该制止。于是，他们一见到宝宝做出这些行为，就以太危险为理由拒绝宝宝继续。当然，宝宝的这些行为有时候会把父母搞得筋疲力尽，无奈之下，父母只好下定决心约束宝宝。不管如何，父母这种约束宝宝蹬低爬高，阻止宝宝施展自己的"运动才能"的行为，对宝宝的成长发育是很不利的，是不符合科学规律的。

一方面，宝宝进行蹬低爬高行为，是他内心的一种需求，他想要这样做，如果父母加以阻止，势必会让宝宝的心理需求得不到满足，从而产生不良情绪。另一方面，宝宝正处于大肌肉发展的敏感期，身体的各个部分都在寻求"运动"，以此来锻炼肌肉，如果父母一味地阻止，势必会影响宝宝大肌肉的发展和身体动作的整体发展，从而影响宝宝身体的健康成长。因此，放开手，允许宝宝蹬低爬高，才是父母应该有的态度。

☞ 不要自以为是地去保护宝宝

对宝宝蹬低爬高，总是寻求"高难度"动作的表现，在理解宝宝的基础上，很多父母还是会表现出担心，尤其在宝宝完成一些较为"危险"的动作时，父母会忍不住帮上一把。表面看来，父母这种行为是在帮宝宝，但其实，这是在干涉宝宝的探索行为，会无形中阻断宝宝自我探索、自我挑战的进程。

很多时候，宝宝在进行一些较难的动作时，正是他内心在试探，自己的身体是否能达到这样的一个标准，自己是不是能做到这件事。在他试探的时候，他会用自己的身体和大脑去体验和分析这件事情的困难程度和技巧性，所以无论最终成功与否，宝宝都会从中得到经验和收获。如果在宝宝计划"跨越障碍"的时候，父母因为觉得太过"危险"而伸手帮了宝宝一下或者"保护"了宝宝，那么，宝宝自身的体验和分析就会大打折扣，他就无法完全凭借感受来判断自己的能力、总结自己的经验。这样的帮忙，其实是在帮倒忙，尽管宝宝做成了这件事，但那并不是自己的能力达到的，而他也不知道自己的能力是否可以达到。因此，父母千万不要自以为是地去保护宝宝，而应该给宝宝自己探索的空间，就算他失败了，那也是他自己的经验教训。

❋ 破坏东西：独特的小肌肉发展敏感期表现

★ 宝宝趣事

静静刚3岁，最近，她迷上了"破坏"东西，被妈妈笑称为"小小破坏家"。

周六上午，吃过早饭，静静没事就跑去找爷爷玩。这时候，她看到爷爷正在听收音机。收音机里正在播放戏曲，咿咿呀呀的，静静好奇极了。她先是安静地坐在旁边，盯着收音机看了半天。然后就忍不住问爷爷："爷爷，这是什么啊？"爷爷说："这是收音机。""它怎么会发出声音呢？"静静又问。"这个嘛，因为它有个能发声的小喇叭。"爷爷这样对她说。静静显然对这个能发声的小喇叭很感兴趣，正要再问爷爷，爷爷却起身去卫生间了。

这下可好了，静静迅速拿起收音机研究起来。她先是翻过来倒过去地找小喇叭，没有找到。然后她就用手这里掰掰，那里抠抠，一不小心就把收音机的盖子给打开了，露出了里面复杂的机器零件。静静看得惊讶极了，她像发现了宝贝，更加仔细地研究起收音机的内部构造来……

爷爷回来了，他发现收音机已经"支离破碎"了，盖子不见了，里面的一些小零件零零散散地落在地上。而静静呢，她还在收音机剩下的零件里不停地翻找着，嘴里还嘟囔着："小喇叭在哪里呢？"

★ 神奇的敏感期

幼儿时期是宝宝小手变灵活的关键阶段，拥有一双灵巧、灵活、协调的双手，对宝宝的智力和人格发展都有积极的影响。在宝宝的小肌肉发展敏感期内，宝宝的小手会不断地施展"破坏"行动，以此来锻炼自己小肌肉的发展。

当宝宝敏感期到来的时候，内心就会涌动起一股无法抑制的激情，它会促使宝宝在周围环境中寻找可以满足爆发需求的突破口。因此，宝宝会进行一系列的"破坏"行动。家里的门把手、妈妈的化妆盒、床单、桌布甚至是爸爸的工作报告等都会成为宝宝可以找到的、用以操作的工具，他会对这些东西进行一系列他能想到的、能做到的，在大人看来似乎有点儿千奇百怪的"破坏"行动。在这个过程中，他手部的塞、插、敲、穿、拧、剪、舀等小肌肉动作就会得到迅速的提高和发展。

因此，在小肌肉敏感期内，父母会发现宝宝变成了个"小小破坏狂"，什么东西到他手中都要被破坏掉，但这其实只是宝宝锻炼自己的一种方式，父母不用大惊小怪。

☞ 了解宝宝小肌肉发展阶段

宝宝小肌肉的发展情况主要是通过一些精细动作的发育情况表现出来的，其中最主要的就是控制手部和手指的动作。

一般来说，刚出生不久的宝宝就会出现反射性的握持动作，一旦有人触碰他的手指、手掌、脚趾、脚底，他就会不自觉地弯曲手指、脚趾。之后，大约在出生后的1~3个月时，宝宝会对自己的手感兴趣，喜欢尝试着去抓够物品；4~6个月时，宝宝抓东西的动作会灵巧很多，也能自己抓着玩具玩了；9个月时，宝宝差不多能使用拇指和手指来捏东西了；之后的1个月，宝宝会逐步学会握手；10~12个月的时候，宝宝手部动作的灵活性逐步增强，已经可以用手反复地抓取和放掉物品。

在1~2岁的时候，宝宝的小手更加灵活，差不多可以控制自如地抓取和松开物品了，同时，宝宝还会用食指、拇指、中指抓握物体，尝试着自己用双手端着杯子喝水，或逐步学会用小勺吃饭等。此外，宝宝还能够自己握着笔在纸上进行胡乱涂鸦了。

3岁之后的宝宝小肌肉发展逐步成熟，控制手部和手指的能力也更强了。此时，宝宝不仅可以自如地抓取自己想要的东西，自己做扣扣子、穿衣服之类的事情，还常对一些手工活动感兴趣，如绘画、捏橡皮泥等等。父母可以加以培养和训练，加强宝宝的动作灵活性。

☞ **为宝宝准备一个"发泄"的场所**

对待宝宝的"破坏"行为，有些父母很苦恼，看着宝宝破坏掉的东西，他们感觉无可奈何。有没有什么办法既让宝宝开心快乐地发展动作，又避免宝宝老是破坏东西呢？最好的办法，其实就是给宝宝准备一个"发泄"的场所。

生活中，一旦父母发现宝宝进入了动作敏感期，对一些物品产生兴趣，有"破坏"行为时，就说明宝宝的"破坏欲"来了，就应该给宝宝准备"发泄场所"了。其实，所谓"发泄场所"就是给宝宝准备一个适合他"破坏"东西的环境，让他可以自由自在地破坏东西，但是却不会让父母感到麻烦。具体来说，父母可以在家里专门腾出一块地方给宝宝，在里面放上一些玩具或者小物品，可以是拆开的，也可以是完整的，让宝宝在里面玩耍。这样，宝宝的破坏欲就被"圈"在这个地方，破坏行动也就因为有了专属地盘而被限制了。他可以在这个场所内尽情"发泄"，玩得既开心又过瘾。这样，父母就能解决宝宝的"破坏"问题了。不过，事情的发展还要看宝宝的选择，如果他不喜欢这个地方，那么父母也不要勉强。

🌸 喜欢走马路牙子：平衡感发展的必需项目

★ 宝宝趣事

在妈妈的眼里，文静虽然名字叫"文静"，却是个活泼、好动的宝宝。最近，这个小家伙又找到了新的游戏，简直像在给自己添麻烦。

到底是什么游戏呢？原来呀，竟然是走马路牙子。放着平坦的大道不走，文静偏偏愿意去走马路牙子。在马路牙子上，她总是张开双臂，努力保持着自己身体的平衡，一步一步小心翼翼地往前走。一路走下来，都紧张得出汗了，但她自己很开心。每次看到她这样，妈妈都要劝她："累成这样，还走什么啊，下次别这样走了，简直是自己给自己找麻烦。"可是到了下一次，文静就会完全把妈妈的话忘在脑后，还是一如既往地走马路牙子……

★ 神奇的敏感期

某段时期，宝宝会特别喜欢走直线，马路牙子、花园矮围墙上等，都能看到宝宝那摇摇晃晃、尽量保持平衡的身影。有些宝宝还特别喜欢提着或者背着重物走路，例如背着书包走马路牙子等。一些不理解的父母往往会觉得宝宝是"自讨苦吃"，但实际上，宝宝是在自己锻炼自己呢，他是想借助这些动作来控制自己的身体平衡，以此来提高身体平衡能力和自身各种动作的结合。

我们都知道，平衡感是大脑、神经系统、身体和地心引力之间的一种协调能力，对宝宝来说，平衡感发展好了，他才可以自由地平躺、翻身、爬动、站立、跑动等，进而才能操作自己的大小肌肉，促进身体发展。平衡感不好的宝宝，控制自己的身体都会比较困难，更别提做其他事情了。因此，父母要注意培养宝宝的平衡感。

☞ 了解宝宝平衡感发展的阶段

平衡感指的是一个人能够对抗地心引力，维持自身动作的稳定性和灵活性的一种动作能力。平衡感不仅决定着宝宝能否走稳路，还包含着其他许多方面的内容，若出现了平衡方面的障碍，不仅人的行为能力会受限，一些身体器官的功能也会受到影响。

实际上，宝宝平衡系统的形成和平衡能力的发端从胚胎时期就开始了。大约在孕期第5个月的时候，宝宝的平衡系统就会逐步发育成熟，而在出生之后，其平衡系统就能正常工作了。在宝宝出生后两三个月的时候，他就可能会出现抬起头这第一个平衡动作了，若此时父母能重视宝宝的训练，让宝宝尽量多地做抬头动作，那么其平衡感传递给大脑的信息就会越来越准确，对日后平衡能力的发展非常有利。同时，当宝宝能熟练地操作这一动作后，就会增强将身体直立起来的欲望，这样，宝宝就能在这一动作的基础上逐步学会翻身、坐起来、爬动，而后行走、跳跃和跑动等，这就意味着宝宝的平衡感在逐步增强。

在宝宝平衡感发展的关键时期，父母可以适当进行干预，帮助宝宝培养良好的平衡感。如在宝宝出生后不久，对宝宝进行抚摩，或帮宝宝做一些按摩，充分刺激宝宝身体表皮的神经末梢，增强其感觉的灵敏度；或当宝宝能走会跳之后，陪宝宝玩一些能增强平衡感的游戏，如荡秋千、玩跷跷板等。

☞ 和宝宝做平衡感游戏

为培养和加强宝宝的平衡感，促使宝宝运动敏感期内对平衡感爆发的需求，加强其对全身肌肉的控制，父母可以有意识地和宝宝做平衡感的游戏。

在宝宝可以走路走得比较平稳的时候，父母可以整理出一个较大的空间，并

儿童敏感期与智力开发全案

用胶带在地上粘出一条线，让宝宝踩在胶带上行走，并且尽量不把脚踩在胶带外面。父母可以告诉宝宝要伸直双臂保持平衡，或者手握一根小棍来保持平衡等。等宝宝熟练了之后，可以再要求宝宝走直线，走曲线，或者走一些不规则的线条等。慢慢地，让宝宝到有一定距离的平衡木上进行练习，父母可以先扶着宝宝，然后鼓励宝宝伸开双臂，独自行走。还可以让宝宝举起左手，右脚独立，或举起右手，左脚独立等。

需要注意的是：在做游戏的时候，要注意保护宝宝的安全，以防动作过大或者不小心弄伤宝宝。

捉迷藏：开始空间探索的旅程

★ 宝宝趣事

3.5岁的亮亮很喜欢看《喜羊羊与灰太狼》的故事。最近，他的这一喜好竟然延伸到了实际生活中——他迷上了玩捉迷藏，而且是"喜羊羊与灰太狼"之间的捉迷藏。

这不，星期六上午，亮亮又缠着看报纸的爸爸来玩捉迷藏了。一开始，爸爸是"灰太狼"，亮亮是"喜羊羊"。亮亮这只小羊迅速躲在了大衣柜里，等着爸爸来找。爸爸先是在屋子里转了半天，没有找到，然后就准备离开房间。这时候，躲在衣柜里的亮亮咯咯咯地笑起来，一边还学着小羊"咩咩"地叫起来。这下，爸爸迅速打开衣柜，捉住了他。不过，"喜羊羊"被"灰太狼"捉到后还真成了喜羊羊，不住地咯咯咯乱笑，完全没有面对"狼"的害怕和被捉住的惊慌。

接下来，第二轮捉迷藏游戏开始了。爸爸依旧是"灰太狼"，而亮亮这只"喜羊羊"这次直接躲到了门后。当爸爸开门进来的时候，一点儿也没发现亮亮。爸爸找了半天，还学着"灰太狼"的样子到处乱闻，也没有找到亮亮。可是，亮亮竟然自己从门后跑了出来，还大叫着："我在这里，我在这里。"那样子真是兴奋极了……

★ 神奇的敏感期

这个年龄段的宝宝已经知道了有形的空间是容纳物品的地方，比如盒子里可以放蛋糕，沙发放在客厅里等等。但忽然有一天，当他发现，某个空间可以容纳下自己的身体时，可以想象，他会多么好奇和兴奋。接下来，他就会频繁地使用自己的身体去感受这种新奇和兴奋，不断地体验空间带给他的乐趣和神奇感觉。

当然，宝宝在玩捉迷藏的时候，可以获得各种方位的概念，对于认知空间很有帮助。另外，当宝宝再长大一点儿，可以跟其他宝宝一起玩更复杂的捉迷藏游戏时，之前玩捉迷藏的经验会给他不小的帮助，而且空间感知力的增强也会让他开始注意观察周围的环境，开动大脑去思考，这非常有利于宝宝大脑智商的开发。

☞ 尽量找到"藏起来"的宝宝

对这个年龄段的宝宝来说，捉迷藏的目的就是为了让别人找到他，越是被找到了，他们就越高兴，越兴奋。相反，如果他藏起来之后一直没有人找到他，或者对方的兴趣不高，那就会打击他的积极性，让他渐渐对捉迷藏失去兴趣，也失去对空间的探求欲望。

对宝宝来说，捉迷藏有着无尽的乐趣，就算没有藏好，露出了身体的一部分，依然会让他们开心。但对于大人来说，这种小孩子的游戏很考验他们的耐心，他们要"傻呵呵"地跑来跑去，寻找一眼就能看到的小宝宝。但故事中的爸爸做得很好，他很配合宝宝的捉迷藏游戏，而且还学着"灰太狼"的样子去闻闻空气中的气味。这无形中增加了宝宝玩游戏的热情度和兴奋度，拉近了宝宝和爸爸之间的距离，让宝宝产生"爸爸是跟我一道的，爸爸也喜欢《喜羊羊和灰太狼》的故事"的感觉，从而增进亲子关系。

因此，父母在和宝宝玩捉迷藏游戏的时候，要懂得宝宝的这种"想要被找到"的心理，尽量配合宝宝玩，扮演相应的角色，并且"尽力"找到宝宝，这对宝宝的成长是十分有利的。

☞ 满足宝宝的空间探索需求

捉迷藏其实就是宝宝对空间的探索过程。了解了这一点，父母就可以适当地给宝宝引导，帮助宝宝更快地了解空间概念。

一位父亲非常有心。在宝宝和他玩了几次捉迷藏的游戏后，他发现了宝宝对空间的探求欲望。于是，他就把自己家里装电视机的大箱子腾出来，打扫干净，给宝宝当游戏的工具。宝宝看到这个大箱子之后，非常开心，下次玩捉迷藏的时候，他就总是把自己藏在这个纸箱子里，虽然每次都被找到，但他依然很开心。不仅如此，小家伙还把自己的小毛毯、小枕头、零食饼干等东西统统搬到了纸箱子里，然后在里面铺好毛毯，放好东西，躺在里面睡觉，俨然是自己钟爱的小窝。对此，他爸爸一点儿都不担心，他知道小家伙正在享受空间带来的有趣感觉。

这位父亲的做法很值得学习。生活中，在面对喜欢玩捉迷藏的宝宝时，父母应该多给宝宝创造机会，满足宝宝对空间探知的心理需求。宝宝一般都会喜欢从大空间躲到小空间，然后再从小空间回到大空间，在这个重复的过程中，他们的动作灵活性和空间概念都会得到强化。

垒高：初步建立三维空间的感觉

★ 宝宝趣事

垒高本来是燕燕非常喜欢的游戏，可最近，她却仿佛发了狂，动不动就把垒高的积木给推倒。这不，"哗啦"一声，她又把刚刚垒起来的积木给推倒了。看到积木散落一地，她还高兴地咯咯笑起来。旁边的妈妈看到这里却一言不发，就在刚才，这个小家伙已经把积木推倒了好几次了，妈妈知道她是处于动作敏感期内，所以一直看着，而不阻止……

于是，接下来，燕燕开始了下一轮的垒高过程。她先是认真地把积木垒起来，然后再像刚才一样，一下子推倒……如此这般，一个多小时过去了，她玩得不亦乐乎。此时，似乎有点累了，她站了起来。妈妈一看，心想："这小家伙终于不玩了！"就准备去收拾散落在地的积木。谁知，站起来走了几步之后，燕燕竟然又坐了下来，从妈妈手里拿过积木，再一次垒了起来。妈妈这下子真是哭笑不得，原来宝宝是坐累了，要起来活动一下，然后继续玩……

★ 神奇的敏感期

一般情况下，1岁多的宝宝就可以把积木垒得高高的了，而且也有了把积木推倒的力气。如果父母对宝宝把积木推倒这件事表示赞许，笑着鼓励，那么宝宝就会因为父母的态度而对垒高再推倒这件事产生兴趣。只不过，这个时候的兴趣是固守在父母对此游戏的反应上的，并不是宝宝自己对垒高再推倒的兴趣。但是，当宝宝长到三四岁的时候，对垒高再推倒表现出兴趣就不仅仅是父母的原因了，而是自己对空间探索的一种特殊表现，或者可以理解为是喜欢垒高再推倒的敏感期。

在这个时期，宝宝会通过垒高然后再将其推倒的方式来感知周围的空间。就像故事中的燕燕一样，她会不知疲倦地一遍遍地玩这个游戏，反复感受这种空间变化的奥秘。对宝宝的这种表现，故事中妈妈的态度是可取的：看着她玩耍，不阻止。除此以外，父母还可以跟宝宝一起玩，并且在玩的过程中给宝宝一些知识指导。

☞ 大力支持宝宝的垒高行为

面对宝宝一次又一次把垒好的积木给推倒，父母也许还可以接受。但有时候，宝宝会饶有兴趣地把身边的物品也垒高并推倒，比如碗、玩具、零食等，这个时候，父母可能就会觉得东西被破坏了，就想要去阻止宝宝。

其实，这个时候的宝宝根本没有意识到自己在垒高的是什么东西，他只是在不断地尝试这种游戏，以加深对空间的感知，也完全没有要故意毁坏东西的意思。因此，父母一定要控制住自己的怒气，不要打断宝宝，让宝宝尽情玩耍就行了。父母也没有必要告诉宝宝："这是碗，这是盘子，它们都很容易打碎。"一方面宝宝根本不会关心这些东西到底是什么；另一方面对于"打碎"的概念宝宝可能也不是很清楚，容易导致思绪混乱。父母要做的就是，在旁边看着宝宝，以免宝宝在玩耍过程中出现意外，例如被砸到脚之类的。

☞ 和宝宝一起做垒高的游戏

除了不干扰宝宝，让宝宝尽情地做垒高再推倒的游戏外，父母还可以主动和宝宝一起玩垒高的游戏。这样，一方面能增强亲子关系，加深父母和宝宝之间的感情；另一方面也可以培养宝宝手部肌肉的灵敏度和控制能力。

具体的游戏内容是：父母可以先准备一些积木，一个篮子，篮子的大小以能装下大多数但是不能一次装完所有积木为准。接下来，父母先在地上画一条白线，将所有的积木都放在白线的后面。然后告诉宝宝，用篮子去把积木取过来，然后再回到出发地来把积木给垒高。父母可以和宝宝比赛，看谁的积木垒得高。

玩这样的游戏，可以增加宝宝对积木垒高的兴趣，同时锻炼手部的肌肉。父母可以在跟宝宝一起把积木垒高之后，一起把积木推倒，让宝宝感受到更强烈的玩耍的气氛，更快乐地成长。

☞ 帮宝宝了解更多的空间概念

宝宝对垒高再推倒的兴趣就在于对空间感的探求，因此，在宝宝玩垒高再推倒的游戏时，父母可以适当地给宝宝讲解一些空间知识，让宝宝了解更多的空间概念。

例如，有个宝宝刚开始玩积木垒高的游戏时，不知道怎么样才能把积木垒起来，他总是把小块的积木放在下面，大块的放在上面，结果往往还没垒起几块就倒了。看到宝宝疑惑的眼神，旁边的爸爸决定帮助宝宝认知空间的概念。于是，他就指着一块小一点儿的积木对宝宝说："你看，这是小的。"然后指着大一点儿的说："这是大的。"之后，他就把大的积木放在下面，小的积木放在上面，然后拉着宝宝的小手逐次地按照大小的顺序把积木垒高。慢慢地，"高楼"越来越高了，而且没有倒，这让宝宝完全兴奋起来，他一下子就把积木给推倒了。然后自己按照大小的顺序又重新开始垒高。

你瞧，在这位爸爸的引导下，小宝宝很快就拥有了较清晰的空间感，而且对垒高再推倒的游戏有了更浓的兴趣。因此，父母不妨在宝宝玩积木的时候多进行一些空间知识的普及，让宝宝了解更多的空间概念。

剪、贴、涂：简单工具的有意识使用

★ 宝宝趣事

3岁零4个月的蒙蒙最近突然迷上了剪纸，一有空就拿着剪刀乱剪一气。不过，她剪得一点儿都不好，完全看不出来样子。最让妈妈搞不懂的是，以前叫她起床，叫半天都不起来。现在，只要叫一遍，她就会快速起床，然后跑去剪纸。以前从幼儿园回到家的时候，她会叽叽喳喳地给妈妈说半天幼儿园的事，现在也不说了，直接就先跑去拿剪刀剪纸。

细心的妈妈知道，女儿这样爱"剪纸"一定是有原因的。因此，她非但没有说过蒙蒙，还隔三差五地买回一大卷纸让女儿去剪。虽然蒙蒙总是剪得乱七八糟，但她却很开心。转眼一个月过去了，蒙蒙突然不再乱剪了，而是开始沿着一条线来剪，她会让妈妈在纸上画出各种线段和图案，然后逐一地沿着这些线段来剪纸。慢慢地，她可以剪出越来越复杂的图案了，每次剪完，她都会把那些图案贴在自己房间的墙壁上。

不过，让妈妈感到惊奇的还在后面。就在两周前，蒙蒙突然不剪纸了，她喜欢上了涂色，并且像当初剪纸一样废寝忘食地尝试。刚开始，她想怎么涂就怎涂，完全没有章法。后来，她就可以把不同的物体涂成相应的颜色了，"涂"出来的作品也有些像模像样了。

★ 神奇的敏感期

三四岁的宝宝会爱上剪、贴、涂等动作，并且非常专心致志地做这些事情，就像故事中的蒙蒙一样。不过，到底宝宝是怎么安排剪纸、涂色和贴纸的，估计只有他自己最清楚，大人根本不可能彻底了解。最可能的就是，宝宝完全是按照自己的心灵指引去构建的。这时候，父母能够做的，就是给宝宝自由，让宝宝尽情地去完成这些事情，尽量不去打扰。

另外，在宝宝痴迷于剪、贴、涂的这个时期，不断的练习和尝试还能让他们学会使用一些简单的工具，例如剪刀等。与此同时，剪纸、涂色、粘贴等本来就是宝宝普遍喜欢的活动，而纸张也是宝宝会频繁用到的一种学习工具，因此，对这些事物的使用和操作对宝宝以后的生活学习都大有帮助。

需要注意的是，有些宝宝的这个敏感期可能会滞后，这属于正常现象，父母不用担心。只要不超过6岁，家庭环境和父母的关爱都正常，那么宝宝就会随时补上这个敏感期。

☞ 给宝宝提供剪纸的机会

在宝宝的这个敏感期内，父母应该给宝宝多找一些剪纸和剪图的机会，满足宝宝的这个兴趣，让宝宝更加自如地发展这方面的能力。

有些家长在宝宝不到3岁的时候，就开始给宝宝提供剪纸的机会了，他们往往先给宝宝做示范，然后再让宝宝自己来模仿着练习。这样，到了3岁之后，宝宝就非常喜欢把书中的插画给剪下来了，而且还会把画用胶水粘在本子上。此时，虽然宝宝的手劲儿发育得还不是很好，剪得也不是很整齐，但他们会玩得很高兴。一般来讲，到宝宝3岁零9个月的时候，他们就能剪得非常整齐了。

在这个时期，虽然父母还不能教宝宝做更加精细的工作，如写字等，但是这些简单的剪纸、剪图工作是不难的，它们不但能提高宝宝的动作灵活性，还能培养宝宝的动手能力，有利于以后的成长。需要注意的是，在宝宝剪纸的时候，无论剪成什么样，父母都不要干涉，要给宝宝一个自由的空间，这样他手的灵活性才能得到最大限度的提升。

☞ **用涂鸦参考书来指导宝宝**

处在这个敏感期的宝宝，不但喜欢剪纸、涂色，还很喜欢涂鸦，到处乱画，这是绘画敏感期的一个表现。对此，父母若想有所干涉，让宝宝的"涂鸦"工作进展得更顺利，就可以专门给宝宝找一些涂鸦的参考书来看，并抽空给宝宝讲解其中的内容，让宝宝照着规定去涂鸦、学习。这样一段时间之后，父母或许就会发现，宝宝已经可以画出画来了。之后，随着宝宝运笔能力的提高和手部力量的增强，他可能不再满足于涂鸦，而是有目的地、"大张旗鼓"地去画一些东西了。

这里也有一些注意点，在宝宝练习涂鸦的时候，父母千万不要指手画脚，或者要求宝宝画这个东西那个东西。这样的话，宝宝就会感觉处于别人的控制之下，涂鸦的积极性会大打折扣，甚至会反感涂鸦，再也不画了。

☞ **教宝宝进行手工制作**

趁着宝宝对剪纸、涂鸦、涂色的兴趣，父母还可以教宝宝学一些手工制作，跟宝宝一起玩耍的同时还能锻炼宝宝的手部灵活性，让宝宝掌握更多的日常工具，提升其思维敏捷性。

在教宝宝进行手工制作时，父母一定要注意，制作的过程远远比结果重要。不要只想着让宝宝制作出什么东西，而应该耐心地引导宝宝，不要有功利心，给宝宝充分的自由，让他在自由、舒畅的状态下做一些他自己喜欢的手工制品。

开始时，父母要给宝宝准备一些做手工制品的材料和工具，或者直接给宝宝准备一个材料箱，让宝宝方便找到工具和材料。手工制品的常见材料和工具有：硬纸片、纸盒子、塑料泡沫、彩球、胶水、水彩笔、白纸、棉线、彩带、安全型号的剪刀、尺子、碎步、细绳子以及可以剪裁的图画书、装饰物等。在宝宝制作的过程中，一旦遇到问题情绪沮丧或者兴趣不浓，父母就可以按照制作的顺序，参与进来和宝宝一起制作，给宝宝做示范和引导，让宝宝增加兴趣，坚持到底。

❀ 喜欢玩"日常用品"：提高动作的灵巧性

★ **宝宝趣事**

3岁的小宝最近有些奇怪，他以前超级爱玩玩具，为此妈妈给他买了许多好玩的玩具，什么变形金刚、小汽车、会飞的小飞机等。但现在，他对这些玩具根本就不看，而是整天抓着日常的生活用品玩得不亦乐乎。

今天，妈妈发现小宝又对几个装东西的盒子产生了兴趣。他先是把盒子打开，倒空了盒子里的东西，然后就把空盒子戴在头上当帽子，在屋子里转来转去。不久后，他看到了自己的洋娃娃，又把洋娃娃放在盒子里，把盒子当小房间用。好不容易，他不玩盒子了，却又对桌子上的一本书产生了兴趣。他跑过去把书拿起来，先是卷成了一个圈，放在嘴边当话筒，然后又放在一只眼睛上，眯着眼朝里看，似乎那是一个望远镜。

他妈妈心里说："小家伙还挺有想象力。"谁知，没多久，他就丢了书，对一卷卫生纸发起了"进攻"。他把卫生纸一圈圈地展开，铺在地上，铺成一个曲曲折折的小弯道，然后用手臂在上面"小心翼翼"地走起来，还煞有介事地"嗡嗡嗡"地叫着，似乎正在过火车……半天工夫，家里的日常用品几乎被他玩了个遍，而且每一个都让他玩得不亦乐乎，看得他妈妈心里纳闷极了。

★ 神奇的敏感期

4岁之前的宝宝几乎都很喜欢玩具，各种各样的玩具总会吸引他们大部分的注意力。但到了三四岁以后，有时候宝宝会厌烦起自己的那些玩具来，不再经常玩那些玩具，而是更有意识地去发现身边的新玩具。比如，故事中的宝宝就把家里的日常用品当成玩具来玩，虽然那些被宝宝"开发"过的玩具根本就不具备他想要的那个功能，但宝宝还是会想当然地认为那就是他认为的事物，玩得很开心。

对此，儿童教育专家指出，喜欢玩日常用品的宝宝，其实是其主观能动性发展的一个表现。对于身边的事物，宝宝可以决定自己要怎么玩，并且变幻出各种花样来玩，不用像那些固定的玩具那样只有一种玩法，这是宝宝自主思维发展的一个鲜明体现。对宝宝来说，日常生活中的用具都可以用来当玩具，他会有无穷的好主意来玩它们，并且从中得到不少乐趣。因此，允许宝宝自由地玩日常用品，是父母应该做的。

☞ 多给宝宝找一些传统玩具

故事中的宝宝很喜欢日常用品，会把家里的用具都玩个遍。而在宝宝动作敏感期的这个特殊表现时期，父母其实就应该给宝宝提供一些较为传统的玩具，让宝宝来自己锻炼手、脚和全身的协调能力及思考能力。

有哪些传统玩具可以给宝宝玩呢？最经典的一个就是不倒翁，它可以锻炼宝宝手部的灵活性和思考能力；积木，可以锻炼宝宝手部的灵活性和协调能力，同时发展宝宝的想象力和辨别能力；橡皮泥也是不错的选择，在用手捏泥的过程中，宝宝的创造力和肢体能力都得到了提升；还有一个就是吹泡泡，它可以让宝宝的手眼配合更敏捷，如果吹的过程中宝宝跑动起来，那么还会增强宝宝整个肢体的协调能力……

诸如此类的传统玩具还有很多，只要父母有心并且善于发现，就能给宝宝提供更多的锻炼宝宝动作能力的玩具，让宝宝在这个动作敏感期内更好、更快地提升自己的动作技巧。

☞ 引导宝宝锻炼动作的灵活性

其实，随着宝宝年龄的增长，其四肢经过不断发育和锻炼后，已经可以完成许多小任务了，父母应该趁着这个时期在宝宝的灵巧性方面加强培养，给宝宝多提供机会，让他在不断的学习中掌握各种技巧。

比如说，可以指导着宝宝把玩具归置起来。可以提前给宝宝准备一个玩具箱，一旦宝宝不想玩玩具了，就让他自己把玩具一件一件地摆起来放好。这样，一方面可以增强宝宝的动手能力；另一方面也有助于宝宝养成做事有条理、生活严谨有序的好习惯。此外，还可以多鼓励宝宝玩一些较小的东西，如硬币和纽扣等，对这种小物件的拿捏会增强宝宝手指的灵活度。不过，需要注意的是，在拿捏这些小物件的时候，父母最好在旁边监督着，以免宝宝不小心把它们放进嘴里。或者，父母也可以把这些小物件放在地上，让宝宝弯腰去捡起来，完成后再增加难度，让他戴着手套或者用镊子之类的工具去捡起来。还有的方式就是让宝宝把眼睛闭起来，然后摸索着去捡，这样也能很好地锻炼宝宝的动作灵巧性。

感官的敏感期

感官敏感期通常包括视觉、听觉、嗅觉、触觉等感官的敏感期，从宝宝一出生就开始了。在宝宝3岁之前，他们一般通过潜意识来吸收和认识周围的事物；在3~6岁之间，宝宝则能通过具体的感官来判断不同环境中的事物。在这些时期内，父母可以寻找一些相应的感官教材，适当给宝宝提供一些感官刺激，促进宝宝感官的发育和智力发展。

迷恋上色彩：无形中增加的色彩感知力

★ 宝宝趣事

小美已经4岁了，最近一段时间，妈妈发现她对色彩产生了浓厚的兴趣。每次送她到幼儿园，一进教室，她就跑到纸板那里，先是剪出一块带图形的纸板，然后再把图形画下来，之后就非常认真地开始涂色。在整个过程中，她从来不需要别人帮忙，无论是剪纸板、涂色全部都是她自己在做。而且，随着尝试次数的增多，她已经可以把色彩搭配得越来越好了，对色彩的感知能力也越来越强了。

在幼儿园是这样，回到家里也是这样。周六，很多宝宝都出去玩了，小美却自己在家练起了涂色。不过这次，她没有用以前的方法，而是先把色彩板的形状印在纸上，然后在纸上一点一滴地涂抹起来。整个过程持续了很久，小家伙似乎进入了色彩的世界，一晃就是好几个小时。

妈妈来叫小美吃午饭了，可小美竟然对妈妈说："不急，让我把这个涂完再说。"妈妈心想："小家伙估计是进入了色彩敏感期。"于是，就很配合地走开了，让小美继续涂色。

终于涂完了，小美高高兴兴地去吃午饭了。可刚吃过午饭，她就又跑回去涂色了……

★ 神奇的敏感期

一般情况下，3~4岁的宝宝就进入了色彩敏感期，会对各种色彩产生浓厚的兴趣。一开始的时候，他们会非常喜欢认识各种各样的色彩，一段时间之后，就会开始触摸、感知这些色彩，然后就开始动手涂色了。专业的教育者曾指出，宝宝涂色的过程一方面能加深对色彩的认知；另一方面也为宝宝今后的书写做好了准备，有了这个时候的乱涂乱画，才会有后来的规律写字和画画。

不过，宝宝对色彩的兴趣也跟别人的诱导有关。如果父母或者老师不去诱导宝宝使用色彩，那么宝宝就基本上不怎么会去使用色彩，很多时候，画一张画就只使用一种色彩。因此，适当的引导和培养是很有必要的。此外，父母还应该知道，宝宝对色彩的认知其实更多地会体现在日常生活中，例如他对色彩艳丽的玩具的喜爱，对颜色鲜亮的衣服的钟爱等。

☞ 和宝宝一起玩色彩游戏

为增强宝宝对色彩的感知，父母可以适当地和宝宝一起做一些色彩游戏，让宝宝顺利地度过色彩敏感期。

首先，就是很常见的七色光游戏。父母可以准备一个分光棱镜，放在有阳光照射进来的地方，例如窗户上或者阳台上，让阳光中的七色光都反射在地板上。之后，就可以引导着宝宝去观察这些丰富多彩的光线，认知色彩。这个时候，宝宝一定会被这些美丽的光线吸引。

其次，还可以让宝宝玩填色游戏。父母可以事先准备一些填色的图形、颜料或者彩笔，让宝宝自己去填色。刚开始的时候，宝宝填色的图片可以是花朵、小蝴蝶、小蚂蚁等小的事物，之后可以让宝宝填一些简单的风景，如天空、房屋、草地等。在填色的时候，宝宝可能会填错，对此父母一定不要责怪，而可以默默欣赏，不断鼓励宝宝，还可以用诱导又亲切的话语来引导宝宝，让宝宝不断进步。

除此以外，光盘七色光游戏也是不错的。父母可以把光盘的背面拿给宝宝，不断变换着角度，引导宝宝去发现上面有几种颜色。或者可以利用光盘将太阳光反射到墙面上，然后让宝宝去抓"阳光"，以增强宝宝对色彩的感知力。

☞ 给宝宝提供更多色彩认知的机会

对宝宝感知色彩能力的引导是诱导而不是勉强，父母不要强迫宝宝去玩色彩游戏，或者强制性地让宝宝涂色等，这只会增加宝宝的压力，减弱宝宝的兴趣。

此外，在诱导宝宝认知色彩的时候，还可以适当地给宝宝提供更多认知色彩的机会，让宝宝对色彩有一个更全面、深入的了解。

例如，父母可以经常有意识地拿一些色彩艳丽的物品在宝宝面前晃一下，吸引宝宝的注意，加深宝宝头脑中对色彩的印象。还可以给宝宝买一些简单的8色或者12色油画棒，告诉宝宝其中的颜色，并且指导宝宝用不同的颜色在纸上画画，让宝宝掌握各种颜色的概念。或者可以买来一些彩色的笔或颜料，让宝宝随意地去涂抹画画，画成什么样无所谓，只要宝宝接触这些色彩就行。当然了，如果父母能跟宝宝一起尽情地玩这些游戏，宝宝会更高兴，更有兴趣，也会更热情地投入到涂色、画画的过程中去。

☞ 色彩影响宝宝的智商、情商和性格

其实，色彩对宝宝的影响是很大的，不同的色彩可以通过影响宝宝的视觉进而影响宝宝的智商、情商和性格。

色彩对于人的视觉影响是很大的。作为一种外在的刺激，色彩通过人的视觉可以产生不同的感受，给人以某种精神上的作用。或者可以说，那些不适宜的色彩就像噪声一样，会让人感到心烦意乱，而那些悦目柔和的色彩则能给人以美好的精神享受。心理学家曾研究发现，婴幼儿一般比较喜欢黄色、橙色、浅蓝色和浅绿色等较为明快的颜色。在这些色彩环境中成长起来的宝宝，智商往往比其他宝宝更高。与之相反，那些在生长过程中常常处于暗淡，让人感到压抑、忧郁、沉闷的环境，或者易产生压抑、恐惧等不好的感觉的黑色、茶色等色彩环境中的宝宝，智商相对较低，创造力、自信心等方面也都不如前一种色彩影响下的宝宝。

懂得了这一道理，父母就可以在家具的布置方面稍加选择，在充分考虑色彩效应的基础上，给宝宝提供一个欢快、明朗的色彩环境，让宝宝有更好的性格和心理，智商的发展也更健康。

✿ 喜欢玩水、玩沙：进一步锻炼手部的触感

★ 宝宝趣事

这是一个星期天。妈妈正在洗衣服，而3岁的儿子一个人在厨房里玩耍。妈妈本来以为，儿子玩一会儿肯定会出来找她，或者遇到了什么问题需要她帮忙解

决，但奇怪的是，半天过去了，儿子一直很安静，根本就没有从厨房出来过。这让妈妈十分好奇，小家伙到底在干什么呢？

于是，妈妈悄悄地走进了厨房。这一看，她总算放心了，原来儿子正在玩水。他先是把盆子里装满水，然后把平常玩的各种小玻璃球都扔进水中，再一个一个地把它们从水里捞出来，放在另一个盆里。之后，他再把第一个盆里的水倒进第二个盆里，然后再把水里的小玻璃球一个一个地捞出来，重新放回已经没有水的第一个盆里……

妈妈一直在旁边看着，小家伙就这样反反复复地玩，竟然都没有发现她。中间有一次，在他倒水的时候，不小心把水溅了出来，弄到了衣服上，但他一点儿都没在乎，继续进行着游戏。转眼半个小时过去了，儿子还在津津有味地玩着水，丝毫不觉得累，也丝毫没有降低兴趣。

★ 神奇的敏感期

在宝宝的触觉敏感期内，宝宝会非常喜欢抓一些软软的、细细的东西，于是，水和沙土就成了他们钟爱的东西。一旦有机会，小家伙们的吸引力就会被流动的水和软软的沙土吸引住，就算旁边有再好玩的事情，再好玩的玩具，他们都不会分心。如果大人这个时候阻止了他，或者干扰了他，他绝对会努力与大人抗争。

我们知道，沙子虽然是固体，但是会像水一样四处流动，而且很松软，它这种变化无常又极其容易被掌控的特色，有着数不清的玩法，极大地满足了宝宝的想象力和创造力，还能给宝宝巨大的空间感觉和流动感。由于沙子的特性非常像水，因此宝宝往往会将两者混为一谈，在它们两者之间寻找好玩的玩法。一般来说，宝宝对水的兴趣会一直持续到12岁，而且就算每天玩，他都不会厌烦。

教育专家指出，宝宝对变化的玩具的兴趣非常大，而相比于人类用有限的想象力来创造出的玩具，自然界才是最变化无穷、最富想象力的"玩具厂"。因此，对宝宝来说，水和沙子就是大自然赐予他们的最好礼物。当父母带宝宝来到海边时，他们就会被水和沙子吸引住，因为在那里水和沙子是连在一起的。当宝宝玩沙的时候，也会去玩水，这更能激发出他的兴趣。

☞ 理解宝宝玩水、玩沙的行为

让每个大人回想一下，可能都会想起自己小时候玩水或者玩沙的经历。就算是现在，我们到海滨的沙滩上去，也还是会很自然地脱下鞋子感受细沙的柔软和

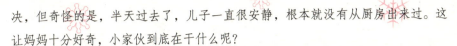

海水的清凉，最大限度地亲近大自然，感受水和沙子的独特魅力与自然界的博大神奇。

大人尚且如此，何况正处于成长发育期，对事物充满好奇的宝宝呢？面对连大人都忍不住要亲近的水和沙子，宝宝是绝对会被吸引住并且执迷地玩耍的。因此，父母一定要理解宝宝玩水和玩沙子的行为，不要在乎宝宝玩水时弄脏衣服和玩沙子时弄脏手脚，而是允许他们去玩，并且给他们充足的自由。要知道，与发展宝宝的天性相比，一两件脏衣服和暂时的不干净是丝毫不值得在乎的。脏衣服可以洗干净，脏的手脚也可以洗得白白的，但是宝宝那正发育着的大脑、充分发展的想象力和创造力却不是容易培养的。在发展它们的关键时期，给宝宝自由，让他们尽情施展"本领"，充分开发大脑智能，才是最重要的。

☞ 不要对宝宝玩尿泥大惊小怪

对宝宝来说，很多东西并没有特别的意义，他们往往只会关注相近的事物，而不太在乎具体的用途。因此，在很多宝宝眼里，尿和水是一样的，都有着巨大的吸引力，是可以用来玩的，尤其是当他自己把尿尿到泥土上之后，他就会特别开心地去玩尿泥。

很多宝宝都曾经玩过尿泥，虽然对很多大人来说，这样的行为是很不好的，会让人心里感觉不舒服，但其实儿童的尿液是安全的，宝宝玩耍并没有坏处。更重要的是，玩尿泥的宝宝，一点儿都没有因为是"尿"而有所不舒服，依然是开开心心、十分专注地去玩，就跟玩水，玩沙子一样，他们体会的是玩耍的乐趣和那种流动事物的质感。如果在他们玩耍的时候，父母贸然打断，或者严厉呵斥，那么就会破坏宝宝这个敏感期成长的机会，甚至给宝宝留下做事不专心、对任何事情都难以集中注意力的坏影响。因此，给宝宝自由，别把那么多大人世界的禁锢条例强加给宝宝，宝宝才会更加自由、健康地成长，也才能尽情发挥自己的才智，拥有不一样的聪慧头脑。

☞ 通过玩水、玩沙培养宝宝的专注力

宝宝在玩水和玩沙子的时候尤其专注，一旦玩起来，就会非常专心，常常一玩就是好几个小时，完全不觉得累。其实，玩水和玩沙子都是非常简单的事情，操作上也没什么难度，但在意义上却非同一般。它们给宝宝带来的新奇体验和对流动事物的感知力，是其他玩具和事物所没有的。

因此，一定要重视宝宝玩水和玩沙子的行为，并且积极地利用这一行为，培养宝宝的专注力。其实，在这个时候培养宝宝的专注力非常简单，只要在宝宝专心玩水或者玩沙子的时候，不去打扰他，让他尽情玩耍就可以了。除此以外，父母还要保证宝宝玩耍环境的安全和安静，周围不要有很多其他的宝宝或者大人，这样容易打扰宝宝，阻碍宝宝专注的行为。父母可以在自己家里，给宝宝创造一个安全又方便的玩水或者玩沙子的空间，然后让宝宝自由地尽情地去玩，不去打扰。这样，一方面父母可以安心地做一些自己的事情；另一方面，宝宝也可以自然而然地形成专注的性格。

到处涂鸦作画：从"乱画"逐步到"会画"

★ 宝宝趣事

4.5岁的文文突然对绘画产生了强烈的兴趣。家里的墙上和门上都被他画满了乱七八糟的东西，根本看不出来是什么，简直就是胡乱画。但文文的兴趣很大，还在一个劲儿地画，墙壁上画满了，就在大衣柜上画，反正只要是能伸手够到的地方，他就要留下自己的"作品"。他这样的行为一开始妈妈还不在乎，可后来看他把墙壁都涂得乱糟糟的，妈妈就有些生气了。

这天，妈妈刚刚把门擦干净，文文就又拿起笔在上面画起来。妈妈很生气，但她还是耐着性子走过来问文文："文文，你这是画的什么啊？"文文扬起小脸，很认真地说："我们的女老师。"妈妈仔细看那画，横竖的几道线，怎么看都看不出来是个人啊！但是文文却十分得意地说："你看，这是头发，这是眼睛，还有嘴巴……"

本来妈妈对文文在墙上乱画就很生气了，现在面对根本就不是画像的图画，文文还说得头头是道，妈妈一下子就发怒了："这就是你画的女老师？你老师就长三根头发啊？这眼睛，只有一只眼睛……"一下子，文文眼中"美丽的女老师"竟然被妈妈说得一无是处，什么都不是，到处都是毛病，这让文文怎么受得了呢！还没等妈妈说完，他就一下子扔了画笔，哭着跑回了自己的房间。从那以后，他再也不乱画画了。而一个月之后，上过亲子课程的妈妈才知道，儿子只是进入了绘画的敏感期。

★ 神奇的敏感期

对宝宝而言，敏感期到来的表现是会不分时间，不分地点，执着地干他自己感兴趣的事情。他会从早做到晚，吃饭时间用来做事，甚至晚上睡觉时间也用来做事。就像故事中的文文一样，他会不分地点地画画。但是很遗憾，他妈妈并没有意识到这是他绘画敏感期的到来，粗暴地打断了他的这一兴趣。无疑，这会对文文以后的绘画才能发展，甚至其他才能的发展产生不利影响。

一位教育学家曾经指出，如果一个宝宝在6岁之前都没有动过画笔，那么宝宝的绘画天赋很有可能会泯灭。这听着有点严重，很多父母会不太在乎。但实际上，在宝宝的4～5岁之间，正是其绘画的敏感期，这个过程会持续一个月到一年的时间。

一般来说，在绘画敏感期内，就算父母不教宝宝或者不要求宝宝画画，宝宝也会自觉地拿起画笔来画画。此时，如果父母给宝宝充足的自由去画画，那么宝宝的绘画能力就会得到充分的发展，突飞猛进。绘画敏感期发展得好，就可能为宝宝奠定将来成为画家的基础。但如果在这个敏感期内，父母随意地干涉宝宝，并且像故事中的妈妈一样打断宝宝的绘画进程，那么宝宝可能就会对绘画失去兴趣，错过其绘画才能的发展。因此，父母一定要给宝宝自由，不要贸然干涉，更不能打击他。

☞ 注意宝宝绘画敏感期的四个阶段

一般来讲，宝宝的绘画敏感期要经历四个相对自由的发展阶段。

1. 胡乱画的阶段。在宝宝1岁多的时候，他们就会拿起画笔来胡乱作画，这时候他们并不是想要刻意表达什么，而只是把注意力放在握笔上，锻炼手部的肌肉。

2. 真正进入到绘画状态的阶段。2岁多的时候，宝宝就开始真正地进入绘画状态了。不过，此时宝宝的认知能力很有限，因此绘画的内容常常是一些抽象的符号，大人一般都看不懂。

3. 掌握形状的阶段。这个时期，宝宝可以画出三角形、圆形、方形等基础的图形了。另外，他们只对宏观感兴趣，对于具体的细节却并不在意。因此，不要计较为什么宝宝除了画出一只眼睛来其他的什么都没有。这个阶段尤其需要父母的耐心，千万不要站在成人的角度去看宝宝的画作，那只会越看越糟。

4. 关注细节和表达的阶段。宝宝大多数会在4.5岁时开始关注细节，画一张人脸时，他们会画出清晰的五官。之后到6岁时，宝宝的兴趣更大，已经开始用丰富

儿童敏感期与智力开发全案

的绘画技巧来表达自己的认知了。当然，这个时期，宝宝已经基本度过了绘画的敏感期，开始了正常才智的练习。

☞ 允许宝宝自由自在地画画

在绘画敏感期内，宝宝往往会废寝忘食地画画，而且从来不觉得累。这样的情形，常常会让父母担心，宝宝饿不饿啊，累不累啊，身体是否受得了啊。其实，只要宝宝身体健康，短时期的废寝忘食是不会对宝宝有什么影响的，父母不必过于担心。

一位妈妈就在宝宝痴迷绘画的时候，专门给宝宝买回来了绘画工具和纸张。星期天上午，宝宝整个上午都在画画，中午吃饭的时候也没有停下来，依然在画，下午的时候，妈妈本来想着她会累了停下来，结果小家伙仍然精神抖擞地画着。吃晚饭的时候，宝宝终于停下来了，妈妈过来帮她收拾，结果发现，她竟然已经画了厚厚的一摞纸，足足50多张，妈妈都惊讶地合不上嘴了。

其实，这是很正常的一个现象，在敏感期内，宝宝会特别投入自己的兴趣，超级专心，恨不得时时刻刻都在进行那项运动。因此，父母应该给宝宝充分的自由，让宝宝自由自在地画画。这样，他的心灵才会强大有力，绘画的热情才会延续下去，并最终学会画画，拥有绘画的才能。

☞ 不要一个劲儿地纠正宝宝的错误

对痴迷于绘画但是却画得并不好的宝宝来说，父母是有必要进行引导的。但要注意，引导是指引教导，而不是纠正错误。

在充分自由的环境中，宝宝会自由自在地画画，但有时候，宝宝也会遇到障碍，需要父母的指导和帮助。这时候，父母一定要给他耐心的、必要的指导，让他继续下去，并且做得更好。这个时候的指导应该是为满足宝宝内心的某种需求而做的，并不是一种强制行为或者纠正错误的行为。例如，宝宝绘画时一般都不关注细节，只画出大致的轮廓。这时候，父母就可以有意识地给宝宝提供接触事物、观察事物的机会，让宝宝可以自然地关注到事物的细节，从而在绘画时有所体现。但是，父母一定不要急着去纠正宝宝绘画过程中出现的错误，更不要因为宝宝画得不好而要对宝宝进行什么专门的培训，这样只会降低宝宝对绘画的兴趣，而起不到真正的培养的效果。因此，不急于纠正错误，只适当地给以引导，才是父母对处于绘画敏感期的宝宝应该有的态度。

听到音乐就跳舞：培养音乐天赋的好时机

★ 宝宝趣事

4岁的欢欢已经有了好朋友了。这不，一到星期天，她就叫来好朋友一起在房间里玩耍。正玩得起劲，突然，旁边的电视机里传来了欢快的音乐声，欢欢一下子就站了起来，眼睛也完全转向了电视，然后就跟着音乐的节拍，不太准确却又煞有介事地扭动起来。

旁边的妈妈看到这个现象，心里还有些纳闷。其实，这一段时间以来，淘气好动的欢欢就已经这样"跳舞"跳了好多次了。每次一有音乐响起来，她就停下手中原来的"玩耍"，随着音乐声开始手舞足蹈起来，脸上一副陶醉的表情。

欢欢的这种对音乐的突然喜爱，让妈妈有点儿摸不着头脑，不过，妈妈并没有干涉她，而是让她自由地做自己的事情。因此，现在欢欢依然在舞动身体，摆动着小屁股，跳得津津有味。但突然，欢欢停下来了，叉着腰站在那里不动了。怎么回事呢？原来是停电了，电视机关上了，音乐没有了。这下，欢欢没办法，只好和好朋友继续玩耍起来。

★ 神奇的敏感期

宝宝对于音乐的天性感知是与生俱来的，因此，当音乐一响起，宝宝的身体就会情不自禁地舞动起来，这是一种很自然的反应。这样的反应并不在乎音乐的曲调是否优美，或者歌词究竟是什么，他所关注的只是音乐节奏的变换。所以，节奏感的训练是宝宝早期音乐教育中的一个重要方面。

随着宝宝的不断成长，他不但可以用两只耳朵去感受音乐的变化，还会用整个身体的肌肉和心灵去感知音乐，而只有宝宝的心灵和身体都投入到音乐中时，他对于音乐的理解和感受才是最真实生动的。在宝宝成长的过程中，他会不断地通过自己的感觉和认知来形成最初的音乐概念，在这期间，他还会穿插着自己的创造性活动，例如自己编写歌词等。不过，这一切都来源自宝宝对于音乐的渴求，就像故事中的欢欢一样，她对音乐的敏感就是源自她对音乐的渴求。

当宝宝长到四五岁的时候，他就会对各种能发出响声的乐器产生浓厚的兴趣，并且乐在其中。当然，这也在告诉父母：宝宝的音乐敏感期来了。这个时

儿童敏感期与智力开发全案

候，父母就要有意识地关注一下宝宝的行为，对宝宝的一些不正常行为表示理解，支持宝宝艺术天性的发展。

☞ 宝宝音乐敏感期的几个阶段

跟绘画敏感期一样，宝宝的音乐敏感期也分几个阶段。

最开始的时候，宝宝喜欢音乐的节奏，2岁左右的宝宝就能很好地把握节奏。随后，当宝宝长到三四岁的时候，他就会对一些简单而且重复的韵律表现出浓厚的兴趣，并且会尝试唱出来。之后，五六岁的宝宝，已经开始寻找自己喜欢听的音乐了，并且还会用肢体动作来表达一些韵律比较复杂的音乐。再之后，到七八岁的时候，宝宝已经可以体验音乐带给他的快乐感觉了，一些宝宝会深深地沉浸在音乐中，听到悲伤的音乐甚至会禁不住流泪。

了解了不同阶段宝宝对音乐的表现，父母就应该理解宝宝，尽力配合宝宝，一方面给宝宝自由宽松的环境，让宝宝自由发展音乐；另一方面适当地给宝宝以引导，让宝宝更好地徜徉在音乐的海洋中，提高其音乐感受力和领悟力。

☞ 不要逼迫宝宝去学习音乐

很多父母都会这样认为：只要宝宝一听到音乐就扭屁股，随着音乐兴奋地舞来舞去，就说明自家的宝宝有音乐天赋，很可能成为音乐家，其实并非如此。每个宝宝在小时候几乎都会表现出这样的行为来。不要苛求自己的宝宝成为一个音乐家，而是专心于最大限度地成就宝宝的音乐才能，这才是父母正确的态度。

成就宝宝的音乐才能，好的环境至关重要。父母要用点心思，在宝宝的成长过程中，多关注他音乐才能的发展，适当地鼓励引导，激发出他的音乐天赋。

实际生活中，我们常会见到这样的现象：很多父母都强迫自己的宝宝学音乐，钢琴要考级，小提琴要考级，很多宝宝在很小的时候就被强迫去上钢琴课……当然，让宝宝从小学会一种乐器，增加音乐方面的修养是很有好处的。但一味强制只会加剧宝宝对音乐的反感，并不能起到激发宝宝音乐天赋的作用。因此，再次提醒父母们，不要强迫宝宝学习音乐，要给宝宝充分的选择权和自由，这样他的音乐天赋才会在自由状态下发挥得更好。

☞ 开家庭音乐会，鼓励宝宝自主学音乐

对处于音乐敏感期的宝宝来说，父母可以给予一定的支持和引导，而适时地

开家庭音乐会就是一个不错的方式。

开家庭音乐会的时候，全家人都会参与进来，这样能让宝宝更自在地表现自己。看到爷爷奶奶也唱歌跳舞，宝宝会觉得很兴奋，也会有表现自己音乐能力的欲望。不过，需要注意的是，家庭音乐会既然是为了激发宝宝的音乐潜能，配合宝宝敏感期反应的，那就应该以宝宝为中心，遵从宝宝自己的选择，让宝宝做主角，而不要父母包办。

在这样的家庭音乐会上，宝宝可以自由选择唱歌或者演奏乐器，或者随着音乐跳舞等。想让宝宝对乐器感兴趣的父母，还可以在征得宝宝同意后，演奏一支钢琴曲或者小提琴曲，让宝宝感受乐器的魅力，从而喜欢上乐器。总之，一切与音乐相关的事情都可以让宝宝大胆尝试，在宝宝不反感不反对的情况下，父母和家人也可以尽情展示，给宝宝以引导。这样，宝宝就会感受到家人对于音乐的热情，更加对音乐有兴趣，其音乐才能会更好地发展下去。

社会规范的敏感期

宝宝在3岁以后，会突然变得很自我，对别人提出的任何要求都习惯于用"不"来回答，仿佛别人是他的敌人一样。此外，宝宝还会指着某件东西，很鲜明地表示这是"我"的，喜欢占有并且开始藏东西。这些其实都是宝宝社会规范敏感期的表现。父母要理解宝宝的行为，并且教导宝宝形成明确的社会规范和日常的礼仪，使宝宝在以后的生活中能遵守社会规范，过一种自律的生活。

✿ 牵着妈妈的手不放：安全感是宝宝正常的心理需要

★ 宝宝趣事

东东是个活泼好动的宝宝，可最近他却很不快乐。前不久，由于搬家，妈妈把他转进了这所新的幼儿园。从进幼儿园的第一天起，东东那双活泼的大眼睛中就充满了忧郁，脸上也呈现出和他的年龄不相称的伤感表情。每天妈妈送他到幼儿园时，他都要拉着妈妈的手不放，用幽怨的眼神看着妈妈，有时候甚至满眼泪水，默默地啜泣。这让妈妈看着心疼极了，但是她知道，不能由着儿子的性子来，所以她总是拉着儿子把他交给幼儿园的老师。

妈妈走后，整个上午，东东都情绪低落，根本就没有跟其他小朋友玩。吃午饭的时候，他变得更厉害了，抓着老师的衣服一边哭一边大叫："我不要吃饭，我不要吃饭！"无奈之下，老师只好耐心地哄他并且喂他吃饭，但他还是不停地低声啜泣。

吃过午饭，其他小朋友都睡觉了，可东东却跟着老师，一步也不离开。没办法，老师只好在安排了其他宝宝午睡之后，把他抱在怀里，安静地陪着他。这时候他才稍微好一点儿，安静了下来，不再哭泣，在老师怀中慢慢睡着了……

除了在幼儿园，在其他地方，去逛街或者去买菜的时候，东东也总是牵着妈妈的手，一刻也不松手。有时候，妈妈要拿东西就放开他的手，他就会露出害怕的表情，眼中又溢满泪水。对此，妈妈总是耐心地安慰他："宝贝，妈妈不会离开你的，妈妈要拿东西。"这样，他才会安静下来，不再哭泣。

★ 神奇的敏感期

3～4岁的宝宝不愿意放开妈妈的手，到哪儿都牵着妈妈的手，这是很正常的现象。其实，对宝宝一直牵着妈妈的手这种行为，父母更应该去鼓励甚至表扬宝宝，因为这是宝宝自我意识增强的表现，而并非宝宝很"胆小"。这个年龄段的宝宝对周围的环境还不是很熟悉，自然而然会产生一些害怕心理，但他知道拉着妈妈的手，就表明他知道寻求大人的庇护，是正确的心理行为。相反，如果宝宝随意乱跑，哪儿都去，那才是很危险的呢！

这个时期，宝宝有了安全感的概念，他的不安全感觉和对父母的依恋对于其自我意识和生活规范的认知都是很重要的。因此，父母千万不要以此来断定宝宝"胆小"，或者为了让宝宝更坚强而批评宝宝，断然抑制宝宝对大人的依恋。要知道，在宝宝最初产生自我意识的时候，唯有父母可以给他安全感，而这种安全感可以让他有勇气面对外界的其他环境。如果此时父母破坏了他的这一行为和心理，那么可能真的会给宝宝造成"害怕"的心理，不利其良好性格的形成。

☞ 给宝宝充分的安全

在如今生活节奏越来越快的现状下，很多双职工家庭的父母没有办法好好地陪伴宝宝。于是，他们或者在宝宝很小的时候就把宝宝送到幼儿园，或者放在爷爷奶奶家里养。但实际上，对宝宝而言，最安全、最温馨的地方，还是有妈妈在的地方，妈妈给他的安全感是其他任何人都代替不了的。

一所幼儿园的老师发现，3岁多的明明最近很不开心，总是唉声叹气。老师耐心地问他："明明，你为什么不高兴啊？"明明有些委屈地说："我想妈妈了，妈妈没在家。"老师一下子想起来了，原来明明的妈妈因为工作原因，这星期出差了，家里只有明明和爸爸两个人。这下，老师知道明明不快乐、焦虑的原因了，虽然爸爸也给了明明安慰和关注，但只有妈妈才是明明的全部感情寄托，唯有妈妈能让他感到真正的安心。

因此，妈妈们，尽力多陪陪宝宝，不要无故离开宝宝，或者把宝宝寄养在某个地方。给宝宝充足的安全感吧，要知道，对宝宝来说，妈妈才是最重要的人，是宝宝能感到安全和温暖的最好的地方。

☞ 用爱和自由来对待宝宝的行为

很多父母在自己的工作中或者日常生活中会碰到很多不愉快的事情，情绪和心情有时候很不好，这时候，如果遇到宝宝缠着自己，或者一个劲儿地跟在自己身后，就会非常生气，以至于对宝宝发脾气。这对宝宝的身心健康是很不利的。

其实在宝宝感到紧张害怕的时候，在宝宝因为缺乏安全感而闷闷不乐的时候，父母一定不要对宝宝有任何不满的情绪或者表情，更不能急躁地对宝宝说："有什么好怕的！""哪有那么多不开心？"这样并不能解决宝宝害怕的问题。最应该的做法是：父母尽力给宝宝展示怎样做才会不害怕，怎样做才会开心。可以带宝宝去大自然中玩耍，让宝宝看看大自然的风景和动物，以此来放松心情；或者尽力满足宝宝的心理需求，让宝宝感到安心，但要注意，不要溺爱宝宝。

对大人来说，判断一个环境是否安全是较为容易的，经验和理性会为判断提供依据。但对宝宝来说，没有可以判断的依据，陌生的环境对他们而言就是很不安全的，会让他们感觉害怕和焦虑。因此，父母要尽力给宝宝自由和爱，让宝宝自由地熟悉最新的环境，在爱的鼓励下克服害怕和焦虑，心灵感受到稳定和安慰。

❀ 关注自己和别人的身体：开始最初的性别认知

★ 宝宝趣事

最近，4岁的点点对人的身体突然发生了兴趣，总是不住地观察别人的隐私部位。一天，他对妈妈说："为什么有些人有小鸡鸡，而有些人却没有呢？"妈妈听了，虽然心里有点儿顾忌，但觉得应该帮助宝宝了解人体的知识。于是就耐心又温和地对点点说："那是人体的生殖器，是区分男人和女人的性别的，所以男人就有，而女人没有。"点点听完，若有所思地想了一会儿，然后转身走了。

从那以后，点点就形成了看别人上厕所的习惯，家里只要有人上厕所，他总要跟在后面看。一次，爸爸上厕所的时候没有关门，点点就偷偷溜了进去，结果把爸爸吓了一大跳，不过爸爸并没有责怪他。

还有一次，妈妈上厕所的时候，点点又跟着进去了。这下，妈妈有点儿生气了，不过她并没有马上批评点点，而是问点点："我是男人还是女人啊？"点点说："女人！"妈妈又问："你是怎么知道的呢？"点点说："因为你是长头发，而且穿的衣服很好看。"妈妈一听，马上接着说："对呀，不看那里也是知道是男是女的嘛。"

点点听这话愣了一下，随后就露出恍然大悟的样子，默默地走了出去。之后的日子，点点再也没有跟着别人去过卫生间。

★ 神奇的敏感期

一般情况下，4岁的宝宝就会对人的性别和身体产生强烈的兴趣，并且对男人和女人的差异也产生了强烈的好奇。到5岁的时候，宝宝就会对自己的身体产生兴趣。这种对身体或者性别的好奇是宝宝成长过程中的一个必然经历。对宝宝来说，他对人身体上任何一个部位的认识，当然也包括对隐私部位的认识，是同样的，就像他对眼睛、嘴巴、鼻子的认知一样。

因此，作为父母，要尽可能地满足宝宝的这种好奇心理，帮宝宝认识身体或者性别，如果宝宝的这种好奇心被压抑了或者没有得到满足，那么他的心理可能会停滞不前，持续地表现出对自己或者他人身体的兴趣，而且这种兴趣很难转移。这样下去，当宝宝长到青春期的时候，这种被压抑的好奇和欲望就会爆发出来，变得易怒、冲动，进而可能作出一些过激的或者有严重后果的错误行为来。因此，父母一定要重视宝宝对人体的好奇，尽量用科学的方法告知宝宝，彻底打消宝宝的好奇心。

☞ 教宝宝认识身体各部分的名称

无论男宝宝还是女宝宝，在一定的时期内，都会对自己和他人的身体表现出强烈的好奇，带着浓郁的兴趣想去了解身体每一个部位的名称和用途、结构，或者自己的身体跟别人不一样的地方，为什么不一样等。这是宝宝正常的成长表现，是自我意识更加清醒的表达。

在这种时候，父母的态度和做法至关重要。对中国的父母来说，似乎谈论男人和女人的身体差别或者人体的隐私部位是难以启齿的。因此，一些父母往往会糊弄宝宝，用其他语言搪塞宝宝，或者吓唬宝宝"你是妈妈在河里捡的"。这些话都会对宝宝产生不良影响，因为你无心说的话，宝宝会非常认真地思考和对

儿童敏感期与智力开发全案

待，进而产生心理上的负担。

其实，面对宝宝对人体的好奇，抓住机会让宝宝认知身体各个部位的名称是很好的做法。一方面，这样的知识普及有助于宝宝正确认知人体，大脑中形成人体的最初概念，对于以后循序渐进地了解人体知识有铺垫作用；另一方面还解除了宝宝对人体和性别的好奇，有助于宝宝的正常心理发展。因此，不回避、不搪塞，正确告诉宝宝人体知识，是父母应该做的。

☞ 用科学的方式向宝宝解释人体

当宝宝问到人体部位的时候，父母要尽量用科学的方法来讲解，就像故事中的妈妈一样，面对儿子的问题，她做了简单却科学的回答。在后来儿子尾随她进厕所的时候，她也没有批评儿子，而是引导儿子改掉了那个坏习惯。这是非常好的做法。

其实，有些父母之所以会对宝宝的这种对身体好奇的行为感到难堪，想避开或者搪塞，不过是以大人的思维来思考，觉得宝宝"别有用心""学坏了"。而实际上，宝宝根本没有任何不良的想法，这么小的年纪怎么会有大人对人体的复杂了解呢？他们只是好奇，因为人的鼻子、眼睛等都是一样的，但是有些地方却不一样，这当然会引起他们注意，引发他们的追问和思考。父母能做到的就是用科学的方法向宝宝讲解人体，解开宝宝心中的疑团，让他不再对人体差异感兴趣。遮遮掩掩，或者用错误的语言来搪塞宝宝，都会导致宝宝更加迷惑，继而更加关注，甚至在长大后依然对男性或者女性充满好奇，从而影响健康心理的发展。

☞ 宝宝对身体的好奇与"性"无关

其实，在宝宝对人体感兴趣的同时，他们还往往往会对妈妈的乳房感兴趣，这也是宝宝在性别敏感期的表现。这些在大人看来有些"不学好"的行为，其实完全与"性"无关。做妈妈的应该都有体会，就算宝宝这个时期会主动地去摸摸妈妈的乳房，也完全没有任何所谓"其他的想法"，完全与道德感或者性的概念无关，那只是宝宝在认知身体，在客观地认识世界万物。他的这种行为是没有任何感情色彩的，更没有什么其他的复杂东西。

除了对妈妈、爸爸的身体产生好奇，宝宝这个时期还会对幼儿园的异性小朋友们产生兴趣，在交往的时候表现得非常明显。不过，这也是宝宝正常的一种心理表现，父母不要因此而误解了宝宝的意图，更不能嘲笑他，惩罚他，或者直接说他是"小流氓""小色狼"等。宝宝的心理发展需要父母正确的引导，尤其在对待性别和人体构造上，这是极容易出现问题的一个方面。因此，身为宝宝最信任和最钟爱的父母，一定要认真对待宝宝的这种行为。

❋ "我是从哪儿来的"：对生命产生最初的好奇

★ 宝宝趣事

4岁的小强平常很好动，在幼儿园里总是跑来跑去，跟小朋友们玩得也很开心。但最近，幼儿园老师发现他突然变沉默了，总是一个人躲在角落里默默地发呆。老师觉得，小强一定是有心事了。

于是，午休起来后，当其他宝宝都在玩耍的时候，老师就走到了在墙边坐着的小强身边，亲切地问："小强，你怎么不去玩啊？是不是有什么心事？"小强忧郁地看了看老师，然后往老师怀里钻过去，再后就呜呜地哭起来，显得十分委屈……

老师知道，小家伙一定是遇到解决不了的问题了。于是，她一边轻轻拍打着小强的后背，一边耐心地等待着小强的回答。果然，哭了一会儿后，小强抬起头对她说："老师，妈妈不要我了。"

"不要你？"老师惊讶极了，赶紧接着问，"妈妈怎么会不要你呢？"

小强啜泣着说："妈妈说，我是从垃圾堆里捡来的，我最近老惹她生气，我怕她把我再扔回垃圾堆里……"

★ 神奇的敏感期

几乎所有的宝宝到了一定年龄后，都会对这样一个问题感兴趣，那就是：我是从哪里来的？面对宝宝的这一问题，几乎所有的妈妈都会感到很尴尬，不知道该怎样回答。于是，很多妈妈就开始想办法搪塞，或者就像故事中的妈妈那样，告诉宝宝"是从垃圾堆里捡来的"，或者"是从石头缝里蹦出来的"。总之，生活中我们几乎能听到妈妈们对宝宝这一问题的各种说辞，有些简直让人捧腹，例如，有些妈妈就说宝宝"是从土里刨出来的"。

其实，宝宝是到了身份认知的敏感期，对自我意识的探求让他开始思考自己是从哪里来的。如果妈妈以各种莫名其妙的回答来应对宝宝，一方面宝宝会百思不得其解，继而对自己的身世产生更神秘的好奇心，心理上形成强烈的不安全感；另一方面就像故事中的宝宝一样，会闷闷不乐，情绪低落，幼小的心灵受到伤害。这其实是完全可以避免的，父母以正常的态度对待就可以了，没有必要考虑很多，因为宝宝也就是为了知道真实情况。就算你告诉他真实的情况，他也不会朝着大人想的那个"不好的、与性有关的方向"去想，妈妈的顾虑和担心完全是没有必要的。

☞ 不要隐瞒真相，欺骗宝宝

当宝宝开始问"我是从哪里来的"的时候，正是他自我意识迅速发展的时期，他有了思考力，想要寻找自己的根源。此时，弄明白自己是从哪里来的，跟弄明白"您好"是什么意思是一样的，并没有其他更多意思在里面。因此，面对这个在大人看来有点"尴尬"的问题，父母一定不要欺骗宝宝。

很多父母之所以要欺骗宝宝，或者觉得这个问题难以启齿，无非是把这个问题跟"性"联系了起来，一方面觉得不好意思讲这个话题；另一方面会觉得宝宝怎么会有这方面的问题呢，是不是受了什么坏的指引了？潜意识里，父母都是不希望宝宝过早了解"性"的，因此会想先用谎话来欺骗宝宝。但殊不知，宝宝只是本着求知识的目的去问的，而且他正处在性格、心理发展的关键阶段，如果得到了错误的回答，有可能会形成固定的答案，或者在心理上留下迷惑不清、神秘难辨的感觉，以至于长大后对这个问题敏感且疑惑。因此，不欺骗宝宝，以正常的心态去回答宝宝的问题，是父母应该采取的正确方式。

☞ 用"天使出生"的故事来讲述生命诞生

其实，就算父母能够以科学的态度来面对宝宝"我是从哪里来的"的问题，很多父母还是会对如何去回答这个问题表示困惑，怎样才既能明白细致地给宝宝讲清楚，又能讲得符合科学性呢？

一位妈妈就非常聪明，她用了一个非常有趣的"天使出生"的故事来给宝宝解答，效果非常好。具体的故事内容是这样的：在妈妈的肚子里啊，有一颗种子叫作卵子。它长大之后非常孤单，没有人跟它一起玩耍。这个时候，爸爸就给它送来了一个伙伴，叫作精子。卵子见到精子后非常高兴，它们就决定一起安个家。它们找啊找啊，终于在妈妈的肚子里找到了一个适合做家的地方，那个地方呢，就叫作"子宫"，那里非常温暖。之后，它们就一起快乐地成长起来，逐渐地，它们就变成了一个有头、有手、有脚还有身子的小天使。小天使在妈妈的肚子里长啊长啊，连续长了十个月后，它就长得非常大了。这时候，它觉得妈妈的肚子里很挤，于是，就从妈妈的肚子里跑出来，来到了我们家里，成了现在的你。

这样有趣又简单好懂的小故事完全可以解答宝宝的问题，而且既包含了科学性还极富趣味性，是极佳的解释"宝宝是从哪里来的"的回答，妈妈们不妨都试一试。

☞ 让宝宝阅读百科全书

其实，在宝宝对从哪里来感兴趣的时候，适当地让宝宝阅读百科全书，增加相关的知识是很有好处的，既能让宝宝自己从书中解答自己的困惑，还能增加其他方面的知识，非常有用。

一般情况下，当妈妈给宝宝解释了宝宝从哪里来之后，宝宝的疑虑和好奇就会得到满足，也就会停止对这个问题的探索。但很多时候，宝宝的好奇心是很强烈的，简单的回答或者较为大概的解释，并不能让宝宝完全满意。这个时候，妈妈也可以顺势告诉宝宝："你要想了解得更清楚呢，就要去书中寻找了，妈妈也是从书里了解这个知识的。"然后就引导着宝宝去阅读百科全书。一般来说，儿童百科全书或者人体百科全书都有专门讲解怀孕、分娩的细节的知识，通过指导宝宝阅读，能让宝宝更清晰地了解生命的诞生。

儿童百科全书一般都是图文并茂的，有好看的插图，宝宝可以看懂，如果有不懂的，父母还可以适当地指导一下。这样，宝宝就会明白到底是怎么回事了，而且还能从中增加不少知识，并培养起喜欢阅读的好习惯。

❀ 挑剔，对自己要求高：精神世界的丰富和深入

★ 宝宝趣事

近一段时间以来，妈妈发现，自己4岁的儿子跟以前不太一样了，就像变了一个人似的。这主要是因为，他变得会对自己高要求了，而且要求越来越高，几乎达到完美。最典型的例子就表现在画画上。以前，他也喜欢画画，但只是很自由地画画，并没有什么特别大的要求。可现在，一旦他发现自己有画得不好的地

方，他就要把画扔掉，然后重新再画，哪怕只是一点点的小问题也不行。有时候，妈妈看他就快画完了，但最后一笔画得不太好，他也会毫不犹豫地扔掉，毫不可惜，因为在他的眼中，那幅画已经是不完美的了，而他要追求完美。

这不，周六上午，妈妈在一旁欣赏儿子画画。这一幅画儿子已经画了将近一个小时，扔掉了好几张。这一次眼看就要画完了，可儿子突然停下来，盯着画面看了一会儿，小小的眉头皱了一下，似乎是觉得还有些地方画得不好，嘴里喃喃地说："这个点点得不够好，我必须再画一张。"于是，他一下子就把即将完成的画给揉成一团，丢进了垃圾篓，然后重新拿出一张纸画起来。旁边的妈妈看到这里，心说："这样子什么时候才会画好啊……"

★ 神奇的敏感期

人类天生就有追求完美的本性，对处于成长期的宝宝来说，也是如此。完美的概念会给宝宝带来精神上的愉悦，而稍微有一点儿的不完美，都会让他们感觉到很痛苦。这已经表明，宝宝的精神世界正在走向丰富和深入。

在大人看来，很多不完美的东西并没有什么大影响，甚至还会产生一些美学特征，例如"残缺美"。但是，这些在宝宝眼里，就是不完美的，宝宝的判断标准跟大人是不一样的，他拥有自己独特的判断标准。其实，在成人世界中，也有一些人具备这样的品质，像宝宝一样"执拗"地追求完美，这就是我们常说的理想主义者，但也正是这些看似"执拗"的理想主义恰恰成就了他们成为科学家、艺术家及各行各业的杰出人才。因此，追求完美对一些成人来说是很有益处的。而对处于敏感期的宝宝来说，其追求完美的心理应该得到父母的呵护和支持。为让宝宝尽可能早地度过这个敏感期，父母要尽量满足宝宝的要求，配合他、支持他。

☞ 适当地多表扬宝宝

在宝宝处于社会规范敏感期时，一个劲儿地追求完美是很正常的。但这个时候，由于宝宝自身能力有限，要想把事情做得非常完美是不太容易的。此时，面对一遍遍努力都不能达到要求的现状，宝宝的内心可能会非常焦虑和痛苦，甚至开始怀疑自己的能力，由此产生一些比较消极的想法，觉得自己很笨，自己很差劲等。

这个时候，父母就应该多多表扬宝宝，给宝宝一些可以接受的鼓励措施，鼓励其继续下去。例如故事中的妈妈，在宝宝一直画不好而有些沮丧时，就可以说："我觉得这个很不错啊，这条线画得多好啊，你看，点也落得非常正呢……"这样的话，无形中会给宝宝增加自信，让宝宝从心里产生"我画得还是不错的"想法，从而以更强烈的兴趣和更好的心态去做自己在做的事情，从而不断地取得进步。

☞ 给宝宝找一个合适的"参照物"

其实，宝宝在追求完美的过程中，心中都会有一个完美的标准。如果这个标准没有一个现实的参照物来作比较的话，那么宝宝就会用心中不太明确的"至善至美"来要求自己，从而一个劲儿地追求无止境的完美。此时，他势必会在多次失败后产生消极情绪，内心很痛苦。但若父母可以给他提供一个"参照物"的话，那么宝宝就会马上有了清晰的目标，内心的痛苦就能得到化解，重新燃起做事情的愿望。

例如，当宝宝一个劲儿地画画，总也感觉不完美时，妈妈就可以对宝宝说："宝贝，你画得棒极了，比妈妈强多了。妈妈像你这么大的时候，连这个圆圈都还画不好呢！"听到这样的话，宝宝心中就会有一个清晰的参照物，不会再"执拗"地以心中的那个永无止境的完美目标来要求自己了。这样，他的完美标准就会相对降低，更加有对比可循，也就不容易再陷入"过分完美"的泥沼中了。

🌸 宝宝声称"我要结婚"：宝宝婚姻意识的萌发

★ 宝宝趣事

儿子已经4岁了。一天，我正看着他在屋里玩耍，突然，他像想起了什么似的，抬起头认真地对我说："妈妈，我想结婚，我要和你结婚。"一听这话，我一下子愣住了，这太胡闹了。不过转念一想，也许是宝宝的婚姻敏感期来了。于是，我就和蔼地对他说："你喜欢我吗？"儿子严肃地说："当然喜欢了，我很喜欢妈妈，所以才要和妈妈结婚。"我也很认真地对他说："可你知道吗？结婚是一件非常严肃的事情，你不应该跟我结婚，因为我们有血缘关系。你应该找一个你喜欢的人结婚。"

儿子大眼睛里全是迷惑："什么是血缘关系？我不管那些，我就要和你结婚。"

我耐心地对他说："你想啊，你是妈妈的儿子，所以我们就有血缘关系，就不能够结婚。就像妈妈和姥爷、姥姥都有血缘关系一样。"

儿子似乎有一点点明白，不过，他似乎对这个话题不再感兴趣了，自己跑到一边玩去了。

　　此后的几个月内，儿子频繁地提到要和我结婚的事情。每当这时候，我都会抓住机会，耐着性子，尽量细致地跟他讲婚姻到底是怎么回事，让他能建立起婚姻的概念。这样，不久后，儿子就没再这样说过了。

★ 神奇的敏感期

　　在宝宝4岁左右的时候，他会逐渐开始探索周围人的组合形式，而婚姻是离他最近的一种形式，这时候他就进入了婚姻敏感期。在婚姻敏感期的最初阶段，宝宝会对自己的父母产生强烈的好感，因此我们常常见到，儿子要和妈妈结婚，女儿要和爸爸结婚的现象，甚至还有的女儿要和妈妈结婚。不了解敏感期特色的父母，面对这种情况，往往觉得宝宝无厘头，总是一笑了之。但逐渐地，宝宝对婚姻问题越来越强烈的兴趣会让父母开始意识到，宝宝真的已经开始了对人的情感世界的探知了。

　　不过，宝宝的认知也会慢慢发生变化。当他发现自己的年龄和爸爸妈妈的不相符合时，就会明白，虽然爸爸妈妈很好，但是他们和自己不一样，是不能跟他们结婚的，应该找一个跟自己一样大的宝宝结婚。这时候，他就会在同龄的小朋友中寻找"爱人"。

　　而所有宝宝的这种表现，归根到底都是其婚姻敏感期表达"喜爱"的一种方式。因为他喜欢某个人，他就很想和他结婚，因为他很想和一个人在一起玩，他就想跟她结婚；因为他想吃别人带来的零食，他就又想和他结婚……这些都是宝宝表达内心喜好的一种很直接的方式。不过，宝宝在选择自己喜欢的人的时候，往往都是一厢情愿的，只要自己对别人感觉好，就会不顾一切地让别人当自己的王子或者公主，而一旦对方表现出了不乐意或者兴趣不大，他就会觉得受了伤害，甚至会因此而哭泣。

☞ 正确回答宝宝的婚姻问题

　　处在婚姻敏感期的宝宝会提出各种各样的问题，这些问题在父母看来，简直就不值一提，或者根本就没有办法具体回答。但父母最好还是认真且合理地回答他。例如，当宝宝问："为什么爸爸要和妈妈结婚"时，妈妈就可以回答说："因为爸爸妈妈很相爱。"这时候，宝宝或许会有一个大概的理解，即相爱是缔造婚姻的最基本的要素，树立起最基本的恋爱和婚姻观念。但此时，如果父母故意回避这个问题，或者用一些玩笑话什么的来敷衍宝宝，甚至训斥宝宝，那么宝宝就会觉得婚姻是个不好的东西，是不快乐的、会让父母发脾气的东西，以后会逐渐地对婚姻产生厌倦和恐惧感，从而影响他今后的生活和婚姻。

婚姻敏感期的宝宝非常敏感，别人的嘲笑或者批评会让他很伤心。因此，面对宝宝提出的一些看似"可笑"的问题，父母一定不要嘲笑或者批评宝宝，而是要耐心地引导，用正确的观点来回答宝宝的问题，引导宝宝正确认识婚姻。

☞ 宝宝婚姻敏感期的三大历程

通常，进入婚姻敏感期的宝宝要经历三大心路历程。

1. 一种强制性的选择

一开始，当宝宝想让某个人当自己的王子或者公主，而别人不愿意时，他会大哭大闹。这时候的宝宝对婚姻的理解非常简单，他们会以为，只要自己喜欢谁，就可以和对方结婚，而一旦遭到拒绝，他们就会非常伤心。针对这种情况，父母要告诉宝宝"你可以重新选择"。这样，让宝宝寻找其他的出路。宝宝也会知道，喜欢是双方的事情，是一种"双边关系"，不能只由自己说了算。

2. 学会用技巧来赢得爱慕的伙伴

强制阶段过去之后，宝宝再选择的时候就不会那么幼稚了，他会用技巧来赢得自己爱慕的伙伴的青睐。例如，他学会了用好吃的零食来哄对方，用好玩的玩具来吸引对方，遇到有争吵的时候，会站在对方的一边帮助他等。这种情况下，就算他再次遭到了对方的拒绝，他也不会像以前那样痛苦了，因为他已经知道，每个人的想法都是不一样的。

3. 不要勉强他人

这个阶段，如果宝宝喜欢的"公主"或者"王子"跟别人在一起了，那么宝宝就会非常痛苦，但他已经知道了不能用强制手段来解决问题。不过，这种进步也让宝宝有了更多、更细致的"情感问题"。此时父母和老师就应该及时地向他灌输正确的恋爱观和婚姻观。例如，当宝宝失恋痛苦的时候，父母可以告诉宝宝：因为你喜欢的人很优秀，所以才会有别人喜欢他。你可以选择别人，别人当然也可以选择自己喜欢的人。这样，宝宝就会加深对婚姻的理解，也就不那么容易"为情所困"了。

☞ 与宝宝愉快讨论"喜欢谁"的问题

对宝宝婚姻敏感期的一些行为，父母除了正确解答关于婚姻的问题，帮宝宝树立正确的婚姻观外，还可以适当地进行引导，和宝宝一起探讨"喜欢谁"的问题。

宝宝对婚姻的理解很简单，就是单纯地喜欢谁就想要和谁结婚，因此父母没有必要把这个问题看得太过严重，而是可以愉快地和宝宝一起谈论宝宝所喜欢的"对象"，并且跟宝宝聊聊为什么喜欢他，他有什么优点等等。其实，宝宝的喜欢理由都很简单，或许只是一个很小的原因，但他自己会很快乐。父母在和宝宝谈论的时候，一方面会让宝宝拥有愉快的心情，认为爸爸妈妈很关心自己，很愿意分享自己的感受；另一方面也可以通过这样的询问，让宝宝自己更清楚自己喜欢的原因，增加对喜欢和婚姻的理解。

青春期的孩子会出现与父母"隔代交流"不融洽的现象，而如果从小就跟宝宝一起探讨他所喜欢的问题或者想法，也有助于宝宝更亲近父母，把父母当作"好朋友"，对将来父子、母子关系的培养很有好处。

偶像崇拜：身份确认敏感期的到来

★ 宝宝趣事

4岁的小伟最近有了一项新的娱乐活动：模仿孙悟空。他先是缠着妈妈到商场给他买了一根如意金箍棒，然后就开始频繁地模仿孙悟空，只要一有空，他就会手拿金箍棒到处乱跑，寻找"妖怪"，然后捉妖。

除了在幼儿园模仿孙悟空大展神威之外，在家里，小伟也不闲着。虽然妈妈告诉过他家里没有妖怪，但他还是乐此不疲地整天拎着金箍棒转来转去，有时候连饭都不吃。

这天，就要吃饭了，小伟却拎着金箍棒出去了，妈妈赶紧叫住他说："要吃饭了，你还往哪里跑？"他很干脆地说："俺老孙要去打妖精了！"

妈妈有些急了："你这孩子，不能等吃完饭再去打妖精吗？"

小伟一听，一本正经地对妈妈说："妈妈，我是孙悟空，你要叫我齐天大圣或者孙大圣。"然后就一溜烟地跑了出去。

后来，幼儿园的老师也对他妈妈说："最近，小伟非常爱模仿孙悟空，总是让别的小朋友叫他齐天大圣，别人要是不叫，他就会自以为是地'伸张正义'，挥起金箍棒乱打'妖精'。"妈妈一听，心里也惊了一下，原来儿子无论在哪里都把自己当成孙悟空了。

★ 神奇的敏感期

在宝宝的成长过程中，几乎都要经历"偶像崇拜"这个特殊的时期。这时候，几乎所有的宝宝都会向往那些神通广大的神仙和武林高手，或者有特异功能的人，然后自己想成为那样的人，尽力去模仿那个人。在成人眼中，童年就仿佛是一个梦想的时代，但在宝宝的眼中，那些都是真实的。因此，想当超人的宝宝会全副武装地准备打击坏人，而想当公主的宝宝会让自己变得温柔，气质高贵。

其实，当宝宝在模仿自己的偶像的时候，他也在面临一个巨大的任务，那就是要逐渐地建立起一个关于自己内心的形象，也就是"我是谁"，并逐渐地给自己定位。此时，那些动画片或者书籍里的人物就会满足他们内心的需求。因此，父母就看到宝宝成了"超人""孙悟空""奥特曼""白雪公主"等。也就是说，宝宝摇身一变，就变成了他理想中的人物，他要通过他喜欢的偶像来确认自己，并且构建起自我。

由此可见，宝宝在模仿偶像的时候，其实也是在构建自己。因此，尽量允许宝宝去模仿，给宝宝做梦的权利是父母应该做的。不过，在宝宝的身份敏感期过后，父母如果再称呼他什么"奥特曼""孙悟空"他可能就会很不高兴，因为这个时候，他已经知道了"我就是我"。

☞ 配合宝宝让他成为自己的"偶像"

宝宝模仿偶像是一种身份认知，父母一定要尊重宝宝的这种身份认知行为，同时还应该配合宝宝的模仿行为，让宝宝成为自己的"偶像"。

例如，当宝宝模仿孙悟空的时候，父母就可以模仿唐僧、猪八戒等，一起来完成"捉妖"行动。吃饭的时候，父母可以对宝宝说："悟空，师父命你赶快吃饭，吃完饭再去捉妖。"这样，宝宝就会很高兴地吃饭。而吃完饭之后，父母还可以说："悟空，师父听到门外似乎有妖精，你去看一下吧。"这样，宝宝就会兴趣盎然地完成自己的"捉妖"行动，成为合格的"孙悟空"。只要父母能够配合宝宝的模仿行为，并且给宝宝支持，宝宝就会很容易度过这个敏感期。

父母还应该知道，在宝宝模仿的过程中，他正是在为自己的性格形成积聚力量，以图让自己的形象变得强大起来。一旦宝宝的心理需求得到了满足，他就会自觉放弃这种模仿行为，走出这个幻想的世界。这个时候，也就表明宝宝顺利度过了身份确认的敏感期。

☞ 利用"偶像"来改正宝宝的缺点

我们都知道，每个人都有缺点，对还未完全成长起来的宝宝来说，更是这样。缺点一般都是很难改正的，对尚不完全懂事的宝宝来说，更是如此。因此，在身份确认的敏感期内，父母就可以有意识地利用宝宝的"模仿"行为，来帮助他改正自身的缺点，养成良好的习惯。

例如，如果宝宝喜欢模仿"奥特曼"，但却不喜欢吃菜，父母就可以告诉宝宝："奥特曼不吃菜的话就没有力气，打不过怪兽了。"从而让宝宝开始吃青菜。如果宝宝总喜欢躺着看书，而又喜欢模仿"孙悟空"，父母就可以告诉宝宝："孙悟空火眼金睛，什么妖怪都能看出来，你这样躺着看书，眼睛会看坏的，到时候你就找不到妖怪了。"如此这般，这样的教导方式，让宝宝可以开心地接受，还有助于养成良好的习惯，改掉一些坏毛病。当然，宝宝肯定还有其他的一些缺点，只要父母用心观察，用心思考，就可以把宝宝的坏习惯跟他所崇拜的"偶像"联系起来，从而帮助他改正坏习惯。不过，也可能有些联系不起来，那也不必太过强求。

黏人：情感表达的最初表现

★ 宝宝趣事

最近，4岁的儿子很黏人，总是要我陪着他，哪怕离开一会儿都不行。尤其是当电话响起来的时候，他就会大声叫着："不准接电话！不准接电话！"如果我着急要去接电话，他就会快步跑过去拿起电话说："喂，你好，我妈妈不在家，再见！"然后就挂了电话。有时候，一晚上电话要响好几次，但他都挡着我不让接。

看到宝宝这么反常，我就跑去咨询了儿童教育专家。原来，这是宝宝的情感敏感期到了，表现出来就是宝宝会很黏人，时刻需要我的陪护。于是，我恍然大悟，理解了儿子。

当天晚上，我就放弃了做家务，专门陪儿子讲话、看书，儿子非常开心。一个小时之后，电话铃又响了，老公跑去接了电话，儿子仍然快乐地跟我待在一起。

又玩了好久，我突然想起来，好久没联系的一个朋友今天在网上给我留了言，说有事找我。于是我就起来给她打电话，这时儿子很乖地没有阻止我。不过，当我聊了十分钟之后，儿子就不干了。他跑到我身边，大声抗议："不准妈妈打电话，不准妈妈打电话！"然后就伸出小手在电话键上一通乱按，把电话弄断了。

我放下电话，心里着实有些生气，可一下子却看到儿子泪流满面的脸，马上就没气了。我轻轻地一边给他擦脸一边问："为什么不让妈妈打电话啊？"儿子嗫嚅着说："我要妈妈陪着我。"

★ 神奇的敏感期

四五岁左右的宝宝，其情感世界会被父母唤醒，对情感开始有了更深刻的认知。因此，他特别喜欢跟爸爸妈妈待在一起，深切地感受来自父母的爱和温暖，其中尤其表现为对妈妈的依赖。

此外，宝宝还特别希望妈妈和爸爸能把关爱都给他，不分心做别的事。如果父母去忙别的了，或者跟别的小朋友很亲近，他就会以为父母不爱自己了，伤心的同时还会"吃醋"，然后他就会去阻止父母的行为，并且很不讲理。

故事中的宝宝在妈妈陪自己玩了半天之后，没有马上阻止妈妈打电话，这是因为他的内心得到了满足，但当妈妈聊了"很久"还没有停下来陪他时，他就会很着急，再次变得"吃醋"起来，强行把妈妈拉回来。其实，这种看似"无礼"的行为是宝宝内心对情感的渴望，妈妈应该理解，并且全心全意地陪着他，给他充足的爱和关怀，而不要分心去做其他的事情。

☞ 父母要学会安慰宝宝

当父母发现宝宝非常依赖自己，当自己亲吻别的小宝宝或者给别的宝宝零食的时候，宝宝会难过，会突然表现得很"小气"，甚至大哭大闹，那就表明宝宝进入了情感敏感期。父母要知道，宝宝这种行为并不是任性，也不是情感脆弱，而是其情感的一种正常表达。因此，对宝宝的这种表现，父母一定要尽力安慰，让宝宝心里觉得温暖。

安慰宝宝的时候，可以把他搂在怀里，然后坚定地告诉他："妈妈爱你！""邻居家的小宝宝是我们的客人，妈妈亲亲他是应该的，我们要保持礼貌啊，但妈妈永远最爱的是你！"一旦宝宝确定妈妈最爱自己的时候，他的心情就会放松下来，并且不再哭泣和吵闹。而如果父母没有很好地安慰宝宝，不管不

儿童敏感期与智力开发全案

顾，或者骂宝宝"小气"等，都会让宝宝总是惦记着这件事，慢慢地就变成了心事。这样的心事得不到解决，就可能影响宝宝正常的心理发展。因此，学会安慰宝宝，是父母一定要注意做到的。

☞ 尽情对宝宝表达出爱

对于宝宝频繁"黏人"的行为，父母除了安慰宝宝之外，最快又最直接化解宝宝心中不安的做法就是尽情地对宝宝表达出自己的爱。

宝宝黏着妈妈或者爸爸，无非就是想从父母那里感受到更多的爱，感觉到父母是最爱自己的，从而有安全感。在这个时候，如果父母能够迅速、直接地对宝宝表达出爱，甚至是有些夸张的爱，宝宝的心理都会得到满足，会很开心。例如，当宝宝阻止妈妈打电话的时候，妈妈赶紧放下电话，然后抱起宝宝，亲亲宝宝的小脸，然后带点儿夸张地说："妈妈最爱宝宝了，妈妈一点儿都不会离开宝宝。"这样，宝宝马上就能感受到妈妈的爱，心里会平稳许多。说简单一点儿，对宝宝的这种渴望爱的表现，父母以直白的，甚至夸张的爱来回应，就能满足宝宝的心理，就能在宝宝心里种下硕大的爱的果树。虽然，在大人看来，宝宝这种要求父母随时随地都哄着自己，说爱自己似乎有些可笑、不懂事，但对还不太懂事的宝宝来说，父母越是夸张的表达越能让他们感受到爱的分量，也就能消除心理上的不安全感，逐渐度过这个情感敏感期了。

☞ 给宝宝情感表达的自由

在情感敏感期内，宝宝不仅会对父母表现出"黏人"的行为，还会表现出一些急切的表达情感的行为。

例如，宝宝会经常莫名其妙地就往父母的怀里钻，然后还频繁地亲吻父母；无论是去幼儿园接他还是在家里，他几乎随时随地都要妈妈抱着；晚上睡觉的时候，宝宝总是会先跑到父母的房中跟爸爸妈妈待一会儿，然后再回去睡觉等等。这些行为，除了是在向父母索要爱，也是在向父母表达自己内心的情感。宝宝要求父母对自己表达出爱，但同时，他也想对父母表达出爱，于是他亲吻妈妈，他总是想抱抱妈妈；他睡觉之前也要跟妈妈在一起等等，父母一定要懂得宝宝的这种情感表达，并且高高兴兴地去接受和配合宝宝，千万不要由着自己的主观想法或者心情的好坏来胡乱做出回应，甚至态度粗暴。那样只会伤害到宝宝幼小的心灵，在宝宝心中留下阴影，不利于以后宝宝和父母之间亲情关系的维系。

"我要做"：强烈的做事意愿

★ 宝宝趣事

5岁的萧萧是家里的小公主，是爸爸妈妈的掌上明珠。从小，爸爸妈妈就非常疼爱她，什么要求都满足，什么活儿都不让她干。可她已经5岁了，已经可以做一些力所能及的事情了，而且最近一段时间以来，她总是想做点儿什么。可是每次她刚准备动手，爸爸妈妈就马上阻止了她，让她到一边儿玩去。

这天晚上，爸爸把萧萧从幼儿园接回来以后，就让她自己待在客厅玩，然后等着妈妈做好饭吃饭。可萧萧一点儿都不想玩，她想找点儿事情做，于是她就跑到厨房看妈妈做饭。

这时候，妈妈正在切菜。萧萧看了一会儿，就对妈妈说："妈妈，让我来切吧，我也会切这个。"

妈妈一听，吓了一跳，赶紧说："我的小姑奶奶，这个可不好玩，你要是切着手麻烦就大了，去一边儿玩吧。"

之后，不管萧萧如何请求妈妈，妈妈就是不让她切，最后，妈妈直接把她抱到客厅，打开电视机让她看动画片。虽然萧萧一个劲儿地说："我不要看电视，我不要看电视！"可妈妈根本不管，反正就是不准她切菜。萧萧觉得好失落……

★ 神奇的敏感期

父母们一般都有这样的毛病，口口声声说为了宝宝好，但是却不让宝宝做他力所能及的事情，甚至一些宝宝要进行尝试的心都被父母小心翼翼地给"保护"了起来。这样做的结果就是，若干年后，父母开始一个劲儿地感慨自己的孩子不懂事，什么都不会做，一点儿也不能帮他们分担家务。而此时，父母是否也该反思一下自己曾经的行为呢？是谁一手"造就"了这些"无能"的孩子呢，难道不是父母自己吗？

5岁左右的宝宝已经有了初步的动手做事的能力。生活中，当他发现周围的人都可以做很多事情的时候，他就会拥有自己也想做事的愿望。同时，在社会规范敏感期内，宝宝总是在试图发现社会的一些共有规范，而人人都劳作就是其中的重要一项。因此，当宝宝可以自己做事的时候，他就也迫切地想像别人一样，自己做事，感受一下劳动的快乐。这个时期，宝宝最关注的并不是要做的事情究竟是难是易，而只是想动手，发挥一下自己的作用，因此，父母根本不必大惊小怪。

☞ 不要误会宝宝是在"捣乱"

现实中，很多父母都把宝宝的这种"要做事"的行为看做故意"捣乱""添乱"等等，于是乎很自然地去阻止宝宝做事，有些甚至会斥责宝宝。其实，父母不知道，这样的做法对宝宝实在是一种误解。宝宝一点儿都不是想给你"捣乱"，他只是纯粹地想动手做事，想尝试自己去做饭，想自己修理自行车，想自己去做一些家务活，总之就是想证明自己也是个劳动者，可以和别人一样干一些事情。如果此时父母过于小心，阻止宝宝去做这些事情，那么一方面宝宝的好奇心或者做事情的愿望会消失；另一方面宝宝的动手能力和生活自理能力也会培养不起来。

在一些中学住校生中，我们常常见到"尾随而至"帮忙铺床叠被的家长，除了床铺甚至日常用品都是父母帮着买的。临走时，这些家长还在担心："我们家孩子什么都不会做，这以后可怎么办啊！"其实，之所以出现这样的情况，就是因为小时候没有给孩子养成良好的动手做事习惯，导致孩子的自理能力差，给将来的独立生活造成困难。因此，聪明的父母千万别犯这样的错误。

☞ 父母应该创造机会让宝宝做事

对宝宝的敏感期表现，父母一方面要理解；另一方面也要提供适当的机会给宝宝"解馋"。在宝宝处于社会规范敏感期内，非常想做事的时候，父母就可以给宝宝创造一些做事的机会让宝宝来锻炼自己。

例如，星期天，宝宝非要帮你洗衣服的时候，你就可以"指导"宝宝："妈妈的衣服呢，我自己来洗，你的小袜子呢，你自己洗好不好？你看，小袜子，一般要这样洗……"当宝宝"洗完"袜子后，要记得给予表扬，让他有成功的感觉。如果你做饭的时候宝宝非要拿菜刀，害怕出危险的你可以这样对宝宝说："宝宝啊，妈妈现在在用刀切菜呢，你先把地扫干净吧，那样，我们待会儿就可以吃饭啦！"这样，宝宝心里就不会不开心，同时也做了其他的事情。类似于这样的小"把戏"，父母可以多给宝宝玩一些，给他提供做事的机会，让他能开开心心地锻炼自己，同时又亲近父母。

遵守规则：自身规则意识的建立

★ 宝宝趣事

周末，三个好朋友虎虎、飞飞和明明在一起玩"剪刀石头布"的游戏。在游戏之前，他们共同规定：如果谁输了，就得让另外两个赢的人弹一下脑门。很快，游戏就开始了。第一局是虎虎先赢了，然后是飞飞，最后他们两个高高兴兴地弹了一下明明的脑门。

接着，第二局开始了。这次是虎虎和明明赢了，他们都非常开心地弹了一下飞飞的脑门。马上到了第三局，这次输的是虎虎，可就在飞飞和明明准备弹他的脑门的时候，他竟然不玩了，飞快地跑开了。这下子，飞飞和明明不干了，他们俩紧跟着去追他，想追到他让他遵守规则。可是虎虎一下子就跑到他妈妈身后藏了起来，让飞飞和明明没有办法抓到。于是，飞飞和明明只好闷闷不乐地回家了。

到家之后，飞飞还是很不高兴，他拉着妈妈的手说："虎虎输了，为什么不让我们弹他的脑门，他这样做是不对的，他应该遵守规则……"妈妈听了，莫名其妙，可等她弄明白怎么回事之后，她就安慰飞飞说："每个人都会犯错误的，虎虎没有遵守规则，他自己心里也不好受啊，以后他就会遵守规则了，你能给他点时间吗？"

飞飞听了，懂事地点了点头，但是他心里却还是不太明白。晚上躺在被窝里，飞飞还在想："虎虎这样做就是不对的，他没有遵守我们的规则……"

★ 神奇的敏感期

我们都玩过游戏，也都知道，游戏之所以有意思，就是因为有规则，有犯规的惩罚，这样才称为游戏。如果没有规则，乱玩一气，那就不是游戏了。因此，在宝宝们眼中，游戏也是有规则的，在玩游戏的过程中，他们会反复使用规则，并且把它内化，这就是著名的教育家蒙台梭利所说的"肉体化"。一旦宝宝把规则内化之后，他就会对群体、对社会都表现出这样的一种规则意识、责任意识。

宝宝们都非常喜欢玩游戏，同时也很喜欢游戏中的那些规则，然后会尽心去遵守这些规则，他甚至会因某个规则而去玩某个游戏。不过，如果以为所有的宝宝都能遵守规则，那就错了。每个宝宝都是不一样的，有遵守规则的宝宝，就有一开始会违反规则的宝宝。因此，当遵守规则的宝宝遇到不遵守规则的宝宝的时候，他就会非常痛苦，他无法理解这件事情，在他的思维里，大家都应该遵守规则、说话算数的。其实，这是因为在他心里，已经建立起了规则意识。

☞ 允许宝宝玩规则游戏

一般情况下，宝宝在玩游戏之前都会先定好规则，并且遵守这个规则，这样，在玩游戏的时候，他才会有安全感、秩序感。几乎所有的宝宝都是在这样的规则中成长起来的。不过，在玩游戏的过程中，宝宝会遇到一些不守规则，不认账的情况，这会让那些在游戏中获胜的宝宝感到很痛苦。就像故事中的飞飞一样，他觉得虎虎没有遵守规则，心里很难受。这个时候，面对宝宝的痛苦和不理解，一些父母就会采取武断措施，告诉宝宝"别去玩了，别再跟他玩了"等，或者会认为这种分输赢的游戏像赌博，不允许宝宝再去玩。其实，实际情况并非如此。

就像玩游戏是宝宝成长中必然要经历的事情一样，遭遇不守规则和不认账也是宝宝应该经历的，它们都属于游戏的一部分，属于宝宝建立社会规范意识的一个过程。在玩游戏的过程中，他会逐渐地建立起规则、遵守规则，并且会认识到不守规则的情况、锻炼输赢的心理素质。

常见现象是，6岁左右的宝宝会对这种输赢的游戏非常痴迷。不过到10岁左右，多数宝宝就能很严格地遵守游戏规则了，也就是说，他们的规则意识又提高了一大步。

☞ 充分尊重宝宝的规则意识

在宝宝眼中，很多事情都是有规则的，一旦违反了他心中的规则，他就会不愿意去做。例如，在大人看来，我们常吃的盖浇饭没有什么不妥，就是一种普通的饭。但在宝宝眼中，米饭是米饭，菜是菜，两者混在一起就不是饭了，不能吃了。此时，如果父母强迫宝宝去吃，就等于说让宝宝违背了自己心中形成的规则，宝宝的心灵就会受到伤害，也就会影响到宝宝的规则意识的建立和发展。生活中还有很多这样的情况，宝宝会讨厌某种颜色的衣服或者不愿意用筷子吃饭，等等，父母都要尊重宝宝的选择，不去过多干涉。

此外，当宝宝不愿意去做某件违背规则的事情时，父母最好不要去试图劝告宝宝改变主意。这时候，最好的办法就是父母耐心地跟宝宝沟通，看看他内心到底在想什么。沟通过后，父母就会发现宝宝的想法和做法是有道理的，根本不是不讲道理或者捣乱。这样，父母就会更尊重宝宝的规则意识，并且还会让规则意识在宝宝的心中得到强化。

☞ 父母也要遵守规则

在宝宝处于社会规范敏感期内，规则意识发展的时期，父母也可以通过自己的亲身示范来给宝宝做榜样。也就是说，父母自己要先遵守规则，以此来给宝宝做榜样，加强宝宝的规则意识。

例如，现实生活中，很多人习惯于绿灯没亮就开始过马路，这是不正确的，是不守规则的体现。在和宝宝一起出门上街的时候，父母就可以有意识地遵守交通规则，当别人闯红灯的时候，自己坚决做到绿灯亮起才行走，一边还可以告诉宝宝"红灯停，绿灯行"，以此来给宝宝灌输交通规则和培养遵守规则的意识。父母的这种行为，不仅是对宝宝内心规则意识的尊重，还是对宝宝规则意识的现实指导和加深，更有助于宝宝规则意识的发展和形成。父母是宝宝最好的老师，在父母的这种以身作则下，相信宝宝会进步得更快，规则意识也会发展良好。

✿ 拉帮结派：团队规则的新探索

★ 宝宝趣事

娇娇、妙龄、花花和欣欣同在一个幼儿园，现在都是大班的小朋友了。最近，她们四个俨然组成了一个"小帮派"，不但平常在班级里总是一起玩，而且由于四个小朋友同住在一个社区，因此放学回来后也几乎形影不离了。

一天，四个小朋友在玩游戏的时候闹了一点儿小别扭，妙龄和其他三个人的意见不太一致。这导致了这个"小帮派"的第一次不和睦，面对妙龄的独立意见，其他三个人很是气愤，临走的时候花花就煞有介事地对妙龄说："哼，我们不理你了，以后也不和你一起玩了。"结果，这句话让妙龄心神不宁，她以为小团队要"抛弃"她了。晚上回家后，妙龄表现得无精打采，而且吃饭的时候，也一直在状态，没吃几口就放下了碗筷。接下来的几天，妙龄一直都是无精打采的，回到家之后也没心思吃饭，害得妈妈着急死了。不过，这种状况并没有持续很久，因为不久后小团队的其他三个人就跟妙龄和好了，她们又重新组成了"小帮派"。这样，妙龄就又恢复了以前活泼可爱的性格。

★ 神奇的敏感期

一般来讲，随着宝宝人际关系的成熟，5~6岁的宝宝会逐渐进入交际敏感期。此时的宝宝已经不再满足于一对一的交往，而是已经开始三五成群地在小团队之间和谐交往、相互依赖、相互关爱，并形成了愉悦、默契的合作关系。而在与多个小伙伴的交往中，宝宝也学会了忍耐、宽容、平等和自由等交往之道。

由于刚开始建立多个伙伴关系的小团队，因此宝宝对小团队会非常重视，一旦出现自己跟小团队不和或者小团队中的人对自己表现出了不喜欢的情况，就会非常担心，如临大敌。其实，这只是由于宝宝刚接触团队，对团队内的一些事件还缺乏有效的处理方式，而且宝宝非常珍惜团队的团结，因此会非常在意自己被团队"抛弃"，一旦被"抛弃"，他们就会感到自己被孤立了，没有了伙伴。不过，随着宝宝对团队的深入认识和团体活动的逐渐增多，宝宝会逐渐适应团队规则并且能熟练地处理团队内部的各种矛盾和纷争，成为一个更加成熟、稳重的交际"高手"。

☞ 鼓励宝宝参加团队活动

对处于交际敏感期的宝宝来说，多数宝宝都会喜欢融入集体，热衷于组建自己的小团队和"小帮派"等。对此父母要给予鼓励和支持，让宝宝多参加团队活动。

现实社会中，由于大家都生活在居民楼里，而且父母一般都要上班，因此宝宝之间很少接触，也很少有团队活动。因此，父母一定要趁着自己闲暇时间，带宝宝多去参加一些集体活动，让宝宝有跟其他宝宝接触、交往的机会，从而组建起自己的"小帮派"。此外，宝宝更多时间是待在幼儿园里，因此会跟许多幼儿园的宝宝组建起自己的小团队。对此，父母一定要大力支持，让宝宝可以自由自在地融入团队并参与团队活动。具体来说，五六岁的宝宝已经可以一起商量着做一些集体活动，如野餐或者一起去动物园参观等，这个时候，父母就要支持宝宝的团队活动，尽量满足宝宝的要求，跟宝宝一起去参加集体活动。父母还可以按照自己的有趣设想给宝宝安排一些团队活动，让宝宝邀请其他团队成员一起参加，从而提高宝宝的人际交往形象，并让宝宝有更多的人际交往锻炼机会。

☞ 给宝宝讲讲融入团队的小技巧

除了支持宝宝的团队活动，鼓励宝宝多参加团队活动之外，父母还可以以自己的经验给宝宝传授一些融入团队的小技巧。

对这个年龄段的宝宝来说，分享玩具和零食是建立友谊的第一步，也是宝宝们互相产生好感的一个非常有利的机会。因此，父母可以先教导鼓励宝宝懂得分享，把玩具慷慨地给其他小宝宝玩，把零食给其他小宝宝吃，不要太吝啬。这样，在有了初步的接触之后，就容易继续进行下一步了。

这个时期的宝宝还没有完全形成自己的思想，很多时候并不确定究竟该怎么办。在团队中，宝宝们往往会出现意见不一致的情况，由此产生团队间的小裂痕。对此，父母可以教导宝宝要懂得赞美别人，通过赞美别人来增进彼此间的关系。例如其他宝宝说了一个有趣的小游戏，宝宝就可以说："你真棒，我都没有想到呢！"这样宝宝就会拥有很好的人缘，其他宝宝也都愿意跟他做朋友，彼此容易建立友谊，使宝宝拥有自己的朋友圈。

此外，父母还可以教导宝宝要尊重其他宝宝的意见，不要随便骂人，更不能瞧不起人；可以让宝宝多跟其他小朋友玩相互合作的游戏，锻炼宝宝的团队合作能力，增进宝宝之间的感情等。

儿童敏感期与智力开发全案

关注细小事物的敏感期

一般来讲，成年人会忽视周围环境中的细小事物，但宝宝却常能敏锐地捕捉到。1.5岁到2岁左右的宝宝，就开始进入关注细小事物的敏感期，且这一敏感期会一直持续到4岁。在这个阶段，宝宝常会对一些很小的东西，如蚂蚁、小石子、线头、小纸屑等很关注。这个时期，宝宝的观察视角多会关注细枝末节，且越是微小的东西他关注得越多。

❀ "捡破烂"：宝宝突然出现的新爱好

★ 宝宝趣事

会走路之后，寒寒的行动范围扩大了不少，总是到处走来走去。在这期间，她变成了一个小小的"收藏家"，开始饶有兴趣地收集一些细小的物品。

最开始发现寒寒对细小的"破烂"感兴趣的是妈妈。一天，妈妈在收拾寒寒的房间时，不小心把寒寒的笔筒碰倒了，结果，从里面竟然滚出了很多细碎的小东西：小树叶、碎纸片、小纽扣、小石头、小黄豆等。看到这些，妈妈一边心里纳闷，一边就要顺手把它们丢进垃圾桶里，但寒寒一下子冲了过来，像呵护宝宝一样地呵护着这些"小破烂"，妈妈只好作罢。

后来，经过仔细观察，妈妈发现寒寒经常会把一些小东西拿回来放到笔筒里。有时候，她还会饶有兴趣地把笔筒里的东西倒出来玩一会儿，如果发现笔筒里少了某个东西，就会马上大哭起来，直到最后东西被找到。明白了寒寒的这个特殊爱好，妈妈心里更纳闷了："小家伙什么时候竟然成了'收破烂'的？"

★ 神奇的敏感期

在关注细小事物敏感期内，宝宝会对一些小东西非常感兴趣，无论是在路上还是在垃圾堆旁边看到的小东西，只要他喜欢，他就会捡回来当作宝贝一样存着。此外，宝宝还会对一些看似"微不足道"的小东西感兴趣，如小线头、头发丝、纸屑等，他会很有兴趣地捏起一个小线头看看然后再扔掉，或者把它们攒在一起，他还会盯着一些碎纸屑不放。此时，父母不用很担心，更没必要惊慌，而是应该耐下心来"欣赏"宝宝的这些可爱的举动。一般来说，过了这个敏感期之后，宝宝的这些行为就会自动消失。

其实，宝宝的内心世界非常独特，在他的身体机能逐渐发展，大脑思维也逐渐发展的时期，他对周围世界的兴趣会越来越大，这一方面是他对自己已经增加的能力的练习；另一方面也更能增加他自己的自然知识。此外，宝宝对小东西的格外关注其实也是他观察能力的开端。因此，父母要给宝宝足够的时间，保持足够的耐心，让宝宝通过这种有意识的观察和收集行为锻炼自身的观察能力与好习惯。

☞ **给宝宝一个安全的"捡破烂"环境**

对父母来说，理解了宝宝喜欢"捡破烂"之后，自己能做的就是不阻拦宝宝的行为，给宝宝提供一个安全的"捡破烂"环境。

安全的"捡破烂"环境，首先父母要满足宝宝的需求。在宝宝捡拾一些小东西的时候，在宝宝反复地玩耍一些小玩意儿的时候，父母都不要强行打断，而要给宝宝充分的自由时间。在这个过程中，父母要注意保护宝宝的安全，比如一些硬纸片会有尖锐的棱角，宝宝不小心可能会被扎到手，这就需要父母暗地里或者用游戏的方式来帮宝宝剪掉尖角，让宝宝更安全地玩耍。在外出活动或者去大自然观察时，父母也要有意识地关注宝宝，时刻保护着宝宝。当然，是保护而不是随时阻止，除非真的对宝宝有危害，否则父母还是要让宝宝一个人去尝试和获取经验。

此外，给宝宝制造"捡破烂"的环境，父母还可以故意为宝宝"创造"一些小玩意儿。例如小线头、小纸屑等一类东西，对宝宝并没有什么危害而又很容易做出来，父母就可以多剪裁一些这样的"小破烂"出来，让宝宝收集和玩耍。当然，如果父母有时间，可以和宝宝一起玩耍，这样会让宝宝更开心，也有助于亲子感情的培养。

☞ **了解宝宝为什么喜欢关注细小事物**

对宝宝为什么突然喜欢"捡破烂"，喜欢关注细小事物，很多父母都不理解。其实，简单来说，这是因为宝宝对细小事物的敏感期已经到来了。一般情况下，1岁左右的宝宝身体肌肉基本已经发育完了，行动能力大幅度增强，手部的灵巧性和身体的平衡能力、协调能力也都在不断地增强，活动范围变得更宽。而在1.5～4岁，正是宝宝好奇心最强的时候，由于他们已经可以自由地活动，但懂得的事不是很多，因此就非常喜欢以自己的方式来探索和认识事物。这时候，他们通常会依靠双脚来到达自己想去的地方，并以双手和嘴巴来进行探索工作。同时，宝宝对细小的事物还特别敏感，常常能发现大人忽视掉的东西，因此就会出现捡拾细小东西的行为。

由此，父母应该知道：喜欢"捡破烂"只是宝宝在特定时期的行为表现，而这主要跟宝宝的成长特性有关。随着宝宝的不断成长，这一行为就会逐渐消失。对有些想要适当避免宝宝"捡破烂"行为的父母，可以采用一些不影响宝宝乐趣的方式来减少宝宝的行为。例如，平时在家父母最好将家中收拾得干净整洁，尤其是地板要少留垃圾，这样就能减少宝宝"拾破烂"的行为。

❀ 关注小蚂蚁：似乎能听懂蚂蚁的悄悄话

★宝宝趣事

3岁多的贝贝最近开始变得专注了，以前，无论做什么事情他都集中不了精力，总是一会儿看看这儿，一会儿看看那儿。可现在，妈妈发现，他竟然像换了一个人。

周六早上，刚吃完早饭，贝贝就一个人到自家的小花园里去了。妈妈洗完碗筷后，就到花园里去看他。只见贝贝正蹲在花园里一动不动地看着什么。妈妈走过去仔细一看，原来地上有一群蚂蚁在爬来爬去的。

贝贝看得非常专注，妈妈在他旁边站了5分钟了他都没有发现。而且，妈妈还发现，贝贝不仅仅是在看蚂蚁，他还试图用大拇指和食指去捏蚂蚁，这个捏蚂蚁的过程又持续了大约半个小时。

妈妈没有阻止贝贝观察蚂蚁，虽然她有点儿不太理解儿子的行为，但她没有说什么就走开了。不过，第二天，一吃完饭，贝贝又跑到花园里去了。妈妈跟过去一看，果然，他又蹲在地上观察蚂蚁了。不过，今天贝贝是有备而来的，他拿了一些薯片捏碎了丢在地上，蚂蚁们马上都爬了过来……看着儿子那么专注的样子，妈妈心想："真神奇，这小家伙竟然变得这么专心了！"

看到自己的宝宝对小蚂蚁如此感兴趣，很多父母不理解："小蚂蚁有什么好看的呢？怎么会如此吸引宝宝的注意力呢？"其实，这一切都是因为，宝宝已经进入了观察细小事物的敏感期。在宝宝观察蚂蚁的时候，他可以一动不动地观察好几个小时，甚至一点儿都不觉得厌烦和疲倦。这是因为，在观察蚂蚁的过程中，他的内心获得了极大的乐趣和满足。

著名教育家蒙台梭利曾经说，在宝宝1.5～2岁左右的时候，就会进入到观察细小事物的敏感期，这一时期一直会持续到4岁。在这个时期内，越是细小的东西越能引起宝宝的兴趣，像小蚂蚁、小石头、小豆子、小花瓣等，在宝宝眼中都是神奇无比而又充满乐趣的。尤其是小蚂蚁，宝宝会用各种方式来表现他对观察蚂蚁的热情，并且乐此不疲。

需要注意的是，有时候这个时期会被某种因素耽搁，导致它的发生时期推后。而随着宝宝年龄的增长，他会逐渐知道自己是生活在人群中的，而不是与小蚂蚁为伍的。这时候，他就会学着大人的样子，开始扫地、收拾屋子等，显示出自己的成长和对周围环境的进一步认知。这时候，他那关注细小事物的敏感期也就已经过去了。

☞ 给宝宝观察蚂蚁的充分自由

宝宝观察蚂蚁的行为，一旦得到父母的理解之后，就会很开心，更加自由地进行观察。而父母呢，在理解了宝宝的观察蚂蚁行为后，就应该给宝宝充分的自由去观察。

例如，宝宝在观察蚂蚁的时候，有时候会情不自禁地趴下来或者跪下来，这样势必就会把衣服弄脏，或者弄破。这时候，要在平时，妈妈可能会生气，斥责宝宝，甚至打骂宝宝。但在宝宝的敏感期内，妈妈理解了宝宝的行为后，就应该允许他这样做，尽量给他自由。一旦发现宝宝开始观察蚂蚁了，妈妈就可以事先给他穿上耐穿、耐磨的衣服，这样不仅可以防止好衣服被弄烂，还能让宝宝更加尽情地观察蚂蚁。此外，父母还可以给宝宝提供观察蚂蚁的捷径，例如爸爸可以给宝宝找一个小瓶子，把小蚂蚁装进去，让宝宝可以拿到屋里观察。这些支持行为，都能让宝宝尽情享受观察蚂蚁的过程，而且还非常自由、快乐。

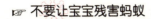 **不要让宝宝残害蚂蚁**

家长需要注意的是，宝宝在观察蚂蚁的时候，有时候因为不知道轻重，会残害蚂蚁。例如，有些宝宝想把蚂蚁捏起来，但是用力太大了把蚂蚁弄死了；还有些宝宝，看到一大群蚂蚁在地上爬，就会用热水去烫它们。这些行为是不好的，父母一定要制止。

父母应该告诉宝宝："蚂蚁也是有生命的，你看它们在地上爬，是在找食物搭房子啊，你要踩到它了，它会疼的，用热水烫了，也会疼的。"在这个基础上，父母可以进一步向宝宝解释，自然界万物都是有生命的，要爱护大自然，保护动植物，学会珍惜生命。在父母的耐心讲解下，宝宝一定会明白其中的道理，从而停止残害蚂蚁的行为。就算他暂时没有停止，也会认识到自己的做法是不对的，以后就会改正。此外，一旦宝宝理解了不能残害蚂蚁的道理，他就会加深对生命的认识，懂得生命可贵，不能随意伤害的道理。

🌸 小花瓣：凋落的小花瓣成了最爱

★ 宝宝趣事

小雪是个非常漂亮的小姑娘，今年3岁多了，平时活泼可爱，在幼儿园里，所有的老师和小朋友都很喜欢她，她妈妈更是整天把她当宝贝一样宠着。

最近，妈妈发现小雪有了一个新爱好：收集从树上或者花朵上掉下来的小花瓣，而且喜欢用两个手指捏着，似乎生怕弄坏了它们。而且这种状况越来越明显了，妈妈总是发现她手里拿着小花瓣，甚至在去幼儿园的路上也要拿着。有时候一回到家，她也会赶紧把手里的小花瓣小心翼翼地放在她床头的一个漂亮盒子里，像藏宝贝一样。

星期天的时候，吃过饭，妈妈带小雪到楼下散步。母女两个人牵着手，妈妈在前，小雪在后，一蹦一跳地走着。看样子，小雪很高兴，像只活泼的小兔子。可是，突然，小雪一下子挣脱了妈妈的手，在妈妈还没有反应过来的时候，她就跑向前面弯下腰，伸手捡起了什么。妈妈紧走两步过去一看，原来，地上有几片漂亮的小花瓣，小雪正在认真地把它们捡起来。妈妈看到，小雪非常细心，她捡起花瓣的时候还不忘记用嘴轻轻地吹一下，似乎在吹掉上面的灰土……

把花瓣都捡起来之后，小雪就一只手握着它们一只手又牵着妈妈的手向前走了。

★ 神奇的敏感期

对处于关注细小事物敏感期的宝宝来说，像小花瓣、小树叶这种小东西会特别吸引他们的注意，尤其是女宝宝。小花瓣、小树叶都是很柔软，外形很美丽的东西，这跟小女孩柔和的本性是相近的。因此，女孩子会特别喜欢这些小东西，并且会煞有介事地收集起来，当成宝贝一样存着。

不过，有些父母担忧了，女孩子家喜欢个小花瓣、小树叶的倒没什么，那男孩子呢？其实，男孩子也喜欢这样。有些时候，男孩子甚至会独自坐在树底下、花园里，等着树上的叶子或者花瓣掉下来。

其实，通过对小花瓣、小树叶的观察，宝宝可以不断地积累自己的经验。在以后的生活岁月中，这些经验会和宝宝从其他地方得来的知识结合起来，帮助宝宝构建起自己的知识体系。因此，对待宝宝的这些行为，父母一定要给予自由，允许他们这样做。

☞ 让宝宝尽情地玩花瓣

面对喜欢捡花瓣和小树叶的宝宝，父母也可以尽自己的力量来帮助他们，成全宝宝的这个兴趣。例如，当父母在户外的时候，看到一些漂亮的小花瓣或者小树叶，就可以顺便给宝宝带回家，送给宝宝。这会让宝宝非常高兴，感觉到父母对自己爱好的支持，更加有兴趣去做这件事。另外，宝宝对于这些小物品的微小细节都会看得很清楚，比如这片花瓣是红色的，那片是白色的等，或者这片上面有个斑点，那片上有个小虫眼等，他会分得非常细致。这时候，父母也可以指导着宝宝认识这些差别，例如红色的花瓣是桃花，白色的呢，是兰花，等等。这样，一方面支持了宝宝的观察行动；另一方面也给宝宝介绍了更多的生活常识和专业知识，对宝宝今后的知识储备是很有好处的。

一些男孩子从小就喜欢探索，进行研究，对于花瓣上的虫眼会很感兴趣。这时候，父母就可以循循善诱，指导宝宝去观察虫眼，然后告诉宝宝虫眼的形成，提升宝宝的研究探索精神。这样，宝宝就会更加兴趣盎然。

☞ 带宝宝走进大自然

对这个时期的宝宝来说，大自然是最好的老师。只有让宝宝接触大自然，观察大自然，宝宝才能掌握更多的自然知识，更好更快地学会搜集事实，认识真理。因此，当宝宝开始进入关注细小事物敏感期的时候，父母不妨多带宝宝进入

儿童敏感期与智力开发全案

大自然，去亲身体会并且观察事物。

　　在大自然的怀抱里，宝宝会找到很多小事物，各种各样的小花瓣、小树叶；各种各样的小动物，蚂蚱、蜗牛等。这些活生生的小事物真实地出现在宝宝眼前，可以刺激他们对细小事物的敏感性和更强的好奇心。当然，在观察的时候，父母可以给宝宝以指导，如适时地告诉他："快去找找，看这个小花瓣是哪棵树上掉下来的？""快看，小蜗牛背上背着个小房子……"这样的引导，会调动宝宝的好奇心和思考力，培养宝宝对事物的认知水平，更有助于宝宝增加知识储备和智力水平。

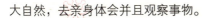 蜗牛：宝宝们眼中的大"宝贝"

★ 宝宝趣事

　　淅淅沥沥的小雨一连下了几天，如今雨虽然停了，但是到处都是小水洼，天看起来也阴沉沉的，似乎随时会下雨。这个时候，刚好到了幼儿园户外活动的时间，一群穿着花花绿绿衣服的小朋友欢快地跑出来四散玩耍起来……

　　没多久，老师也走出了办公室，到了外面，伸了个懒腰，看看周围的孩子们。这时候，她发现有几个孩子正蹲在一棵大树底下聚精会神地"研究"着什么东西，不时还交谈几句。老师好奇地走了过去，要看看这几个小家伙在看什么，结果，竟然是一只小蜗牛，他们正盯着一只小蜗牛目不转睛。

　　看到老师来了，其中一个孩子大声对老师叫道："老师，有虫子！"然后其他孩子也都叽叽喳喳地说了起来。老师笑着对他们说："这是蜗牛！"然后，老师看着他们惊奇的表情说："你们喜欢蜗牛吗？"他们异口同声地回答说："喜欢！"这下，老师心里不觉感慨起来了："没想到，在大人眼中毫不起眼的蜗牛，在这些宝宝眼里竟然成了宝贝！"

★ 神奇的敏感期

　　对宝宝来说，小小的蜗牛是个很神奇的东西，这不仅仅是因为它是个活动的小生命，而且还因为它长相"奇特"——背上有个小房子。这个神奇的小生命对处于敏感期的宝宝来说，简直是个大大的谜，他们会一直不停地观察它，跟着它，关注着它的一举一动。

对大人来说，身边的这些小事物完全不会放在眼里，但对宝宝来说，这些神奇的小动物简直像魔术一般神奇。在观察它们的过程中，宝宝会逐渐认识到大自然的神奇和百变，认识到自然界中存在着各种各样神奇的东西。由此，宝宝就打开了通往神奇大自然的大门，在以后的生活中，这样的经历将会对他起到很大的促进作用。

☞ 理解宝宝对蜗牛的好奇

对于敏感期的宝宝，父母的理解是第一位的，只有理解了，才不会盲目地阻止宝宝，伤害到宝宝。一般来说，很多家长都不太赞成宝宝接触一些小昆虫，像蚂蚱、蜗牛之类，一方面是怕会伤害到宝宝，例如蝎子就可能伤害到宝宝；另一方面也是怕那些小昆虫比较脏，会让宝宝弄脏自己，甚至感染上什么疾病。

但其实，这些都不能成为父母阻止宝宝去观察小事物的理由，父母不能因为麻烦或者其他的危险而阻止宝宝，而是要尽心尽力地支持、保护宝宝，让宝宝尽情观察的同时也保证宝宝的安全。理解是最重要的，如果父母知道宝宝对于小事物的兴趣就像自己小时候狂热地喜欢一个东西一样，那么，就算会有一些小危险出现，父母也会支持宝宝去观察。只不过，在支持之余，父母应该做一些防护措施，例如时刻陪在宝宝身边，尽量让宝宝在较为安全的地方观察。

☞ 面对宝宝提问要有足够的耐心

父母是孩子最好的老师。在宝宝处于关注细小事物敏感期的时候，他会碰到很多问题。在观察小花瓣的时候，他分不清各种花瓣都是什么花的；在观察小蜗牛的时候，他搞不懂小蜗牛背上的到底是什么东西；在观察小蚂蚁的时候，他弄不清楚，蚂蚁为什么一群一群地爬来爬去等等，这些问题，都需要父母和老师来解答，尤其是父母。

面对这些看似简单的问题，父母一定要保持耐心，认真地回答。要知道，对宝宝而言，这些可都是大问题，是极其复杂的问题。如果父母胡乱回答，或者回答得根本不合逻辑，不但让宝宝弄不明白是怎么回事，还会降低他的好奇心，影响他继续观察事物的心情。但如果父母认真作答，且讲解得非常清楚，那么宝宝在得到知识的同时，还能增加对观察事物的兴趣，也会更加跟父母亲近。

☞ **亲近大自然，提高宝宝的观察能力**

为培养宝宝的观察力，父母可以趁着宝宝的关注细小事物敏感期到来时，带宝宝去户外，亲近大自然。

让宝宝接触大自然的时候，父母尽量不要给宝宝设定目标，让宝宝必须观察什么，发现什么，认识什么等。这样的规定会阻碍宝宝观察的自由度，在找不到观察物的情况下，还会降低宝宝观察的热情和对大自然的体验。父母应该明白，在这个时期内，只要是宝宝感兴趣的事物，他都会认真观察，并且有所收获，更重要的是他那份观察的热情和快乐。如果一味地寻求结果，而强制性让宝宝观察某些东西，则会挫伤宝宝的那份热情，令宝宝不快乐。因此，父母千万不要为了实现教学成果而"有针对性地教学"，这样对宝宝是不利的，让宝宝自己随意观察，以兴趣为主，才是重要的，才能提高他的观察能力。

❀ 发泄：宝宝竟然"虐待"动物

★ 宝宝趣事

因为我和丈夫经常上班，总是留女儿一个人在家，我怕她寂寞，就给她买了一只小松鼠。刚买回来的时候，女儿对小松鼠特别喜爱，像照顾一个小宝宝一样，及时地给它喂水、喂食，还定期给它打扫卫生。看着女儿的乖巧样，我打心眼里高兴。可是没过多久，女儿的热情就消失了，她甚至做出了一些让我意想不到的行为。

我慢慢发现，女儿竟然有了虐待动物的倾向：她会趁着小松鼠不注意的时候，冷不丁把它从桌子上推下来，让松鼠摔跟头；她还会拿出一个针筒，朝着小松鼠的肚子上扎，一边还幸灾乐祸地呵呵笑着，看着小松鼠挣扎的样子，在一旁的我都有些不忍心，但是女儿似乎一点儿也没有感觉到。

对此，我疑惑极了，女儿不是很喜欢这只小松鼠吗？怎么会一下子变得这么讨厌它呢？

★ 神奇的敏感期

在宝宝喜欢小动物的敏感期，多数宝宝都喜欢与小动物接触，并且细心地照顾小动物，帮它们照料饮食起居。但一些时候，我们也会见到宝宝虐待小动物的情况，就像故事中的小女儿一样。那么，宝宝为什么会有这种表现呢？

这是由于宝宝和小动物都属于"弱势"群体。5～6岁的宝宝看到小动物的时候，一般都会很自然地生出怜爱之情，照顾它们，养着它们。但对一些心理压力较大或者遭遇过挫折的宝宝来说，看到同样"弱小"的小动物，他们自身的攻击性就会凸显出来，并且全部发泄在小动物身上。其实，文中的小宝宝之所以会做出那样的行为，就是因为她的父母经常上班，没有时间照顾她，总是把她一个人留在家里，这无形中加重了她的孤独感和无助感，由此觉得自己非常渺小。在看到小动物的时候，这种心理就会让她想通过虐待比自己更弱小的动物来彰显自己的强大。这其实是家庭生活对宝宝的消极影响导致的。因此，给宝宝安定、温馨的家庭生活，才是最重要的，父母一定要注意这一点。当你把足够的爱和稳定的生活带给宝宝时，宝宝心里就会充满爱，而不会有留下阴影，再做出伤害小动物的事情。

☞ 压力会激发宝宝的攻击性行为

很多父母在听说宝宝会有压力的时候，会觉得是笑谈：这么小的宝宝懂得什么是压力吗？他们怎么可能会有压力呢？

其实，任何人在任何年龄段都会有压力，宝宝虽然很小，但他的心灵也会由于害怕或者紧张而变得有些极端或者消极。当大人总是把宝宝一个人留在家里，或者把他送到爷爷奶奶家里时，宝宝的内心就会产生不安全、不稳定的感觉，从而留下阴影，在以后的日子里，会时常觉得自己很孤独，很脆弱，没有安全感；如果大人总是对宝宝大声呵斥，动不动就责备他，那么宝宝的神经就会时刻处于紧张和害怕中，心理也会渐渐地变得极端脆弱和敏感，一旦有什么事情发生就容易走极端；如果大人总是不认真听宝宝讲话，对他的一些观点和意见置若罔闻，那么宝宝就会变得胆小、没有主见，容易受别人影响，从而做错事，这些都是宝宝压力的表现。宝宝跟大人一样，也会有压力，而且比大人的压力来得更深入、更细微，影响也更深远。因此，为了宝宝将来的积极性格和幸福生活，父母一定要注意在每一点滴中尊重宝宝、在每一小事中爱护宝宝，让宝宝拥有一个健康明媚的心灵，更加快乐、阳光地成长。

☞ 如何避免宝宝虐待动物

明白了宝宝虐待动物的原因，那么如何避免宝宝虐待动物呢？如何纠正宝宝的这一做法而让宝宝恢复正常的、阳光的心态呢？

要消除宝宝的这种行为，父母还要从宝宝的心理问题入手。宝宝之所以会虐待动物，就是因为她得到的爱不够，觉得自己很渺小，没有安全感。那么，父母最好的做法就是：多抽出时间来陪宝宝，想办法使宝宝的内心强大、乐观起来。具体的做法是：父母可以让宝宝领养一棵小树或者父母跟宝宝共同驯养一只小动物。在养育树木和动物的过程中，父母一方面要充分和宝宝交流，跟宝宝一起进行每一项养护工作；另一方面还要不断地给宝宝讲解爱的故事和含义，让宝宝在父母的关爱中逐渐领悟爱的意义，逐渐培养出正常、健康的心理，内心变得强大，从而摆脱不健全心理的影响。对宝宝虐待动物的行为，父母还可以故意找来一只有残疾的小动物给宝宝养，让这些残疾的小动物唤醒宝宝身上的同情心，从而激发出宝宝的爱心和健康心理。

总之，心病还需心药医。只要父母用心、有爱，愿意付出，就一定会给宝宝一个充满爱和温暖的家庭环境，让宝宝养成乐观、健康的性情，有爱、懂爱地生活下去。

书写的敏感期

一般在宝宝3.5～4.5岁的时候，就进入了书写敏感期。在这个时期内，他会不知疲惫地到处写字，并且在他认为合适的任何地方留下他的"墨宝"。对这种情形，父母一定不要呵斥宝宝，更不要打骂，而是要想办法把宝宝的注意力转移到在纸上写字，让宝宝喜欢上写字，并坚持写字。

涂鸦：最初的写作就是乱涂乱画

★ 宝宝趣事

刚吃过晚饭，4岁的女儿就跑到了书桌旁，拿出爸爸平常写字用的笔和纸开始写起字来。刚写了一会儿，她就大声地叫道："妈妈，妈妈，快来呀！"

此时，妈妈正在厨房洗碗碟呢。听到女儿的叫声，她放下手里的盘子就赶紧过来了。看到妈妈来了，女儿仰起稚气的小脸一本正经地对妈妈说："妈妈，你快看，我写的字漂亮吗？"

妈妈一看，一下子愣住了，因为女儿根本就不是在写字，而完全像是在乱画。女儿一看妈妈没有及时做出积极反应，就很失望，脸色马上变得不好了。妈妈看到女儿不高兴的样子，为了安慰女儿，她赶紧说："我看还不错，你看这个字写得就很好啊，妈妈像你这么大的时候还不会写字呢！"

听妈妈这么一说，女儿高兴了，她马上露出笑脸，瞪着大眼睛问妈妈："真的吗？妈妈，你说的是真的？"

"当然是真的了！"妈妈笑着对她说。

这下，女儿一下子找到了自信，笑逐颜开，然后却又很认真地对妈妈说："我要继续写，好好写，写得更漂亮一点儿。"

看到女儿变得这么有信心，妈妈也很高兴，她心里庆幸："幸好刚才没有打击她，要不然她就不会继续写了。"

★ 神奇的敏感期

在宝宝的书写敏感期内，他会不停地乱写，其实根本就不能称之为写，只能说是乱画。他会不停地握着笔到处画呀，画呀，而他写的那些所谓"字"也就仅仅是一些小墨点、小线条等等，在大人看来根本没有什么实际意义。面对这样的"字"，很多父母都觉得奇怪："这怎么会是字呢？"但其实，父母应该知道，这只是宝宝刚刚发现的一种表达方式，跟以前的那些说话或者做动作的表达方式不同，他正在体验这种表达方式带来的乐趣。

虽然，这个时候宝宝写的字大人是看不懂的，但是宝宝自己却可以看懂。如果父母让他解释一下自己写的字，多数宝宝都会解释得头头是道，仿佛真的写了好多东西。当然，开始写字的时候，宝宝所写的东西还有很大的随机性，写得也很难看，但这反映了宝宝还缺乏良好的协调能力和控制能力。随着宝宝协调能力和控制能力的提高，他就会写出可以识别的线条或者文字了。

☞ 给宝宝做好书写的规范

趁着宝宝的书写敏感期，父母可以适当地给宝宝一些指导，教给宝宝书写的规范。这里所说的规范，并不是说要教宝宝一笔一画地写字，而是要教宝宝学会书写的习惯规范和学习氛围。简言之就是，在日常生活中，父母就应该有意识地写写画画，这样宝宝就会模仿父母的行为，跟着写写画画。一旦宝宝开始乱写乱画，就表明他已经对"书写"有了初步的概念，且已经感受到了书写的趣味性，会逐渐爱上书写。

当然，在给宝宝做好书写规范的过程中，父母还可以跟宝宝一起乱写乱画，让宝宝感受到父母对他这一行为的支持和关爱。父母可以先学着宝宝的样子乱画一些东西，然后再画出简单的线条，以此来引导宝宝。在这个过程中，父母和宝宝的关系更近一步，类似于朋友，这样更会增进亲子感情和乐趣。

☞ 不要否定或者揭穿宝宝的"涂鸦"

故事中的妈妈很聪明，她虽然看不懂女儿写了什么，但她没有当场揭穿，而是进行了鼓励，由此促成了女儿对书写的兴趣。这样做的结果就是，宝宝会更加喜欢书写，然后不断地练习书写，最终学会书写。这也是对宝宝乱写乱画这一行为的正确态度。

一般来讲，宝宝对自己做的事情总是希望得到父母的支持。在他乱画乱写之后，一般都会想得到父母的肯定，这既是对他"写"的东西的肯定，也是对他这种行为的鼓励。当他问父母"你看我写的是什么"的时候，他其实是相信自己写的东西父母是可以看懂的，因此他想要一个评价，来对他的劳动成果有所交代，也对他的行为有所表示。此时，如果父母贸然批评，或者一下子就揭穿宝宝的"涂鸦"，很容易打消宝宝的热情，抹杀宝宝书写的兴趣。因此，对宝宝的这种询问，父母一定要进行鼓励，就算没有看出来写的是什么也要假装答应，配合宝宝，这样宝宝才会继续兴趣盎然地进行下去。

❀ "甲骨文"：宝宝得意的个人作品

★ 宝宝趣事

4岁多的文文最近很喜欢写字，一有空就趴在自家的阳台上，像模像样认真地写着，也不知道写的到底是什么。

一天，妈妈好奇地凑过去看，只见文文一脸自豪地对妈妈说："妈妈，你看我写的字，漂亮吗？"妈妈仔细一看，这哪里是字啊，越看越像是"甲骨文"，这些只有横竖线段的组合，明明就是乱写乱画，可是女儿却说这是字。不过，妈妈虽然没有看懂文文的"甲骨文"，却并没有说出来，而只是笑了笑。这时，文文或许是受了妈妈笑容的鼓励，更加兴奋地指着自己的"甲骨文"说："你看，这是1，这是2，这是3，这是我的名字，这是'小老虎'三个字……"听着文文的解释，再看看文文的字，妈妈忍不住想笑出来，但她还是忍住了，而是装作很懂的样子点了点头……

★ 神奇的敏感期

对于四五岁的宝宝来说，写出"甲骨文"是个很正常的现象。处在书写敏感期的宝宝，写字的热情是空前高涨的，他根本不在乎自己会不会写，写得怎么样，而只是在乎自己一定要写，要开心地写。不过，由于宝宝此时的手指动作和识字能力都还不是很强，因此他难以写出大人们可以看懂的字来，只能自己独创

"甲骨文"来给父母看。

虽然，面对宝宝的"甲骨文"，父母有些无可奈何，但对宝宝而言，这却是珍贵的写作经验，通过这些"甲骨文"，他会逐渐学会怎么写字，并且养成写作的好习惯。同时，在写作"甲骨文"的时候，虽然父母一点儿都不懂它是什么意思，但是宝宝却是懂得的，在宝宝眼中，这些横七竖八的字都是有意义的，是他眼中最珍贵、最有意义的东西。因此父母千万不要鄙视这些字，更不能张口就说"这根本就不是字"，这样会很伤宝宝的心。

☞ 父母要教宝宝学写字

对于宝宝的写字热情和写出的"甲骨文"，父母不应该嘲笑，而应该耐心地教宝宝学写字。

在教宝宝学写字的时候，父母要先教宝宝学习正确的握笔方法和坐姿。一般来说，握笔的要求是"拇指食指一起捏，指离笔尖约一寸，中指在下托起来，笔杆斜靠虎口上"，而坐姿的要求是"脊背挺直，眼睛与纸保持恰当的距离，看着手中的笔并随之运动"。若宝宝的姿势不正确，不仅字写不好，长久下去还可能造成眼睛近视、脊椎弯曲等不良后果。

在宝宝懂得了这些基本知识后，父母就可以教宝宝慢慢学写字了。根据不同宝宝的特点，父母可以先教宝宝学写字母、拼音，或者一些简单的笔画，然后再逐步教汉字。在教的过程中，父母还应该讲究方法。例如，父母可以应用一些字帖来教宝宝，让宝宝在描摹的基础上学会写字；父母还可以先在纸上写一些字来给宝宝做示范，让宝宝照着写；父母也可以先握着宝宝的手，教宝宝学写字，之后再逐步放手，让宝宝独立去写。

在宝宝写好字之后，父母还要进行评改，告诉宝宝哪些字写得好，哪些字还需要改进，多鼓励和表扬，这样宝宝就会逐渐学会写字。

☞ 为宝宝做好书写前的准备工作

在宝宝开始对写字产生兴趣的时候，父母一定要给宝宝做好书写前的准备工作。

一般来说，宝宝要学会写字，应该首先具备这些基本能力。

1. 宝宝的手部肌肉已发育成熟，手部触觉和运动觉都已具备了辨别的能力，这样宝宝就可以正确地感觉到手里握的笔并适当地用力。

2. 宝宝身体的平衡系统已发育健全，且身体的左右两侧已具有了整合能力，这样宝宝才可以拿稳笔，并保持正确的姿势来写字。

3. 宝宝已具备了方位感，能区分上下、左右等位置关系。

4. 宝宝的视觉已发育成熟，能很好地做到手眼配合。

父母要时刻关注宝宝的身体发育，观察宝宝是否已经具备了这些能力，为宝宝顺利写字打下基础。

其次，父母还要多教宝宝认识字。日常生活中，父母可以为宝宝制定出学习方案，每天抽出一定的时间来教宝宝学认字，或者可以在讲故事、做游戏的时候教宝宝学习认字。在学习过程中，父母还可以教宝宝学习汉字的读音，让宝宝跟自己一起朗读，并讲解字的笔画构成，让宝宝先熟悉并且记住字的形状。这样，到宝宝学写字的时候，就会变得容易一些。

最后，在宝宝写字之前，父母一定要给宝宝准备好纸张、铅笔、橡皮等写字用具，一旦宝宝开始热爱写字，就可以尽情施展了。

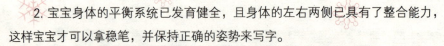 "墨宝"：骄傲地展示自己的能力

★ 宝宝趣事

一天晚上，刚吃过晚饭，4岁的儿子就兴奋地拉着我往他的房间走，一边还兴奋地说着："妈妈，你快来看看，我会写字了。"我听了，心想："这小家伙，这么小，哪会写什么字啊！"不过，我还是跟着儿子来到了他的房间。只见儿子在白白的墙面上歪歪斜斜地写了几个大大的"人"字，或者可能是"八"字，看不太清。儿子自豪地对我说："妈妈，你看，我写了个'人'字！"

看到被涂画得乱七八糟的白色墙面我并没有生气，我知道，这是儿子的书写敏感期来了。于是我认真地看了看儿子写的字，看得出，小家伙费了不少劲儿。于是，我对儿子说："嗯，真不错，写得很工整，要继续努力啊！"

儿子高兴极了，他笑着说："妈妈，这几个字是专门写给你和爸爸看的，等爸爸回来之后，我也要让他看看。"

可是爸爸到外地出差了！正在这时，我想到了一个好主意，可以避免宝宝再在墙上乱画。我对儿子说："要是爸爸能早一天看到你写的字就好了。这样吧，宝贝，你把字写在纸上，然后寄给爸爸，你说好不好？"

儿子一听，高兴地跳了起来："我怎么没有想到呢！好，我现在就把字写在纸上，然后给爸爸寄去，让爸爸能早一点儿看到。"说完，他就开始从抽屉里拿出白纸，在上面写字了。而从那以后，儿子就不再在墙上乱写，而是写在纸上了。

★ 神奇的敏感期

处于书写敏感期的宝宝，会对写字有一种狂热的兴趣，无论何时何地，只要他想，他就要写字。此时，由于宝宝把写字当作了一种新的表达方式，因此他会非常想要别人参与进来，比如会想让爸爸妈妈看到自己写的字，等等。这个时候，父母一定要积极配合，给予肯定的鼓励和赞扬，让宝宝继续坚持写字，同时还可以像故事中的妈妈一样，对宝宝进行引导，让宝宝通过正式的书写方式来进行书写。

另外，处于书写敏感期的宝宝，尤其享受书写的过程，对于他要写的东西，他并不十分在意。因此，父母无论看到宝宝写什么，都不要按照大人的思维去理解，应该只是把它当作宝宝无意的表达。父母可以趁着宝宝开始书写的时候，教给宝宝写一些基本的字，如"人""大""小"等，以此来刺激宝宝书写的欲望，指导宝宝更快学会真正的书写。

☞ 允许宝宝的"乱写"行为

我们知道，处于书写敏感期的宝宝，会把字写得到处都是，这对于父母，尤其是要时刻打扫卫生的妈妈来说，是很烦人的。有些时候，看到宝宝把墙壁或者其他干净地方涂画得乱七八糟，妈妈会忍不住想呵斥他两句，或者严厉地批评他。但是，这样的做法势必会给宝宝造成心理压力，让他害怕书写，进而失去书写的兴趣。

对宝宝到处留下"墨宝"的行为，父母最好的方式就是在允许并鼓励宝宝书写的基础上，想出一个好办法让宝宝把书写转移到正规流程中去，也就是把字写在纸上，而不是墙壁或者其他。这其实并不是一个很难办的过程，因为宝宝并没有刻意地想必须把字写在哪里，他需要的只是父母的指导。一旦他发现写在纸上比写在墙上更好的时候，他就会自觉地把字写在纸上了，就像故事中的宝宝一样。因此，理智对待宝宝乱写乱画的行为，耐心地引导和鼓励，才是最好的处理方式。

☞ 鼓励引导宝宝把字写工整

在宝宝开始书写的时候，由于年龄太小，缺乏锻炼，手臂和手指都还不太灵活，手腕也没有多少劲儿，因此写出来的字会比较难看，歪歪扭扭的。这个时候，父母一方面不要拿成人的眼光来看待宝宝的字，一定不要说"写得真难看""跟猫爪子一样"等讥讽的话，那样容易伤害宝宝的自尊心，进而影响宝宝的书写热情。另一方面，可以引导鼓励宝宝把字写工整。

父母要细心观察宝宝写的字，然后从中挑出比较"工整"的，鼓励宝宝"这个字写得不错，宝宝可以都照着这个字来写"或者"这个字写得真好，宝宝一定要努力地写，真是好孩子"。在这样的不断引导和鼓励下，宝宝的字就会越写越好，信心也越来越足，最终不仅学会书写，而且还能写出不错的字，为以后上学继续写字打下好的基础。

❋ 自发书写：宝宝会自己喜欢上写字

★ 宝宝趣事

佳佳正在上幼儿园，最近，她对笔顺挂图产生了浓厚的兴趣。平常没事的时候，她就开始一个人在那儿按照笔顺用手指反复地描摹、书写，神情非常专注，兴趣很高，每次都要练习很久。

这样练习了几天之后，佳佳开始不满足于仅仅用手指来表现笔顺了，她开始找来纸和笔，按照描摹的顺序，一笔一画地在纸上开始进行书写，写完一张又一张，非常用功。在她写字的时候，即便是别的小朋友来找她玩耍，她都不为所动，依然专注地练习着书写，俨然已经把书写当作了一种乐趣。就这样，在佳佳坚持书写了一段时间之后，她的字书写得越来越漂亮了。对此，她妈妈总是高兴地跟人说："我们佳佳啊，就是在自发书写的敏感期内把字练好的！"

★ 神奇的敏感期

我们常说：兴趣是最好的老师，其实，对宝宝学习知识来说，这也是适用的。当书写敏感期到来时，狂热的兴趣会让宝宝痴迷于书写，而且达到废寝忘食的地步。这个时候，对宝宝来说，书写就如同他最喜欢做的游戏或者最喜欢玩的玩具一样有趣，让他着迷。而当书写变成宝宝的一个自觉行动且坚持不懈时，那么在这种乐趣化的学习后，宝宝的书写能力就会在无形中得到提高。

总之，书写敏感期对宝宝的妙处就是：学习即生活，生活即学习。把学习当作一种生活的乐趣来进行，既有滋有味地学到了知识，提高了书写能力，又增添了生活乐趣，让宝宝的生活更加丰富多彩。相比较来说，生活中很多父母都会强迫宝宝去写字、读书，这种强迫手段其实是一种很愚蠢的做法，不仅会让宝宝反感，还不一定能取得好的效果。父母应该知道，宝宝依赖内在导师的动力自发学习的做法比外在的强制要更有效、有趣得多。

☞ 什么样的小手才可以写字

对宝宝来说，要满足书写敏感期爆发的需求，必须要有一双经过预备和准备的小手。而能写字的小手一般要具备以下两个特征。

1. 能写字的小手一定是一双很稳定的手。也就是说，能写字的手一定是一双能够控制的手，必须可以按照书写者的愿望朝着特定的目标来进行移动。如果宝宝不能很有效地控制自己的小手，那么他就不可能很流畅、很自然地进行书写活动，更不可能写好字。

2. 能写字的小手一定是一双很灵活的手。灵活的小手，才可以通过灵活地控制书写工具，来轻松地牵动手指肌肉写出符号、数字、文字等等。很多时候，父母强迫宝宝写字宝宝写不好，就是因为宝宝还不能很灵活地驱动自己的小手，要么把字写得不像字，要么就是这一笔长、那一笔短，更严重的，因为小手不听使唤，常常会把练习本给弄破。

所以，拥有一双会写字的小手是写好字的前提，只有经过预备的手才可以成为写字的手。换言之，对宝宝来说，当手腕和小肌肉能力都得到了良好发展时，那么书写对他们来说，就只是一件水到渠成、自然而然的事情了。

☞ 和宝宝做手指灵活的游戏

要学会写字和提高写字能力，宝宝手部小肌肉的灵活性训练是必不可少的。父母可以经常和宝宝玩一些有助于提高宝宝手指灵活性的小游戏，以此来锻炼宝宝手指的灵活性。

1. 动动小手指

妈妈一边放着儿歌，一边指导宝宝做这个小游戏。具体步骤是：

两个拇指，弯弯腰，点点头；（妈妈可以带着宝宝两手握拳，伸出拇指相

对，然后随儿歌节奏拇指做点头的动作）

两个食指，变公鸡，斗一斗；（两手握拳，食指伸出，然后指尖相碰）

两个小指，勾一勾，做朋友；（两手握拳伸出小指弯曲勾在一起）

两个手掌，拍一拍，一二三。（每说一个字，就拍一次手）

2.动手学模仿

妈妈可以带着宝宝用手来模仿各种事物的形态，例如水波、小鸟等等。

模仿"水波"的手势是：两手背向上，指尖相搭，两手交替上下起伏，形成水波的样子。

模仿"小鸟"的手势是：两手背向上，交叉相握，两大拇指相顶做鸟头，其余4指做翅膀，之后通过两手心的开合及手指的上、下动作做小鸟飞翔状。妈妈可以先示范做向上飞、向下飞等动作，让宝宝模仿。

除了这两种事物外，妈妈还可以教宝宝用手来模仿其他形象，例如一些小动物等。通过这样的游戏锻炼，宝宝手腕和手指的灵活性都将得到很好的提高。

阅读的敏感期

　　一般情况下，在宝宝4.5～5.5岁的时候，就进入了阅读敏感期。在这个时期内，宝宝会对阅读产生浓厚的兴趣，不仅喜欢自己看书读书，而且还总是喜欢父母读书给自己听。而此时，也正是父母激发宝宝的阅读兴趣，提高其阅读能力的最佳时期。父母可以通过对宝宝的正确引导，来帮助宝宝学会阅读。

✿ 喜欢认字：由喜欢认字到喜欢阅读

★ 宝宝趣事

　　周六的早上，我刚起床，正在穿衣服，4岁半的儿子就瞪着圆滚滚的眼睛，指着床头的一本书侧面的字问我："妈妈，这上面的字是什么？"我看了看，回答他说："北京出版社。"儿子煞有介事地稍微点了下头，然后马上又指着另外一本书问我："那这个上面的字是什么？"我看了看，告诉他："新华出版社。"

　　可没想到，这小家伙竟然上瘾了，开始一本接着一本地问我，没过多久，桌子上的几十本书都被他给问了一遍，而且他基本上都认下来了。

　　第二天，当他爸爸从外面买回新书的时候，他马上就跑了过去，拿起来看一下，先找到"出版社"的位置，自己读一下，或者想一下，一副十分认真的样子……我心里纳闷："这小家伙，突然喜欢读书了？"

★ 神奇的敏感期

　　一般来讲，在宝宝的阅读敏感期来临之前，他会先对识字感兴趣，有些宝宝在4岁的时候就非常喜欢识字了。虽然这个时候，宝宝识字的方式和渠道千奇百怪，让家长摸不着头脑，例如故事中宝宝通过专门认识"出版社"来识字，还有些宝宝通过街边的广告牌来识字等等。一旦父母发现宝宝对识字感兴趣，就应该抓住时机教宝宝识字。

在宝宝进入阅读敏感期后，对阅读的兴趣会非常强烈。不过在这之前，3岁左右的时候，宝宝也会特别愿意听别人阅读，那时宝宝虽然还不识字，没有掌握语言，但是他已经会要求父母给自己读书听了。而到了5岁左右，宝宝可以认一些字了，就能自己主动地阅读一些较为简单的书籍了。此时，宝宝的阅读劲头非常足，常常会废寝忘食，让父母都惊讶不已。

对识字的兴趣是阅读的前提，通过识字能力的增强，宝宝的阅读能力和热情也会增强。而对阅读产生浓厚兴趣，是宝宝渴望接触更多知识，更快融入人群的一个表现。

☞ 满足宝宝的识字需求

宝宝想阅读，就要先识字，这时候，父母要先满足宝宝的识字要求。几乎所有的宝宝都会在某个时期内对识字表现出浓厚的兴趣，此时是最佳的教宝宝识字的时机。例如，当宝宝上街的时候，他会对街边的广告牌或者商店的标志感兴趣，问父母上面是什么字。一路走过去，宝宝会不停地问，一个接着一个，这是宝宝"拼命识字"的表现，父母一定要耐心地给出答案，满足宝宝的要求。如果这个时候，父母稍有不耐烦，或者骂宝宝不懂事等，就会让宝宝感觉很委屈，从而减弱对识字的兴趣，进而影响以后的写字和阅读。

当然，满足宝宝的识字需求有各种各样的方式。有些父母为满足宝宝的需求，会故意在家里的电器、家具上贴上标签，或者在床头、墙壁上贴一些简单的字画，给宝宝营造一个良好的识字环境，让宝宝在不知不觉间认识更多的字。同时，这样识字，宝宝还会把字和实物联系起来，更有助于获得实质性的知识。

☞ 早一点儿让宝宝接触书籍

虽然，我们知道，宝宝在阅读敏感期内的阅读是自发的、主动的，但是这种自发的阅读也是在外界刺激下引起的。换句话说，就是阅读敏感期的到来并不完全像语言敏感期那样，会自然地来到，它需要一定的外界刺激。例如，如果父母早一点儿让宝宝接触书籍，那么宝宝就有可能早一点儿进入阅读敏感期；如果宝宝从小一直都没有机会接触书籍，那么他的阅读敏感期也许就不会出现，或者要等很晚才出现。

因此，在宝宝很小的时候，父母就要有意识地给宝宝提供一些适合他阅读的书籍，给他接触书的机会，以便刺激他阅读敏感期的到来。虽然，此时的宝宝或许还不懂得阅读，甚至都不会阅读，只是胡乱地翻页，但慢慢地，他就会学着周围人的样子去尝试着阅读，并慢慢地学会认字和阅读。这种潜移默化的影响，会成为宝宝喜欢阅读的内在推动力，为宝宝早一点进入阅读敏感期和培养良好的阅读习惯打下好基础。

❀ 走到哪就学到哪：强烈的阅读兴趣的迸发

★ 宝宝趣事

源源5岁多了，最近，她突然对读书产生了浓厚的兴趣，一开始还只是读读家里的旧报纸、图画书等，后来几乎演变成走到哪儿就读到哪儿了。

周六的时候，源源和父母一起上街，一路上，源源可以说把看到的东西都"读"了个遍。街上的灯箱牌、广告牌、超市的食品包装袋，几乎凡是有文字的地方，源源都不会放过，都要盯着反反复复地读。遇到不认识的字，她就会缠着父母问。这一天，父母买东西倒没有觉得累，却被她给问累了。

不过，这样一段时间之后，源源就不再只读那些简单的广告文字了，而是开始阅读自己的图画书了，而且是一本接着一本，几乎是走到哪里就读到哪里。例如吃饭的时候，源源就会把书拿到饭桌上，一边吃饭一边眼睛盯着书看。这种行为后来被妈妈给制止了，因为这样的看书习惯不好。

这样又过了一段时间，源源已经可以把好几本故事书中的每句话、每个字都读得非常准确了。这让妈妈非常高兴，于是妈妈又给她买了好多图画书和故事书。另外，妈妈还把那些电器或者家用物品的标签给攒了起来，让源源阅读上面的说明。在这样的坚持和不断学习中，源源的读书能力得到了非常大的提高。

★ 神奇的敏感期

爱因斯坦曾说："阅读是孩子最珍贵的宝藏。"阅读是一个人必须具备的一种能力，也是现代社会中每一个人获得成功的基础。而从小就养成良好的阅读习惯，无疑对宝宝以后的成长大有益处。其实，养成良好的阅读习惯，父母也只需要满足宝宝阅读敏感期的爆发需求就可以了，宝宝可以自己凭借着阅读敏感期来为自己培养起好的阅读习惯。

在阅读敏感期内，只要父母给宝宝足够的自由和空间，那么宝宝就会充满热情和兴趣参与到阅读中去，像故事中的源源一样走到哪儿读到哪儿。对宝宝来说，阅读的乐趣刚刚开始，广阔的书海才刚刚向他展示出冰山一角，但这一角中的神奇就已经让宝宝非常热爱了。因此，对这个以后将长久伴随宝宝，给宝宝带来无穷乐趣的宝贝来说，宝宝此时对阅读的热爱是可以理解的，也是理所当然的。因此，父母最重要的工作就是辅助宝宝，让宝宝顺利并且圆满地度过阅读敏感期，并且养成良好的阅读习惯，为以后的长久学习打下基础。

☞ 让宝宝选择自己喜欢的书籍来读

为配合宝宝更好地度过阅读敏感期，父母可以有意识地给宝宝选择他自己喜欢读的书籍来读。这样一方面可以满足宝宝的阅读愿望，拥有看到自己喜欢看的书时的兴奋和热情；另一方面也可以让宝宝有所侧重，按照自己的兴趣来发展自己的爱好。

一般来讲，4.5～5.5岁的宝宝，虽然对阅读产生了兴趣，但他们还没有办法长时间地集中注意力去读一本书，在最初的阅读热情过去后，很多宝宝都会不想读下去了。另外，此时宝宝的识字水平还很有限，记忆力和理解能力也都不是很强，因此很容易阅读不下去。此时，父母就应该为宝宝选择一些符合他们年龄特点的书籍，最好是一些文字内容健康积极并且很有教育指导意义的图画书。这样的书一般都语言流畅，通俗易懂，适合宝宝阅读，而且书中的内容也便于宝宝理解，趣味的图画更容易引发宝宝的长久阅读兴趣。

当然，如果宝宝有自己喜欢的某一类书，例如天文书籍或者是童话书籍，那么父母要尽量满足宝宝，根据他的喜好来为他选择他喜欢看的书籍，这样宝宝才会读得更加有滋有味且兴趣持久。

☞ 父母可以跟宝宝一起阅读

虽然五六岁的宝宝已经有了初步的自理能力，可以独自承担自己的一些事务，但他毕竟还是个小宝宝，很多时候对父母的依赖性很强，喜欢黏在父母的身边。因此，在宝宝阅读的时候，如果父母可以加入进来跟宝宝一起阅读，那么一定会增加宝宝的阅读兴趣和热情，更容易养成宝宝爱阅读的好习惯。

在家里读书的时候，父母可以和宝宝一起来读，给宝宝增加额外的乐趣。

例如，在阅读中，父母可以和宝宝约定轮流讲故事，也就是说，父母不仅要讲故事给宝宝听，也要认真地听宝宝讲故事。这样一来，当宝宝读懂和记住了某个故事后非常想讲出来时，父母刚好可以做宝宝的忠实听众，可以认真地听宝宝讲故事，这是对宝宝读书的最大支持和鼓励。同样，如果是宝宝要求父母讲故事给他听，那么父母也最好不要拒绝，而应该尽量讲解得生动有趣。为了鼓励宝宝读书，父母还可以只讲解一下故事的开头，而把剩下的部分留给宝宝自己去阅读，这样宝宝就会更有兴趣去读。

此外，父母还可以趁着周末，带宝宝到专门的儿童书店去选书，和宝宝一起选择一些宝宝喜欢阅读的书籍。这些由父母和宝宝一起选择的书籍，是宝宝和父母共同的劳动所致，会让宝宝有额外的欣喜去阅读，也更容易激发宝宝的阅读兴趣。

边读书边讲故事：宝宝阅读记忆的独特方式

★ 宝宝趣事

5岁的倩倩最近迷上了读书，妈妈总是看到她拿着一本书在那"读"，也不知到底读的是什么。

周六早上，刚吃过早饭，倩倩就回到自己房间，坐在自己的小床上读起了书。只见她先拿出一本书，端端正正地放在桌子上，然后认真地翻开，接下来，就开始"读"了。不过，她似乎又不太像读书的样子，到底在干什么呢……

把厨房收拾好后，妈妈听见了倩倩若有若无的"读书声"。她好奇极了，还没听过女儿读书呢！于是，她轻轻地走到倩倩的房门外，想听听她在读什么。

仔细一听，哦，这下听明白了。原来倩倩正在讲故事呢！她讲的是《三只小猪》的故事。只见她煞有介事地一边讲着，一边用手拍着布娃娃的头，仿佛那个布娃娃就是一只小猪，而她正在给布娃娃讲故事呢！

讲完一个故事后，倩倩还认真地拍了拍布娃娃的头说："你可不能像那只大猪那样贪心，你要像那只小猪一样聪明。"门外的妈妈看了，禁不住笑了起来。

★ 神奇的敏感期

对宝宝来说，书籍是神奇的东西。书里面的故事情节、角色、语言、想法都是极富乐趣的，是宝宝丰富想象的来源。在宝宝读书的时候，他会不自觉地讲出来，因为讲述更能表达他的喜悦心情，同时还更能让故事栩栩如生，犹如现实。当宝宝对某个故事喜欢得不得了的时候，他就会想要讲出来，讲给父母听，讲给同伴听，甚至讲给布娃娃、小汽车等没有生命的物品听。

此外，除了讲故事，宝宝自己也会编故事。通过阅读，宝宝掌握了一定的故事素材，那些出现在故事里的小动物、小矮人们，让宝宝觉得又神奇又有趣，于是他就会频繁地想到他们，想多讲些关于他们的事情。这个时候，宝宝就会开动大脑，给这些小动物、小矮人编个新故事，自己享受编故事的乐趣。除了讲故事、编故事，宝宝还喜欢扮演自己喜欢的故事角色，跟其他人玩耍。例如很多宝宝都喜欢扮演孙悟空或者奥特曼，把妖怪和怪兽打死。这是宝宝尽情享受书籍乐趣的一个表现，父母一定要注意保护，千万不要无情扼杀。

☞ 认真听宝宝讲书中的故事

一般来讲，当宝宝读懂了某个故事之后，他就会有一种想要讲出来的冲动。而对宝宝来说，父母几乎就是第一个听众。因此，当宝宝充满热情地给父母讲故事的时候，父母一定要认真听，跟宝宝同样"入戏"，切莫因各种理由而扫了宝宝的兴致。

其实，为了激发宝宝的阅读热情和讲故事的信心，父母除了认真耐心地听宝宝讲故事外，还可以主动要求宝宝给自己讲故事。当宝宝看到父母主动要听自己讲故事时，他就会讲得更加认真，而且更加有讲故事的热情，在以后的生活中会更加愿意给别人讲故事。但父母也要注意，如果你让宝宝讲而宝宝不愿意讲时，千万不要勉强，否则宝宝会产生反感。如果宝宝不愿意讲，父母最好要找出宝宝不愿意的原因，然后"对症下药"，认真地帮宝宝解开心结，让宝宝开心、热情地讲故事和阅读。

☞ 和宝宝一起扮演故事中的角色

除了讲故事，宝宝还喜欢扮演故事中的角色。在幼儿园，宝宝可以跟其他小朋友一起玩角色扮演，但在家里，由于只有父母陪着自己，因此宝宝很多时候会找父母来协助自己扮演角色。这时候，父母一定要尽力响应宝宝的"号召"，投入到自己的角色中去，让宝宝感受到父母对他的爱。当然，除了宝宝要求父母扮演角色外，父母还可以要求宝宝扮演角色。例如，当父母看到一部好玩的动画片或者一本好玩的书的时候，就可以对宝宝说："宝宝，我们来扮演这个吧，你看里面的小企鹅多可爱啊，你能演企鹅吗？"这样，宝宝就会很开心，对故事和阅读的热情也会更高涨。

不过，如果宝宝不愿意扮演这个角色，父母千万不要勉强。另外，在角色扮演的时候，为了增加效果，让宝宝玩得尽兴，父母还可以找来一些简单的道具，例如奥特曼打怪兽的时候，找来一只大灰狼玩具当怪兽等，这样会增加扮演的效果，让宝宝更有乐趣和兴趣。

能看懂的故事一次就能记住：宝宝记忆潜力的初步显现

★ 宝宝趣事

在琼琼很小的时候，妈妈就开始让她结合日常生活来认识各种物品，并讲解相关的知识了。而且，因为妈妈一直喜欢读书，所以从很小开始，妈妈就注意培养琼琼的读书兴趣，小一点儿的时候是把琼琼抱在怀里一起看书，大一点儿的时候就把一些简单的图画书给琼琼看。

这样的有意识培养最终显出了良好的效果。在琼琼3岁多的时候，有一天，妈妈去幼儿园接琼琼，幼儿园老师惊讶地对妈妈说："你们家琼琼真厉害啊！她今天竟然把《礼物》这本书上大部分的内容都给背了下来，太让人不可思议了。"妈妈听了也觉得很奇怪，她并不记得自己特意给琼琼教过这本书啊，只是有一次，在琼琼的要求下，妈妈给她买了这本书而已，但这难道就能让琼琼背下来？

回到家，妈妈很认真地去翻了翻《礼物》这本书，这才恍然大悟。原来，这本书上有大量的插图，而且画得都非常好看。琼琼一定是在看着插图、听着妈妈讲解的情况下，记住故事的内容的。妈妈不觉在心里感叹："小孩子的记忆力真是让人惊奇！"

★ 神奇的敏感期

宝宝的能力是无穷的，远远比大人所能理解的大得多。在宝宝的阅读敏感期内，宝宝对书本的阅读渴望非常强烈，在读书的时候，他们一般都会充满热情，并且非常专注。这样，宝宝自身的潜能就在不知不觉间发挥了出来，记忆力也会凸现出来，记住一些简单的东西。这个时期的宝宝对于一些知识已经有了初步的理解，在这种理解的基础上，宝宝的记忆会更加牢固和迅速，因为对宝宝来说，他正第一次开启理解事物和记忆知识的大门，他的能量正在快速地积聚和施展。

因此，我们就会见到只读过几遍就能记住内容的宝宝，会觉得他们很了不起。其实这都是因为，处于阅读敏感期的宝宝对阅读的热情和他自身能力的迅猛发展以及对知识的理解，这些因素导致了宝宝快速记忆的能力，也为宝宝迅速补充各种知识奠定了基础。这也提醒父母们，一定要在宝宝的阅读敏感期内，加强对宝宝的培养，以更好、更快地促使宝宝学到更多的知识。

☞ 帮宝宝养成良好的阅读习惯

在宝宝的阅读敏感期内，趁着宝宝对阅读的热情和喜爱，父母可以帮助宝宝养成良好的阅读习惯，为以后的学习和生活做好铺垫。

在宝宝开始阅读的时候，父母就可以教宝宝正确的阅读看书姿势，坐姿要正，不能躺着、歪着看书等。在宝宝执迷于看书忘记睡觉或者很晚都不睡，要耽误上幼儿园时，父母可以适当地引导宝宝："我们明天晚上回来看好不好，你今天一下子看完了，明天就看不到了。"通过这种引导，让宝宝养成每天坚持看书，坚持阅读的习惯。此外，父母还可以以身作则，坚持每天晚上睡前或者早上起床前，读一会儿书，这非常有利于对书中知识的记忆。宝宝看到父母这样读书，也会跟着学习，这样就能逐渐养成晨起或者睡前读书的好习惯，对以后的学习非常有帮助。

☞ 满足宝宝阅读敏感期爆发的需求

在宝宝的阅读敏感期内，宝宝会对阅读和书本产生浓厚的兴趣，看到别的小朋友在看图画书，他就会要求父母也给自己买；看到家中有带图画的书，就会尝试着自己拿起来看，不管自己是否看得懂；看到父母在看书，也会模仿着看书或者缠着跟父母一起看。这些都是宝宝阅读敏感期到来时经常出现的情况，父母千万不要觉得诧异，更不要打击宝宝的积极性，而是要尽量引导宝宝，满足宝宝阅读敏感期爆发的各种需求。

父母首先要做的，就是理解和支持宝宝的行为。许多宝宝在3岁多的时候不仅喜欢乱涂乱画，还会对有图片的书籍产生兴趣，乱翻乱看。面对这些情况，父母都应该理解，而且要鼓励宝宝阅读，不要责怪宝宝将书弄脏、撕坏或者看不懂乱翻。

其次，父母要为宝宝树立良好的榜样。宝宝最初的很多行为都是在模仿父母的基础上形成的。因此，到了宝宝阅读敏感期爆发的时候，父母可以多为宝宝做一些正面的示范，例如在宝宝面前端正阅读姿势等等，这样宝宝就会在父母的熏陶下养成良好的习惯。

最后，父母要为宝宝阅读创造良好的条件。4~5岁的宝宝常会有很多奇怪的想法，喜欢问为什么，此时父母要尽量给宝宝解答，满足其求知欲。同时，可以给宝宝买一些他感兴趣的书，指导宝宝自己去寻找答案。

☞ 多和宝宝做提高阅读能力的游戏

宝宝阅读能力的提高不是一时半会儿就能达到的，父母一定要耐心地引导和提供帮助。除了正常地教导宝宝读书，养成良好的阅读习惯外，父母还可以适当地和宝宝做一些能够提高阅读能力的游戏，以此来促进宝宝阅读能力的提高。

父母可以有意识地和宝宝做一些提高专注力、视觉分辨能力、判断和分析能力以及记忆能力等的游戏，还可以教会宝宝懂得一些固定的概念，让他们知道大小，会找出相似和不同，会排列、分类、配对等等。这样，宝宝就可以看到字与字之间的差异，就可以练成一双视觉分辨力极强的眼睛，从而加快阅读速度。此外，父母还可以通过日常生活中的小事情来让宝宝联想自己读过的书，以此来加深宝宝对阅读内容的记忆和理解，也加深宝宝对阅读的热情。另外的一个很好的游戏就是：当宝宝已经可以熟练地阅读的时候，让宝宝和父母一起来阅读一个童话或者故事，分别饰演不同的角色，或者将这个故事背下来、用自己的话叙述下来等，这样也能增强宝宝的阅读能力和理解能力，还有语言表达能力。有了这些辅助的小技巧，相信宝宝的阅读能力一定会提高得非常快。

文化的敏感期

宝宝长到3岁的时候，就已经对文化学习产生了兴趣，到了6～9岁的时候，就对探究事物有了强烈的需求。在这个时间段内，宝宝会对很多以前没有学习到的东西感兴趣，并且范围会扩大，涉及历史、地理等各个方面的知识。此时父母要做的就是，不强迫宝宝的学习，让宝宝自由地按照自己的兴趣点来学，并适当给予指导。

❀ 总是问"为什么"：有了强烈的探求真相的欲望

★ 宝宝趣事

星期天，爸爸要带浩浩去动物园看动物。听说，动物园新来了几个大黑熊，一到动物园，浩浩就拉着爸爸的手朝黑熊馆跑去。

黑熊真大，看起来又笨拙又可爱。浩浩给黑熊喂了一些食物，看着黑熊仰着头的样子，他觉得很奇怪，就问爸爸："爸爸，为什么黑熊要一直仰着头啊？"

爸爸回答道："哦，因为它们希望我们把食物分给它们啊！"

"那为什么它们要一直吃个没完呢，它们是肚子很饿吗？"浩浩马上又问。

这下，爸爸一下子回答不出来了，他想了一想说："它们应该不是饿了，而是太馋了，你吃过饭之后看到零食不也是很馋的吗？想要多吃点吗？它们应该也是这样的。"

"可是，"浩浩又不干了，他疑惑地说，"我吃东西的时候，妈妈都会教育我的，不让我一口气吃个没完，它们的妈妈为什么不管它们啊？"

"这个嘛……"爸爸顿了一下说，"爸爸就不知道了，不过，咱们还是不要喂它们太多东西了，要不然它们会胃疼的，好不好？"

"哦！"这下浩浩才终于停止了追问，跟着爸爸走出了黑熊馆。

★ 神奇的敏感期

随着宝宝年龄的增长，他会逐渐表现出对世界的好奇。在生活中，对于他想了解的问题，他会不断地寻找答案，频繁地问"为什么"。在宝宝有能力通过阅读书籍来获得一些答案之前，宝宝会理所当然地认为，所有的答案都在父母那里，因为从小到大，总是父母告诉他关于这世界的一切。所以，这个阶段的宝宝会不断地通过与父母的"问答"形式来满足自己的求知欲、好奇心，把父母当作认识生活的"百科全书"来问个不停。

但是，虽然宝宝在向父母请教，但他自己却也在不断地思考着，怀疑着，或者还有更加深入的疑问。就算父母拿来教科书里的标准答案给宝宝讲解，宝宝可能还是会一直追问下去。因为在这个时期，宝宝就是在用"为什么"来认识这个世界，这是他对世界探索的方式和乐趣。因此，当宝宝不断地问父母"为什么"的时候，父母一定要有耐心和智慧去引导宝宝。

☞ 诚实耐心地回答宝宝的每个问题

处在文化敏感期的宝宝，会频繁地问"为什么"，而很多时候，宝宝的这个"为什么"在大人看来都是很简单根本无须回答的问题。如："小鸟为什么会飞""妈妈为什么叫妈妈""花朵为什么有香味"等等，这样的问题常常让父母焦躁，进而发脾气。父母会不自觉地想："这些本来就是这样的，从一开始就是这样，还用得着问吗？"这时候，敷衍宝宝，或者呵斥宝宝就成为一些父母会做的事情，大多数父母还会说："去去去，别一个劲儿地问个不停，等你长大了就自然知道了。"

其实，这时候父母的这种表现恰恰说明了父母不知道问题的答案。试想，如果父母对宝宝问的那些"简单问题"都很了解，知道鸟儿为什么在天上飞，妈妈为什么叫妈妈，花朵为什么有香味等等，那么在宝宝问的时候，就会很容易地回答出来，而不用再敷衍宝宝。这其实是自己的问题，而不是宝宝问得太多。因此，如果宝宝提出的问题父母回答不出来，就可以很大方地对宝宝说："这个问题呀，妈妈也不清楚，等我回去好好查查然后再告诉你吧！"这样的话，宝宝就会知道父母并不是万能的，也有不知道的东西，另外也知道了很多事情要从书本上获得，会更加喜欢看书学习。

☞ **鼓励宝宝自己去思考**

其实，"为什么"本身就是一个思考的表现。宝宝经常问为什么，表示他自己思考了，经过了大脑的分析，这是一种值得鼓励的行为。因此，在宝宝问为什么的时候，父母完全可以先对宝宝的思考行为进行表扬，然后鼓励宝宝继续思考下去。

父母可以通过一些小方式来指导宝宝思考，如："你觉得这是为什么啊？你自己有什么想法吗？"之后，如果宝宝给出了错误的答案或者答案很离谱，不合情理，父母也不要嘲笑，而要先认同宝宝的想象力，然后再鼓励和引导宝宝找到正确的答案。这样做，大人不仅可以摆脱被宝宝拖入回答问题的循环旋涡中，还可以鼓励宝宝在原有的基础上继续思考，加深锻炼自己。当然，宝宝的认知和能力毕竟是有限的，很可能找不到答案，这时候父母要和宝宝一起或者引导着宝宝去找到正确答案，在这个过程中，还可以激发宝宝的探索精神。

❀ 喜欢历史、地理等各种知识：对世界表现出强烈的好奇心

★ **宝宝趣事**

刚上小学一年级的德凯性格内向，平时总是一个人待着。可是最近一段时间，语文老师发现，德凯一下课就跑过来问问题，而且问的问题很专业。

今天刚一下课，德凯就走到语文老师身边问："老师，天上是不是有很多星星啊？"

"是的。"老师微笑着回答了他。

"那是不是有八大行星啊？"德凯继续问。

老师一下子惊讶了，6岁的宝宝竟然能说出"八大行星"这个词汇，真是很了不起，她赞许地对德凯说："是啊，你懂的还真不少嘛！"

德凯一听，似乎受到了鼓舞，高兴地继续说："八大行星是金星、水星、木星、土星、火星、天王星、海王星，还有地球。"

看到德凯一口气说出了八颗行星，老师吃惊得不得了："哇，你竟然一次性都说出来了，真不错啊！"

这时候，周围的小朋友都朝德凯投来了羡慕的目光，并且都围过来和德凯一起讨论起来。德凯自己也高兴极了。

第二天，依旧是刚下课后，德凯又来到语文老师面前问："老师，八大行星里是不是木星的个头最大？"

"应该是吧！"老师不太确定地回答。

"是的，老师，我确定。"德凯一边肯定地回答，一边拿出了一本图画书，书里有大幅精美的天文图画，还有很多天文常识。德凯指着书对老师说："昨天爸爸给我讲了，老师您看，书上都写了。"他指着一张木星的图片认真地说："木星是最大的，还有土星的周围是有光环的，就像戴了一串项链……"

随后的几天里，德凯总是一有机会就找语文老师探讨天文知识，这让其他同学都羡慕不已，他们都跑来要看德凯的图画书。渐渐地，德凯跟同学们的接触多了起来，他自己也变得开心起来了。而在他的感染下，班级里天文、地理等方面的自然知识普及也大大提高了，大家都高兴地沉浸在知识的海洋里。

★ 神奇的敏感期

进入文化敏感期的宝宝，一旦有机会接触到科学文化知识，就会像准备吸水的海绵布一样，一下子沉浸其中。我们都知道，知识的空间是无穷无尽的，而每一个宝宝在其好奇心得到满足的同时，更多的好奇心也会被激发出来。于是，在这个阶段，宝宝就会像一个小科学家一样，埋头研究，潜心学习知识，奋力地去打开父母的"知识库"。于是，我们就会碰到总是不停地问父母"为什么"的宝宝，总是不断地发现新知识的宝宝。

不过，每个宝宝对自然科学知识的关注点都是不同的，他们的文化敏感期的到来也是不尽相同的。重要的是，无论宝宝什么时候出现这个敏感期，父母都不要嫌弃宝宝一个劲儿地问问题，也不要嫌弃他怎么关注那么多"乱七八糟"的知识，而是要给宝宝提供一个更为宽广的平台，让宝宝可以自由地按照兴趣来学习和成长。当然，在宝宝的这个敏感期内，父母也要给予引导，让宝宝可以汲取到更丰富的营养。

☞ 帮助宝宝学习各种知识

当6岁的宝宝开始向父母请教关于历史、地理、天文等自然知识的时候，父母就应该明白宝宝已经开始进入文化知识的敏感期了。这个时候，如果父母自身有比较大的知识储备的话，就可以多给宝宝讲讲相关的知识，以激发宝宝的兴趣和学习的热情。但就算如此，宝宝也不会只问一个问题就罢休，相关的各种问题都会被他问到，因此父母最好给宝宝买一些光盘、图画书等资料，让宝宝更加全面系统地了解相关的自然知识。

不过，如果父母自己对这些常识也处于需要"补修"的阶段，那么最好不要自己充数来给宝宝讲解，那样会误导宝宝，一旦说错还会给宝宝错误的指示。这个时期的宝宝正处于学习知识的热情期，记忆力和学习力都很强，而且对父母也很崇拜，一旦父母把知识点给讲错了，就很容易长久地影响宝宝的判断和认知，以后再改也会不太容易。

总之，无论父母是否有能力教导宝宝，都应该尽力给宝宝提供一个自由探索、学习的空间，给宝宝准备科学的资料，让宝宝自由学习、成长。

☞ 积极耐心地参与宝宝的知识讨论

在这个时期，很多宝宝对于自己逐渐了解到的知识会用语言的方式讲出来。一旦他们掌握了某个知识点，他们就会很兴奋地给父母讲，跟父母讨论。这个时候，父母一定要耐心地倾听，最好可以夸张地表现出和宝宝同样的兴趣，并且参与讨论，必要的时候，父母甚至可以装作很"无知"的样子来让宝宝给"讲课"。父母这样的态度，势必会激发起宝宝对知识的学习兴趣和热情，会更加努力地学习这些知识。另外，在以后的讨论中，宝宝还会更加自信地表达，逐渐丰富自己的词汇量和语言表达能力，对以后的语言发展和交际都很有好处。

总之，为了让宝宝顺畅、自由地度过文化敏感期，父母最好全力配合宝宝，不但要提供物质支持，买相关的资料给宝宝看，还要提供切身的行动支持，参与宝宝的讨论，跟宝宝一起"学知识"，激发宝宝的信心和热情。这样不仅可以提升宝宝的科学知识，还能锻炼其语言能力和人际交往能力。

❀ 开始"写作"：用笔来表达自己的心声

★ 宝宝趣事

周末，爸爸妈妈带着洋洋到植物园玩耍。晚上回到家之后，妈妈就打开日记本，把今天见到的有趣的植物和今天的感悟记下来。没想到，洋洋竟然也迫不及待地拿出自己的日记本，对妈妈说："妈妈，我也要记日记！"

妈妈听了很高兴，对他说："好啊，我们都可以把今天的小体会给记录下来。"

洋洋兴奋地说："好，可是，我还有很多字不会写呢。"

"那可以先用拼音来代替啊。"妈妈给他出了主意，因为他的拼音学得非常好。

于是，他们就一起开始写起来。写了一会儿，洋洋就抬头对妈妈说："妈妈，我写得很短。"

"没关系，长短都行，写好了给妈妈看看啊！"妈妈鼓励他。

于是，洋洋又写了一会儿，就把日记给妈妈看，只见本子上用稚嫩的字体和拼音写着："今天，我和爸爸妈妈一起去植物园了。植物园里有好多树木和花朵，还有很多小鸟儿在叫，声音好听极了。我还和它们玩了会儿。下午，我们就回家了。"

虽然只有短短的几行字，但是却显示出了洋洋的快乐和喜悦心情。

于是，妈妈夸奖他说："很好！洋洋可以用文字来表述事情了。你看，这时间、地点、人物交代得都很清楚啊，不错不错，真不错，我要留着做纪念！等洋洋到了妈妈这个年龄的时候，再看到这篇日记，一定会感觉心里暖暖的，我一定要保存好！"

看到妈妈如此珍爱自己的"作品"，洋洋也很高兴，他对妈妈说："妈妈，那我以后想写的时候，都写下来，你说好不好？"

"好啊！"妈妈马上就同意了。从这以后，洋洋就养成了写日记的好习惯。

★ 神奇的敏感期

每个宝宝，在某段时期内，都会有要写下一串文字的冲动，尤其是当宝宝已经有了一定的识字、拼写和写字能力的时候，他更希望自己能发挥一下小小的写作水平。对于宝宝这种处于"萌芽期"的写作冲动，父母一定要加以保护。

对刚学会写字的宝宝来说，用文字来记述自己的生活和记录自己的感受是一种新颖有趣的表达方式，而且会让他们意识到自己是可以和大人一样"写出作品"的。因此，他会怀着极大的兴趣和热情去从事这一工作，并且"炫耀"自己的成果，让父母来评价。这个时候，如果父母欣赏宝宝的"写作"，鼓励夸奖宝宝，宝宝就会更加愿意用文字来记录自己的生活和感受，由此养成良好的写作习惯。但如果父母没有敏锐地感知到宝宝的心理，对宝宝的表现失望指责或者轻视宝宝的写作成果，那么宝宝就很容易在这个敏感期中留下写作阴影，从而在以后的很长一段时间内都无法自信、尽力地写作。因此，只要宝宝愿意在纸上写字，无论他写的是什么，写得有多差，对他自己而言这都是进步，他已经从一个不会写字的宝宝变成了一个会用笔写字的宝宝。因此，给宝宝鼓励，让宝宝自由、开心地度过这个敏感期，是父母一定要注意做到的。

☞ 为宝宝打好拼音基础

由于每个宝宝的家庭环境不同，因此宝宝的写作敏感期的到来也有早晚的差异。有些父母在宝宝的早期教育中就会加入识字、拼音等内容，这样的良性刺激，会促使宝宝写作敏感期早一点儿到来。不过，就算没有在早期教育中教宝宝提前认识拼音和识字，在宝宝6岁的时候，父母也应该为宝宝打下坚实的拼音基础。这是因为，一旦宝宝开始愿意用文字来记录简单的事情的时候，如果写不出某个字而又无法用拼音拼出来的话，就会非常沮丧，影响他写作的心情和热情。

与此同时，对这个阶段的宝宝来说，准确地写下大量的汉字也是需要一个过程的，因此，让宝宝学好拼音，意义重大。父母可以用心地为宝宝打下拼音基础，早一点儿教宝宝拼音知识，并监督宝宝学好拼音，为以后的写作打下基础。虽然用拼音代替汉字并不完美，但至少它也是宝宝留在纸上的一种心声，在宝宝无法用汉字表达的时候用拼音写出来，也是把宝宝自己的心声清楚地留在了纸上。

☞ 欣赏宝宝的写作成果

很多父母应该都有这样的体会，面对宝宝写得乱七八糟的文字，心里叹气表面上却还得说"很好"。其实，这主要是因为宝宝还小，而且正处于写作的初期，因此无论宝宝写得有多让父母大跌眼镜，父母都不能当着宝宝的面唉声叹气，但却可以采取一些小"技巧"来处理这一局面。

其实，只要宝宝能够把字写出来，就有值得表扬的地方，就可以从一个小方面来表扬宝宝。例如当宝宝开始写简单的但是语法错误的句子的时候，父母就可以说"呀，小家伙都开始用形容词了"；当宝宝有能力表达出更多、更清晰的东西的时候，父母就可以说"呦，看宝宝写得多有次序，时间、地点、人物都有啦，真是很棒"。这些针对某一点的表扬对宝宝来说，都是很好的鼓励，他都会更加认真地继续"写作"。对宝宝的一些描述环境的"写作"，父母还可以针对具体内容来鼓励宝宝："看，宝宝把小鸟都写进去了，小鸟会感谢你的。"这样，宝宝也会很开心，而只要他开心，他就有热情继续写下去。

对待刚开始学习写作的宝宝，父母一定要遵从一个原则，那就是不要教给宝宝太过华丽的辞藻，而应以朴实和自然的文字为主。一般来讲，刚开始"写作"的宝宝用词都会很朴实自然，有点儿平铺直叙，很多父母看到宝宝如此简单、口语，"白"的文字，就觉得应该教给宝宝一些美妙的词汇。其实，这样的想法并不正确。这个阶段的宝宝，处在写作的最初阶段，要的就是朴实自然和真情实感。更何况，世界上最好的文章也不是以优雅的词汇为背景的，都是来自真情实感的表白。只要是宝宝发自真心写出来的东西，父母都应该珍惜，而不应该妄图"美化"，使其失去了原有的纯真面貌。

华丽的辞藻对于长大后的宝宝来说，是有用处的，行文的美妙和雅致跟辞藻密切关联。但对刚学会写作的宝宝来说，最重要是把握写作的主旨，写作是在记录自己的生活和抒发自己的情感，有真实的情感在里面就可以了，太多华丽的修饰反而会影响情感的流露。因此，给宝宝充分的自由，让他朴实自然地记录自己才是最佳的指导原则。

❀ 迷恋加减法：探寻数字间的奇妙关系

★ 宝宝趣事

芳芳已经3岁多了。周六的上午，她一个人在楼下玩耍。过了一会儿，邻居李阿姨出来了，她看到芳芳很高兴，就跟芳芳说话。

李阿姨问芳芳："芳芳，你会数数吗？"

芳芳自信满满地说："会啊，我会数到20，你听1、2、3……19、20。"

李阿姨一听，高兴地说："芳芳真棒！"

一听夸奖，芳芳心里美滋滋的，脸上也露出了得意的样子。

李阿姨继续问："芳芳，那你再说说，是15个苹果多啊，还是14个苹果多啊？"

芳芳听了，眨了眨眼睛，有些犹豫地说："嗯……15个苹果多吧！"

李阿姨又向芳芳竖起了大拇指，接着又问："那是14个苹果少啊，还是15个苹果少啊？"

这下子，芳芳有点儿迷糊了，她瞪着眼睛想了好一会儿，也没有想出来。

李阿姨一看这情形，知道自己问的题目有些太难了，芳芳还太小。于是她就又对芳芳说：“14个苹果少，15个苹果多啊，你说是不是啊，芳芳？”

芳芳一听李阿姨说出了答案，也就知道了答案，点了点头。

李阿姨看芳芳还有点儿不开心，就又跟芳芳玩了会儿，说了很多芳芳幼儿园的事，没多久，芳芳就又笑眯眯的了……

★ 神奇的敏感期

宝宝对于数学的认识和学习是一个循序渐进的过程。最开始，宝宝对数学产生兴趣，都是从生活中的数数开始的。不过，平常的数数只是让宝宝把那些数字记住了，却并没有真正理解其中的运算规律。就像故事中的芳芳一样，会很熟练地数数，但是当具体地算起这些数字之间的关系时，就会犯迷糊，只知道15比14多，却不知道14比15少。其实，这是因为在4岁之前，宝宝只是把这些数字符号当成一种玩具来玩，而不知道这些数字之间复杂的逻辑关系。我们常看到宝宝数数时，会突然从29跳到40，就是因为这个原因。

不过，等宝宝长大一点，当他可以写出1、2、3的时候，他就开始理解这些数字的含义，明白每个数字所对应的数量了。在4岁左右，宝宝会迷上数学，平常在家里，会经常性地数楼梯，数筷子，在外面则会数楼层等，跟数学有关的事物都会引起他的兴趣。此时的宝宝，已经可以计算一些简单的加减法了。

之后，当宝宝到了6岁的时候，他基本上对分类组合有了较清楚的认识，可以判断某些东西是否属于一个类别了，更深层次地认知了数字间的关系。

☞ 让宝宝了解数与数之间的关系

当父母了解了宝宝数学敏感期的整个过程时，就应该理解宝宝的行为，并且有针对性地对宝宝进行指导。

三四岁的宝宝虽然会数数，但是对于数与数之间的关系却不太理解。这时候，父母就要利用各种机会，让宝宝明白这种逻辑关系，而最好的方式莫过于通过具体的事情来让宝宝去感知。例如，当去商店买东西的时候，父母就可以对宝宝讲解两元钱和五元钱的不同。父母可以拿出2个一元的放在一起，然后再拿出5个一元的放在旁边，指导着让宝宝自己观察，然后得出结论：5元钱比2元钱多。以此类推，还可以在2张一元钱上再加上3张一元钱，这样宝宝就会明白3+2=5的具体概念了。此外，父母还可以利用家中的玩具或者图书等，给宝宝传输数学加减法的概念，让宝宝逐渐地理解数与数之间的关系，进而增强数学能力。

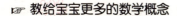

☞ 教给宝宝更多的数学概念

趁着宝宝的数学敏感期，父母还可以给宝宝教更多的数学概念。虽然有些概念宝宝此时可能还不能理解，但是先给宝宝一个印象，等他将来遇到的时候，就会更容易理解和加深记忆了。

例如，分类组合的概念是初中课本里才学到的知识，但在宝宝对数字之间的关系已经有了一定的了解后，父母最好及时地给宝宝讲述分类组合的概念，让宝宝尽早掌握，或者留有印象。具体来说，比如当宝宝在家里整理玩具的时候，父母就可以告诉宝宝，把同类的玩具放在一起，把大小不同的玩具分开放，然后让宝宝自己去挑选同类的玩具，同时给宝宝讲述分类组合的概念。这样，一方面宝宝增强了生活自理能力；另一方面也学到了或者说接触到了分类组合的概念，对以后的数学学习也很有帮助。总之，类似这样的机会，父母都可以利用起来给宝宝讲述更多的数学概念，充分利用宝宝的数学敏感期，并为以后的学习打下基础。当然，前提是宝宝愿意学习，并且很有热情，如果宝宝不愿意学，或者不愿意听那些数学概念，那么父母也不要勉强，给宝宝自由是最重要的。

关怀动植物：对周围世界表现出爱

★ 宝宝趣事

宝宝5岁的时候，养了很多小动物，家里一共有2只小狗、2只乌龟、1只兔子和5条小金鱼，我经常笑称，我们家都快成动物世界了。

一个周五的早晨，儿子早起去幼儿园的时候，要求把兔子也带去。于是，在打电话征求幼儿园老师同意之后，儿子高高兴兴地带着兔子去了幼儿园。到了下午，儿子开开心心地从幼儿园回来了。一回到家，他就对我说："妈妈，你知道吗？我们幼儿园的小朋友都特别喜欢我的小兔子，都想要抱一抱我的小兔子，但是人太多了，我只好让他们排着队，一个一个来抱。我好高兴，他们都喜欢我的小兔子呢！"看着儿子激动又兴奋的表情，我也打心眼儿里高兴，想到当初儿子要买小动物时我还有些不同意，现在，我真是庆幸自己没有阻拦他啊。

★ 神奇的敏感期

对五六岁的宝宝来说，可以自己单独地养一些小动物是一件非常神圣的事情。在养小动物的过程中，他们可以跟小伙伴一起体验交流养小动物的经验，通过养小动物，他们还能体会到巨大的成就感。这是宝宝逐渐长大，能独立干成一件事的表现，通过这件事，他会觉得自己是个大人了，可以像大人一样照顾别人了，哪怕这个"别人"只是一些小动物。

当然，除了小动物，这个年龄段的宝宝还对各种植物感兴趣。在户外活动中，宝宝会不厌其烦地观察一棵树或者一朵花儿，在观察的过程中还会不断产生疑问，为什么这朵花儿长在树上，而那朵花却长在地上呢？除了植物，自然界的小昆虫们也会成为宝宝关注的焦点，他们会一个劲儿地盯着蜗牛看，或者研究哪个动物是吃肉的，哪个动物是吃草的。所有这一切，都是宝宝对于自然知识渴求的表现，是宝宝对周围的一切开始产生爱的表现。他已经意识到自己和周围环境的关系，初步明白了自然界息息相关的道理，对身边的一切都开始表现出爱。同时，通过对周围环境中事物的不断了解，他的自然知识也会逐渐增长，为认识世界和了解社会奠定了知识基础。因此，每对父母都应该支持宝宝关怀动植物的行为。

☞ 让宝宝尽情去接触动植物

对于宝宝关怀动植物，尤其是小动物的行为，一些父母并不理解。他们总是觉得小动物不干净，容易把一些疾病传染给宝宝：当宝宝从外面带回一只可怜的小狗时，他们会说这小狗太脏了，容易把细菌传染给宝宝；当宝宝从外面拿回一只青蛙时，他们又说青蛙太恶心了，应该赶紧扔掉；当宝宝抱着一只可爱的小兔子回到家里时，他们又会说没地方养兔子，应该把它送走。父母的这些做法，除了打击了宝宝关爱小动物的心，错过培养宝宝爱的能力之外，还会让宝宝闷闷不乐，因为无法满足心愿而心情烦闷，对周围环境中的其他事物也提不起精神，从而失去与大自然亲密接触的好机会。

其实，小动物并没有那么脏，注意保持卫生就可以了。最重要的是，宝宝喜欢这些小动物和植物，这些事物可以让他们开心快乐，丰富心灵，获得知识。这是宝宝自己培养爱心和对自然界好奇的最佳时机，如果父母盲目地打断，势必会影响宝宝以后对周围环境的态度，也不利于其爱心的培养。对父母而言，尽情地让宝宝接触动植物，自己在背后做好准备和保护工作，才是最重要的。

☞ 为宝宝创造丰富的文化环境

为了更好地培养宝宝关怀动植物的爱心，让宝宝顺利度过文化敏感期，父母可以为宝宝创造丰富的文化环境，促使宝宝更快地学到知识，更好地感受到爱。

1. 父母可以为宝宝提供照顾动物、植物的机会，多带宝宝到户外、公园等地方观察，并及时地给宝宝讲解相关知识，让宝宝在观察、了解之余学会尊重和热爱生命。

2. 多带宝宝去参观天文馆、博物馆、美术馆等处所，让宝宝在参与和感受中增进自己的文化感悟，提高自己的文化修养。同时，通过这些地方的熏陶，及时补充各方面的知识，为了解自然知识和自然科学奠定基础。

3. 在选择参观的地方时，在父母有意识地为宝宝选择之外，还应该听听宝宝自己的意见，如果宝宝不愿意去天文馆，那么父母也不要勉强，可以带他去他想去的那个地方。只是，对于宝宝不愿意接触的科目，父母可以通过有趣的故事和图画来吸引宝宝注意，从而让宝宝对其产生兴趣，全面增进自己的自然知识。

Part 2

3~6岁，宝宝的智力开发方案

宝宝的能力发育指标

	3~4岁宝宝能力发育指标	4~5岁宝宝能力发育指标	5~6岁宝宝能力发育指标
认知能力	1. 具有单向推理能力，不能同时从两个方面考虑问题。 2. 时间概念的理解更清楚，理解固定的假期或者生日。知道自己多大了。	1. 拥有空间、长度和距离的概念；会完成大人交代的事。 2. 理解力加强。对喜爱的事情表现出浓厚兴趣。 3. 几乎任何事都想知道，由好奇心向求知欲发展。 4. 出现竞争心，自尊心变强，对文字、图画的兴趣开始增加。	1. 初步理解真实和虚伪，知道一年12个月的名称和一周每一天的名称。 2. 时间概念明确，会看表。 3. 有主见，会发表自己的"见解"。 4. 能区别简单线段；分辨同大小不等重的物体。 5. 能区分鞋的左右脚。
语言能力	1. 说话可以听懂，但仍存在发音错误现象。 2. 词汇量超过500个，能用5~6个词组成的句子交谈。 3. 理解颜色、大小、形状、介词和位置的概念。 4. 能利用玩具进行想象性游戏，可为歌曲配词。	1. 可发出大多数音，某些发音相对困难。 2. 能讲述含很多文字的故事和自己想的事情。 3. 会努力表达自己的想法、感受和愿望。 4. 掌握10以内的数概念，理解计数、字母、大小关系和几何形状名称概念。	1. 掌握2200~2500个词汇，能较自由地表达自己，喜欢谈论每件事。 2. 会模仿大人语气讲话，扮演自己熟悉的故事角色。 3. 能使用各种词汇，发音准确率在90%以上。 4. 能说出自己的生日。
手的技巧	1. 会用手拿工具完成一些事情，如使用蜡笔等。 2. 手臂伸展向前跑时，能抓住一个大球，并顺利地从手中抛出。	1. 会一只手按住纸，另一只手拿着铅笔和蜡笔。 2. 能用手拿着刷子或用手指进行涂鸦。 3. 会用积木搭建起复杂的结构。 4. 能玩卡片和纸板游戏。	1. 可熟练地打活结、系鞋带等。 2. 会做出2、3、5、6、9等数字的肢体形状。 3. 可用手单独穿衣服。 4. 掌握了手部的捏、掐、抠、挖等动作。
大动作	1. 可自由跑动、上下楼梯。 2. 从站位开始行走时，姿势正确，步伐宽度和长度及速度都很均匀。 3. 会骑小三轮车，喜欢玩球和追逐游戏。	1. 具备协调能力和平衡感，可单脚站立十秒以上，并单脚跳动。 2. 可完成一些颇具挑战性的任务，如翻跟斗等。 3. 能自己独立地跑和走。	1. 运动能力大大增强，可单腿弹跳。 2. 身体控制和平衡能力进一步发展，可单腿跳和倒退着走。

	3～4岁宝宝能力发育指标	4～5岁宝宝能力发育指标	5～6岁宝宝能力发育指标
精细动作	1. 可独立运动自己的每一个手指，即可以正确握笔。 2. 能使用一些简单的工具来做事，如剪刀。 3. 会用手画出垂直和水平的线、方形、圆形和其他图形。	1. 可自己刷牙、洗脸、穿衣服、上厕所和系鞋带。 2. 会模仿画出一些几何图形，书写简单的数字和字母。 3. 会捏橡皮泥，用积木搭建较复杂的建筑物。	1. 会写一些简单的字。 2. 可画房屋、汽车和花草。 3. 会用手挎起小篮子。 4. 几乎可以独立地把钥匙插进钥匙孔，打开门。 5. 会将床单简单地折叠。
自理	开始学习自己吃饭，宝宝吃食物的动作发展顺序是：先学会用手抓着吃，之后再学用手捏着吃，最后再用勺子舀着吃。学习用勺子时，宝宝要先学会用勺舀东西，之后再学把勺送进口里。	1. 会开始顶撞家长，试着挑战权威，迫切要求自立。 2. 基本熟知礼貌用语，会熟练地和人打招呼。穿衣服、洗脚等自理能力进一步提高。	1. 可自己动手整理衣服、鞋袜、帽子等。 2. 会独立关窗、打扫卫生、使用餐具、看书写字。 3. 可独立睡觉并关灯。 4. 会独立清洗小物品并晾晒整理，摆放整齐。
交往	1. 开始试着和周围的小朋友进行交往。 2. 初步懂得无意识的配合和合作。 3. 开始发现他人的优点，并学会交朋友。 4. 上幼儿园的宝宝，已经可以适应集体生活。	1. 开始学会轮流玩耍分享玩具。 2. 会用较文明的方式提出要求。 3. 多和同伴进行交往。 4. 会主动与人交往，凡事与朋友保持一致。 5. 合作意识增强。	1. 内心世界更加丰富，更敏感。 2. 会主动找小朋友玩耍，团队合作意识和竞争意识都有所增强。 3. 在小伙伴面前自尊心非常强。

语言能力开发

 开发训练

☆为故事结尾

【训练目的】

锻炼宝宝的想象力，促进宝宝语言叙述能力的发展。

【训练方法】

1. 先在宝宝已经熟悉的故事中加上"如果"，例如在龟兔赛跑的故事中加上"如果兔子中途没有睡觉会怎么样"，之后就让宝宝自己讲下去。

2. 还可以在新的故事讲到一半的时候，妈妈先把书合上，让宝宝去想象，然后自己接着把故事讲完。

3. 鼓励宝宝去背诵故事，宝宝往往会先背诵故事，然后再用自己的话将故事给描述出来。

【注意事项】

经常听故事，为故事结尾，可以让宝宝慢慢地学会自己编故事，并且按照故事的发展过程将故事讲述出来。这样可以培养宝宝良好的语言能力，为日后上学写作打下良好基础。

☆猜人照相

【训练目的】

通过集体游戏，一方面增进宝宝的人际交往能力；另一方面也培养宝宝描述事物的能力。

【训练方法】

让几个宝宝坐成一个圆圈或者半圆形，然后请其中一名宝宝充当摄影师，由

他来说出其他任意一个宝宝的装束，如衣服的颜色，他的动作、姿态等等，但是不能说出名字。他描述完后，让大家猜这个人是谁，如果猜对了，摄影师就给被猜者照个相（假装照相的动作照相），然后再请猜对的小宝宝来充当摄影师，游戏继续。

【注意事项】

在家里玩的时候，父母可以一起参与其中，拿出家里的玩具娃娃来充当另外的宝宝，让自家宝宝给娃娃照相，由父母来猜。

☆答出下一句

【训练目的】

促进宝宝多观察、多思考，丰富宝宝的口头语言，提高宝宝的语言表达能力和与人交流的能力。

【训练方法】

在游戏开始之前，要先和宝宝说说话，调动起宝宝说话的欲望和积极性。

1. 锅是用来做饭的，那么碗是用来干什么的呢？

2. 帽子戴在头上，那么鞋子是穿在什么地方的呢？

3. 小燕子夏天飞到北方，那么冬天它上哪里去呢？

4. 飞机在天上飞，小船在哪里航行呢？

5. 爸爸妈妈去上班，爷爷奶奶去哪里呢？

让宝宝用完整、确切的句子来回答上面的问题。如果宝宝回答得很好，要及时表扬宝宝。

【注意事项】

不要问一些超出宝宝的知识范围的问题，以免打击宝宝回答问题的积极性。如果宝宝一时想不起来，家长要及时地给予启发和指导。

☆小小营业员

【训练目的】

通过让宝宝扮演营业员，一方面加深宝宝对日常生活用品的熟悉度；另一方面也锻炼宝宝描述事物的能力，提高宝宝的语言表达能力。

【训练方法】

1. 准备两件围裙。

2. 父母先系上围裙来充当营业员，向宝宝介绍商品。例如可以指着玩具狗对宝宝说："这是一只小狗，白绒绒的毛，灵敏的鼻子，四条腿和一条卷卷的尾巴，它能帮人们看门。你喜欢它吗？想买它吗？"

3. 在宝宝将小狗"买"回去之后，就由宝宝来充当营业员介绍商品，之后可以反复进行游戏。

【注意事项】

父母可以用家里的很多东西来玩游戏，例如蔬菜、交通工具、玩具娃娃等，还可以描述出物品的典型特征来让宝宝猜是什么，如果猜对了就把物品"卖"给宝宝。

☆录音日记

【训练目的】

通过练习，让宝宝探索自己的内心世界，并且学会用语言表达自己的内心想法。先要准备一台录音机、几盘空磁带，也可以准备其他的可以录音并且能够被保存的设备。

【训练方法】

1. 教宝宝如何操作录音机，如果设备比较复杂的话，也可以每次都主动帮助宝宝打开。

2. 引导宝宝对着话筒说出自己一天的见闻或者心情。

3. 当宝宝可以熟练地掌握这个游戏之后，妈妈就在以后的日子里为宝宝调试好录音设备之后就走开，让宝宝在独立自由的空间里表达自己的心情。

【注意事项】

如果宝宝一开始还不知道如何去表达自己，妈妈可以先用语言来引导启发。例如："宝宝，你早上吃了什么东西啊？""那个小朋友见到你跟你说了什么？"

☆我是小主播

【训练目的】

这个游戏的训练，一方面可以引导宝宝平时注意关心周围的事物；另一方面可以帮助宝宝初步了解新闻的主要传播途径及其作用，同时还可以培养宝宝的听、说能力。

【训练方法】

1. 准备小纸箱1个，玩具话筒1个。

2. 父母和宝宝一起观看体育节目，父母要注意观察并且针对那些宝宝能够理解并且感兴趣的内容进行提问："宝宝，刚才里面说什么呢？爸爸没听清楚，你能说给爸爸听吗？"

3. 尽量鼓励宝宝去回忆和介绍刚刚播过的内容，父母可以进行更深入的提问。例如："昨天中国夺得了几枚金牌？今天又增加了几枚？你知道明天还有哪些项目吗？你想不想对明天比赛的运动员们说些什么？"

4. 父母还可以带着宝宝在报纸上寻找相关的新闻和图片，丰富宝宝的相关知识。还可以带宝宝到网络上去寻找信息，如协助宝宝收集每一位夺得金牌的运动员的照片等。

5. 父母可以跟宝宝一起动手，将闲置的小纸箱的上下两面剪掉，只留下边框充当电视机。然后请宝宝来当体育小主播，在"电视"里播报新闻。

【注意事项】

针对各自的实际情况，父母可以选择其他适当的话题来让宝宝说。用纸箱来充当电视机，既能满足宝宝的好奇心，让他过一把主持人的瘾，还能锻炼宝宝的语言组织能力和观察能力，父母可以多和宝宝做这样的游戏。

☆替大人找书

【训练目的】

这个练习是利用宝宝的好奇心，让宝宝开始对书本产生兴趣，自己愿意去认识更多的汉字，从而提升语言综合能力。

【训练方法】

1. 这个阶段的宝宝会认识自己常看的书，也喜欢看妈妈在看什么书，并且学会读出书名。因此，当妈妈需要的时候，宝宝就会替妈妈找书。如果找对了，妈妈就要对宝宝进行表扬，宝宝自己也会因此而得意，更爱帮爸爸妈妈找书了。

2. 有些书是放在书架上的，或者放在卧室里、饭厅甚至放在走廊的小桌子上，宝宝也能够找出来。因为宝宝此时已经认识了一些汉字，即便其中有几个字还不是认得很清楚，但连蒙带猜也能把书给找出来。因此，父母可以趁机让宝宝学习一些不认识的字，使宝宝可以完整地读出书名。

【注意事项】

宝宝如果认识汉字，不但可以找到书、报纸、画报等，还可以慢慢地学会看书报上的大标题，并且猜出大概的内容。这个阶段让宝宝知道汉字有多种用途，不仅能使宝宝快速地找到书，还能让宝宝看懂书中的内容，跟大人一样。

☆广播电台

【训练目的】

通过饶有兴趣的电台广播，激发宝宝说话的热情，从而锻炼宝宝的语言能力和反应能力。

【训练方法】

1. 爸爸、妈妈或者家里的其他人，和宝宝一起组成电台家庭，每个人都有属于自己的专属电台，可以供其他人点播。

2. 爸爸或者妈妈可以故意点播宝宝的电台，点播之后这个电台就要唱歌或者讲故事，这时候，宝宝就要表演唱歌或者讲故事，或者讲其他有趣的东西。

3. 当宝宝点播到家里其他人的电台时，家人要配合宝宝表演节目，使宝宝开心。

【注意事项】

宝宝如果一开始讲不出来或者表演不出来，父母要给以鼓励和引导，保持耐心，直到宝宝可以自由地参与游戏，快乐地玩耍。

☆说反义词

【训练目的】

通过训练，让宝宝初步认识反义词，从而提高宝宝的语言反应能力，发展宝宝的左脑思维。游戏前，需要准备看图识字卡片若干张（包含有反义词的）。

【训练方法】

1. 爸爸和妈妈先做示范：幼儿园里的小朋友多，老师少；马路上的梧桐树很高，而桃树却很矮，等等。

2. 之后家长再说一个词，要求宝宝说出意思相反的词语来。

【注意事项】

1. 要鼓励宝宝进行联想，在同类东西的相互比较之中，找出意思相反的词语来表示。

2. 家长要力求表达正确，不要过分追求速度和数量，而要慢慢来，每一个词都让宝宝有所领悟和记忆。

☆咕噜咕噜

【训练目的】

通过快速地说出相对应的事物来锻炼宝宝的快速表达能力和反应能力，从而提高宝宝的语言流畅度和词汇量。

【训练方法】

1. 父母和宝宝一起先双手握空拳，然后两拳交错着上下边绕圈边念"咕噜咕噜1（出示1根手指）"，此时父母可以说"一头牛"。

2. 继续绕圈，动作跟上次一样，这一次两人再念"咕噜咕噜2（出示2根手指）"，这时候让宝宝说，如宝宝说"两只鸡"。

3. 按照这样的模式，一直让数字延续到10，一轮游戏结束。

【注意事项】

这个游戏还可以训练宝宝思维的准确性和敏捷性。玩耍的过程中，父母可以不断地给宝宝鼓劲和提示，如给宝宝加油："宝宝，快，快，快说出来！"这样，宝宝会更有热情，更开心。

❀ 早教提示

☞ 教宝宝正确使用语言

3岁以后的宝宝若还是不能完整地说话、准确地发音，不能正确地使用语言的话，父母就要及时地给予指导了。

如果宝宝经常出现语法和逻辑错误，这就可能和他的阅读量、理解能力等有关。对于这样的宝宝，父母应该多给他们念一些故事书，讲一些有趣的事情。在宝宝理解故事的同时，还可以加以提问："你觉得他做得怎么样？""如果是你你会怎样做？"等等，但如果是严肃而优美的作品，最好不要中途打断。这样练习一段时间，宝宝听得多了，看得多了，自然就能纠正自己的语言错误了。

有些宝宝会出现阶段性的发音不清楚的问题，此时父母就要多一些耐心，不要总强调他发音不准，那样会让宝宝情绪紧张。此外，父母在说话的时候，也要注意发音和吐字的问题，给宝宝做个好榜样。

☞ 和宝宝多进行亲子阅读

在宝宝语言发展的关键时期，多和宝宝进行亲子阅读是很有必要的。

亲子阅读一方面可以加深父母和宝宝之间的深厚感情，让宝宝切实地体会到父爱、母爱，从而实现其身心的良好发展。另一方面，还有助于父母更好地了解宝宝的思想动态，从而实时地引导教育，帮宝宝树立远大的理想和培养优秀的品质。此外，亲子阅读有助于培养宝宝的阅读兴趣和阅读习惯，在父母的陪伴下逐渐提高阅读的能力。在此基础上，宝宝的语言能力、想象力、写作能力和思考力都会得到很大的提高。

平时要上班的父母，跟宝宝的沟通交流相对较少，因此可以在每天晚上抽出几十分钟的时间来和宝宝进行亲子阅读，让宝宝时刻感受到"爸爸妈妈很爱我"的浓郁亲情。需要注意的是，父母一定要坚持亲子阅读，保证每天或者每周都有固定的时间来进行，这对宝宝将来的学习和生活都很有帮助。

☞ 选择适合宝宝的书和画册

3～6岁的宝宝已经具备了看书和画册的能力，因此，为宝宝挑选一些适合观看的书籍和画册，让宝宝接受良好的知识熏陶，是这个时期父母的一大任务。

那么，应该怎样选择宝宝看的书和画册呢？首先，一定要符合宝宝自己的喜好。一般来说，宝宝自己都会对某些绘本或者图画书很感兴趣，父母可以遵照这个来选择一些种类的书。另外，宝宝毕竟还小，对很多书并不了解，因此父母可以按照市场上适合宝宝的、较为喜闻乐见的经典书目来给宝宝选择。总之，只有选择了宝宝熟悉和喜爱的书籍，才能激发宝宝的听、说、读、写能力，也才能让宝宝主动去学习。

3岁多的宝宝已经可以看一些简单的故事了，父母可以适当地选择一些情节不复杂的画册或者一些很有趣的语言故事来给宝宝观看。

运动能力开发

 开发训练

☆捕鱼

【训练目的】

这个游戏有助于训练宝宝躲闪动作的灵活性和敏捷性。

【训练方法】

1. 父母先面对面地站立，然后手拉手地织成网状，准备捕鱼。而宝宝就当小鱼。

2. 父母说"开始捉鱼了"，然后就用网状的手去抓宝宝，宝宝就赶紧躲闪、奔跑。

3. 一旦抓到了宝宝，宝宝就可以替换父母中的一位，充当捕鱼者，游戏继续进行。

【注意事项】

游戏的场地一定要宽敞一点儿，以免互动不开，同时，做游戏时父母要关注宝宝的安全，以防宝宝磕着、碰着。

☆脚踏车

【训练目的】

这个练习有助于训练宝宝腰部和腿部的控制力，从而培养宝宝的协调能力。

【训练方法】

1. 家长和宝宝在床的两头分别躺下，然后抬起腿，脚心贴着对方的脚心，在空中像骑自行车一样前后蹬动。

2. 家长一边蹭一边念儿歌："丁零零，丁零零，骑着车儿上北京；北京有个天安门，天安门上挂灯笼。"

【注意事项】

家长要注意动作的幅度，不要太大力气而伤害到宝宝。儿歌也可以换成其他的形式。

☆送水车

【训练目的】

通过这个游戏的练习，宝宝的手臂力量会得到加强，有助于增强宝宝灵活避开障碍物的反应能力。

【训练方法】

1. 准备1只废旧的纸箱或者周转箱，2~4瓶矿泉水和1根绳子。

2. 爸爸妈妈先说："天气热了，我们快去给动物园的小动物送水喝吧。"

3. 之后，爸爸妈妈就带宝宝一起用手拉着纸箱到处走走、跑跑，纸箱里放上几瓶矿泉水，一路上要注意绕开障碍物。

4. 让宝宝一个人用手拉着纸箱去运水。回到起点之后，爸爸妈妈再给纸箱增加矿泉水。

5. 如果纸箱在运送的过程中碰到了障碍物，那么就要重新回到原地再次出发。

【注意事项】

父母可以每次往纸箱里增加一瓶矿泉水，逐渐增加纸箱的重量，来锻炼宝宝的力量。游戏不宜进行太长时间，一旦宝宝玩累了就要马上停止。

☆单手拍球

【训练目的】

这个练习主要是锻炼宝宝手和眼睛的协调能力，从而提高宝宝的右脑肢体协调能力。游戏之前要先准备两个小球和一个较空旷的场地。

【训练方法】

1. 妈妈和宝宝面对面地站好，每人手中拿一个球。

2. 妈妈对宝宝说："宝宝，看妈妈拍球。"之后妈妈就开始单手拍球。让宝宝也学着妈妈的样子来拍球。

3. 妈妈换个手来拍球，同时对宝宝说："宝宝，换个手来拍球吧！"让宝宝也换成另一只手来拍球。

【注意事项】

父母要指导宝宝双手交替着来拍球，不要只用右手来拍。拍球的时候，妈妈可以数着拍子，还可以念着自编的儿歌。

☆揪揪小尾巴

【训练目的】

这个练习有助于发展宝宝的腿部力量，提高宝宝跑的速度。

【训练方法】

1. 准备3根长约50～60厘米的彩色纸带。

2. 爸爸妈妈和宝宝各自把彩色的纸带塞在裤腰后面做尾巴。

3. 爸爸妈妈跑开一定距离，然后让宝宝跑去揪爸爸妈妈塞在裤腰后面的尾巴。

4. 宝宝跑开一定距离后，爸爸妈妈跑去揪宝宝后面的尾巴。

【注意事项】

可以设定规则，被揪到尾巴之后就要马上去揪对方的尾巴。同时，爸爸妈妈要控制自己的速度，以免宝宝追不上。

☆和爸爸摔跤

【训练目的】

通过这个练习，可以不断提高宝宝的运动能力，同时还能增进亲子关系。要先准备一些布条。

【训练方法】

1. 帮助宝宝在腰间绑好布条。

2. 妈妈作为裁判，爸爸作为对手，同样在腰间绑上布条。

3. 爸爸可以突然一下子把宝宝提起来然后再放下去，让宝宝产生兴奋感。

4. 宝宝想要将爸爸撂倒的时候，往往因为力气不足而自己摔倒。此时爸爸可以假装摔倒，让宝宝看到自己能够撂倒爸爸，妈妈就在旁边鼓掌大声叫好。这样宝宝会更加兴奋。

【注意事项】

练习的时候，爸爸要注意动作的幅度，在与宝宝"摔跤"的过程中，要注意轻拿轻放，同时注意顺着宝宝的力量方向来做动作，以免扭伤宝宝。

☆ 钻洞洞

【训练目的】

让宝宝尝试用自己的身体做各种动作，以此发展宝宝身体的韧性，提高其运动能力。

【训练方法】

1. 准备一个小球，爸爸妈妈和宝宝一起说："小手小手拍拍，小脚小脚跳跳，小腰小腰扭扭，膝盖蹲一蹲，脑袋点一点，让我的身体动起来。"接着就按照这个内容开始做热身运动。

2. 爸爸妈妈鼓励宝宝用自己的手臂和身体来做洞洞，每次都要做不一样的洞洞，然后妈妈就把小球从宝宝的"洞洞"中穿过。

3. 爸爸妈妈尝试着用身体来做个大洞洞，让宝宝可以从这个洞洞中穿过。

【注意事项】

要让宝宝每次都用身体的不同部位来变出洞洞，且不能重复，同时，变出的洞洞的大小要让小球或者宝宝可以钻进去，同时注意行动安全。

☆ 跳跳球

【训练目的】

这个练习可以让宝宝认识并且会辨别颜色，训练宝宝的运动和反应能力。首先要拿出可以丢出去的球和球套。

【训练方法】

1. 让宝宝手拿着球拍，把球往空中抛去，当球落下来的时候，让宝宝用球拍去接住，同时开始一个一个地数数，例如1个、2个、3个……

2. 家长把球朝地上丢去，此时宝宝手拿着球套，当球触到地面后弹起来时，让宝宝赶紧把球接住，再投递给妈妈。

3. 投球的时候，可以依次连丢好几个颜色的球，然后给宝宝指定一种颜色的球来接。

【注意事项】

如果宝宝接对了球，家长要记得给他鼓励和赞扬，例如"好棒啊，宝宝真棒"之类的话，这样宝宝会更有热情。

☆青蛙跳荷叶

【训练目的】

让宝宝通过学习单脚、双脚跳和有一定距离的跳，来锻炼自身的运动能力，进而提升整个身体的运动技能和大脑开发。

【训练方法】

1. 准备用塑料袋做的荷叶，用小的毛绒玩具做的害虫和1个篮子。

2. 妈妈先把荷叶一张一张地铺开放在地上，再把毛线玩具做的害虫放在荷叶上，然后对宝宝说："春天来了，池塘里长出了一些害虫，我们变成小青蛙去吃掉害虫好吗？"

3. 妈妈和宝宝一起说："小青蛙，跳跳跳，呱呱呱。"同时，四肢做跳的动作。

4. 之后，妈妈就带着青蛙宝宝跳到荷叶上，一次捉一只害虫，然后返回去。

5. 玩过几次后，青蛙妈妈可以说："现在宝宝长大了，可以自己去捉害虫了，妈妈在家等你哦。"让宝宝自己去捉害虫。

【注意事项】

根据宝宝的活动情况，妈妈要适当地调整荷叶之间的距离，让宝宝有能力达到。同时，妈妈要监督宝宝一次只能捉一只害虫，并且只能跳着捉，双脚要落在荷叶上。

☆我和爸爸踢足球

【训练目的】

通过踢球，可以发展宝宝的腿部肌肉，提高身体平衡能力和运动能力。游戏之前，要准备彩色的吹塑球（球内有1个小铃铛）。

【训练方法】

1. 爸爸把两根木杆竖起来，作为足球场的球门。

2. 爸爸拿着球，较为详细地告诉宝宝训练的规则，鼓励宝宝把球踢进球门里去。

3. 让宝宝站在离球门1米远的地方，启发宝宝把球踢进球门里去。

4. 如果宝宝把球顺利地踢进了球门，爸爸要欢呼庆祝，并且大声赞扬宝宝，以提高他的兴趣。

【注意事项】

如果宝宝一开始不明白该怎样做，爸爸可以多示范几次给宝宝看。

早教提示

☞ **锻炼宝宝的适应能力**

一般来说，锻炼宝宝的适应能力，要注意以下几个方面。

1. 带宝宝多接触新环境。

有些宝宝一到了新环境中就会不知所措，无法融入。这时，父母就要经常带他们去新环境中，让宝宝发现新鲜有趣的事物，增强宝宝的适应能力。同时，父母还要让宝宝多结交一些新环境中的朋友，通过与朋友的友好相处，提高宝宝的适应能力。

2. 多辅导学习，让宝宝适应老师。

宝宝从家庭步入学校，由于一下子就遭受到各种严格规定的制约，加之学习的内容和作息时间的不同，难免会一时适应不了。另外，宝宝可能会从心里认同某位老师的教学方法，一旦转学了或者换了老师就会不适应。若出现这些情况，父母就要对宝宝的学习多加指导，让宝宝慢慢地去适应老师。

3. 培养宝宝的心理适应能力。

父母可以多培养和锻炼宝宝的人际交往能力，让宝宝从小就养成守规范、重合作的意识和习惯。此外，父母要多给宝宝创造机会，让宝宝学会理解别人，自己克服自己的心理问题。

4. 适当和宝宝分离。

宝宝离开父母，就会产生焦虑情绪，甚至哭闹，这说明宝宝对没有父母的环境心存不安，缺乏安全感。这样的宝宝，如果父母离开他的视线，他就会茫然，而这种心理对宝宝的发展是很不利的。因此，父母要有意识地树立和宝宝适当分离的意识，适时地从宝宝的视线中"消失"一会儿，让宝宝可以自己做主，学会自立。

☞ **鼓励宝宝独立行动**

培养宝宝的独立性，不仅可以增强宝宝自我照顾、自我保护的能力，还可以培养宝宝独立思考和独立解决问题的能力。因此，父母应该多鼓励宝宝独立行动。

幼儿时期的宝宝可塑性非常强，最容易接受知识，这是培养宝宝独立性的最佳时期。在这个阶段，宝宝凡事都想看一看，做一做，对成人所做的事常表现出极大的兴趣。看见别人扫地，他也去拿拖布；看见爸爸擦桌子，他也拿抹布到处擦；明明不会叠衣服，却偏要自己来，等等，这些都是宝宝独立意识发展的表现。对此，父母应该有正确的认识，在思想上给以重视，从小就注重培养宝宝的独立性，多鼓励宝宝独自做事。

宝宝的能力是在动手操作的过程和实践中获得发展的，若没有锻炼的机会，宝宝的独立性培养也就无从说起。因此，培养宝宝的独立性，要先解放宝宝的手脚，给宝宝提供各种各样的实践机会，让宝宝自己去做事。比如，让宝宝学习自己穿脱衣裤、收发碗筷、擦桌子等。此外，宝宝自己的事也尽量让宝宝自己去思考，并作出决断，如宝宝的玩具应该放在什么地方，和谁一起玩，等等。父母还可以有意识地给宝宝创造条件，让宝宝做父母的家庭小帮手，帮着做一些小家务事。总之，只要宝宝想做，就要让他做，给他自由，让他有充分自由的时间培养他的独立性。

☞ 带宝宝到户外发掘新知

对宝宝来说，户外活动对其认知能力和身体锻炼的提高都是很有好处的，户外不同季节的空气浴和冷空气对宝宝的刺激，非常有助于宝宝体格的发育，提高宝宝的抗病能力。而大自然中千奇百怪、万紫千红的生物，也会给宝宝增添更多的认知感触，丰富宝宝的视野。

在户外活动过程中，宝宝可以充分享受新鲜空气和温暖的阳光，这对宝宝的气管、黏膜、皮肤的发育和增加适应气候的体力等方面都很重要。户外活动还可增进视觉与感受能力，常带宝宝到户外游览，可增强宝宝的视觉审美能力和细致程度，进而提高宝宝的感受力。另外，户外活动还有利于身心的健康发展，合理布局的户外环境不仅可以促进幼儿大肌肉的发展，还能给宝宝提供社会交往方面的机会。

总之，户外活动是宝宝亲近阳光和空气、走进大自然的最佳途径，也是锻炼宝宝健康体魄，培养宝宝乐观人生的有效手段。通过户外活动，宝宝的好奇心和探究本性也能得到满足和发展，其想象力、动手能力和创造力都会得到发展和提升。

左脑智能开发

 开发训练

☆高个和矮个

【训练目的】

通过让宝宝动手操作，来发展宝宝的逆向思维能力和空间感知能力。

【训练方法】

1. 准备正方形、长方形、圆形积木和高矮不同的小人3个。

2. 爸爸或者妈妈可以在3个高矮不同的小人下面垫上正方形、长方形、圆形的积木，使得它们看起来一样高。之后，让宝宝根据所垫木块的多少，来判断这3个小人中哪个最高，哪个最矮。

【注意事项】

除了小人，父母还可以用玩具来跟宝宝玩耍，让宝宝比较是玩具小狗高，还是玩具小熊高等。

☆停电了，来电了

【训练目的】

这个练习有助于消除宝宝对黑暗的恐惧，可以锻炼宝宝的听觉反应能力，进而开发宝宝的左脑智能。游戏之前要先准备一条毛毯或者被单和宝宝喜爱的玩具。

【训练方法】

1. 妈妈先拿出毛毯或者被单覆盖在床上，变成一个"山洞"。然后告诉宝宝游戏的规则，当宝宝听到"停电了"时，就要进入"山洞"里。

2. 妈妈将玩具放入"山洞"中。

3. 接下来，妈妈就说："停电了！"然后和宝宝一起躲进"山洞"里。

4. 宝宝拿到玩具之后，妈妈接着再说："来电了！"和宝宝一起爬出"山洞"。

【注意事项】

这个练习可以反复进行，在练习的过程中要注意安全。

☆小手变变变

【训练目的】

这个游戏有助于锻炼宝宝小肌肉的协调与灵活，训练宝宝思维的反应能力。

【训练方法】

1. 爸爸妈妈和宝宝先都把手藏在各自身体的后面。

2. 爸爸妈妈和宝宝一起说："小手小手藏起来，小手小手变变变！"然后就把手伸出来变出一个动作。

3. 爸爸妈妈要鼓励宝宝每次都变出不一样的动作，如变成一把枪、数字8、小兔的耳朵、一个三角形或者一只小狗，等等。爸爸妈妈还可以和宝宝相互学习动作。

【注意事项】

父母和宝宝在做游戏之前要定好规则，要求说最后一个"变"字的时候手必须变出动作来，如果变不出，就要实施小惩罚，如唱歌或者跳舞等。如果宝宝一时想不出好动作，父母也可以适当地提示。

☆学减法

【训练目的】

教宝宝学习5以内的减法，从而提高宝宝的数学计算能力。首先要让宝宝熟悉5以内的数的各种组合。

【训练方法】

父母一边说着题目，一边根据题目的意思给出实物，让宝宝逐一地数实物来进行计算，并说出答案。例如，妈妈说早上蒸了4个馒头，吃了3个，还剩下几个？之后，妈妈就拿出4个馒头，先拿走3个馒头让宝宝数还剩几个馒头，并且说出4个减去3个还剩1个。以此类推，在日常生活中可以采用不同的实物或者玩具、图片等让宝宝来练习5以内的减法训练。例如：

1. 4个碗，打破1个碗还剩下几个？

2. 4个苹果，爸爸吃了1个，宝宝吃了1个，妈妈吃了1个，还剩下几个？

3. 5本书，小明借走了1本，还剩下几本？

4. 5个鸡蛋，吃了2个，还剩下几个？

5. 有2只小猴在树上，走了1只，树上还有几只？

【注意事项】

练习的时间不要太长，不要一次性练习太多，免得累着宝宝。

☆看六面画

【训练目的】

通过这个游戏来发展宝宝的观察力和记忆力。

【训练方法】

1. 先找来一个空化妆品盒子（立方体），在6个面上都贴上不同的图画，例如各种小动物等。

2. 妈妈用手掌遮住立方体，嘴里说出一个画面的动物名称，然后手掌猛地移开，露出所说的画面，用这种快速的类似于"变魔术"的方法来调动宝宝的兴趣，使宝宝快速熟悉这些画面。

3. 之后，妈妈就用语言来指示宝宝，让宝宝自己来找出这些画面。

【注意事项】

游戏熟练后，还可以让宝宝学着妈妈的样子来给大家"变魔术"，同时要给他做一个新的道具。

☆称米学重量

【训练目的】

通过这个游戏可以训练宝宝的独立思考能力，培养宝宝的探求事实精神，同时训练宝宝对数量的认知。游戏之前，要先准备两个空的饮品纸盒，一支竹棒，一条绳子和一些米。

【训练方法】

把饮品纸盒的盖子剪去，挂一条绳子在竹棒之上，绳子的两端分别绑着两个纸盒。接下来，就让宝宝把米分别放进两个盒子里，哪一边往下坠了，就让宝宝在另一边加米。

【注意事项】

1.宝宝熟悉了游戏之后，可以把道具换成宝宝感兴趣的小玩具等，以增加新鲜感。

2. 这个游戏有助于宝宝观察和比较物体的重量，让宝宝思考物体的体积和重量之间是不是有什么关系。

☆吃到了什么

【训练目的】

通过游戏，训练宝宝的味觉，丰富其感性经验，发展宝宝的观察力，提升左脑能力。

【训练方法】

先准备一些苹果、梨、香蕉、西瓜等，把它们切好放在盘子里。蒙上宝宝的眼睛，把切好的水果放在宝宝的嘴里，让宝宝分辨吃的是什么。

【注意事项】

当宝宝的识辨能力增强之后，还可以加入一些其他的东西，如盐水花生米和盐水黄豆，芹菜和韭菜，等等。

☆数字追踪

【训练目的】

这项游戏可以让宝宝明白数字在我们的生活环境中是经常运用的，让宝宝可以精确地分辨数字的大小和价值。游戏的准备工作是拿出平时读的一些报纸。

【训练方法】

配合参加游戏的人数，把报纸剪裁成同样的大小，分给每个参与者一份。接下来，就让宝宝从报纸中找出数字，并且作比较，例如弟弟说100，妹妹说123，依此类推下去。

【注意事项】

1. 父母要以欣赏的方法来引导宝宝进行这个训练，例如这次宝宝答对了2个题目，答错了3个题目。下次再玩同样的游戏的时候，家长就应该先称赞宝宝上次答对了2个题目，这一次可以再接再厉。这样可以增强宝宝参与游戏的兴奋度。

2. 游戏时间不能太长，一般为15分钟。

☆辨别声音

【训练目的】

这个游戏有助于发展宝宝的听力，进而培养宝宝的注意力和记忆力。

【训练方法】

在妈妈做饭的时候，爸爸可以带着宝宝在客厅玩耍。这时候，爸爸可以让宝宝仔细地听听妈妈在厨房做饭的声音，然后和宝宝一起猜测是什么东西在响动。例如，听到水龙头哗哗流水的声音，抽油烟机的隆隆声，菜下锅的吱啦声等。等宝宝都听出这些声音后，爸爸就带宝宝去厨房验证这些声音的来源。

【注意事项】

除了厨房固有的声音，这个游戏还可以用有意识制造声音的办法来进行。妈妈可以躲在一块大毛巾后面，制造一些常见的声音让宝宝猜测，这种更具趣味性的做法也会让宝宝很开心。

☆一星期有几天

【训练目的】

时间变化也是数学的观念之一。通过对一星期有7天的认识，可以让宝宝有时间前进的感觉，并且能够理解周一到周五家长都是要上班的，周六、周日才可以放假，从而激发宝宝数学能力的发展。

【训练方法】

1. 爸爸妈妈在不干胶贴纸上写出星期一到星期日的文字和图注，星期六和星期日可以用星星来表示。

2. 从星期一醒来就给宝宝一张贴纸，让宝宝贴在第一格上，并且提醒宝宝今天是星期一，要先贴第一张。

3. 以此类推，星期二贴第二张，星期三贴第三张……让宝宝产生时间累加的感觉。

【注意事项】

到星期六、星期天的时候，就可以给宝宝不同颜色或者不同造型的贴纸，以让宝宝感觉到这两天跟其他几天是不同的。

早教提示

☞ **提高宝宝的认知水平**

3岁以上的宝宝多数都能分辨出方形、圆形、三角形等图形，还常常会对一些标志性的图形如红绿灯、公共电话等产生强烈的好奇心。父母可以有意识地将这些符号和生活联系起来，帮宝宝认识图形，提高认知水平。

1. 充当小向导：若每天走同一条路去散步，那么宝宝就会很快认识这条路。因此，回家时，妈妈就可以问宝宝："宝宝还记得，我们回家要走哪个方向吗？"这时，宝宝通常会做个热情的小向导，告诉妈妈怎么回家。而到家门口的时候，妈妈还可以教宝宝认识自家的楼号、楼层、门牌号等，这样宝宝就能逐渐知道自己的家庭住址了。

2. 比比看：父母用感性的手段帮宝宝认识一些抽象的概念是一个提高认知的好办法。例如认识长短时，妈妈先准备两种不同颜色的线，分别测量出妈妈的手臂和宝宝的手臂的长度，然后把线剪下来比一比，让宝宝知道"妈妈的手臂长，宝宝的手臂短"。诸如此类的方法，都可以让宝宝提高认知。

3. 知道时间：宝宝了解时间的第一步是分清白天和黑夜。父母可以告诉宝宝，有太阳、天亮的时候就是白天，而天黑、有月亮的时候就是晚上。接下来再逐渐"细化"对时间的认知，如每天去幼儿园时对宝宝说："现在是早上8点，你要去上学，我要去上班，下午5点我去幼儿园接你。"这些把生活中固定的活动和特定的时间联系起来的方法，很便于宝宝理解时间。

☞ **全面提高宝宝的综合能力**

提高宝宝的综合能力，可以通过做些不同方面的小游戏来加强。

1. 听讲故事

在每晚宝宝睡觉前，父母可以给宝宝讲个故事，找一本有彩图、情节和简单话语的故事书来给宝宝朗读。刚开始，可以把着宝宝的小手边读边指着图中的事物，然后再反复给宝宝念同一个故事，声音越来越小，直到宝宝睡着。听讲故事可快速提高宝宝的语言能力和理解事物能力，让宝宝在倾听中学会交流、理解和记忆。

2. 手语示意

这时的宝宝已经可以用双手做"谢谢""再见"等手语动作了，父母可以多教宝宝一些手语动作，例如"鼓掌""握手""不""好"等。生活中，父母也要鼓励宝宝多用手语表示语言，这样可以让宝宝学习用动作来表示自己的语言和情绪，引起宝宝同人交往的愿望。

3. 传物游戏

通过传物游戏，可锻炼宝宝手部的动作技能，还能让他建立起交换物品的概念，让他学会分享。父母或者全家人可以经常性地和宝宝玩传物游戏，一家人围在一起，像传球一样把玩具传给宝宝，然后让宝宝传给爸爸……

4. 敲打手鼓

父母可以用手指敲打手鼓发出响亮的声音，引起宝宝的兴趣，让宝宝也用手或棍子去敲打。通过敲打，宝宝会知道用不同的动作可以使不同的玩具发出不同的声音。父母还可以播放音乐，让宝宝根据音乐的节奏来敲打小鼓，让宝宝在锻炼手部动作之余，也能培养音乐能力。

☞ 对宝宝的要求不要过高

很多父母都觉得自己的宝宝有时候非常不听话。例如当朋友从国外回来，给你的宝宝带回来一盒小蛋糕，可宝宝吃完后却大叫"真难吃"。这时候，你会觉得尴尬极了，觉得宝宝实在是太任性了，真该教训一番。

但实际上，你不了解的事实是：这只是宝宝的正常反应，对4~5岁左右的宝宝来说，要假装喜欢一个他并不喜欢的东西实在是个无法完成的任务。另外，一些宝宝还会把这种做法等同于撒谎。因此，父母不要想当然地用大人的要求来要求宝宝，觉得宝宝没有教养或者素质太低等。宝宝只是一个几岁大的孩子，还有很多东西需要学习，千万不要因为一次错误就否决他。

此外，父母都希望自己的宝宝是最棒的，如果这一段时间你发现宝宝退步了，是不是会觉得他偷懒了，要严厉批评一下呢？例如以前都是他自己洗澡，但现在每次洗澡他会大声喊你帮忙；以前他一直自己系鞋带，但现在他还希望你帮他系。面对这些，你是不是会想"宝宝怎么就不能像个大孩子呢"？

实际上，宝宝的这些表现都很正常。5岁左右的宝宝通常是一只脚站在大孩子的世界里，一只脚却还停留在小宝宝的天地里。他们自己也不确定自己到底属于哪一边。因此，在这种矛盾中，他会有一些不太规律的表现，这只是一个过渡期表现。对此，父母不应该对宝宝要求过高，而是要时刻爱护和关照他们，保持宝宝的天性，让宝宝自己逐渐进步。

右脑智能开发

 开发训练

☆花样叠罗汉

【训练目的】

这个练习可以锻炼宝宝的模仿能力，并可以很好地培养宝宝的视觉反应能力，从而促使宝宝的右脑智能得到开发。要在宝宝安静、有兴趣的情况下进行这项练习。

【训练方法】

1. 妈妈先将一只手掌朝下放在膝盖上，然后让宝宝也将他的小手放在妈妈的手上。之后，妈妈再将自己的另一只手轻轻地压在宝宝的小手上，让宝宝也将另一只手压在妈妈的手上。接下来，妈妈抽出压在最下面的一只手，压在宝宝最上面的小手上，如此反复进行。

2. 等到宝宝学会了玩手掌叠罗汉的游戏之后，可以再玩手指叠罗汉的游戏。妈妈伸出食指放在膝盖上，让宝宝伸出同一根手指放在妈妈的食指上，之后循环往复，和第一步做法一样。

3. 妈妈不断地伸出手指，要求宝宝也跟着妈妈及时地变换手指来继续训练。

4. 如果妈妈加快速度不断地变换手指，就鼓励宝宝也随着节奏快速地变换手指和妈妈来训练。

【注意事项】

1. 妈妈可以根据宝宝的具体情况来调整训练的难度，或者可以改变手指头的数目和宝宝训练，也就是一次伸出不同数目的手指头，让宝宝来响应。

2. 妈妈还可以在变换手指的同时，让宝宝快速地计数，培养宝宝数的概念，从而提高数学能力。

☆和皮球做朋友

【训练目的】

在四肢运动和脑神经系统反复作用的过程中，促进宝宝大脑皮质和神经细胞的逐步发展。

【训练方法】

1. 妈妈先双脚分开当球门，由爸爸和宝宝轮流用左脚来射门，比比看谁的命中率高。

2. 爸爸、妈妈和宝宝可以轮流用左右手来拍球。拍的时候可以提出不同的指令，如"把球拍得最高"或"把球拍得最低"等。

3. 用绳子把球固定在比宝宝高出大约10～20厘米的地方，让宝宝双脚向上跳，并且用头来顶球，如果顶到了就计数，积累到一定的数字后就奖励宝宝一些物品。

4. 给宝宝一些指令，让宝宝按照指令左右脚配合拨动地上的球，或往前后或往左右等，最后再把球送回指定的"家"。

5. 在地上摆好4～8个毛绒玩具，由爸爸、妈妈和宝宝来进行比赛，用左手对准目标来滚动小球，玩具倒下最多的就是胜利者。

【注意事项】

游戏时间不宜过长，由于一直在运动，宝宝可能会疲惫，要注意适当休息。

☆小小艺术家

【训练目的】

这个游戏让宝宝自己来创作。通过这种创作，家长和宝宝做到了及时的沟通交流，有利于增进亲子感情，同时培养了宝宝的创造能力。先要准备动物或者水果的图片、彩色笔、已经勾勒好的动物或者水果形状的纸张。

【训练方法】

1. 把图片正面朝下，让宝宝随意地抽出一张。翻开图片，问宝宝图上是什么东西。

2. 可以给宝宝一些时间来观看图片，然后就收起来。拿出已经勾勒好的水果形状的纸张（必须要跟刚才抽选的图片一样），让宝宝填涂上他自己喜欢的颜色。

【注意事项】

1.这个游戏并不是要刻意训练宝宝的记忆力，因此家长可以提醒宝宝不必按照原来的图片颜色来填色。

2. 家长可以借着这个机会让宝宝认识各种各样的颜色。

☆猜猜找找

【训练目的】

通过这种图画式的游戏，锻炼宝宝先认识整体再类推到局部的能力，进而提升宝宝的右脑功能。

【训练方法】

父母可以先准备几幅虚线图，让宝宝猜一猜图形像什么，然后就让宝宝做连线练习，看看自己猜得对不对。还可以让宝宝找一找隐藏起来的图形，如蝴蝶隐藏在蝴蝶花中，让宝宝看看画面上有几只蝴蝶，几朵花。或者也可以把一张较为复杂的图片给宝宝看，让宝宝看看人物、动物和色彩的变化等，让宝宝先看整体，再看局部，并让他说说这是整体的哪一部分。

【注意事项】

这种借助图式思考的游戏适合4岁以上的宝宝玩，可以让宝宝左右脑功能更加协调地沟通。注意一开始不要给宝宝太复杂的图形，如果宝宝猜不出来，或者不懂得从整体猜局部，那么父母就要稍加提示。

☆滚动的箱子

【训练目的】

这个游戏通过滚动箱子，让宝宝感受转圈的感觉，从而培养他的身体平衡感和旋转的感觉，开发右脑潜能。

【训练方法】

1. 把家里购买的电视机或者其他大一些电器的空箱子留下，打扫干净，让宝宝钻进去。

2. 待宝宝钻进去之后，将箱子的盖子合上，然后开始滚动箱子。

3. 开始滚动的时候可以慢一点，宝宝此时会感觉乐不可支，然后再慢慢地加快速度，让宝宝感受到旋转滚动的感觉。

【注意事项】

在开始滚动箱子之前，家长要先问一下宝宝："准备好了吗？"等到宝宝回答"准备好了"之后，再开始滚动箱子。另外，箱子滚动的幅度也要根据宝宝的反应来做出适当的调整。

☆ **左右不一样**

【训练目的】

通过练习不对称动作，使宝宝的左右脑不断受到刺激，进而扩大脑细胞的功能范围，增强脑部的发育。

【训练方法】

1. 屈指运动：教宝宝左手屈拇指，右手同时屈小指，或者左手屈食指，而右手同时屈无名指，动作可以逐渐加快。

2. 指出"五官"：拉着宝宝的一只手，把掌心向上，让他的另一只手的食指放在鼻尖、嘴、眼睛、耳朵上，然后就鼓励宝宝跟着父母拍打手心和喊出的口令来变动手指的位置。

3. 搓脚敲膝运动：让宝宝左手心向下摸左大腿，右手握拳，放在右大腿上，父母喊口令"开始"的时候，让宝宝的左手前后搓左腿，右拳上下敲右腿。当双手已经习惯了这样的一搓一敲时，就可以再下口令"换"，左右手可以交替进行。

【注意事项】

这种不对称动作的游戏适合5岁以上的宝宝玩，一开始宝宝可能有些迷惑，搞不明白方向和对称标准等，父母要耐心引导，仔细示范。

☆ **画地图**

【训练目的】

这个训练可以让宝宝初步知道什么是"地图"，并且通过画地图游戏来初步建立前、后、左、右等空间的概念。

【训练方法】

1. 带宝宝去动物园玩，购买一张导游图，找一个可以坐下来的地方，看着图，让宝宝说说动物园里都有哪些动物。如果宝宝都正确地说出了动物的名称，那就诱导着宝宝去按照图寻找动物。

2. 家长先向宝宝启发性地提问，例如怎样走才会不重复，又能不遗漏地走遍动物园看到每个动物，并且给宝宝说明"导游图"就是一张"地图"。

3. 带着宝宝去每一个游览区的时候，都可以购买一张游览图，加深宝宝对地图的认识。

4. 当宝宝对动物园或者公园之类的地图都较熟悉的时候，可以让宝宝接触所在地的"市区地图"，给宝宝指出那些他很熟悉的地方的具体位置。

【注意事项】

父母还可以在日常散步中，有意识地给宝宝指出沿途的标志物，并且一起画一张自己家附近的简单地图，画上宝宝熟悉的那些标志物：朋友家的房子，经常玩的地方和任何对他来说很有意义的地方。尤其要在地图上强调从家里到某一个特殊地方的道路。在散步的时候，就带上这张地图，经过每个标志物的时候，就指给他看。

☆ 走小路

【训练目的】

通过走小路练习，训练宝宝的平衡能力，同时刺激宝宝的触觉系统，促进感觉综合能力的协调发展。

【训练方法】

1. 准备1根绳子、1本书和1把儿童伞。

2. 父母把绳子拉成直线放在地板上，然后让宝宝赤脚踩在上面，头凝视着前方，试探着向前走和退后走。

3. 父母把书放在宝宝的头顶上，要求其保持平稳。

4. 让宝宝拿着伞，保持平衡不左右摇晃。父母发"开始"口令，让宝宝从绳子的一头走到另一头，尽量保持书或者伞不掉下来。游戏可以反复练习。

【注意事项】

在游戏过程中，父母可以在一旁加油打气，给宝宝鼓励。同时，父母中的一人还可以跟宝宝一起走，增加宝宝的兴趣。

☆ 转椅子

【训练目的】

这个游戏，通过让宝宝做一些有速度、有旋转、自己能控制身体平衡的动作，让宝宝锻炼身体的平衡力，进而增强整个身体的协调力。

【训练方法】

1. 准备一把可以转动的电脑椅。爸爸把电脑椅移动到客厅中央或者周围没有障碍物的地方。

2. 爸爸坐在椅子上，抱起宝宝，让宝宝双脚站在爸爸的大腿上。

3. 爸爸让身体随着椅子一起转动，并且稍稍用力让椅子转得很快，这样宝宝就会非常兴奋。

4. 玩到高级程度之后，爸爸可以突然来个急刹车，调换方向转椅子，让宝宝适应这个"措手不及"的动作。

【注意事项】

一定要注意周围没有障碍物，以免玩游戏的过程中出现碰伤。

☆印脚印

【训练目的】

通过这个游戏，可以培养宝宝对于色彩的认识和脚部的触觉感知力，从而提高宝宝的综合感知力。

【训练方法】

1. 妈妈先要准备一些小鸡、小狗的脚印的图片，红色的广告色和白纸。

2. 妈妈对宝宝说："宝宝看，妈妈手中有一张非常好看的图片。妈妈来讲一讲，宝宝要好好听。下雨过后，地上湿漉漉的，小鸡走在地上，朝后一看，呀！地上有一串小脚印，真好玩！"

3. 说完之后，妈妈可以引导宝宝去观察小鸡脚印的图片："这是小鸡的脚印，那么宝宝的脚印在哪里呢？咱们一起来找一找好不好？"之后，妈妈就将白纸铺在地上，将红色的广告色涂在宝宝的脚底，让宝宝左右脚交替印在纸上。

4. 另外，还可以把印好的脚印粘在地上，爸爸妈妈和宝宝一起来玩"踩脚印"的游戏，以此来加深宝宝对脚和地面的感知。

【注意事项】

爸爸妈妈可以多找一些小动物的脚印图片来让宝宝模仿，还可以让宝宝随意地在纸上踩踏，指导宝宝自己用脚踩出一个图案来。这样的游戏会引起宝宝的兴趣，在好玩中提升宝宝的感知力和想象创造力。

 早教提示

☞ 给宝宝"当家做主"的机会

一般来说，5岁左右的宝宝可以做到以下事情：扣扣子、系鞋带、上厕所、洗脸、刷牙、洗手，在幼儿园自己吃饭、看完书玩完玩具后放回原处、向长辈请教等。但也有一些宝宝很多事情都还不会，这里面就有一些父母的原因。

通常，那些看似漫不经心，不太着急的父母，他们的宝宝更容易学会自己照顾自己。这是因为，那些脾气火暴或者心急的妈妈，看到自己的宝宝扣个扣子也要半天时间，就忍不住自己帮他扣上了。而这样的急于求成是宝宝成长的大忌，虽然妈妈暂时省心了，但长远来看，对宝宝学习新事物、自己照顾自己是很不利的。

另外，五六岁的宝宝，已进入了学习的一个重要阶段，也就是学习知识、开始独立的阶段。在这个阶段，宝宝会面临很多问题：老师布置的作业、学习新东西、同学之间的关系、考试的竞争，等等。此时，正确的做法是给宝宝充分的自由，让他自己尝试着去独自安排时间，处理人际关系，这样他会有所成长。当他实在处理不了的时候，父母再给以帮助，效果也会很好。但有些父母，总担心宝宝还小，不能自己做决定，因此就不断地干涉宝宝的学习和生活，整天唠叨不断。这无疑是在影响宝宝的自理行为养成，让宝宝难以锻炼自己的能力，对以后的生活产生负面影响。

总之，随着宝宝年龄的增大，父母应该适当放开手，给宝宝"当家做主"的机会，让宝宝自己锻炼学会处理事务，这样他才能真正成长起来。

☞ 训练宝宝的团队合作意识

训练宝宝的团队合作意识，可以从以下几个方面入手。

1. 为宝宝营造温馨的家庭氛围

对宝宝来说，父母之间的行为和互动会对他产生很大的影响。因此，要培养宝宝的合作精神，父母首先要以身作则，彼此之间要相互体恤，做家务活时要互相合作等。这样，就可以在宝宝幼小的心灵中撒下合作的种子。

2. 让宝宝学会分享

很多宝宝对自己的玩具都有一种独占意识，不愿意让别的小朋友玩。如果别人硬抢的话，宝宝还会大声哭闹。其实，这个时候，父母就可以耐心地引导宝宝，让宝宝和其他宝宝一起玩。在玩的过程中，让宝宝体会一起玩耍的乐趣，并逐渐愿意和其他宝宝交换玩具，从而慢慢学会分享和与人合作。

3. 给宝宝创造团队合作机会

父母要尽力在游戏中给宝宝创造合作的机会。例如二人玩翻绳，拍手谣，猜拳舞，合作一幅画的游戏等。随着宝宝能力的提高，还可适当增加难度，如结构游戏"盖楼房"，角色游戏"开医院"，等等。

4.通过参加集体表演来增强宝宝的团队意识

一般来说，幼儿的团体表演项目都是分工明确的，且要求动作一致。因此，每个宝宝除了演好自己的角色外，还要懂得和他人配合。因此，父母可以多让宝宝参加集体舞蹈、集体歌唱等活动，以此来提高宝宝的团队合作能力。

☞ 给宝宝展示自己的空间

这个阶段的宝宝，有着巨大的天赋和创造才能。要发现这些才能，就要给宝宝提供相对宽松的家庭环境。

一般来讲，我们理解的相对宽松的家庭环境就是：不因宝宝说出了自己的奇怪想法，就觉得他是异类；不因宝宝写的字比不上印刷品整齐美观就挨骂；不强迫宝宝去做他自己特别不愿意做的事情；不强迫宝宝吃不喜欢的东西、学习不喜欢的艺术等；不禁止宝宝带自己的好朋友回家。诸如此类的事情，父母都要采用换位思考的方式来处理，给宝宝充分的尊重和理解，让他自己发挥。

值得注意的是，宽松的家庭环境并不是没有教养的家庭，宝宝说脏话、骂人、随便拿别人东西的行为肯定是不允许的。

其实，给宝宝提供自己的空间，就是要接纳宝宝超出你期待的部分，让宝宝较为自主、自由地发展。例如宝宝的性格没有你期望的那么开朗，他做事时有点磨蹭，他会忘记自己该做的事情（如做作业）等。这时候，父母都要懂得给他一个空间，让他充分去感受自己的优势和劣势，并为此付出一些代价。

另外，如果宝宝很喜欢唱歌跳舞，但你却希望她是一个淑女，那么你还是应该鼓励她去唱歌跳舞。不同宝宝的活力和天赋体现在不同的方面，父母要尊重他们的选择，给他们自由发挥的空间，而不要强加干涉。

智商的开发

❀ 开发训练

☆ 找图形

【训练目的】

通过让宝宝根据形状、颜色标记对图形进行双维排列，让宝宝体验给图形定位的方法，从而发展宝宝的逆向思维和立体思维。

【训练方法】

1. 准备双维排列底板1块，一些与图上的标记相对应的图形，例如蓝色的方形、红色的三角形，等等。

2. 爸爸或者妈妈可以先和宝宝一起猜拳，决定谁可以先玩。然后赢的一方就可以随意地说出一个空格（例如横三竖四），让对方找出相应的符合条件的图形放上去。如果谁找错了图形，那么就放不上去，就要把机会让给别人。

【注意事项】

爸爸妈妈要先给宝宝示范一下如何玩游戏，然后再跟宝宝一起玩。而且在玩的过程中要有耐心，宝宝可能找图形的时候会比较慢，父母不要催他，要给他时间。

☆ 家庭"动物园"

【训练目的】

通过训练，发展宝宝的具体形象思维能力。游戏之前，要先准备各种小动物的玩具和积木。

【训练方法】

1. 妈妈先和宝宝一起来回忆动物园里动物居住的房子是什么样的，然后就让宝宝自己动手给动物们搭建房子。

2. 妈妈可以在一旁启发着宝宝，例如，大象的身体大大的，我们就要给它搭建一座大大的房子；长颈鹿的脖子长长的，我们就要给它搭建一座高高的房子；小田鼠的身子小小的，我们就要给它搭建一座小小的房子。

3. 最后，让宝宝把各种小动物玩具都放入自己搭建好的房子里，构成一个家庭"动物园"。

【注意事项】

父母还可以提出各种建议，例如是不是还要盖一个停车场、快餐店和冷饮店等，引导着宝宝去回忆和关注与动物相关的各种事物，启发宝宝用积木搭建起更多的东西。这样宝宝也会玩得更加起劲。

☆奇怪的时钟

【训练目的】

让宝宝在认识时钟的基础上，发展其逆向思维和判断力。

【训练方法】

父母可以先自制一个能拨动时针和分针的时钟，并准备一面镜子。让宝宝看着镜子，爸爸或者妈妈拿着自制的时钟站在他身后，拨动时针和分针，让宝宝看着镜子里时钟的影像，说出现在是几点钟。

【注意事项】

这个游戏能让宝宝知道，镜子中的景象和实景是相反的，父母也可以趁机向宝宝讲解时间的具体概念和年、月、日等知识。

☆让珠子掉下去

【训练目的】

这个游戏可以提升宝宝的手眼协调能力，对于测量和调节能力的提高也有帮助。要准备纸盒、厚纸和弹珠。

【训练方法】

1. 在纸盒的上面利用厚纸围成一个墙壁的样子。

2. 之后将做好墙壁的纸盒子挖一个可以让弹珠掉下来的洞。

3. 接着将弹珠放在纸盒上，想方设法让它掉进洞里，例如，用嘴把它吹进洞里。

4. 还可以把纸盒拿起来左右晃动，让弹珠掉进洞口里。

5. 接下来，多放一些弹珠在箱子上试试看。

【注意事项】

可以多邀请几个小朋友一起来玩这个游戏，这样可以增加宝宝的兴趣，创造出更加愉悦的氛围。

☆藏宝图

【训练目的】

这个游戏可以训练宝宝的空间知觉能力和逆向思维能力。

【训练方法】

1. 先用比较透明的纸做几张"藏宝图"（也就是背面有图案的纸），并且准备几张相同的空白图纸。

2. 爸爸或者妈妈可以先给宝宝看一张"藏宝图"，然后告诉他"这是一张透明的藏宝图，把它翻过来的话，你猜会出现什么样的图案呢"，让宝宝来感知背面的图案。或者也可以让宝宝在空白图纸中画出来。

【注意事项】

如果宝宝画不出来或者猜不出来，父母一定要耐心地引导，不可呵斥宝宝，更不可骂宝宝笨。

☆包装礼物

【训练目的】

通过游戏可以训练宝宝的动手能力，加强宝宝的情感教育。要先准备纸盒、包装纸、剪刀和胶带。

【训练方法】

1. 给宝宝看包装得非常漂亮的礼盒，引起宝宝的好奇心。

2. 家长对宝宝说："一起来包装礼物吧！"然后就开始游戏。

3. 宝宝剪好纸张后，妈妈就协助宝宝，让他将包装纸覆盖在纸盒子上，并且做折叠的动作。

4. 妈妈可以先在纸上留一些折的痕迹，或者可以先帮助宝宝折。

5. 让宝宝用胶带把包装纸的开口处粘贴固定。

6. 让宝宝自己将装糖的纸盒包好，送给好朋友作为礼物。

【注意事项】

如果宝宝一开始还不能很熟练地包装，妈妈就可以先给宝宝示范一遍，然后再让宝宝反复练习。

☆看见了什么

【训练目的】

这个游戏可以提高宝宝对数的认识，发展宝宝的想象力。

【训练方法】

1. 父母先准备3张16开的白纸，并在纸上画上方形，把中间部分剪掉，露出一个洞。

2. 妈妈拿起第一张纸遮住脸，从纸上的洞中露出嘴让宝宝看，一边问宝宝："宝宝看见什么了？"

3. 妈妈继续把鼻子也露出来，然后问宝宝："这次又看见什么了？"以此类推，妈妈还可以露出手指、耳朵、眼睛等。

4. 妈妈把纸交给宝宝，让宝宝对着镜子照样做，一边做一边说出"一张嘴""一个鼻子"等。

【注意事项】

当宝宝玩熟练了之后，妈妈就可以教他玩第2、第3张纸型，分别露出两只眼睛和一个鼻子等。妈妈还可以准备2张同样的纸型，妈妈和宝宝各一张，然后一个人做，另一个人学。

☆选工具

【训练目的】

这个游戏可以启发宝宝的想象力，从而训练宝宝右脑的创新思维能力。游戏之前要准备一些家庭常用的工具，例如小钳子、剪刀、小锤子、螺丝刀、小锯子，等等。

【训练方法】

1. 家长先拿起每件东西让宝宝一一地说出它们的名称和用途。例如：这是小钳子，可以用来夹紧东西；这是剪刀，可以用来剪东西；这是小锤子，可以用来砸或者敲击东西，等等。

2. 当宝宝一一地记住了这些工具的名称和用途之后，家长就问宝宝："我要在墙上钉个钉子，应该选择什么工具呢？"

3. 等宝宝说出了工具名称之后，就让宝宝把那个工具给找出来。之后，家长就再问："我有一块木板，想把它分成两块，应该用什么工具啊？"或者"这里有一个螺丝钉，我想把它取出来，可以选用什么工具呢？"像这样一直玩下去。

【注意事项】

等宝宝完全学会玩之后，就可以不用实物进行训练了。还可以多增加一些工具的种类，让宝宝了解更多。

☆反口令

【训练目的】

这个训练让宝宝可以根据反口令来做相反的动作，训练宝宝的思维逆向性和思维的敏捷性，从而提升宝宝的左脑逻辑思维能力。父母先要向宝宝解释训练的规则，必要的时候可以先做一个示范。

【训练方法】

1. 妈妈或者爸爸对宝宝说："起立！"宝宝就必须坐着不动。

2. 妈妈或者爸爸再次对宝宝说："举起左手。"宝宝则要随之举起右手。总之，宝宝要做和下达的命令相反的动作。

【注意事项】

这是个很好的家庭训练，可以动员所有的家庭成员来一起和宝宝做，这样不仅可以增添宝宝的兴趣和热情，还能活跃家庭气氛，让宝宝感受到家庭的美好幸福。

☆想想像什么

【训练目的】

通过简单的画画游戏来发展宝宝的想象力和创造力，提高其综合智力。

【训练方法】

1. 父母可以先让宝宝画一个圆圈，然后问宝宝："宝宝画的是什么呢？"让宝宝对此进行充分的想象，说出类似的事物，如"皮球""镜子""盖子""饼干""太阳"，等等。

2. 父母可以让宝宝再画出一个三角形或者正方形，然后再让宝宝说出类似的事物。以此类推。

【注意事项】

在宝宝逐渐玩熟了游戏之后，爸爸妈妈还可以在宝宝想象的基础上，给这些图形添加更丰富的东西，例如圆形上添上绳子变成气球，添上光芒即为太阳等。以此来进一步提高宝宝的积极性，激发他的想象力和创造力。

 ## 早教提示

☞ 满足宝宝的求知欲和好奇心

三四岁正是对自然界和社会现象产生强烈好奇心和求知欲的年龄。例如，一些宝宝会对新的、特殊的语言感到好奇；另一些宝宝则会对破坏或组合的东西非常热衷；很多宝宝还会不停地发问，等等。宝宝的这些行为和表现，让一些父母非常烦恼，他们很奇怪，宝宝怎么会有如此之强的好奇心呢？

其实，"好奇心"是宝宝增长知识的重要基础之一。对任何事物都没有好奇心或者不感兴趣的宝宝，反倒更值得父母担忧。那么，如何满足宝宝的好奇心和求知欲呢？

1. 带宝宝一起外出的时候，父母可以故意表现出对一草一木、太阳、星星和其他事物都非常感兴趣的意思和想探索的欲望，以刺激宝宝的好奇心。

2. 如果宝宝喜欢音乐，就经常放音乐给他听，并和他一起玩乐器；同样，如果宝宝对昆虫感兴趣，就陪他一起捉昆虫。

3. 如果宝宝喜欢问这问那，父母就可以和宝宝一起观看一些《动物世界》之类的节目，以此来给宝宝解答。

4. 父母要多问问宝宝："你觉得怎么样？""幼儿园里今天发生了什么事？"这种开放式的问题可以激起宝宝表达自己想法的欲望，展现出他的兴趣爱好。

5. 如果宝宝喜欢乱扔玩具，或做一些影响屋内整洁的游戏，父母可以给宝宝搭建一个游戏角，让他在"自己的区域里"自由玩耍，这样也有利于保护他的好奇心。

☞ 训练宝宝的感官敏感度

这个时期，宝宝感官敏感度的训练可以着重以下几点。

1. 给宝宝提供爬行的舞台。父母可以在家里腾出一个较大的活动空间，供宝宝学习爬行。学爬行可以促进宝宝前庭和小脑的发育，而左右扭动则可以促进宝宝腰部的肌肉发育，还能促使脊柱延长进而促进身体长高。

2. 让宝宝积极捡拾小东西。经常性地在地上或者桌子上放一些小东西，让宝宝捡起来。这样，宝宝的手指灵活度和触觉感知就会增强，有利于智力的发展。

3. 用勺子盛食。喂宝宝吃饭的时候，可以拿一个塑料或者铁质的小勺，让宝宝自己在碗中舀并且送入口中。让宝宝自己吃饭，有助于宝宝自理能力的提高和手臂肌肉的发展，进而提高智力。

4. 让宝宝单独玩耍。父母可以让宝宝自己玩玩具，自己只在旁边做自己的事，例如看书读报等。之后，父母可以故意离开宝宝，到另一个房间去，让宝宝有一段独自玩耍的时间。因为宝宝知道父母在家里，因此就算父母不出现，宝宝也会把注意力集中在玩具上，安静地玩玩具。这样的练习，有利于宝宝的感官发育和感知外界事物，为将来离开父母进入社会打好基础。

☞ 锻炼认知能力最好与生活相结合

宝宝的绝大部分认知都来自父母。除了遗传因素，宝宝的很多行为都是模仿大人的结果，而宝宝一切的认知最简单的来源就是父母日常生活的点点滴滴。看到父母拖地扫地，宝宝才形成了对地面的认知和对打扫卫生的认知，等等。因此，要锻炼宝宝的认知能力，最好的办法就是与现实生活结合起来。

这个年龄段的宝宝一般都会对日常用品感兴趣，电话、闹钟、遥控器等都能吸引他们。而厨房中的锅碗瓢盆更是宝宝的最爱，他会很乐意地跑到厨房去帮助妈妈洗菜、端盘子，并自告奋勇地要求盛汤或在微波炉里加热食物。这个时候，他或许会对微波炉的使用及构造产生兴趣，父母就可借此机会给他讲解一下，让他对微波炉有所认知。另外，在宝宝玩耍玩具的过程中，他或许会对某件玩具产生兴趣，想要拆开重装一下。此时爸爸就可以帮着宝宝重装，并告知他这个玩具的制作原理和重装原则，让宝宝认识到电子产品的构造和制作模式。

对爱画画的宝宝，父母可以给他拿来一些名家的画作让他观看，同时把美术方面的知识讲给他听。例如给宝宝看《向日葵》或者其他印象派的画作，然后就给他讲凡·高或印象派大师的故事等，让宝宝对美术知识有一定的了解。通过这样有意识的培养，宝宝的认知能力就会与日俱增。

情商的开发

 开发训练

☆该到哪里去

【训练目的】

这个训练，有助于培养宝宝认知事物关系的能力和思维判断能力以及社会适应能力，并且提高宝宝人际交往的能力。游戏开始之前，父母要先想出一些宝宝比较熟悉的活动内容。

【训练方法】

1. 爸爸或者妈妈对宝宝说："看电影的时候要到哪里去呢？"

2. 等宝宝回答完了之后，父母就再问宝宝："书本要到什么地方去买呢？""迷路了应该问谁？""生病了要到哪里去找医生呢？"

【注意事项】

父母在日常生活之中要让宝宝注意观察社会生活中人与人之间的交往和关系，随时随地给宝宝讲解人和事的概念和关系。

☆消气锦囊

【训练目的】

这个游戏主要是引导宝宝学习用适当的方式来表达自己的情绪，逐步发展宝宝的情绪自控能力，提高其情商。

【训练方法】

1. 准备笔、纸各一份，不同颜色的布袋3个。

2. 妈妈要先给宝宝讲《消气锦囊》的故事。"有一个小朋友因为某件事非常

生气，他气得想把墙推倒、把花盆砸碎……但这当然是不可能的，因此他越想越生气，结果他的身体竟然像气球一样胀得越来越大，缩不回来了。后来，神仙姐姐知道了这件事情，就送给他一个红色的'消气锦囊'，只要打开它，人就会变得开心起来，而且身体也会恢复原形。"

3. 讲完后，妈妈可以问宝宝："你知道'消气锦囊'里面是什么吗？"让宝宝自己作出各种想象。

4. 然后，妈妈可以和宝宝讨论，平时他有不高兴的事情吗？不高兴的时候他都做什么呢？

5. 之后，妈妈就给宝宝3个不同颜色的布袋，让宝宝画一张微笑的脸、一张生气的脸和一张哭泣的脸，然后背着宝宝将3幅图分别放进3个布袋中，让宝宝猜猜生气的脸在哪个布袋中，怎样才能让它开心起来。

【注意事项】

做游戏的过程中或者游戏之后，妈妈可以告诉宝宝每个人都会有生气的时候，解决生气的办法可以是让自己的情绪先稳定下来，再找一种适当的方式发泄，但绝不能伤害自己和别人。

☆表达自己的感激

【训练目的】

让宝宝学会感恩，增强感恩之心，同时让宝宝懂得与人为善的好处，便于和其他小朋友相处。

【训练方法】

1. 教宝宝感谢父母和其他亲人，并给宝宝举出很多例子让他感受到家人对他的爱，如给他洗衣服、背他看病等。

2. 告诉宝宝要感谢那些经常和他一起玩耍的小朋友，因为有了他们的陪伴，宝宝的生活才有了更多乐趣。

3. 让宝宝感谢打扫卫生的阿姨和传达室的爷爷，正是他们，让我们的生活更干净、便捷。

4. 告诉宝宝要感谢祖国，正是有了稳定的祖国，才有了我们如今的幸福家庭和生活。

【注意事项】

父母在教育宝宝时，最好加入一些名人事迹或感人事迹，并用饱含感情的话语讲述，以加深宝宝的印象。

☆顶气球

【训练目的】

这个游戏可以训练宝宝的快速反应能力和动作灵敏性，从而培养宝宝和他人的合作精神。

【训练方法】

1. 准备各色气球若干，打气筒1个。

2. 宝宝和妈妈一起吹气球。在教宝宝吹气球的技巧时，妈妈还可以教宝宝用打气筒给气球打气，以锻炼他的臂部肌肉。

3. 拿出一个吹好的气球，妈妈跟宝宝合作，轮流用头把气球往上顶，不要让它掉到地上。

4. 妈妈可以和宝宝进行比赛，两人分别用头顶一个气球，谁顶的气球先掉到地上就算谁输了，输的人要罚唱一首歌或者背一首诗。

5. 妈妈和宝宝分别边顶气球边赛跑，看谁能顶着气球又快速又安全地到达终点。

【注意事项】

1. 这种顶气球的游戏在宝宝较小的时候就可以玩，而宝宝到了5～6岁之后，可以增加一些花样，例如用肩膀来顶气球、用膝盖顶气球等。

2. 一旦气球要掉下来了，父母就可以大声要求宝宝快速反应，去把气球托起来。

3. 游戏要选择较空旷的地方，以免弄伤宝宝。

☆妈妈丢了怎么办

【训练目的】

这个练习的目的是增强宝宝的自我保护能力，也就是加深培养宝宝的自理能力。

【训练方法】

1. 家长对宝宝说："如果爸爸妈妈带你去玩具店，你正在看玩具的时候发现爸爸妈妈不见了，你怎么办呢？"接着再问宝宝："你是自己到处跑着去找爸爸妈妈呢，还是站在原地不动等着爸爸妈妈来找呢？"之后告诉宝宝，正确的做法是站在原地不动等着爸爸妈妈来找。

2. 如果爸爸妈妈很长时间都没有回来，告诉宝宝，还可以找商店柜台里的售货员阿姨或者叔叔，告诉他们自己找不到爸爸妈妈了。之后还要告诉阿姨或叔叔爸爸妈妈的姓名、工作单位、电话号码、自己的家庭住址等，让他们帮忙找一下。

3. 家长可以考考宝宝，假如此时身旁有一个陌生人告诉宝宝："小朋友，跟我走吧，我带你去找爸爸妈妈。"你会跟他走吗？教育宝宝不可以跟陌生人走，即便那人给他糖果或者玩具。

4. 宝宝如果一下子说不全爸爸妈妈的姓名、单位和家庭住址，家长可以反复地教，多教几次之后就会记住了。

【注意事项】

1. 最好可以让宝宝参加一下模拟找妈妈的游戏，把过程中的各个细节都表演出来，加深宝宝印象。

2. 做这个游戏之前，宝宝需要知道他所在地的一些信息，还有爸爸妈妈的一些情况。

☆攀爬"爸爸山"

【训练目的】

通过这个有趣的亲子游戏，一方面有助于宝宝身体肌肉的锻炼和运动机能的提高；另一方面可以增进爸爸和宝宝之间的感情。

【训练方法】

1. 爸爸先拉开马步站好，之后就可以让宝宝来爬山了！

2. 爸爸稍微弯曲双膝，这样宝宝可以比较容易地爬上爸爸的身子。

3. 当宝宝爬到半山腰的时候，爸爸可以一边说："大风来啦！"一边摇动身体，这时候如果宝宝手没抓好，就会"滑"下"山"。然后就可以重新再来爬。

4. 当宝宝双手钩住爸爸的脖子的时候，就算爬到山顶了，爸爸可以适当地给予奖励。

【注意事项】

爸爸可以事先穿一些结实的衣服，以免被宝宝给拉坏了。同时最好选择宽敞安全的地方来进行游戏，以免不慎摔倒碰伤宝宝。

☆石头、剪子、布

【训练目的】

这个游戏是让宝宝学会判别输赢和记分，并且学会利用游戏的结果来处理日常生活中的一些小争端。

【训练方法】

1. 如果宝宝之前没有玩过石头、剪子、布的游戏，父母就要先教宝宝认识拳头是"石头"、伸出食指和中指是"剪子"、摊开手掌是"布"。

2. 告诉宝宝输赢的规律：布可以包住石头，石头能够砸坏剪刀，剪刀可以剪破布。

3. 先让宝宝和父母来玩这个游戏，两人做好准备，一起来喊口令"1、2、3，出手"，注意两人必须同时出手，然后再一起来判断输赢。

4. 当宝宝可以很熟练地玩这个游戏之后，父母再告诉宝宝，以后可以采用这种方法来决定先后，例如谁先上滑梯、大家都喜欢的玩具让哪位宝宝先来玩、自己和谁分在一组等。告诉宝宝很多小争端都可以用这种方式来解决。

【注意事项】

一开始如果宝宝不是很明白，父母可以先示范几次。每次伸出手有了胜负之后，父母可以做出一些很高兴或者很沮丧的表情动作，来刺激宝宝的兴奋度，让宝宝更开心地参与游戏。

☆给外婆打电话

【训练目的】

通过给外公外婆打电话的游戏，可以让宝宝懂得尊敬长辈的道理，同时教宝宝熟悉生活中的一些小常识，提高情商。

【训练方法】

1. 妈妈可以先帮宝宝制作一个电话本，着重记下宝宝想要打电话的对象，然后让宝宝多看看，加深记忆。

2. 隔一段时间，妈妈就可以引导宝宝："快给外婆打电话，告诉她你得了小红花！"

3. 当宝宝按下数字键，开始打电话的时候，妈妈就可以模仿外婆的角色，跟宝宝来个即兴对话。

4. 妈妈还可以启发宝宝"还想给谁打电话啊"，让宝宝自由发挥想象，选择打电话的对象。

【注意事项】

要保持宝宝的兴趣，就要在角色扮演的时候注意趣味对话和夸奖宝宝。如给外婆打电话时，妈妈扮演的外婆就可以说"呀，宝宝真乖，都知道给外婆打电话了"。

☆和大家一起做游戏

【训练目的】

通过安排宝宝和同龄的宝宝一起做团体游戏，可以有效培养宝宝的合作交往能力。游戏之前要准备一些球和玩具等。

【训练方法】

1. 家长找个时间，安排宝宝和其他的同龄宝宝在一起做团体游戏。

2. 鼓励宝宝们多做一些团体活动，并且提供足够的玩具和物品。

3. 先安排需要两个人来合作的活动，例如互相滚球、过家家等。

4. 把一块硬纸板架在书上制成一个斜面，指导宝宝从高处轻轻地推着玩具车，使车子滚到下面。之后，让一个宝宝去推车子，另一个宝宝在下面接着车子，完成之后交换位置再做一次。

5. 让两个宝宝彼此相隔1米左右坐着，让他们一个一个地来推球或者推玩具车。如果他们做得很好就要表扬他们，同时给他们一些奖励，例如糖果或者水果等。

【注意事项】

如果有必要，家长可以和孩子们一起来玩游戏，之后再逐渐地退出游戏，让孩子们自己来玩。

☆表演"狼来了"

【训练目的】

通过故事角色扮演，教宝宝懂得生活中的一些办事规则和品质，培养宝宝的优秀道德品质和为人处世原则。

【训练方法】

1. 妈妈先给宝宝讲一讲《狼来了》的故事，然后告诉宝宝，现在他们要扮演里面的角色。

2. 妈妈来扮演大人，由宝宝来扮演放羊娃。第一次，宝宝大喊："狼来了，狼来了，救命呀！"妈妈赶快出现，手中拎着"木棍"大叫："在哪里？狼在哪里？"宝宝哈哈大笑："我骗你的，根本没有狼。"妈妈悻悻离去。

3. 第二次，宝宝依然大喊："狼来了，狼来了，快来救我！"这次，妈妈又急忙赶到，但还是没有看到狼。妈妈不满地对宝宝说："你是个说谎的宝宝，我再也不相信你了。"然后就走开了。

4. 第三次，大灰狼真的来了，宝宝扮演的放羊娃害怕起来，大喊："狼来了，狼来了！"可妈妈站在旁边就是不帮他，不一会儿，他的小羊就被狼给吃完了。

5. 表演结束后，妈妈可以问宝宝放羊娃骗人的行为对不对，然后教育宝宝要做个不说谎的好宝宝。

【注意事项】

在游戏过程中，妈妈可以用玩具动物来代替小羊和大灰狼，为了提高宝宝的兴趣，要尽量表演得像一点儿。妈妈还可以给宝宝戴上一顶帽子来模仿放羊娃，这样会让宝宝更有兴趣去玩。

🌸 早教提示

☞ 在劳动中培养宝宝的责任心

责任心并不是与生俱来的，而是后天培养的。随着年龄的增长和生活经验的逐渐积累，父母可以开始培养宝宝的责任心，而家庭劳动是最好的培养宝宝责任心的方式。

1. 让宝宝学会自己的事情自己做

凡是宝宝力所能及的事情，如吃饭、穿鞋、穿衣、叠被等，都应鼓励宝宝自己去做。有时，宝宝一撒娇，妈妈心一软就替孩子做了，这种行为其实是剥夺宝宝自己动手的机会，不利于宝宝责任心的建立。

2. 给宝宝树立规则意识

学龄前的宝宝一般都处于他律的时期，他们一般是服从外部规则，或接受一些权威指定的规范。因此，对这个时期的宝宝，父母可以有意识地制定一些好的规则来让他遵守，这也有助于其责任心的培养。

3. 给宝宝分配适当的任务

家庭生活中，父母有意识地给宝宝分配一些家务活儿来做，可以让宝宝意识到自己是家庭的一分子，是得到父母重视的、不可或缺的重要人物。由此，宝宝就会形成较强的责任意识。

4. 让宝宝自己承担行为所造成的后果

由于年龄还小，宝宝出于对一些事情的好奇或者日常生活知识的匮乏等，常做出一些不负责任的行为，酿成不良后果。对此，父母一定要有正确的认识，不必过于担心，可以让宝宝自己承担自己不负责任的后果，从而认识到责任的重要性，在内心建立起责任意识。

☞ 塑造宝宝的好性格

虽然性格的形成有先天因素影响，但后天的影响也占有相当的分量。对幼儿时期的宝宝来说，其性格的塑造是尤为重要的。

1. 宝宝适应能力的培养

随和的宝宝拥有足够的适应性去忍受和接受新环境，他可以在酒店房间或祖母怀里睡得像在自己家里一样好。但若宝宝特别喜欢哭，或拒绝在其他的地方睡觉等，那么父母在给他引进新事物之前，就要慢慢进行，让他有一个心理适应期。

2. 固执

宝宝是否会尽力拿到玩具？当他不能拿到玩具的时候会哭喊？如果宝宝这样固执，父母就可以让宝宝用拨浪鼓去敲桌子。通过这种游戏或者其他好玩的事情来让宝宝保持忙碌，从而消解他的固执。

3. 敏感

宝宝是否对很小的刺激都大惊小怪？或胆子非常小？对敏感的宝宝不管何时都要保持环境的安定：与他交谈，不要过于大声；犯错误时也不要严厉批评，而要循循善诱，耐心地给他讲解。

4. 社交能力

若宝宝跟其他宝宝玩得很愉快，且情绪高涨，那么宝宝的社交能力就还不错。但若宝宝很害羞，不太善于跟人说话，还有些胆怯，那么，父母就要经常鼓励他，并亲自带他出去玩耍，跟人打招呼，让宝宝逐渐消除心中的紧张和害怕，变得开朗，乐于交往。

给予宝宝充分的安全感

很多父母都有这样的主张：一旦宝宝哭闹了就要赶紧把宝宝抱起来，也就是所谓"一哭就抱"的教育原则。虽然，这样的做法并不是每对父母都赞同，但大家共有的看法却是，在宝宝哭闹的时候，父母一定要确保他不是因为缺乏安全感而感到害怕。

有些人认为，吓唬吓唬宝宝也没什么不好的，给他们一点颜色后他们就会学乖了。在这样的观点下，一些父母往往会在宝宝哭闹的时候对宝宝说"不要你了""把你扔到外面去""不听话小心大灰狼来吃你"等严厉的话。这些话表面上看来似乎起到了吓唬宝宝的作用，宝宝一下子就不哭了。但事实上，此时宝宝是被迫听话的，他内心除了委屈之外还有害怕的成分，这种缺少安全感的宝宝成长和发育都会比正常的宝宝要慢。

因此，父母在教育宝宝或者惩罚宝宝的错误的时候，一定要记住：不能让他觉得自己被抛弃了，也不要拿"不要你了"这样的话来吓唬他，或者对他说"你是路边捡来的""你是别的妈妈生的"。宝宝往往会对这些话信以为真，在以后的生活中受到负面心理影响，不利于自身健康成长。

附录1　0～6岁宝宝智能水平测试

满月宝宝智能水平测试

1. 宝宝第一次注视离眼睛20厘米的模拟的妈妈面孔的黑白图画：

A. 10秒钟以上（10分）　　　　　B. 7秒钟以上（7分）

C. 5秒钟以上（5分）　　　　　　D. 3秒钟以上（3分）

2. 在离耳朵15厘米的地方摇动内装20粒黄豆的塑料瓶子时，宝宝会：

A. 转过头眨眼（10分）　　　　　B. 皱眉（8分）

C. 耸鼻张口（6分）　　　　　　　D. 不动（0分）

3. 大人把手从远处突然移动到宝宝的眼前，宝宝会：

A. 转过头眨眼（6分）　　　　　　B. 眨眨眼（5分）

C. 不动（0分）

4. 宝宝的手：

A. 双手可以达到胸前，可以吸吮任意一侧的手指（6分）

B. 单手可以达到胸前只吸吮一侧的手指（5分）

C. 可以吸吮单侧的拳头（3分）

D. 双手放在体侧不动（1分）

5. 把笔杆放入宝宝的掌心，宝宝会：

A. 紧紧握住10秒钟以上（10分）　B. 紧紧握住5秒钟以上（7分）

C. 紧紧握住3秒钟（5分）　　　　D. 不握或者握住之后马上又放开（0分）

6. 啼哭的时候大人发出同样的哭声，宝宝会：

A. 回应性地发音2次（10分）　　　B. 回应性地发音1次（8分）

C. 停止啼哭等待（7分）　　　　　D. 仍然继续啼哭（2分）

7. 大人和宝宝讲话的时候，宝宝会：

A. 发出喉音作为回答（12分）　　　B. 小嘴模仿（10分）

C. 停止哭泣注视着（8分）　　　　D. 不理不睬（0分）

8. 大人用手指挠宝宝胸腹时宝宝发出回应性的微笑，出现在：

A. 5天前（16分）   B. 10天前（14分）

C. 15天前（12分）   D. 20天前（0分）

9. 两周之后以声音、姿势、便盆为条件出现的排便（大小便）：

A. 15～20天（12分）   B. 20～25天（10分）

C. 25～30天（8分）   D. 不会（2分）

10. 10天之后俯卧的时候，宝宝：

A. 头能够抬起，下巴贴着床（12分）

B. 眼睛会抬起观看（10分）

C. 头转向一侧脸贴在枕头上（8分）

D. 头不能动，埋入枕头，由大人转动（4分）

11. 扶着宝宝的腋下站在硬板上辅助迈步的时候，宝宝可以走：

A. 10步（10分）   B. 8步（8分）

C. 6步（6分）   D. 3步（3分）

12. 俯卧的时候大人双手从胸部两侧把宝宝托起：

A. 头与躯干平行，下肢下垂（8分）

B. 头与下肢均下垂（4分）

测试结果：

0～90分：表明宝宝的智能发展没有达到理想的水平，妈妈要注意多加训练。

90～110分：表明宝宝的智能发展还可以达到平均水平，若要继续提升宝宝的智能，妈妈也要多加训练。

110分以上：表明宝宝的智能发展很棒，妈妈要继续努力！

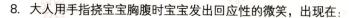 ## 半岁宝宝智能水平测试

1. 拿走宝宝正在玩耍的玩具时，宝宝会：

A. 尖叫乱动并且表示出反抗（10分）

B. 以啼哭来反抗（8分）

C. 察觉不到（0分）

2. 听到大人说出物体的名称时，会用手握或者眼睛看物体的方向：

A. 4种（16分）　　　　　　　　B. 3种（12分）

C. 2种（8分）　　　　　　　　 D. 1种（4分）

3. 两只手各握着一个物体时，宝宝会：

A. 对敲（10分）

B. 会用两手各握住一物（8分）

C. 双手抱紧一个物体，放手后掉下来（6分）

D. 不握物体（0分）

4. 拨弄小球的时候，宝宝：

A. 一把抓住（12分）　　　　　　B. 用手拨弄（10分）

C. 只看不摸（2分）

5. 大人说"不许"，宝宝：

A. 停止原来的动作（10分）　　　B. 笑着仍继续干（6分）

C. 没有反应（2分）

6. 会用手势来表示语言，例如再见、谢谢、点头、握手，等等：

A. 3种（15分）　　　　　　　　B. 2种（10分）

C. 1种（5分）　　　　　　　　 D. 不会（0分）

7. 懂得大人的夸奖和责骂：

A. 语言（8分）　　　　　　　　B. 表情（6分）

C. 语言加上表情（4分）　　　　D. 不懂（0分）

8. 记得离开了7~10天的熟人：

A. 再见的时候会表示亲热地投怀（8分）

B. 见人笑（6分）

C. 手脚舞动（4分）

D. 注视（2分）

9. 喝水的时候，宝宝：

A. 自己双手捧着杯子喝水（6分）

B. 完全由大人拿着杯子才能喝水（4分）

C. 只会用奶瓶不会用杯子喝水（2分）

10. 大小便之前：

A. 有声音表示（10分）

B. 能用动作表示（8分）

C. 由大人定时把，自己不表示（4分）

D.用尿布（2分）

11. 翻滚的时候，宝宝：

A. 连续翻360度，打几个滚（10分）　B. 能翻动360度一次（8分）

C. 翻身180度（4分）　　　　　　　D. 翻身90度（0分）

12. 坐稳的时候，宝宝：

A. 双手自由活动（12分）　　　　　B. 双手在前面支撑（10分）

C. 身体向前倾斜倒下（8分）　　　　D. 靠坐（4分）

测试结果：

0~90分：宝宝的智能发展没有达到理想水平，要多加训练。

90分~110分：宝宝的智能发展刚达到平均水平，若想再提升，就要多加训练。

110分以上：宝宝的智能发展非常棒，要继续努力！

1岁宝宝智能水平测试

1. 比较铅笔、瓶子、盒子的高度的时候，宝宝：

A. 会比较3种（10分）　　　　　　B. 会比较2种（7分）

C. 会比较1种（4分）　　　　　　　D. 不会比较（0分）

2. 踢球的时候，宝宝能踢：

A. 2米（10分）　　　　　　　　　B. 1.5米（5分）

C. 1米（3分）　　　　　　　　　　D. 0.5米（2分）

3. 从口袋中按照命令摸出物品，宝宝能够摸出：

A. 5种（10分）　　　　　　　　　B. 4种（5分）

C. 3种（3分）　　　　　　　　　　D. 2种（0分）

4. 套圈的时候，能套上一个圈的最远距离是：

A. 1米（10分）　　　　　　　　　B. 75厘米（8分）

C. 50厘米（7分）　　　　　　　　D. 25厘米（0分）

5. 分享好吃的东西的时候，宝宝会：

A. 分给4个人（10分）　　　　B. 分给3个人（5分）

C. 分给2个人（3分）　　　　　D. 只给自己（0分）

6. 上厕所的时候，宝宝：

A. 自己上厕所（10分）　　　　B. 大人陪着去（8分）

C. 自己会坐便盆（5分）　　　　D. 随意蹲下（0分）

7. 听名字拿出认识的水果，香蕉、苹果、橘子、桃子、梨：

A. 5种（10分）　　　　　　　　B. 4种（5分）

C. 3种（3分）　　　　　　　　D. 2种（0分）

8. 讲出水果的用途：

A. 讲出10种（10分）　　　　　B. 讲出8种（7分）

C. 讲出6种（3分）　　　　　　D. 讲出4种（0分）

9. 自己放玩具上架，能放到原位上：

A. 4种（10分）　　　　　　　　B. 3种（8分）

C. 2种（3分）　　　　　　　　D. 1种（0分）

10. 打电话的时候，宝宝会说：

A. "哪位？找谁啊？"（10分）　B. "哪位？"（8分）

C. "喂。"（3分）　　　　　　　D. 不会（0分）

11. 认识自己的名字和小朋友的名字：

A. 会叫3人（10分）　　　　　　B. 会叫2人（8分）

C. 听懂自己的名字还会叫1人（5分）D. 听懂自己的名字（0分）

12. 能点数自己1只手的手指数：

A. 5根（10分）　　　　　　　　B. 4根（5分）

C. 3根（3分）　　　　　　　　D. 2根（0分）

13. 宝宝会背诵儿歌：

A. 完整的一首（10分）　　　　　B. 一首中的3句（8分）

C. 一首中的2句（5分）　　　　　D. 一首中的押韵词（0分）

14. 钻洞（长1米、长半米、转弯洞）：

A. 3种（10分）　　　　　　　　B. 2种（5分）

C. 1种（2分）　　　　　　　　D. 怕黑不敢钻（0分）

15. 用动作表示日用品的用途，宝宝会表示：

A. 5种（10分）　　　　　　　　B. 4种（5分）

C. 3种（3分）　　　　　　　　　D. 2种（0分）

测试结果：

0～75分：表明宝宝的智能发展还没有达到理想水平，妈妈要多加训练。

75～85分：说明宝宝的智能发展刚达到平均水平，若要继续提升，家长就要多加训练。

85分以上：说明宝宝的智能发展很棒，要继续努力！

2岁宝宝智能水平测试

1. 宝宝是否会自己唱歌：

A. 宝宝会唱几句或者全首自己喜欢的歌曲，有一些宝宝还可以经常哼唱自己作的曲子（10分）

B. 会唱几句自己喜欢的歌曲（5分）

C. 不会唱（0分）

2. 宝宝可以记得他喜欢的歌曲的曲调和名称，例如《小白兔》《世上只有妈妈好》《小花狗》，等等：

A. 是（10分）　　　　　　　　　B. 否，一首也记不住（0分）

3. 宝宝可以在大人的指导下，善于发现生活中一些简单的"乐器"：

A. 是（10分）　　　　　　　　　B. 不是（0分）

4. 宝宝能走马路牙子和平衡木：

A. 是（10分）　　　　　　　　　B. 不是（2分）

5. 玩水玩沙：

A. 宝宝会用手泼水或者用塑料小碗装满水倒来倒去，还能用铲子铲一些土装进桶或者碗里（10分）

B. 需要大人的帮助才会完成这些（5分）

C. 不会玩水玩沙或者大人没让玩过（2分）

6. 说出自己或者爸爸妈妈的姓名：

A. 能说出自己的姓名、小名和爸爸妈妈以及身边亲近的人的姓名（10分）

B. 会说出自己的姓名、小名和爸爸妈妈的姓名（8分）

C. 只会说出自己的姓名和小名（5分）

D. 谁的姓名也不会说（0分）

7. 能跟着大人学话、唱歌、说歌谣，并且爱重复结尾的语句：

A. 是（10分）　　　　　　　B. 不是（2分）

8. 数数：

A. 能背数到30或者40，能点数到10（12分）

B. 能背数到10或者20，能点数到5（10分）

C. 能背数到10以下，会点数（5分）

D. 能背数到10以下，不会点数（2分）

9. 宝宝的逻辑思维能力增强，可以记住3件事情，妈妈让宝宝连续做3件事情，宝宝都会照办。例如要宝宝洗澡的时候，妈妈让宝宝回到房间拿换洗的内衣、拖鞋和大毛巾：

A. 宝宝会把内衣拿出来，再把毛巾放在内衣上，另一只手提着拖鞋，一次性完成（10分）

B. 宝宝一手拿着内衣，另一只手拿着拖鞋，东西放好之后再回头去拿毛巾（8分）

C. 宝宝第一次先拿内衣，再回房间拿拖鞋，第三次又回去拿毛巾，老老实实地跑了3次（5分）

10. 宝宝表现出内隐情绪，例如骄傲、羞耻和负罪感等：

A. 是（10分）　　　　　　　B. 不是（2分）

11. 能说出人物的职业和称呼：

A. 能自己说出（10分）

B. 要靠爸爸妈妈随时指导（5分）

C. 不知道，即便在大人的指导下都说不出来（2分）

12. 宝宝已经开始学习怎样与人相处和游戏的规则了：

A. 在游戏中有所体现（10分）

B. 没有观察过，不知道（2分）

13. 宝宝可以记住娃娃摆放的次序，例如把狗熊排在第一，娃娃排在第二，小猫排在第三，让它们统统面朝左方。妈妈问宝宝："谁在前面？谁在后面？谁在中间？"等问题：

A. 宝宝全部都答对（10分）　　　B. 能回答，但有错误（8分）

C. 不明白大人的问题（0分）

14. 暗室找物：晚饭之后让宝宝独自到厨房里去拿水果，或者让宝宝到厕所拿肥皂及其他东西，宝宝不必开灯。

A. 宝宝可以拿对东西（10分）　　　B. 宝宝开灯才能找对东西（8分）

C. 找不到东西或者不去拿（2分）

15. 宝宝认识冬天和夏天吗？

A. 是（10分）　　　　　　　　　B. 没试过（2分）

测试结果：

0～75分：表明宝宝的智能发展还没有达到理想水平，妈妈要多加训练。

75～85分：说明宝宝的智能发展尚可以达到平均水平，若要继续提升宝宝智能，家长就要多加训练。

85分以上：说明宝宝的智能发展很棒，要继续努力！

 ## 3岁宝宝智能水平测试

1. 对一些比较需要有表情和表演成分的歌曲，宝宝的表现是：

A. 在唱歌的时候表情丰富，表演起来十分随意自如（10分）

B. 表情稍显刻板，表演也有些笨拙（5分）

C. 没有表情，唱歌也唱得没有曲调，就像在念词一样（2分）

2. 当妈妈唱出某个儿歌的歌词的时候，宝宝会：

A. 马上接出下一句（10分）

B. 有时候会接出来，但经常需要妈妈唱好几句了才能接上（5分）

C. 接不上来（0分）

3. 宝宝是否可以进行简单的跳绳、拍球等活动：

A. 是的，而且可以十分熟练地进行（10分）

B. 可以玩，但是还不够熟练，不过很有兴趣（5分）

C. 可以玩，只是不太感兴趣（4分）

D. 不会玩，而且也没什么兴趣（0分）

4. 宝宝是否可以自己穿衣服和鞋子，而且是按照顺序来穿：

A. 可以，而且可以很熟练地扣好扣子和系好鞋带（10分）

B. 可以，但扣子和系鞋带还需要大人帮忙（5分）

C. 基本穿不上（0分）

5. 在宝宝叙述一件事情的时候：

A. 会用一些比较复杂的修饰语，并且能把事情陈述得很完整（10分）

B. 可以把事情说清楚，但还不太会修饰（5分）

C. 不能把事情讲清楚，而且思维很乱（0分）

6. 宝宝能否用语言来表达自己的意思：

A. 能，而且表达得很清晰、生动（10分）

B. 能，但有时候会讲不清楚（5分）

C. 不能，常常需要说很多遍之后才能说得清楚（0分）

7. 宝宝在生活中或者游戏中遇到问题的时候，一般的表现是：

A. 会自己想办法解决，喜欢开动脑筋（10分）

B. 会自己思考一会儿，但很快又会去找大人帮忙（5分）

C 不愿意自己去解决，一遇到问题就去找大人帮忙（0分）

8. 吃饭的时候，给宝宝一双儿童使用的筷子，并且对他说："今天宝宝要和爸爸妈妈一样，用筷子来吃饭。"

A. 宝宝能用筷子来吃，只是还不很熟练（10分）

B. 即便爸爸妈妈教了半天，宝宝还是不能掌握用筷子吃饭的要领（2分）

9. 宝宝自己整理物品的次数：

A. 经常（10分）　　　　　　　　B. 比较多（6分）

C. 比较少（2分）　　　　　　　　D. 从不（0分）

10. 在竞赛类的游戏中，宝宝的取胜信心：

A. 很足（10分）　　　　　　　　B. 比较足（7分）

C. 不太足（2分）　　　　　　　　D. 没有（0分）

11. 宝宝把自己最喜爱的玩具带到幼儿园里的次数：

A. 经常（10分）　　　　　　　　B. 有时（5分）

C. 很少（2分）

12. 宝宝可以准确清晰地辨别出前后、左右和上下等：

A. 是（10分）　　　　　　　　　B. 有时会分辨不清（5分）

测试结果：

0～75分：表明宝宝的智能发展还没有达到理想水平，妈妈要多加训练。

75～85分：说明宝宝的智能发展尚可以达到平均水平，若要继续提升宝宝智能，家长就要多加训练。

85分以上：说明宝宝的智能发展很棒，要继续努力！

4岁宝宝智能水平测试

1. 宝宝在讲述自己去过的一个地方的时候，会：

A. 评论当时某件事情会引发的后果（12分）

B. 讲出当时的一件事情（10分）

C. 讲出当时看到的1～2种东西（8分）

D. 讲出1～2个地名（4分）

2. 宝宝讲故事的时候，会做到语句通顺、情节清楚、按前后次序、因果分明中的几种：

A. 4种（16分）　　　　　　　　B. 3种（12分）

C. 2种（8分）　　　　　　　　　D. 1种（4分）

3. 玩兔子跳的时候，在起跑线做准备，听口令做兔子跳连续跳跃，过1分钟后观察宝宝跳了几米：

A. 0.5米（10分）　　　　　　　B. 0.4米（8分）

C. 0.3米（6分）　　　　　　　　D. 0.2米（0分）

4. 自由搭建积木的时候，宝宝可以自己构建几种造型：

A. 6种（12分）　　　　　　　　B. 5种（10分）

C. 4种（2分）　　　　　　　　　D. 3种（1分）

5. 画人的几个部位时，宝宝在没有提示的情况下会自己画出一个完整人的几个部位：

A. 8个部位（10分）　　　　　　B. 7个部位（6分）

C. 6个部位（2分）　　　　　　　D. 5个部位（1分）

6. 宝宝在10个人一组的抢椅子游戏中，是第几个被淘汰的：

A. 7～8个（15分）　　　　　　　B. 5～6个（10分）

C. 3~4个（5分）   D. 1~2个（0分）

7. 饭后宝宝能够参与的清理工作有几种（收碗、洗碗、碗筷放入柜子、擦桌子、扫地、倒垃圾换塑料袋）：

A. 6种（8分）   B. 5种（6分）

C. 3~4种（4分）   D. 1~2种（1分）

8. 会看钟表认识：几点、几点半、几点一刻或者三刻，差5分或者过5分几点等：

A. 4种（8分）   B. 3种（6分）

C. 2种（4分）   D. 1种（2分）

9. 宝宝会分辨季节和不同的气候现象，并相应地准备吃、穿、用、玩的合适东西：

A. 10种（6分）   B. 8种（4分）

C. 6种（2分）   D. 4种（1分）

10. 宝宝可以接到对方抛过来的球，抛3次接到1次的距离：

A. 2米（6分）   B. 1.5米（4分）

C. 1米（2分）   D. 0.5米（1分）

测试结果：

0~75分：表明宝宝的智能发展还没有达到理想水平，妈妈要多加训练。

75~85分：说明宝宝的智能发展尚可以达到平均水平，若要继续提升宝宝智能，妈妈就要多加训练。

85分以上：说明宝宝的智能发展很棒，要继续努力！

❀ 5岁宝宝智能水平测试

1. 认识地图的时候，宝宝知道中国和外国地名中的几个：

A. 一共11个（14分）   B. 一共9个（12分）

C. 一共7个（10分）   D. 一共5个（8分）

2. 听完后复述"天上有星星，山上有老虎，海里有大鱼，家里有小猫"时，宝宝：

A. 听一次讲8种（12分）　　　　B. 听一次讲7种（10分）

C. 听两次讲8种（8分）　　　　　D. 听两次讲7种（6分）

3. 宝宝随便唱一首歌，音准、节拍准、吐字清晰，并且可以讲出歌名：

A. 4项（7分）　　　　　　　　　B. 3项（5分）

C. 2项（3分）

4. 宝宝讲家庭地址：市、镇、乡名，街道，胡同，门牌号（楼号、单元号），电话号码：

A. 5项（12分）　　　　　　　　B. 4项（10分）

C. 3项（8分）　　　　　　　　　D. 2项（6分）

E. 1项（4分）

5. 宝宝用筷子夹起10粒花生米放入瓶内，需要：

A. 25秒（7分）　　　　　　　　B. 35秒（5分）

C. 45秒（3分）

6. 跳远的时候，宝宝能跳：

A. 40厘米（7分）　　　　　　　B. 30厘米（5分）

C. 20厘米（3分）

7. 钻过60厘米的矮绳子时，宝宝：

A. 头不碰绳子（5分）　　　　　B. 头碰绳子（4分）

C. 身体碰地（3分）

8. 接住从2.5米远抛过来高过肩膀或者矮过膝盖的球时，宝宝：

A. 3次接住2次（7分）　　　　　B. 3次接住1次（5分）

9. 在讲解自己能够背诵的唐诗时，宝宝：

A. 会自己创作吟诗1句（12分）　B. 会讲2首（8分）

C. 会讲1首（4分）　　　　　　　D. 会讲1句（0分）

10. 宝宝知道几个紧急求救的电话号码：

A. 4个（15分）　　　　　　　　B. 3个（10分）

C. 2个（5分）　　　　　　　　　D. 1个（2分）

测试结果：

0~75分：表明宝宝的智能发展还没有达到理想水平，妈妈要多加训练。

75~85分：说明宝宝的智能发展尚可以达到平均水平，若要继续提升宝宝智能，妈妈就要多加训练。

85分以上：说明宝宝的智能发展很棒，要继续努力！

❋ 6岁宝宝智能水平测试

1. 宝宝会自己讲出几个成语：

A. 5个（12分）　　　　　　　B. 4个（10分）

C. 2个（7分）　　　　　　　 D. 1个（4分）

2. 给宝宝做睡衣（量身长和宽、量袖长和宽、裁纸样、裁布料、缝制和做领子）时，宝宝会做：

A. 5样（10分）　　　　　　　B. 4样（8分）

C. 3样（5分）　　　　　　　 D. 2样（3分）

E. 1样（1分）

3. 连续给宝宝播放他很少听到的曲子4首，听完后，休息5分钟，打乱次序再次播放一遍，可以再加上一首另外的曲子，看宝宝可以记住几首：

A. 4首（10分）　　　　　　　B. 3首（8分）

C. 2首（5分）　　　　　　　 D. 1首（3分）

4. 让宝宝自己用铅笔一笔画出一个五角星（可用橡皮），宝宝：

A. 没有修改过（10分）　　　　B. 修改了1次（8分）

C. 修改了2次（7分）　　　　　D. 修改了3次（3分）

E. 修改了4次（1分）

5. 给奶奶画画写信，告诉她爸爸回来了，请她到家里来吃饭时，宝宝：

A. 先画出爸爸回家，再画出与奶奶坐在一起吃饭（9分）

B. 画爸爸向着家人招手，表示他要回家（6分）

C. 从画中看出爸爸要回家（3分）

D. 画面难以理解（2分）

6. 宝宝有几个兴趣相投的朋友，一般有什么活动方式：

A. 有3个朋友，电话约定，有记录（10分）

B. 有2个朋友，一同讨论（8分）

C. 有1个朋友，没有固定的活动方式（5分）

儿童敏感期与智力开发全案

D. 没有（2分）

7. 宝宝是否会常忘记而漏带要用的东西：

A. 每周0次（16分）　　　　　B. 每周1次（12分）

C. 每周2次（10分）　　　　　D. 每周3次（5分）

8. 宝宝能讲出几种水的用途：

A. 10种（12分）　　　　　　B. 8种（10分）

C. 6种（8分）　　　　　　　D. 4种（4分）

E. 2种（2分）

9. 接待客人的时候，宝宝会主动做几件事情（打招呼、端茶、说话有礼貌、关照小客人、帮助妈妈做家务以让妈妈腾出时间来待客）：

A. 4件（12分）　　　　　　B. 3件（8分）

C. 2件（5分）　　　　　　　D. 1件（2分）

10. 宝宝跳绳（自己双足跳、交替单足跳、别人跳绳加入跳、同别人跳花样）会：

A. 4种（15分）　　　　　　B. 3种（10分）

C. 2种（8分）　　　　　　　D. 1种（2分）

测试结果：

0～60分：表明宝宝的智能发展没有达到理想水平，妈妈要多加训练。

60～75分：表明宝宝的智能发展尚可以达到平均水平，如果要提升宝宝的智能，妈妈就要多加训练。

75分以上：表明宝宝的智能发展非常棒，要继续努力！

附录2　0～6岁儿童体能心智发育标准参考值

年龄	体重（kg，男） 体重（kg，女）	身高（cm，男） 身高（cm，女）	心智发育
初生	2.9～3.8 2.7～3.6	48.2～52.8 47.7～52.0	俯卧抬头，对声音有反应。
1个月	3.6～5.0 3.4～4.5	52.1～57.0 51.2～55.8	俯卧抬头45度，能注意爸爸妈妈面部，拉着手腕可以坐起，头可竖直2秒左右，会发出细小声音。眼睛能跟踪走动的人。
2个月	4.3～6.0 4.0～5.4	55.5～60.7 54.4～59.2	俯卧抬头90度，拉着手腕可以坐起、头可竖直5秒，能笑出声，发出尖叫声，有应答性发声，逗引时能做出反应。
3个月	5.0～6.9 4.7～6.2	58.5～63.7 57.1～59.5	俯卧抬头，两臂撑起，抱坐时头稳定，视线能跟随180度，双手可握在一起，拨浪鼓在手中留握0.5秒，能咿呀作声，认识亲人。
4个月	5.7～7.6 5.3～6.9	61.0～66.4 59.4～64.5	能翻身，俯卧时可抬头90度、扶腋可站片刻，能握住摇荡鼓，见人会笑，可以根据声音找到声源。
5个月	6.3～8.2 5.8～7.5	63.2～68.6 61.5～66.7	轻拉腕部即可坐起，独坐头向前倾，能抓住近处玩具，会对人及物发声，见到食物有兴奋的表现。
6个月	6.9～8.8 6.3～8.1	65.1～70.5 63.3～68.6	坐不需支持，听声转头，能用双手同时拿住两块积木，玩具失落会找，能紧紧握住玩具，怕羞。
7个月	7.4～9.3 6.8～8.6	66.7～72.1 64.8～70.2	独坐自如，能运用手灵活取物，换手，能认出陌生人，能发出"ba—ba、ma—ma"等音节。
8个月	7.8～9.8 7.2～9.1	68.3～73.6 66.4～71.8	扶东西站，会爬，无意识叫爸爸、妈妈，咿呀学语，躲猫猫，听得懂自己的名字，会摇手表示再见。
9个月	8.2～10.2 7.6～9.5	69.7～75.0 67.7～73.2	会爬，拉着双手会走；拇指、食指能捏住小丸，能做出欢迎、再见等手势，会表示"不要"。
10个月	8.6～10.6 7.9～9.9	71.0～76.3 69.0～74.5	能自己坐，扶住行走，自己熟练协调地爬，理解一些简单的命令，如"到这儿来"，自己哼小调，说一个字。
11个月	8.9～11.0 8.2～10.3	73.1～75.2 70.3～75.8	能扶物、蹲下取物，能独站片刻，会打开物品的包装纸，能有意识地发一个字音，懂得"不"的含义。

年龄	体重（kg，男）	身高（cm，男）	心智发育
	体重（kg，女）	身高（cm，女）	
12个月	9.1～11.3	73.4～78.8	能独立行走，有意识叫爸爸、妈妈，用杯喝水，能辨别家人的称谓和家庭环境中的熟悉的物体。
	8.8～10.6	72.5～77.1	
15个月	9.8～12.0	76.6～82.3	走得稳，能说3个字短语，可以模仿家人做家务事，能叠两块积木，能体验与成人一起玩的愉快心情。
	9.1～11.3	74.8～80.7	
18个月	10.3～12.7	79.4～85.4	能爬楼梯，可以理解并指出身体的某一部分，能自己脱外套，能自己吃饭，能认识一种颜色。
	9.7～12.0	77.9～84.0	
21个月	10.8～13.3	81.9～88.4	能踢球，举手过肩抛物，能叠4块积木，喜欢听故事，会用语言表示大小便。
	10.2～12.6	80.6～87.0	
2岁	11.2～14.0	84.3～91.0	两脚可以并跳，能自己穿不系带的鞋，会区别大小，能认识两种颜色，能认识简单形状。
	10.6～13.2	83.3～89.8	
2.5岁	12.1～15.3	88.9～95.8	能独脚站立，能说出自己的名字，洗手后懂得自己擦干，能叠8块积木，常提出"为什么"，试着与同伴交谈，互相模仿言行。
	11.7～14.7	87.9～94.7	
3岁	13.0～16.4	91.1～98.7	能从高处往下跳，能双脚交替上楼，会扣纽扣，会折纸，会涂糨糊粘贴，懂饥、累、冷，会用筷子，能一页页翻书。
	12.6～16.1	90.2～98.1	
3.5岁	13.9～17.6	95.0～103.1	能够知道颜色，不再缠住妈妈，开始有想象力，经常自言自语，喜欢用笔画画，进入涂鸦期。
	13.5～17.2	94.1～101.8	
4岁	14.8～18.7	98.7～107.2	能独立穿衣，模仿性强，规则意识萌芽，但是非观念仍然较为模糊。
	14.3～18.3	97.6～105.7	
4.5岁	15.7～19.9	102.1～111.0	能说简单的反义词，喜欢做游戏，动作发展更加完善，体力明显增强。
	15.0～19.4	100.9～109.3	
5岁	16.6～21.1	105.3～114.5	能解释简单的词义，能识别物体的原料，可以通过手、口、动作、表情进行表现、表达与创造。
	15.7～20.4	104.0～112.8	
5.5岁	17.4～22.3	108.4～117.8	能生动、有表情地描述事物，阅读兴趣显著提高，开始抽象逻辑思维，自觉性、坚持性、自制力都有明显的表现。
	16.5～21.6	106.9～116.2	
6岁	18.4～23.6	111.2～121.0	想象力丰富，情绪开始稳定，合作意识逐渐增强，规则意识逐步形成。
	17.3～22.9	109.7～119.6	

附录2　0～6岁儿童体能心智发育标准参考值